La lutte contre le terrorisme

Les normes du Conseil de l'Europe

Editions du Conseil de l'Europe

Edition anglaise:

The fight against terrorism – Council of Europe standards
ISBN 92-871-5369-8

Editions du Conseil de l'Europe
F-67075 Strasbourg cedex

ISBN 92-871-5367-1
© Conseil de l'Europe, février 2004,
Imprimé dans les ateliers du Conseil de l'Europe

Table des matières

Préface

Le terrorisme – sous quelque forme que ce soit – est le fléau ultime de la justice et des droits de l'homme. C'est une violation des principes les plus fondamentaux de l'humanité, un mépris des codes moraux de toutes les cultures et un péché à l'égard des religions du monde entier. Le terrorisme est une attaque contre la démocratie, les droits de l'homme et l'état de droit – valeurs que le Conseil de l'Europe s'est engagé à protéger.

Les conséquences du 11 septembre 2001 ne marquent pas le début de l'engagement du Conseil de l'Europe dans la lutte internationale contre le terrorisme. Certains de nos instruments juridiques clé – telle que la Convention de 1977 sur la répression du terrorisme – sont en vigueur depuis des années. Cependant, face à l'évolution rapide et dramatique du caractère et du niveau de la menace terroriste au cours de ces dernières années, le Conseil de l'Europe a répondu en révisant son"arsenal" existant de mesures antiterroristes et en le renforçant avec de nouveaux instruments et de nouvelles activités.

Cette publication contient la version récemment révisée de la Convention de 1977 sur la répression du terrorisme, ainsi que d'autres textes juridiques et politiques pertinents adoptés par le Conseil de l'Europe. Elle devrait servir de document de référence utile pour toute agence gouvernementale, institution internationale, organisation non-gouvernementale, pour tout parti politique, média ou personne, professionnellement investi ou intéressé dans la lutte contre le terrorisme.

La valeur ajoutée de la contribution du Conseil de l'Europe dans la lutte internationale contre le terrorisme est sa priorité en matière de droits de l'homme. Le message essentiel est que, dans la lutte contre le terrorisme, le respect des valeurs les plus fondamentales de nos sociétés n'est pas uniquement une possibilité, mais une nécessité. Notre meilleure chance pour une victoire durable face à la menace terroriste est de rester ferme dans la défense des valeurs que les terroristes veulent détruire.

Walter Schwimmer
Secrétaire Général
du Conseil de l'Europe

Conventions européennes

Convention européenne pour la répression du terrorisme révisée

Convention européenne pour la répression du terrorisme [STE n° 90] telle qu'amendée par son Protocole [STE n° 190]

Les Etats membres du Conseil de l'Europe, signataires de la présente Convention,

Considérant que le but du Conseil de l'Europe est de réaliser une union plus étroite entre ses membres;

Conscients de l'inquiétude croissante causée par la multiplication des actes de terrorisme;

Souhaitant que des mesures efficaces soient prises pour que les auteurs de tels actes n'échappent pas à la poursuite et au châtiment;

Convaincus que l'extradition est un moyen particulièrement efficace de parvenir à ce résultat,

Sont convenus de ce qui suit:

Article 1er

1   Pour les besoins de l'extradition entre Etats contractants, aucune des infractions mentionnées ci-après ne sera considérée comme une infraction politique, comme une infraction connexe à une infraction politique ou comme une infraction inspirée par des mobiles politiques:

a   les infractions comprises dans le champ d'application de la Convention pour la répression de la capture illicite d'aéronefs, signée à La Haye le 16 décembre 1970;

b   les infractions comprises dans le champ d'application de la Convention pour la répression d'actes illicites dirigés contre la sécurité de l'aviation civile, signée à Montréal le 23 septembre 1971;

c   les infractions comprises dans le champ d'application de la Convention sur la prévention et la répression des infractions contre les personnes jouissant d'une protection internationale, y compris les agents diplomatiques, adoptée à New York le 14 décembre 1973;

d   les infractions comprises dans le champ d'application de la Convention internationale contre la prise d'otages, adoptée à New York le 17 décembre 1979;

e les infractions comprises dans le champ d'application de la Convention sur la protection physique des matières nucléaires, adoptée à Vienne le 3 mars 1980;

f les infractions comprises dans le champ d'application du Protocole pour la répression des actes illicites de violence dans les aéroports servant à l'aviation civile internationale, conclu à Montréal le 24 février 1988;

g les infractions comprises dans le champ d'application de la Convention pour la répression d'actes illicites contre la sécurité de la navigation maritime, conclue à Rome le 10 mars 1988;

h les infractions comprises dans le champ d'application du Protocole pour la répression d'actes illicites contre la sécurité des plates-formes fixes situées sur le plateau continental, conclu à Rome le 10 mars 1988;

i les infractions comprises dans le champ d'application de la Convention internationale pour la répression des attentats terroristes à l'explosif, adoptée à New York le 15 décembre 1997;

j les infractions comprises dans le champ d'application de la Convention internationale pour la répression du financement du terrorisme, adoptée à New York le 9 décembre 1999.

2 Dans la mesure où elles ne seraient pas couvertes par les conventions visées au paragraphe 1, il en sera de même, pour les besoins de l'extradition entre Etats contractants, non seulement du fait de commettre, comme auteur matériel principal ces infractions principales, mais également:

a de la tentative de commettre une de ces infractions principales;

b de la complicité avec une de ces infractions principales ou avec la tentative de commettre une de ces infractions principales;

c de l'organisation ou du fait de donner l'ordre à d'autres de commettre ou de tenter de commettre une de ces infractions principales.

Article 2

1 Pour les besoins de l'extradition entre Etats contractants, un Etat contractant peut ne pas considérer comme infraction politique, comme infraction connexe à une telle infraction ou comme infraction inspirée par des mobiles politiques tout acte grave de violence qui

n'est pas visé à l'article 1er et qui est dirigé contre la vie, l'intégrité corporelle ou la liberté des personnes.

2   Il en sera de même en ce qui concerne tout acte grave contre les biens, autre que ceux visés à l'article 1er, lorsqu'il a créé un danger collectif pour des personnes.

3   Il en sera de même:

   a   de la tentative de commettre une de ces infractions principales;

   b   de la complicité à une de ces infractions principales ou à la tentative de commettre une de ces infractions principales;

   c   de l'organisation ou du fait de donner l'ordre à d'autres de commettre ou de tenter de commettre une de ces infractions principales.

Article 3

Les dispositions de tous traités et accords d'extradition applicables entre les Etats contractants, y compris la Convention européenne d'extradition, sont en ce qui concerne les relations entre Etats contractants modifiées dans la mesure où elles sont incompatibles avec la présente Convention.

Article 4

1   Pour les besoins de la présente Convention et pour autant qu'une des infractions visées aux articles 1 ou 2 ne figure pas sur la liste de cas d'extradition dans un traité ou une convention d'extradition en vigueur entre les Etats contractants, elle est considérée comme y étant comprise. Les Etats contractants s'engagent à considérer ces infractions comme cas d'extradition dans tout traité d'extradition à conclure par la suite entre eux.

2   Lorsqu'un Etat contractant qui subordonne l'extradition à l'existence d'un traité est saisi d'une demande d'extradition par un autre Etat contractant avec lequel il n'est pas lié par un traité d'extradition, l'Etat contractant requis a la latitude de considérer la présente Convention comme constituant la base juridique de l'extradition en ce qui concerne les infractions prévues aux articles 1 ou 2.

Article 5

1   Aucune disposition de la présente Convention ne doit être interprétée comme impliquant une obligation d'extrader si l'Etat requis a des raisons sérieuses de croire que la demande d'extradition motivée par une infraction visée à l'article 1 ou 2 a été

présentée aux fins de poursuivre ou de punir une personne pour des considérations de race, de religion, de nationalité ou d'opinions politiques, ou que la situation de cette personne risque d'être aggravée pour l'une ou l'autre de ces raisons.

2   Aucune disposition de la présente Convention ne doit être interprétée comme impliquant une obligation d'extrader pour l'Etat requis si la personne faisant l'objet de la demande d'extradition risque d'être exposée à la torture.

3   Aucune disposition de la présente Convention ne doit être interprétée comme impliquant une obligation d'extrader pour l'Etat requis si la personne faisant l'objet de la demande d'extradition risque d'être exposée à la peine de mort ou, lorsque la loi de l'Etat requis ne permet pas la peine privative de liberté à perpétuité, à la peine privative de liberté à perpétuité sans possibilité de remise de peine, à moins que l'Etat requis ait l'obligation d'extrader conformément aux traités d'extradition applicables, si l'Etat requérant donne des assurances jugées suffisantes par l'Etat requis que la peine capitale ne sera pas prononcée ou, si elle est prononcée, qu'elle ne sera pas exécutée, ou que la personne concernée ne sera pas soumise à une peine privative de liberté à perpétuité sans possibilité de remise de peine.

Article 6

1   Tout Etat contractant prend les mesures nécessaires pour établir sa compétence aux fins de connaître d'une infraction visée à l'article 1er dans le cas où l'auteur soupçonné de l'infraction se trouve sur son territoire et où l'Etat ne l'extrade pas après avoir reçu une demande d'extradition d'un Etat contractant, dont la compétence de poursuivre est fondée sur une règle de compétence existant également dans la législation de l'Etat requis.

2   La présente Convention n'exclut aucune compétence pénale exercée conformément aux lois nationales.

Article 7

Un Etat contractant sur le territoire duquel l'auteur soupçonné d'une infraction visée à l'article 1er est découvert, et qui a reçu une demande d'extradition dans les conditions mentionnées au paragraphe 1 de l'article 6, soumet, s'il n'extrade pas l'auteur soupçonné de l'infraction, l'affaire, sans aucune exception et sans retard injustifié, à ses autorités compétentes pour l'exercice de l'action pénale. Ces autorités prennent leur décision dans les mêmes conditions que pour toute infraction de caractère grave conformément aux lois de cet Etat.

Article 8

1   Les Etats contractants s'accordent l'entraide judiciaire la plus large possible en matière pénale dans toute procédure relative aux infractions visées à l'article 1 ou 2. Dans tous les cas, la loi applicable en ce qui concerne l'assistance mutuelle en matière pénale est celle de l'Etat requis. Toutefois, l'entraide judiciaire ne pourra pas être refusée pour le seul motif qu'elle concerne une infraction politique ou une infraction connexe à une telle infraction ou une infraction inspirée par des mobiles politiques.

2   Aucune disposition de la présente Convention ne doit être interprétée comme impliquant une obligation d'accorder l'entraide judiciaire si l'Etat requis a des raisons sérieuses de croire que la demande d'entraide motivée par une infraction visée à l'article 1 ou 2 a été présentée aux fins de poursuivre ou de punir une personne pour des considérations de race, de religion, de nationalité ou d'opinions politiques, ou que la situation de cette personne risque d'être aggravée pour l'une ou l'autre de ces raisons.

3   Les dispositions de tous traités et accords d'entraide judiciaire en matière pénale applicables entre les Etats contractants, y compris la Convention européenne d'entraide judiciaire en matière pénale, sont en ce qui concerne les relations entre Etats contractants modifiées dans la mesure où elles sont incompatibles avec la présente Convention.

Article 9

Les Etats contractants pourront conclure entre eux des accords bilatéraux ou multilatéraux pour compléter les dispositions de la présente Convention ou pour faciliter l'application des principes contenus dans celle-ci.

Article 10

Le Comité européen pour les problèmes criminels (CDPC) est chargé de suivre l'application de la présente Convention. Le CDPC:

a   est tenu informé de l'application de la Convention;

b   fait des propositions en vue de faciliter ou d'améliorer l'application de la Convention;

c   adresse au Comité des Ministres des recommandations relatives aux propositions d'amendement et donne son avis sur toute proposition d'amendement présentée par un Etat contractant conformément aux articles 12 et 13;

d   exprime, à la demande d'un Etat contractant, un avis sur toute question relative à l'application de la Convention;

e   facilite autant que de besoin le règlement amiable de toute difficulté à laquelle l'exécution de la Convention donnerait lieu;

f   adresse au Comité des Ministres des recommandations relatives à l'invitation des Etats non membres à adhérer à la Convention conformément au paragraphe 3 de l'article 14;

g   soumet chaque année au Comité des Ministres du Conseil de l'Europe un rapport sur la mise en œuvre de cet article aux fins de l'application de la Convention.

Article 11

1   Tout différend entre Etats contractants concernant l'interprétation ou l'application de la présente Convention qui n'a pas été réglé ni dans le cadre de l'alinéa e de l'article 10 ni par voie de négociation sera, à la requête de l'une des Parties au différend, soumis à l'arbitrage. Chacune des Parties désignera un arbitre et les arbitres désigneront un autre arbitre, président du tribunal.

2   Lorsque les parties au différend sont membres du Conseil de l'Europe et si, dans un délai de trois mois à compter de la demande d'arbitrage, l'une des Parties n'a pas procédé à la désignation d'un arbitre conformément au paragraphe 1 du présent article, cet arbitre est désigné par le président de la Cour européenne des Droits de l'Homme à la demande de l'autre Partie.

3   Lorsqu'une des parties au différend n'est pas membre du Conseil de l'Europe et si, dans un délai de trois mois à compter de la demande d'arbitrage, l'une des Parties n'a pas procédé à la désignation d'un arbitre conformément au paragraphe 1 du présent article, cet arbitre est désigné par le président de la Cour internationale de justice à la demande de l'autre Partie.

4   Dans les cas prévus aux paragraphes 2 et 3 du présent article, si le président de la cour concernée est le ressortissant de l'une des parties au différend, la désignation de l'arbitre incombe au vice-président de la cour ou, si le vice-président est le ressortissant de l'une des parties au différend, au membre le plus ancien de la cour qui n'est pas le ressortissant de l'une des parties au différend.

5   Les procédures prévues aux paragraphes 2 ou 3 et 4 s'appliqueront mutatis mutandis au cas où les arbitres ne pourraient pas se mettre d'accord sur le choix du président conformément au paragraphe 1 du présent article.

6   Le tribunal arbitral arrêtera sa procédure. Ses décisions seront prises à la majorité. Lorsqu'une majorité ne peut être acquise, le président a une voix prépondérante. La sentence du tribunal sera définitive.

Article 12

1   Des amendements à la présente Convention peuvent être proposés par tout Etat contractant ou par le Comité des Ministres. Ces propositions d'amendement sont communiquées par le Secrétaire Général du Conseil de l'Europe aux Etats contractants.

2   Après avoir consulté les Etats contractants non membres et si nécessaire le CDPC, le Comité des Ministres peut adopter l'amendement. La décision est prise à la majorité prévue à l'article 20.*d* du Statut du Conseil de l'Europe. Le texte de tout amendement ainsi adopté est transmis par le Secrétaire Général du Conseil de l'Europe aux Etats contractants pour acceptation.

3   Tout amendement adopté conformément au paragraphe précédent entre en vigueur le trentième jour après que toutes les Parties ont notifié au Secrétaire Général qu'elles l'ont accepté.

Article 13

1   Afin d'actualiser la liste des traités mentionnés au paragraphe 1 de l'article 1, des amendements peuvent être proposés par tout Etat contractant ou par le Comité des Ministres. Ces propositions d'amendement ne peuvent concerner que des traités conclus au sein de l'Organisation des Nations Unies, portant spécifiquement sur le terrorisme international et entrés en vigueur. Ils sont communiqués par le Secrétaire Général du Conseil de l'Europe aux Etats contractants.

2   Après avoir consulté les Etats contractants non membres et si nécessaire le CDPC, le Comité des Ministres peut adopter un amendement proposé à la majorité prévue à l'article 20.d du Statut du Conseil de l'Europe. Cet amendement entre en vigueur à l'expiration d'une période d'un an à compter de la date à laquelle il aura été transmis aux Etats contractants. Pendant ce délai, tout Etat contractant pourra notifier au Secrétaire Général une objection à l'entrée en vigueur de l'amendement à son égard.

3   Si un tiers des Etats contractants a notifié au Secrétaire Général du Conseil de l'Europe une objection à l'entrée en vigueur de l'amendement, celui-ci n'entre pas en vigueur.

4   Si moins d'un tiers des Etats contractants a notifié une objection, l'amendement entre en vigueur pour les Etats contractants qui n'ont pas formulé d'objection.

5   Lorsqu'un amendement est entré en vigueur conformément au paragraphe 2 du présent article et qu'un Etat contractant avait formulé une objection à cet amendement, celui-ci entre en vigueur dans cet Etat le premier jour du mois suivant la date à laquelle il aura notifié son acceptation au Secrétaire Général du Conseil de l'Europe.

Article 14

1   La présente Convention est ouverte à la signature des Etats membres et des Etats observateurs du Conseil de l'Europe. Elle fera l'objet d'une ratification, acceptation, approbation ou adhésion. Les instruments de ratification, d'acceptation, d'approbation ou d'adhésion seront déposés près le Secrétaire Général du Conseil de l'Europe.

2   La Convention entrera en vigueur trois mois après la date du dépôt du troisième instrument de ratification, d'acceptation ou d'approbation.

3   Le Comité des Ministres du Conseil de l'Europe peut, après avoir consulté le CDPC, inviter tout Etat non membre du Conseil de l'Europe, autre que ceux visés au paragraphe 1 du présent article, à adhérer à la présente Convention. La décision est prise à la majorité prévue à l'article 20.d du Statut du Conseil de l'Europe et à l'unanimité des représentants des Etats contractants ayant le droit de siéger au Comité des Ministres.

4   Elle entrera en vigueur à l'égard de tout Etat signataire qui la ratifiera, l'acceptera, l'approuvera ou y adhérera ultérieurement, trois mois après la date du dépôt de son instrument de ratification, d'acceptation, d'approbation ou d'adhésion.

Article 15

1   Tout Etat peut, au moment de la signature ou au moment du dépôt de son instrument de ratification, d'acceptation, d'approbation ou d'adhésion, désigner le ou les territoires auxquels s'appliquera la présente Convention.

2   Tout Etat peut, au moment du dépôt de son instrument de ratification, d'acceptation, d'approbation ou d'adhésion ou à tout autre moment par la suite, étendre l'application de la présente Convention, par déclaration adressée au Secrétaire Général du Conseil de l'Europe, à tout autre territoire désigné dans la

déclaration et dont il assure les relations internationales ou pour lequel il est habilité à stipuler.

3   Toute déclaration faite en vertu du paragraphe précédent pourra être retirée, en ce qui concerne tout territoire désigné dans cette déclaration, par notification adressée au Secrétaire Général du Conseil de l'Europe. Le retrait prendra effet immédiatement ou à une date ultérieure précisée dans la notification.

Article 16

1   Tout Etat partie à la Convention au 15 mai 2003 peut, au moment de la signature ou au moment du dépôt de son instrument de ratification, d'acceptation ou d'approbation du Protocole portant amendement à la Convention, déclarer qu'il se réserve le droit de refuser l'extradition en ce qui concerne toute infraction énumérée dans l'article 1er qu'il considère comme une infraction politique, comme une infraction connexe à une infraction politique ou comme une infraction inspirée par des mobiles politiques. L'Etat contractant s'engage à appliquer cette réserve au cas par cas sur la base d'une décision dûment motivée et à prendre dûment en considération, lors de l'évaluation du caractère de l'infraction, son caractère de particulière gravité, y compris:

   a   qu'elle a créé un danger collectif pour la vie, l'intégrité corporelle ou la liberté des personnes; ou bien

   b   qu'elle a atteint des personnes étrangères aux mobiles qui l'ont inspirée; ou bien

   c   que des moyens cruels ou perfides ont été utilisés pour sa réalisation.

2   Lorsqu'il applique le paragraphe 1 du présent article, l'Etat contractant indique les infractions auxquelles s'applique sa réserve.

3   Tout Etat contractant peut retirer en tout ou en partie une réserve formulée par lui en vertu du paragraphe 1, au moyen d'une déclaration adressée au Secrétaire Général du Conseil de l'Europe et qui prendra effet à la date de sa réception.

4   Un Etat contractant qui a formulé une réserve en vertu du paragraphe 1 de cet article ne peut prétendre à l'application de l'article 1er par un autre Etat; toutefois, il peut, si la réserve est partielle ou conditionnelle, prétendre à l'application de cet article dans la mesure où il l'a lui-même accepté.

5   Les réserves formulées en vertu du paragraphe 1 du présent article sont valables pour une période de trois ans à compter du premier

jour de l'entrée en vigueur de la Convention telle qu'amendée pour l'Etat concerné. Toutefois, ces réserves peuvent être renouvelées pour des périodes de la même durée.

6   Douze mois avant l'expiration de la réserve, le Secrétaire Général du Conseil de l'Europe informe l'Etat contractant concerné de cette expiration. Trois mois avant la date d'expiration, l'Etat contractant notifie au Secrétaire Général son intention de maintenir, de modifier ou de retirer la réserve. Lorsqu'un Etat contractant notifie au Secrétaire Général du Conseil de l'Europe qu'il maintient sa réserve, il fournit des explications quant aux motifs justifiant son maintien. En l'absence de notification par l'Etat contractant concerné, le Secrétaire Général du Conseil de l'Europe informe cet Etat contractant que sa réserve est automatiquement prolongée pour une période de six mois. Si l'Etat contractant concerné ne notifie pas sa décision de maintenir ou de modifier ses réserves avant l'expiration de cette période, la réserve devient caduque.

7   Chaque fois qu'un Etat contractant décide de ne pas extrader une personne en vertu de l'application de la réserve formulée conformément au paragraphe 1 du présent article, après avoir reçu une demande d'extradition d'un autre Etat contractant, il soumet l'affaire, sans exception aucune et sans retard injustifié, à ses autorités compétentes en vue de poursuites, sauf si d'autres dispositions ont été convenues entre l'Etat requérant et l'Etat requis. Les autorités compétentes, en vue des poursuites dans l'Etat requis, prennent leur décision dans les mêmes conditions que pour toute infraction de caractère grave conformément aux lois de cet Etat. L'Etat requis communique sans retard injustifié l'issue finale des poursuites à l'Etat requérant et au Secrétaire Général du Conseil de l'Europe qui la communique à la Conférence prévue à l'article 17.

8   La décision de refus de la demande d'extradition, en vertu de la réserve formulée conformément au paragraphe 1 du présent article, est communiquée aussitôt à l'Etat requérant. Si aucune décision judiciaire sur le fond n'est prise dans l'Etat requis en vertu du paragraphe 7 du présent article dans un délai raisonnable, l'Etat requérant peut en informer le Secrétaire Général du Conseil de l'Europe qui soumet la question à la Conférence prévue à l'article 17. Cette Conférence examine la question et émet un avis sur la conformité du refus avec les dispositions de la Convention et le soumet au Comité des Ministres afin qu'il adopte une déclaration en la matière. Lorsqu'il exerce ses fonctions en vertu de ce paragraphe, le Comité des Ministres se réunit dans sa composition restreinte aux Etats contractants.

Article 17

1   Sans préjudice pour l'application de l'article 10, une Conférence des Etats contractants contre le terrorisme (ci-après dénommée le «COSTER») veillera à assurer:

    a   l'application et le fonctionnement effectifs de la présente Convention, y compris l'identification de tout problème y relatif, en contact étroit avec le CDPC;

    b   l'examen des réserves formulées en conformité avec l'article 16 et notamment la procédure prévue à l'article 16, paragraphe 7;

    c   l'échange d'informations sur les évolutions juridiques et politiques significatives dans le domaine de la lutte contre le terrorisme;

    d   l'examen, à la demande du Comité des Ministres, des mesures adoptées dans le cadre du Conseil de l'Europe dans le domaine de la lutte contre le terrorisme et, le cas échéant, l'élaboration de propositions de mesures supplémentaires nécessaires en vue d'améliorer la coopération internationale dans le domaine de la lutte contre le terrorisme, et ce en consultation avec le CDPC lorsque ces mesures concernent la coopération en matière pénale;

    e   l'élaboration des avis dans le domaine de la lutte contre le terrorisme et l'exécution des mandats demandés par le Comité des Ministres.

2   Le COSTER est composé d'un expert nommé par chaque Etat contractant. Il se réunit en session ordinaire une fois par an et en session extraordinaire à la demande du Secrétaire Général du Conseil de l'Europe ou à la demande d'au moins un tiers des Etats contractants.

3   Le COSTER adopte son Règlement intérieur. Les dépenses relatives à la participation des Etats contractants qui sont membres du Conseil de l'Europe sont prises en charge par le Conseil de l'Europe. Le Secrétariat du Conseil de l'Europe assiste le COSTER dans l'exercice des fonctions découlant de cet article.

4   Le CDPC est tenu périodiquement informé des travaux du COSTER.

Article 18

Tout Etat contractant pourra dénoncer la présente Convention en adressant une notification écrite au Secrétaire Général du Conseil de l'Europe. Une telle dénonciation prendra effet immédiatement ou à une date ultérieure précisée dans la notification.

Article 19

Le Secrétaire Général du Conseil de l'Europe notifiera aux Etats contractants:

a   toute signature;

b   le dépôt de tout instrument de ratification, d'acceptation, d'approbation ou d'adhésion;

c   toute date d'entrée en vigueur de la présente Convention conformément à son article 14;

d   toute déclaration ou notification reçue en application des dispositions de l'article 15;

e   toute notification reçue en application de l'article 18 et la date à laquelle la dénonciation prendra effet.

En foi de quoi, les soussignés, dûment autorisés à cet effet, ont signé la présente Convention.

Fait à Strasbourg, le 27 février 1977, en français et en anglais, les deux textes faisant également foi, en un seul exemplaire qui sera déposé dans les archives du Conseil de l'Europe. Le Secrétaire Général du Conseil de l'Europe en communiquera copie certifiée conforme à chacun des Etats signataires.

Rapport explicatif à la Convention révisée

La Convention européenne pour la répression du terrorisme (ci-après dénommée «la Convention»), élaborée au sein du Conseil de l'Europe par un comité d'experts gouvernementaux sous l'autorité du Comité européen pour les problèmes criminels (CEPC, renommé par la suite CDPC), a été ouverte à la signature des Etats membres du Conseil de l'Europe le 27 janvier 1977. Au moment de l'élaboration du présent rapport explicatif (ci-après dénommé «rapport»), elle avait été ratifiée par trente-huit Etats membres du Conseil de l'Europe et signée par cinq autres.

La Convention a ensuite été révisée par un Protocole d'amendement, élaboré par un comité d'experts gouvernementaux – le Groupe multidisciplinaire sur l'action internationale contre le terrorisme (GMT) – sous l'autorité du Comité des Ministres.

Le texte de ce rapport explicatif renvoie à la Convention telle que modifiée par le Protocole d'amendement. Ainsi, les références, dans le présent texte, aux articles ou à la Convention renvoient à la Convention telle qu'amendée et non au Protocole portant amendement lui-même. Toutefois, lorsque cela s'avère nécessaire, le rapport explicatif porte sur des articles spécifiques du Protocole d'amendement. En outre, lorsque le Protocole ne porte aucun amendement à une disposition existante de la Convention, cela est signalé par la mention «inchangé».

Le présent rapport explicatif a été élaboré sur la base du rapport explicatif à la Convention européenne pour la répression du terrorisme et des discussions du GMT. Il a été soumis au Comité des Ministres du Conseil de l'Europe, qui a autorisé sa publication. Il ne constitue pas une interprétation faisant autorité du texte de la Convention telle que révisée par son Protocole d'amendement, bien qu'il puisse faciliter la compréhension des dispositions de la Convention.

Introduction

1.   A la suite des attaques terroristes d'une violence sans précédent commises aux Etats-Unis d'Amérique le 11 septembre 2001, la réponse du Conseil de l'Europe fut à la fois ferme et immédiate. Dans sa déclaration en date du 12 septembre 2001, le Comité des Ministres a condamné immédiatement «avec la plus extrême vigueur les attaques terroristes» commises contre le peuple américain, auquel il tenait à exprimer «son émotion et sa solidarité». Dans le même temps, le Comité des Ministres a commencé à envisager des actions spécifiques pouvant être prises par le Conseil de l'Europe dans son domaine d'expertise pour lutter contre «de tels actes monstrueux».

2.   Gardant cela présent à l'esprit, dans leur décision du 21 septembre 2001, les Délégués des Ministres ont pris «note avec intérêt de la proposition de mettre en place un Groupe multidisciplinaire sur le terrorisme

(GMT), traitant de questions pénales, civiles et administratives» et invité «le Secrétaire Général (...) à proposer (...) le projet de mandat d'un tel groupe».

3. Durant la quatrième partie de sa session, en septembre 2001, l'Assemblée parlementaire du Conseil de l'Europe a également condamné «dans les termes les plus forts possibles ces actes terroristes barbares» et a adopté deux textes importants sur les démocraties face au terrorisme: la Résolution 1258 (2001) et la Recommandation 1534 (2001). L'Assemblée a souligné, entre autres, que «ces attaques ont montré clairement le vrai visage du terrorisme et la nécessité d'un nouveau type de réaction», et a fait un certain nombre de suggestions importantes à examiner afin de renforcer la lutte internationale contre le terrorisme.

4. Les ministres européens de la Justice, lors de leur 24e conférence, tenue à Moscou, les 4 et 5 octobre 2001, ont adapté leur ordre du jour au dernier moment afin de traiter des questions du terrorisme et ont souligné que le Conseil de l'Europe devait immédiatement prendre des mesures pour lutter «contre toutes les formes de terrorisme», en vue d'empêcher à l'avenir «les pertes humaines et les blessures subies par des milliers de personnes innocentes». Les ministres de la Justice sont également convenus de la nécessité de trouver une approche multidisciplinaire au problème du terrorisme, impliquant tous les aspects juridiques pertinents.

5. Dans le contexte de ces engagements politiques forts et inconditionnels, le Comité des Ministres, lors de sa 109e session du 8 novembre 2001, «a dès lors convenu d'accroître rapidement l'efficacité des instruments internationaux existants au Conseil de l'Europe en matière de lutte contre le terrorisme, moyennant [, entre autres,] la création d'un groupe multidisciplinaire sur l'action internationale contre le terrorisme (GMT)».

6. La nature multidisciplinaire de ce groupe montrait que, dès le départ, se dégageait un vaste consensus sur le fait qu'une approche sectorielle ne pouvait conduire à des résultats rapides et concluants pour résoudre les problèmes posés par les nouvelles formes du terrorisme, et qu'il était nécessaire d'adopter une approche globale, incluant les questions pénales, civiles, commerciales, administratives et d'autres questions juridiques.

7. Les tâches du GMT ont été définies dans son mandat adopté par le Comité des Ministres le 8 novembre 2001. Il a été chargé, entre autres, de revoir le fonctionnement et d'examiner la possibilité de mettre à jour les instruments internationaux existants au Conseil de l'Europe en matière de lutte contre le terrorisme, en particulier la Convention européenne pour la répression du terrorisme, en vue également de son ouverture éventuelle à des Etats non membres, et les autres instruments pertinents.

8. Le GMT a mené ses travaux en tenant compte des déclarations et des décisions pertinentes du Comité des Ministres, des résolutions de l'Assemblée parlementaire et de la Conférence des ministres européens de la Justice sur la lutte contre le terrorisme, ainsi que des normes du Conseil

de l'Europe concernant l'Etat de droit et les droits de l'homme. Le GMT a aussi dûment tenu compte des activités des autres institutions internationales et des autres comités et groupes pertinents du Conseil de l'Europe.

9.   Le travail du GMT s'est fondé, d'une part, sur des mesures déjà existantes ou en cours d'élaboration aux niveaux national et international pour lutter contre le terrorisme, mesures que le GMT a suivi de près, et, d'autre part, sur les activités déjà existantes du Conseil de l'Europe exposées dans le rapport sur le terrorisme présenté par le Secrétaire Général (SG/Inf(2001)35) lors de la 109e session du Comité des Ministres.

10.   Deux textes du Conseil de l'Europe, adoptés après la mise en place du GMT, ont été particulièrement significatifs pour le travail de ce groupe, à savoir: la Recommandation 1550 (2002) sur la lutte contre le terrorisme et le respect des droits de l'homme, adoptée par l'Assemblée parlementaire lors de la première partie de sa session, en janvier 2002, et les Lignes directrices sur les droits de l'homme et la lutte contre le terrorisme, adoptées par le Comité des Ministres le 11 juillet 2002.

11.   M. de Koster (Belgique) a été élu président du GMT. Le secrétariat est assuré par la Direction générale des affaires juridiques du Conseil de l'Europe.

12.   Le GMT a tenu six réunions de décembre 2001 à décembre 2002. Lors de sa première réunion, il a arrêté ses méthodes de travail et a créé deux groupes de travail, le GMT-Rev et le GMT-Rap (renommé ensuite GMT-Rap/Suivi), présidés respectivement par M. Favre (France) qui a été par la suite remplacé par M. Galicki (Pologne) et M. Papaioannou (Grèce) et responsables, pour le premier, de mettre en œuvre les instruments internationaux existants du Conseil de l'Europe applicables à la lutte contre le terrorisme, notamment la Convention européenne pour la répression du terrorisme, et d'examiner la possibilité de leur mise à jour et, pour le second, de proposer au Comité des Ministres des actions supplémentaires que le Conseil de l'Europe pourrait mener afin de contribuer aux efforts de la communauté internationale en matière de lutte contre le terrorisme.

13.   Lors de ses quatre réunions suivantes, qui ont eu lieu en février, en avril, en juin et en octobre 2002, le GMT a élaboré un projet de protocole portant amendement à la Convention européenne pour la répression du terrorisme, soumis au Comité des Ministres qui a approuvé son contenu lors de sa 111e session ministérielle, le 7 novembre 2002, et a autorisé la consultation de l'Assemblée parlementaire du Conseil de l'Europe. Il a demandé au GMT de préparer un projet de rapport explicatif.

14.   Lors de sa dernière réunion, du 11 au 13 décembre 2002, le GMT a finalisé le projet de protocole et a approuvé le présent rapport explicatif. Il a soumis ces deux textes au Comité des Ministres en lui demandant d'adopter

le Protocole portant amendement à la Convention et de l'ouvrir à la signature, et d'autoriser la publication du rapport explicatif.

15.   Lors de la 828ᵉ réunion des Délégués des Ministres le 13 février 2003, le Comité des Ministres a approuvé le texte qui fait l'objet du présent rapport et a décidé d'ouvrir le Protocole portant amendement à la Convention à la signature des Etats membres du Conseil de l'Europe.

Considérations générales

16.   La Convention a pour but de faciliter la répression du terrorisme en complétant et, le cas échéant, en modifiant les accords d'extradition et d'entraide judiciaire en vigueur entre les Etats membres du Conseil de l'Europe, notamment la Convention européenne d'extradition du 13 décembre 1957 (STE n° 24) et ses Protocoles additionnels des 15 octobre 1975 et 17 mars 1978 (STE nᵒˢ 86 et 98), et la Convention européenne d'entraide judiciaire en matière pénale du 20 avril 1959 (STE n° 30) et ses Protocoles additionnels des 17 mars 1978 et 8 novembre 2001 (STE nᵒˢ 99 et 182), en vue de surmonter les difficultés qui peuvent surgir dans les cas d'extradition et d'entraide judiciaire concernant des personnes accusées ou condamnées du chef d'actes de terrorisme.

17.   Il a été estimé que le climat de confiance mutuelle existant entre les Etats qui sont animés des mêmes sentiments, à savoir les Etats membres et les Etats observateurs du Conseil de l'Europe, et aussi leur caractère démocratique et leur respect des droits de l'homme, dans le cas des Etats membres du Conseil de l'Europe, garantis par les institutions créées en vertu de la Convention européenne des Droits et l'Homme du 4 novembre 1950, justifient de prévoir la possibilité et, dans certains cas, l'obligation de ne pas considérer comme politiques, pour les besoins de l'extradition, les crimes particulièrement odieux visés aux articles 1 et 2 de la Convention. Les droits de l'homme qui doivent être respectés ne sont pas seulement les droits des personnes accusées ou condamnées du chef d'actes de terrorisme, mais aussi ceux de toute personne exposée à être victime de ces actes (voir l'article 17 de la Convention européenne des Droits de l'Homme).

18.   Ces crimes sont notamment caractérisés par leur internationalisation croissante: leurs auteurs sont fréquemment découverts sur le territoire d'un autre Etat que celui où le crime a été commis. De ce fait, l'extradition est une mesure particulièrement efficace pour combattre le terrorisme.

19.   S'il s'agit d'une infraction terroriste qui entre dans le champ d'application des traités d'extradition en vigueur, l'Etat requis n'aura aucune difficulté, sous réserve des dispositions de sa loi d'extradition applicable, à se conformer à une demande d'extradition de l'Etat qui a compétence pour la poursuite pénale.

20. Toutefois, les actes de terrorisme risquent d'être considérés comme des «infractions politiques» et, selon un principe énoncé dans la plupart des traités d'extradition en vigueur ainsi que dans la Convention européenne d'extradition (voir l'article 3, paragraphe 1), l'extradition n'est pas accordée pour une infraction politique.

21. Or, il n'existe aucune définition généralement acceptée de l'expression «infraction politique». C'est à l'Etat requis qu'il appartient de l'interpréter.

22. Il s'ensuit que les accords internationaux en vigueur présentent une grave lacune en ce qui concerne la possibilité d'extrader des personnes accusées ou condamnées du chef d'actes de terrorisme, même si les conventions internationales les plus récentes de l'Organisation des Nations Unies (Onu) – à savoir la Convention internationale du 15 décembre 1997 pour la répression des attentats terroristes à l'explosif, et la Convention internationale du 9 décembre 1999 pour la répression du financement du terrorisme – ainsi que les efforts déployés par l'Onu pour élaborer un projet de convention générale sur le terrorisme international visent à combler cette lacune.

23. La Convention européenne pour la répression du terrorisme vise à combler cette lacune en supprimant ou en limitant la possibilité pour l'Etat requis d'opposer le caractère politique d'une infraction aux demandes d'extradition. A cet effet, elle prévoit que, pour les besoins de l'extradition, certaines infractions énumérées ne seront jamais considérées comme «politiques» (article 1er) et que d'autres infractions énumérées pourront ne pas l'être (article 2), malgré leur contenu ou leur motivation politique.

24. Il faut noter que, lorsque le GMT a entrepris de mettre à jour la Convention européenne de 1977 pour la répression du terrorisme, il est convenu dès le départ de conserver la nature générale de la Convention en tant qu'instrument de «dépolitisation» aux fins d'extradition. Ainsi, aucune des dispositions de la Convention ne devrait être considérée comme fixant ou impliquant, directement ou indirectement, une obligation pour les Etats parties de définir comme infractions pénales des actes ou actions prévues à l'article 1er, paragraphe 2, de la Convention. De même, la Convention ne devrait pas être considérée comme limitant l'application des motifs de refus d'extradition contenus dans la Convention européenne d'extradition, à l'exception de l'article 3 relatif aux infractions politiques. En conséquence, les autres motifs, comme l'exigence de la double incrimination, continuent de s'appliquer.

25. Le système établi par les articles 1 et 2 de la Convention traduit un consensus conciliant les arguments en faveur d'une obligation, d'une part, et d'une faculté, d'autre part, de ne pas considérer, aux fins de l'application de la Convention, certaines infractions comme politiques.

26. En faveur d'une obligation, on a fait valoir qu'elle seule donnerait aux Etats de nouvelles et efficaces possibilités d'extradition en supprimant explicitement l'exception de l'«infraction politique», solution parfaitement réalisable dans le climat de confiance mutuelle qui règne entre les Etats membres et observateurs du Conseil de l'Europe dotés d'institutions démocratiques semblables. Il serait ainsi assuré que les terroristes seraient extradés, pour y être jugés, vers l'Etat ayant compétence pour exercer des poursuites. Une simple faculté ne pourrait jamais donner la garantie que l'extradition aurait lieu et, en outre, les critères relatifs à la gravité de l'infraction seraient imprécis.

27. En faveur d'une faculté, on a fait valoir qu'il était difficile d'accepter une solution rigide qui équivaudrait à l'extradition obligatoire pour les infractions politiques. Chaque cas doit faire l'objet d'un examen particulier.

28. La solution adoptée prévoit une obligation, pour certaines infractions – dont la liste a été considérablement étendue par le Protocole d'amendement (article 1er) – de ne pas être considérées comme politiques et une faculté pour d'autres (article 2).

29. La Convention ne s'applique qu'aux actes particulièrement odieux et graves, frappant souvent des personnes étrangères aux mobiles de ces actes. La plupart de ces actes sont criminalisés par des conventions internationales. Leur gravité et leurs conséquences sont telles que leur élément pénal l'emporte sur leurs aspects politiques éventuels.

30. Cette méthode, qui a déjà été appliquée au génocide, aux crimes de guerre et à d'autres crimes comparables dans le Protocole additionnel à la Convention européenne d'extradition du 15 octobre 1975 ainsi qu'aux attentats à la vie d'un chef d'Etat ou d'un membre de sa famille à l'article 3, paragraphe 3, de la Convention européenne d'extradition, permet en conséquence de surmonter, dans le cas des actes de terrorisme, non seulement les obstacles à l'extradition constitués par l'allégation du caractère politique de l'infraction, mais aussi les difficultés inhérentes à l'absence d'interprétation uniforme de l'expression «infraction politique».

31. Bien que la Convention vise manifestement à ne pas prendre en considération le caractère politique de l'infraction en vue de l'extradition, elle reconnaît qu'un Etat contractant peut être empêché, notamment pour des raisons législatives ou constitutionnelles, d'accepter pleinement les obligations découlant de son article 1er. C'est pourquoi l'article 16 autorise expressément les Etats contractants à formuler certaines réserves. Toutefois, le Protocole d'amendement a fortement restreint cette possibilité en l'assortissant de conditions spécifiques et en prévoyant un mécanisme de suivi.

32. Il convient d'ajouter qu'il n'y a plus d'obligation d'extrader lorsque l'Etat requis a des raisons sérieuses de croire que la demande d'extradition est motivée par des considérations visées à l'article 5, ou que la situation de

la personne dont l'extradition est requise risque d'être aggravée par ces mêmes considérations. Les paragraphes 2 et 3 ont été ajoutés à l'article 5, conformément à la demande de l'Assemblée parlementaire dans sa Recommandation 1550 (2002), afin de préciser clairement qu'il n'y pas d'obligation d'extrader lorsque l'extradition est en contradiction avec d'autres motifs de refus fondés sur les droits de l'homme. Comme il a été indiqué auparavant, l'article 5 révisé n'a pas pour but d'être exhaustif en ce qui concerne les motifs de refus de l'extradition.

33. En cas d'infraction visée à l'article 1er, un Etat qui refuse l'extradition doit soumettre l'affaire à ses autorités compétentes pour l'exercice de l'action pénale, après avoir pris les mesures nécessaires pour établir sa compétence dans ces circonstances (articles 6 et 7).

34. Ces dispositions reflètent la maxime *aut dedere aut judicare*. Il convient toutefois de noter que la Convention n'offre pas aux Etats contractants un choix général entre l'extradition et l'exercice de l'action pénale. L'obligation de soumettre l'affaire aux autorités compétentes pour l'exercice de l'action pénale est subsidiaire, en ce sens qu'elle est assujettie au refus préalable d'extrader dans un cas donné, ce qui n'est possible que dans les conditions énoncées dans la Convention ou dans d'autres dispositions conventionnelles ou légales.

35. En effet, la Convention n'est pas un traité d'extradition en tant que tel. Bien que le caractère d'une infraction puisse être modifié en vertu des articles 1 et 2, le fondement juridique de l'extradition reste le traité d'extradition ou tout autre instrument juridique concerné. Il s'ensuit qu'un Etat auquel il est demandé d'extrader un terroriste peut, nonobstant les dispositions de la Convention, ne pas le faire si les autres conditions d'extradition ne sont pas remplies, par exemple si l'auteur de l'infraction est un ressortissant de l'Etat requis ou si la prescription est intervenue. Toutefois, l'article 4, paragraphe 2, de la Convention dans son autorise un Etat contractant qui subordonne l'extradition à l'existence d'un traité à considérer, s'il le souhaite, la Convention comme une base juridique pour l'extradition.

36. Par ailleurs, la Convention n'est pas exhaustive, en ce sens qu'elle n'empêche pas les Etats d'extrader dans d'autres cas que ceux qui sont prévus par la Convention, si leur droit interne le permet, ou de prendre d'autres mesures telles que l'expulsion de l'auteur de l'infraction ou son refoulement, si dans un cas donné l'Etat concerné ne se trouve pas saisi d'une demande d'extradition dans les cas visés par la Convention, ou s'il considère qu'une mesure autre que l'extradition se justifie en application d'un autre accord international ou d'un arrangement particulier.

37. Les obligations que les Etats contractants souscrivent en adhérant à la Convention sont étroitement liées au climat de confiance réciproque qui règne entre des Etats animés du même esprit, lequel est basé sur leur reconnaissance collective de la prééminence du droit et de la protection des

droits de l'homme. C'est pourquoi, bien que le terrorisme soit un problème mondial, il a été estimé nécessaire de limiter le cercle des Parties contractantes aux Etats membres et observateurs du Conseil de l'Europe, bien que le Comité des Ministres puisse inviter d'autres Etats à devenir parties à la Convention.

38.   Il va de soi que la Convention ne porte pas atteinte aux droits traditionnels reconnus aux personnes réfugiées politiques ou à celles bénéficiant de l'asile politique en application des engagements internationaux auxquels les Etats membres sont également parties.

Commentaires sur les articles de la Convention

Article 1er

39.   L'article 1er énumère les infractions qui, pour les besoins de l'extradition, ne seront pas considérées comme des infractions politiques, comme des infractions connexes aux infractions politiques, ou comme des infractions inspirées par des mobiles politiques.

40.   Il modifie donc les conséquences des traités et accords d'extradition en vigueur en ce qui concerne l'appréciation de la nature de ces infractions. Il supprime la possibilité pour l'Etat requis d'opposer le caractère politique de l'infraction aux demandes d'extradition. Toutefois, il ne crée pas une obligation d'extrader, étant donné que la Convention n'est pas un traité d'extradition en tant que tel. Le fondement juridique de l'extradition reste le traité, l'accord ou l'instrument juridique d'extradition concerné. Toutefois, selon l'article 4, paragraphe 2, de la Convention, un Etat contractant peut, s'il le souhaite, utiliser la Convention comme une base juridique pour l'extradition.

41.   Les expressions «infraction politique» et «infraction connexe à une infraction politique» sont reprises de l'article 3, paragraphe 1, de la Convention européenne d'extradition, qui est modifié en ce sens que les Parties contractantes à la Convention européenne pour la répression du terrorisme ne peuvent plus considérer comme «politiques» les infractions énumérées à l'article 1er.

42.   L'expression «infraction inspirée par des mobiles politiques» est destinée à compléter l'énumération des cas dans lesquels le caractère politique d'une infraction ne peut pas être invoqué. Allusion aux mobiles politiques d'un acte de terrorisme est faite dans la Résolution (74) 3 sur le terrorisme international adoptée par le Comité des Ministres du Conseil de l'Europe le 24 janvier 1974.

43.   L'article 1er traduit une volonté de ne pas permettre à l'Etat requis d'opposer le caractère politique d'une infraction aux demandes d'extradition à l'égard de certains crimes particulièrement odieux. Cette volonté est déjà reflétée dans des traités internationaux, par exemple à l'article 3,

paragraphe 3, de la Convention européenne d'extradition pour l'attentat à la vie d'un chef d'Etat ou d'un membre de sa famille, à l'article 1er du Protocole additionnel à la Convention européenne d'extradition pour certains crimes contre l'humanité et pour les violations des lois et coutumes de la guerre, ainsi qu'à l'article VII de la Convention des Nations Unies pour la prévention et la répression du crime de génocide.

44.   Lorsque le GMT a étudié la possibilité de mettre à jour cet article, il a gardé présent à l'esprit la Recommandation 1550 (2002) de l'Assemblée parlementaire, qui demandait que le GMT envisage d'utiliser la définition du terrorisme adoptée par l'Union européenne dans la Position commune du Conseil européen du 7 décembre 2001 relative à l'application de mesures spécifiques en vue de lutter contre le terrorisme (2001/931/CFSP)[1]. Le GMT a décidé de ne pas le faire étant donné que la définition de l'Union européenne avait été décidée d'un commun accord «aux fins de la Position commune» et parce qu'il ne souhaitait modifier en rien la nature de la Convention en tant qu'instrument de dépolitisation aux fins d'extradition.

45.   L'article 1er énumère deux catégories d'infractions. La première, qui figure au paragraphe 1, comprend les infractions déjà incluses dans des traités internationaux. La seconde, qui figure au paragraphe 2, concerne les infractions connexes aux infractions couvertes au paragraphe 1 et jugées tellement graves que l'on a estimé nécessaire de les assimiler aux infractions de la première catégorie.

46.   Au paragraphe 1, les infractions en question sont décrites par simple référence aux titres des instruments internationaux pertinents. La référence à la Convention de La Haye du 16 décembre 1970 pour la répression de la capture illicite d'aéronefs et à la Convention de Montréal du 23 septembre 1971 pour la répression d'actes illicites dirigés contre la sécurité de l'aviation civile, les seules mentionnées dans la convention initiale, a été complétée dans le Protocole d'amendement par une référence aux autres conventions internationales dont la plupart ont été adoptées ultérieurement, à savoir: la Convention de New York du 14 décembre 1973 sur la prévention et la répression des infractions contre les personnes jouissant d'une protection internationale, y compris les agents diplomatiques; la Convention internationale de New York du 17 décembre 1979 contre la prise d'otages; la Convention de Vienne du 3 mars 1980 sur la protection physique des matières nucléaires; le Protocole de Montréal du 24 février 1988 pour la répression des actes illicites de violence dans les aéroports servant à l'aviation civile internationale; la Convention de Rome du 10 mars 1988 pour la répression d'actes illicites contre la sécurité de la navigation maritime; le Protocole de Rome du 10 mars 1988 pour la répression d'actes illicites contre la sécurité des plates-formes fixes situées sur le plateau continental;

---

1. Dans le contexte de l'Union européenne, cette définition a été choisie d'un commun accord aux fins du rapprochement de la législation des Etats membres de l'Union européenne dans la Décision-cadre du Conseil du 13 juin 2002 (2002/475/JAI, JO L164 du 22/6/2002, p. 3).

la Convention internationale de New York du 15 décembre 1997 pour la répression des attentats terroristes à l'explosif, et la Convention internationale de New York du 9 décembre 1999 pour la répression du financement du terrorisme.

47.   Les infractions connexes aux infractions principales citées au paragraphe 1, incluant la tentative de commettre une de ces infractions, la participation en tant que coauteur ou complice à sa perpétration ou à la tentative de perpétration, et l'organisation ou le fait de donner l'ordre à d'autres de commettre ou de tenter de commettre une de ces infractions, sont couvertes par le paragraphe 2. Des dispositions du même ordre figurent dans plusieurs instruments internationaux, dont les plus récents: la Convention internationale du 15 décembre 1997 pour la répression des attentats terroristes à l'explosif (article 2, paragraphe 3), et la Convention internationale du 9 décembre 1999 pour la répression du financement du terrorisme (article 2, paragraphe 5).

48.   Par «tentative» on entend uniquement une tentative punissable, car, aux termes de certaines législations, les tentatives de commettre une infraction ne constituent pas toutes des infractions punissables.

49.   Le mot anglais «*accomplice*» englobe les termes «coauteur» et «complice» utilisés dans le texte français.

Article 2

50.   Le paragraphe 1 (inchangé) de l'article 2 donne aux Parties contractantes la possibilité de ne pas considérer comme «politiques» certaines infractions graves qui, sans être comprises dans le champ d'application de la règle obligatoire énoncée à l'article 1er, comportent un acte de violence dirigé contre la vie, l'intégrité corporelle ou la liberté d'une personne. Cette possibilité déroge au principe traditionnel selon lequel le refus d'extradition est obligatoire en matière politique.

51.   L'expression «acte grave de violence» utilisée pour décrire les infractions qui peuvent être considérées comme non politiques s'inspire de l'article 4 de la Convention de La Haye pour la répression de la capture illicite d'aéronefs.

52.   En vertu du paragraphe 2 (inchangé), inspiré par la Résolution (74) 3 du Comité des Ministres, un acte grave contre des biens n'est visé que lorsqu'il a créé un danger «collectif» pour des personnes, par exemple à la suite de l'explosion d'une installation nucléaire ou d'un barrage.

53.   Le paragraphe 3 a été étendu par le Protocole d'amendement de la même manière que le paragraphe 2 de l'article 1er (voir paragraphe 47 du présent rapport).

54. La formulation souple de l'article 2 offre trois possibilités d'action à la suite d'une demande d'extradition:

– l'Etat requis peut ne pas considérer l'infraction comme politique, au sens de l'article 2, et accorder l'extradition de la personne concernée;

– il peut ne pas considérer l'infraction comme politique au sens de l'article 2, mais refuser néanmoins l'extradition pour un motif autre que politique,

– il peut considérer l'infraction comme politique, mais refuser l'extradition.

55. Il va de soi que la décision de l'Etat d'accorder ou de refuser l'extradition est prise indépendamment de l'article 2, c'est-à-dire sans prendre position sur la question de savoir si les conditions dudit article sont remplies.

Article 3 (inchangé)

56. L'article 3 concerne les effets de la Convention sur les traités et accords d'extradition en vigueur.

57. Le mot anglais «*arrangements*» est destiné à englober les procédures d'extradition qui ne sont pas incorporées dans un traité formel telles que celles qui sont en vigueur entre l'Irlande et le Royaume-Uni. Aussi le terme «accords», dans le texte français, ne doit-il pas être entendu au sens d'instrument international formel.

58. L'article 3 a notamment pour conséquence de modifier l'article 3, paragraphe 1, de la Convention européenne d'extradition. En ce qui concerne les relations entre les Etats parties à la Convention européenne pour la répression du terrorisme et à la Convention européenne d'extradition, l'article 3, paragraphe 1, de cette dernière est modifié dans la mesure où il est incompatible avec les nouvelles obligations découlant de la première telle qu'amendée par le Protocole. Il en est de même pour des dispositions comparables contenues dans les traités et accords bilatéraux qui sont applicables entre les Etats parties à la présente Convention.

Article 4

59. Le paragraphe 1 de l'article 4 prévoit que toute infraction visée aux articles 1 et 2 est automatiquement incluse, en tant que fait donnant lieu à extradition, dans tout traité d'extradition en vigueur entre les Etats contractants.

60. En outre, le paragraphe 2, ajouté par le Protocole d'amendement, énonce la possibilité, pour un Etat contractant qui subordonne l'extradition à l'existence d'un traité, et qui est saisi d'une demande d'extradition par un autre Etat contractant avec lequel il n'est pas lié par un traité d'extradition, de considérer la Convention comme la base juridique de l'extradition en ce

qui concerne les infractions prévues aux articles 1 ou 2. Une telle décision reste à la discrétion de l'Etat requis. Cette disposition est tirée d'instruments internationaux en vigueur, dont les plus récents: la Convention internationale du 15 décembre 1997 pour la répression des attentats terroristes à l'explosif (article 9, paragraphe 2), et la Convention internationale du 9 décembre 1999 pour la répression du financement du terrorisme (article 11, paragraphe 2).

61.   L'article 4 n'exclut pas le refus d'accorder l'extradition aux motifs autres que la nature politique de l'infraction. Un Etat contractant requis peut refuser l'extradition, aux motifs autres, tels que l'exigence de la double incrimination, qui ne sont pas spécifiquement mentionnés dans la présente Convention mais dans sa législation nationale ou dans les instruments internationaux applicables.

62.   En outre, cet article n'impose pas une obligation aux Etats contractants d'inclure en tant qu'infraction donnant lieu à extradition, dans des traités d'extradition bilatéraux qu'ils pourraient conclure ultérieurement, des infractions qui ne sont pas prévues comme telles dans la législation nationale de l'Etat concerné.

Article 5

63.   L'article 5 vise à mettre l'accent sur l'objectif de la Convention, qui est de contribuer à la répression des actes de terrorisme lorsqu'ils constituent une attaque contre les droits fondamentaux à la vie et à la liberté des personnes. La Convention doit être interprétée comme un moyen de renforcer la protection des droits de l'homme. Selon ce principe de base, l'article 5 veille à ce que la Convention soit conforme aux exigences de la protection des droits de l'homme et des libertés fondamentales tels qu'ils sont énoncés dans la Convention européenne des Droits de l'Homme.

64.   A cet égard, il convient de rappeler que la Convention ne cherche pas à définir les motifs pour lesquels une extradition peut être refusée, hormis l'exception que constitue l'infraction politique. L'article 5 vise à énoncer cela clairement en faisant référence à certaines raisons existantes pour lesquelles l'extradition peut être refusée. L'article 5 n'entend cependant pas être exhaustif quant aux motifs éventuels de refus.

65.   L'article 5 vise notamment à sauvegarder le droit traditionnel d'asile. Bien qu'il ne soit guère probable qu'une personne soit poursuivie, punie ou fasse l'objet d'une discrimination pour des considérations de race, de religion, de nationalité ou d'opinions politiques, dans les Etats membres du Conseil de l'Europe qui, au moment de l'adoption de ce Protocole, ont tous, à l'exception d'un seul, ratifié la Convention européenne des Droits de l'Homme, on a jugé utile aussi d'insérer cette clause traditionnelle dans la présente Convention (paragraphe 1), notamment en vue de l'ouverture de la Convention à des Etats non membres (voir l'article 14 ci-après). Elle figure déjà à l'article 3, paragraphe 2, de la Convention européenne d'extradition.

66. Si l'Etat requis a des raisons sérieuses de croire que la demande d'extradition, présentée pour l'une des infractions citées à l'article 1 ou 2, vise essentiellement à permettre à l'Etat requérant de poursuivre ou de punir la personne en question pour les opinions politiques auxquelles elle adhère, l'Etat requis peut refuser d'accorder l'extradition.

67. Il en est de même lorsque l'Etat requis a des raisons sérieuses de croire que la situation de la personne risque d'être aggravée pour des raisons politiques ou pour l'une ou l'autre des raisons citées à l'article 5. Il en serait ainsi lorsque la personne réclamée risque, dans l'Etat requérant, de ne pas bénéficier des droits de la défense tels qu'ils sont garantis par la Convention européenne des Droits de l'Homme.

68. Deux paragraphes supplémentaires ont été ajoutés à cet article, en gardant plus particulièrement présentes à l'esprit la Recommandation 1550 (2002) de l'Assemblée parlementaire sur la lutte contre le terrorisme et le respect des droits de l'homme (paragraphe 7.i) et les Lignes directrices sur les droits de l'homme et la lutte contre le terrorisme (Lignes directrices IV, X, XIII et XV), adoptées par le Comité des Ministres le 11 juillet 2002. Ces paragraphes reconnaissent de manière explicite la possibilité, pour un Etat contractant, de refuser l'extradition lorsque la personne faisant l'objet de la demande d'extradition risque d'être exposée à la torture (paragraphe 2) ou, dans certaines circonstances, lorsque la personne concernée risque d'être exposée à la peine de mort ou à la réclusion à perpétuité sans possibilité de remise de peine (paragraphe 3). Comme il a été relevé précédemment, ces motifs de refus existent déjà indépendamment de la Convention. Ainsi, la possibilité de refuser l'extradition là où il y a un risque d'être condamné à la peine de mort est prévue à l'article 11 de la Convention européenne d'extradition. Toutefois, le GMT a estimé qu'il était nécessaire de les énoncer de manière explicite, afin de souligner la nécessité de concilier une lutte efficace contre le terrorisme avec le respect des droits fondamentaux, notamment en vue de l'ouverture de la Convention à des Etats non membres.

69. Au paragraphe 2, seul est mentionné le risque de torture. Toutefois, comme il a été relevé auparavant, cet article n'entend pas être exhaustif quant aux circonstances dans lesquelles l'extradition peut être refusée.

70. Il est évident que l'Etat qui applique cet article doit donner à l'Etat requérant les raisons de son refus d'accorder la demande d'extradition. C'est en application du même principe que l'article 18, paragraphe 2, de la Convention européenne d'extradition prévoit que «tout rejet complet ou partiel sera motivé» et que l'article 19 de la Convention européenne d'entraide judiciaire en matière pénale prévoit que «tout refus d'entraide judiciaire sera motivé».

71. Si l'extradition est refusée pour des motifs liés aux droits de l'homme, l'article 7 de la Convention s'applique: l'Etat requis doit soumettre l'affaire à ses autorités compétentes pour l'exercice de l'action pénale.

Article 6 (inchangé)

72. Le paragraphe 1 de l'article 6 concerne l'obligation imposée aux Etats contractants d'établir leur compétence aux fins de connaître des infractions visées à l'article 1er.

73. Cette compétence s'applique uniquement dans le cas où l'auteur soupçonné de l'infraction se trouve sur le territoire de l'Etat requis, et où cet Etat ne l'extrade pas après avoir reçu une demande d'extradition d'un Etat contractant «dont la compétence de poursuivre est fondée sur une règle de compétence existant également dans la législation de l'Etat requis».

74. Pour que la seconde condition soit remplie, il faut qu'il existe une correspondance entre les règles de compétence appliquées par l'Etat requérant et celles appliquées par l'Etat requis.

75. Le principal effet de cette limitation se fait sentir à propos de la divergence des principes de compétence existant entre les Etats dont les tribunaux nationaux sont, en droit pénal interne, compétents pour connaître des infractions commises par des ressortissants quel que soit le lieu de perpétration de ces infractions, et ceux où la compétence des tribunaux nationaux est fondée sur le principe de la territorialité (c'est-à-dire lorsque l'infraction est commise sur leur propre territoire, y compris les infractions commises à bord de navires, d'aéronefs et d'installations en mer assimilés au territoire). Ainsi si un Etat désireux d'exercer sa compétence afin de juger un ressortissant pour une infraction commise hors de son territoire fait une demande d'extradition qui est refusée, l'obligation imposée à l'article 6 n'intervient que si la législation de l'Etat requis prévoit également, à titre de règle interne de compétence, le jugement, par ses tribunaux, de ses ressortissants pour des infractions commises hors de son territoire.

76. L'article 6 ne doit pas être interprété comme exigeant une correspondance absolue entre les règles de compétence des Etats concernés. Il n'exige cette correspondance que dans la mesure où il se rapporte aux circonstances et à la nature de l'infraction pour laquelle l'extradition est demandée. Lorsque, par exemple, l'Etat requis est compétent pour connaître de certaines infractions commises à l'étranger par ses ressortissants, l'obligation imposée par l'article 6 intervient s'il refuse l'extradition à un Etat désireux d'exercer une compétence analogue à l'égard de l'une de ces infractions.

77. Le paragraphe 2 précise que la Convention n'exclut aucune compétence pénale exercée conformément aux lois nationales.

78. En cas de refus d'extradition à la suite d'une infraction visée à l'article 2, la Convention ne contient ni obligation ni empêchement pour l'Etat requis de prendre, à la lumière des règles énoncées aux articles 6 et 7, les mesures nécessaires pour poursuivre les auteurs de cette infraction.

Article 7 (inchangé)

79. L'article 7 impose à l'Etat requis l'obligation de soumettre l'affaire à ses autorités compétentes pour l'exercice de l'action pénale s'il refuse l'extradition *(aut dedere aut judicare)*.

80. Cette obligation est assujettie à des conditions analogues à celles énoncées au paragraphe 1 de l'article 6: l'auteur soupçonné d'une infraction doit avoir été découvert sur le territoire de l'Etat requis et ce dernier doit avoir reçu une demande d'extradition d'un Etat contractant dont la compétence de poursuivre est fondée sur une règle de compétence existant également dans sa propre législation.

81. Sous réserve des dispositions de l'article 16, paragraphe 7, l'affaire doit être soumise aux autorités compétentes en vue de poursuites, sans exception aucune et sans retard injustifié. La poursuite elle-même suit les règles de droit et de procédure en vigueur dans l'Etat requis pour des infractions de gravité comparable.

82. Dans le contexte de l'article 16, la maxime *aut dedere aut judicare* est rappelée, sous réserve de la possibilité, pour l'Etat requérant et l'Etat requis, de s'accorder à procéder autrement.

Article 8 (inchangé)

83. L'article 8 porte sur l'entraide judiciaire, au sens de la Convention européenne d'entraide judiciaire en matière pénale, dans les procédures pénales concernant les infractions mentionnées aux articles 1 et 2. L'article comporte une obligation d'accorder l'entraide en ce qui concerne tant les infractions visées à l'article 1er que celles visées à l'article 2.

84. En vertu du paragraphe 1, les Etats contractants s'engagent à s'accorder l'entraide judiciaire la plus large possible (première phrase). L'énoncé de cette disposition s'inspire de celui de l'article 1, paragraphe 1, de la Convention européenne d'entraide judiciaire en matière pénale. L'entraide accordée conformément à l'article 8 est régie par la loi pertinente de l'Etat requis (deuxième phrase), mais ne peut être refusée pour le seul motif que la demande concerne une infraction politique (troisième phrase). La description du caractère politique de l'infraction est identique à celle de l'article 1er (voir les paragraphes 41 et 42 du présent rapport).

85. Le paragraphe 2 répète, pour l'entraide judiciaire, la règle énoncée à l'article 5, paragraphe 1. Cette disposition ayant une portée et une signification identiques, les explications données à propos de l'article 5,

paragraphe 1, s'appliquent *mutatis mutandis* (voir les paragraphes 63 à 67 et 70 et 71 du présent rapport).

86.   Le paragraphe 3 concerne les effets de la Convention sur les traités et accords d'entraide judiciaire en matière pénale en vigueur. Il répète les règles énoncées à l'article 3 pour les traités et accords d'extradition (voir les paragraphes 57 et 58 du présent rapport).

87.   La principale conséquence du paragraphe 3 est de modifier l'article 2.*a* de la Convention européenne d'entraide judiciaire en matière pénale dans la mesure où celui-ci permet de refuser l'entraide «si la demande se rapporte à des infractions considérées par la partie requise soit comme des infractions politiques, soit comme des infractions connexes à des infractions politiques». En conséquence, cette disposition ainsi que les dispositions semblables dans des traités bilatéraux entre Parties contractantes à la présente Convention ne peuvent plus être invoquées afin de refuser l'entraide à l'égard d'une infraction visée aux articles 1 et 2.

88.   L'article 8 n'exclut pas les motifs de refus d'entraide autres que la nature politique de l'infraction.

Article 9

89.   Un nouvel article 9 a été introduit dans la Convention, qui dispose que les Etats contractants peuvent conclure entre eux des accords complétant les dispositions de la Convention ou facilitant l'application des principes qu'elle contient. Cette disposition n'impose pas une obligation aux Etats parties, mais leur rappelle la possibilité qui leur est offerte de favoriser la réalisation des objectifs de la Convention.

Article 10

90.   Cet article confère au Comité européen pour les problèmes criminels (CDPC) du Conseil de l'Europe la compétence générale concernant le suivi de l'application de la Convention et s'inspire des précédents établis dans d'autres conventions européennes en matière pénale comme l'article 28 de la Convention européenne pour la répression des infractions routières, l'article 65 de la Convention européenne sur la valeur internationale des jugements répressifs, l'article 44 de la Convention européenne sur la transmission des procédures répressives, et l'article 7 du Protocole additionnel à la Convention européenne d'extradition.

91.   L'obligation de faire rapport, énoncée à l'article 10, vise à tenir le CDPC informé des éventuelles difficultés d'interprétation et d'application de la Convention, afin qu'il puisse faciliter les règlements amiables et proposer les amendements à la Convention qui se révéleraient nécessaires.

92.   Les deux tâches que la Convention attribuait initialement au CDPC – «être tenu informé de l'application de la Convention» et «faciliter autant que

de besoin le règlement amiable de toute difficulté à laquelle l'exécution de la Convention donnerait lieu» – ont été développées en prévoyant une série de tâches additionnelles que le comité peut exécuter en relation avec la Convention, à savoir: faire des propositions en vue de faciliter ou d'améliorer l'application de la Convention; adresser des recommandations au Comité des Ministres relatives aux propositions d'amendement à la Convention, et donner son avis sur toute proposition d'amendement à la Convention présentée par un Etat contractant conformément aux articles 12 et 13; exprimer, à la demande d'un Etat contractant, un avis sur toute question relative à l'application de la Convention; adresser des recommandations au Comité des Ministres relatives à l'invitation des Etats non membres du Conseil de l'Europe à adhérer à la Convention conformément au paragraphe 3 de l'article 14, et soumettre chaque année au Comité des Ministres du Conseil de l'Europe un rapport sur la mise en œuvre de cet article aux fins de l'application de la Convention.

93.   Nonobstant ces tâches supplémentaires mentionnées ci-dessus, le CDPC continue de remplir une fonction générale de suivi de la Convention, sans préjudice d'une compétence de suivi plus spécifique attribuée au comité établi à l'article 17 – la Conférence des Etats contractants contre le terrorisme – (COSTER, voir ci-dessous) concernant certaines dispositions de la Convention. Le CDPC et le COSTER sont tous deux invités à contribuer à l'efficacité de la Convention, chacun à leur façon et selon leur propre statut, le CDPC comme comité gouvernemental d'experts chargé, sous l'autorité du Comité des Ministres, de la mise en œuvre et du suivi de la coopération internationale en matière pénale, le COSTER comme comité conventionnel spécifiquement mis en place aux fins de la présente Convention. Evidemment, lorsque cela s'avère nécessaire, le CDPC et le COSTER sont appelés à coopérer étroitement.

Article 11

94.   L'article 11 porte sur le règlement, par voie d'arbitrage, des différends concernant l'interprétation ou l'application de la Convention qui n'ont pas été réglés grâce à l'intervention du CDPC conformément à l'article 10.e, ou grâce à la négociation.

95.   Les dispositions de l'article 11 prévoient la création d'un tribunal arbitral. Chaque Partie désignera un arbitre et ces arbitres désigneront à leur tour un autre arbitre, président du tribunal (paragraphe 1) ou «surarbitre». Si, dans un délai de trois mois à compter de la requête d'arbitrage, l'une des Parties n'a pas procédé à la désignation de son arbitre, ou si les arbitres des Parties n'ont pas désigné le surarbitre, l'arbitre manquant ou le surarbitre sera désigné, à la demande de l'autre Partie, par le président de la Cour internationale de justice ou par le président de la Cour européenne des Droits de l'Homme, selon que le litige inclut ou non un Etat membre du Conseil de l'Europe (paragraphes 2 et 3). L'article prévoit les cas où le président de la cour internationale concernée est un ressortissant de l'une des parties au différend (paragraphe 4). Le rôle

éventuel du président de l'une de ces deux cours internationales n'a pas de conséquences sur le droit en vigueur.

96.   Traditionnellement, les conventions du Conseil de l'Europe qui sont ouvertes exclusivement aux Etats membres du Conseil de l'Europe, comme l'était initialement la présente Convention, attribuaient un rôle au Président de la Cour européenne des Droits de l'Homme (voir par exemple l'article 47, paragraphe 2, de la Convention européenne du 13 décembre 1968 sur la protection des animaux en transport international, dans laquelle ce système d'arbitrage a été introduit pour la première fois). Cela était dû au fait que tous les Etats membres du Conseil de l'Europe étaient parties à la Convention européenne des Droits de l'Homme et soumis à la compétence de la Cour européenne des Droits de l'Homme. Toutefois, le fait que la Convention soit désormais ouverte aux Etats non membres (voir article 14 ci-après) requiert une procédure d'arbitrage prévue pour le règlement des différends impliquant un Etat non membre, par une cour internationale extérieure à la structure du Conseil de l'Europe.

97.   Bien qu'il soit explicitement établi que le tribunal arbitral arrête sa propre procédure, la Convention prévoit certaines des règles à suivre, à savoir: que les décisions du tribunal seront prises à la majorité, que le surarbitre aura une voix prépondérante lorsque la majorité ne pourra pas être atteinte.

98.   La voix prépondérante du surarbitre s'explique par le fait qu'un litige peut impliquer plus de deux Etats contractants. La sentence du tribunal sera définitive.

Articles 12 et 13

99.   Ces nouveaux articles ont été introduits dans la Convention afin de réglementer les amendements ultérieurs. Le GMT a essayé de résoudre le problème des futurs amendements éventuels à la Convention en proposant deux procédures: une procédure d'amendement simplifiée, qui permettra d'ajouter de nouvelles conventions à la liste de l'article 1er, paragraphe 1 (article 13), et une procédure d'amendement générale pour les amendements concernant d'autres dispositions de la Convention (article 12).

Article 12

100.   Cette disposition concerne les amendements à la Convention autres que ceux portant sur l'article 1er, paragraphe 1. Elle vise à simplifier la procédure d'amendement en remplaçant la négociation d'un protocole additionnel par une procédure accélérée.

101.   Elle prévoit que les amendements peuvent être proposés par tout Etat contractant ou par le Comité des Ministres conformément aux procédures ordinaires de conclusion des traités du Conseil de l'Europe.

102.   Le Comité des Ministres peut donc adopter les amendements proposés conformément à la majorité prévue à l'article 20.d du Statut du Conseil de l'Europe, à savoir: à la majorité des deux tiers des voix exprimées et à la majorité des représentants ayant le droit de siéger au Comité des Ministres. Les amendements sont ensuite soumis aux Etats contractants pour acceptation (paragraphe 2).

103.   Le paragraphe 2 prévoit deux formes de consultation que le Comité des Ministres devrait mener avant de procéder à l'adoption formelle de tout amendement. La première consisterait en la consultation obligatoire des Etats contractants non membres puisque les Etats contractants non membres ne siègent pas au Comité des Ministres, une certaine forme de participation dans la procédure d'adoption s'imposait. La deuxième est une consultation facultative du CDPC, si le Comité des Ministres estime cette consultation nécessaire. Le CDPC formule alors un avis conformément à l'article 10.c.

104.   Une fois accepté par toutes les Parties contractantes, l'amendement entre en vigueur le trentième jour suivant la notification de l'acceptation par la dernière Partie contractante (paragraphe 3).

105.   Conformément à la procédure de conclusion des traités du Conseil de l'Europe et en vertu du rôle du Secrétaire Général du Conseil de l'Europe en tant que dépositaire des conventions européennes, le Secrétaire Général reçoit les amendements proposés (paragraphe 1), les transmet aux Parties contractantes pour acceptation (paragraphe 2), reçoit la notification d'acceptation par les Parties et leur notifie l'entrée en vigueur des amendements (paragraphe 3).

Article 13

106.   L'article 13 introduit une nouvelle procédure d'amendement simplifiée afin de mettre à jour la liste des traités de l'article 1, paragraphe 1. Cette procédure représente une innovation dans les conventions européennes. Cette nouveauté s'inspire toutefois des conventions en vigueur en matière de lutte contre le terrorisme, telles que la Convention internationale du 9 décembre 1999 pour la répression du financement du terrorisme (article 23).

107.   L'article 13, paragraphe 1, énonce un certain nombre de conditions de fond devant être remplies afin de pouvoir avoir recours à cette procédure. Premièrement, l'amendement ne peut porter que sur la liste des traités de l'article 1, paragraphe 1. Deuxièmement, un tel amendement ne peut concerner que des traités conclus au sein de l'Organisation des Nations Unies, traitant spécifiquement du terrorisme international et déjà entrés en vigueur.

108.   Conformément à l'article 12, les amendements peuvent être proposés par toute Partie contractante ou par le Comité des Ministres et

sont communiqués aux Parties contractantes par le Secrétaire Général du Conseil de l'Europe (paragraphe 1).

109.   Les mêmes formes de consultation et d'adoption par le Comité des Ministres de l'amendement proposé prévues par la procédure générale d'amendement de l'article 12 sont prévues à l'article 13 pour la procédure simplifiée (paragraphe 2).

110.   Toutefois, contrairement à la procédure générale de l'article 12, dans la procédure simplifiée, une fois adopté par le Comité des Ministres, un amendement entre en vigueur à l'expiration d'une période d'un an à compter de la communication de celui-ci aux Parties contractantes par le Secrétaire Général (paragraphe 2), dans la mesure où un tiers au moins des Parties contractantes ne s'y opposent pas et ne notifient pas leur objection au Secrétaire Général. Toute objection formulée par un Etat contractant sera sans préjudice de l'acceptation tacite des autres Parties. Si un tiers ou plus des Etats contractants s'opposent à l'entrée en vigueur de l'amendement, celui-ci n'entrera pas en vigueur (paragraphe 3).

111.   L'acceptation par toutes les Parties contractantes n'est donc pas requise pour l'entrée en vigueur de l'amendement, qui entre en vigueur pour tous les Etats contractants qui ne s'y sont pas opposés (paragraphe 4). Pour les Etats qui s'y sont opposés, l'amendement entrera en vigueur le premier jour du mois suivant la date à laquelle ils ont notifié leur acceptation ultérieure au Secrétaire Général du Conseil de l'Europe (paragraphe 5).

Articles 14 à 19

112.   Ces articles se fondent, pour la plupart, sur les clauses finales types des accords et conventions qui ont été approuvés par le Comité des Ministres du Conseil de l'Europe lors de la 113ᵉ réunion des Délégués. Toutefois, certaines des dispositions qu'ils contiennent nécessitent quelques explications.

Article 14

113.   L'article 14 a été modifié de manière à permettre à des Etats non membres du Conseil de l'Europe d'adhérer à la Convention. Il convient de rappeler que la Convention initiale n'offrait pas cette possibilité, puisqu'elle n'était ouverte qu'aux Etats membres du Conseil de l'Europe.

114.   Le mandat assigné au GMT lors de sa création par le Comité des Ministres indiquait que le groupe devait «revoir le fonctionnement et examiner la possibilité de mettre à jour les instruments internationaux existants au Conseil de l'Europe en matière de lutte contre le terrorisme, en particulier la Convention européenne pour la répression du terrorisme, en vue également de son ouverture éventuelle à des Etats non membres, et les autres instruments pertinents».

115. L'article 14 permet maintenant la participation d'Etats membres et d'Etats non membres du Conseil de l'Europe. Il existe toutefois des différences quant à la participation des Etats non membres.

116. Le paragraphe 1 prévoit que les Etats membres et les Etats non membres du Conseil de l'Europe dotés du statut d'observateur auprès de l'Organisation ont automatiquement la possibilité d'adhérer à la Convention, tandis que le paragraphe 3 dispose que les autres Etats non membres peuvent devenir Parties à la Convention sur l'invitation du Comité des Ministres du Conseil de l'Europe, après consultation obligatoire du CDPC. La décision du Comité des Ministres doit être prise à la majorité prévue à l'article 20.d du Statut du Conseil de l'Europe – soit à la majorité des deux tiers des voix exprimées et à la majorité des représentants ayant le droit de siéger au Comité des Ministres – et à l'unanimité des représentants des Etats contractants ayant le droit de siéger au Comité des Ministres.

117. Cette différence de procédure pour les Etats non membres découle du statut spécial des Etats observateurs auprès du Conseil de l'Europe, statut qui présuppose une décision du Comité des Ministres.

118. Enfin, il faut rappeler que l'ouverture de la Convention aux Etats observateurs sera effective dès l'entrée en vigueur du Protocole d'amendement, dont l'article 18 prévoit que le «présent Protocole entrera en vigueur le premier jour du mois qui suit l'expiration d'une période de trois mois après la date à laquelle toutes les Parties à la Convention auront exprimé leur consentement à être liées par le Protocole, conformément aux dispositions de l'article 17». Ledit article 17 précise que le «présent Protocole est ouvert à la signature des Etats membres du Conseil de l'Europe signataires de la Convention, qui peuvent exprimer leur consentement à être liés par: a. signature sans réserve de ratification, d'acceptation ou d'approbation; ou b. signature sous réserve de ratification, d'acceptation ou d'approbation, suivie de ratification, d'acceptation ou d'approbation».

119. S'agissant des Etats qui deviennent parties à la Convention telle qu'amendée alors qu'ils n'étaient pas parties à la Convention initiale, la Convention entrera en vigueur trois mois après la date du dépôt de son instrument de ratification, d'acceptation, d'approbation ou d'adhésion (paragraphe 4).

Article 15

120. Cet article n'est pas modifié par le Protocole d'amendement, si ce n'est qu'il y est maintenant fait mention de l'adhésion, pour tenir compte du fait que, après l'entrée en vigueur du Protocole d'amendement, les Etats qui n'étaient pas parties à la Convention initiale devront faire acte d'adhésion.

121. Le libellé de l'article 15, paragraphe 1, s'inspire du modèle des clauses finales qui a été adopté par les Délégués lors de leur 315e réunion.

Au cours des discussions au sein du GMT, il a été proposé de modifier cette clause territoriale en remplaçant les termes «s'appliquera» par les termes «s'appliquera et ceux auxquels ne s'appliquera pas». En dernier ressort, le GMT a décidé de retenir la formulation originale de la clause finale de façon à se conformer à la pratique consolidée du Conseil de l'Europe visant à assurer l'application uniforme des traités européens au territoire de chaque Etat partie (l'étendue de la clause territoriale modèle étant limitée aux territoires d'outre-mer et aux territoires ayant un statut spécial).

122. Il a été relevé que la formulation de l'article 15, paragraphe 1, ne ferait pas obstacle à la possibilité pour les Etats parties prétendant ne pas avoir le contrôle sur la totalité de leur territoire national de déclarer unilatéralement qu'ils ne seraient pas à même d'assurer l'application d'un traité à un certain territoire. Une telle déclaration ne serait pas considérée comme une déclaration territoriale mais comme une déclaration de fait, occasionnée par des circonstances exceptionnelles empêchant temporairement de se conformer à toutes les dispositions d'un traité.

Article 16

123. L'article 16 définit le régime des réserves à la Convention – l'une des questions essentielles que le GMT a essayé de régler. Il est apparu indispensable de trouver un moyen terme entre la nécessité, d'une part, de permettre aux Parties contractantes de préserver certains de leurs concepts juridiques fondamentaux et, d'autre part, d'assurer une application progressive de cet instrument et de se conformer à la Résolution 1373 (2001) du Conseil de sécurité des Nations Unies, du 28 septembre 2001, paragraphe 3.*g*, qui «demande à tous les Etats (...) de veiller, conformément au droit international, (...) à ce que la revendication de motivations politiques ne soit pas considérée comme pouvant justifier le rejet de demandes d'extradition de terroristes présumés». Le régime prévu à l'article 13 de la Convention initiale a été révisé en conséquence, et a été soumis à un certain nombre de conditions et à une procédure de suivi.

124. Le paragraphe 1 de l'article 16 permet aux Etats contractants de formuler des réserves au sujet de l'application de l'article 1er. La Convention reconnaît ainsi qu'un Etat contractant pourrait être empêché, notamment pour des raisons législatives ou constitutionnelles, d'accepter pleinement les obligations découlant de l'article 1er, en vertu duquel certaines infractions ne peuvent pas, pour les besoins de l'extradition, être considérées comme politiques. Toutefois, cette possibilité est maintenant subordonnée à un certain nombre de conditions. Tout d'abord, la possibilité de formuler une réserve est limitée aux Etats membres parties à la Convention à la date d'entrée en vigueur du Protocole d'amendement telle que déterminée par l'article 18 (voir paragraphe 118 du présent rapport). Les réserves que ces Etats ont pu formuler en vertu de l'article 13 de la Convention initiale deviennent caduques à la date d'entrée en vigueur du Protocole d'amendement, et ces Etats ont la possibilité de formuler leurs réserves au

moment de la signature ou au moment du dépôt de leur instrument de ratification, d'acceptation ou d'approbation du Protocole d'amendement.

125. Si un Etat fait usage de cette possibilité de formuler une réserve, il peut ensuite refuser l'extradition, pour les infractions mentionnées à l'article 1er. Toutefois, il est tenu d'appliquer cette réserve au cas par cas sur la base d'une décision dûment motivée et de prendre dûment en considération, lors de l'évaluation du caractère de l'infraction, son caractère de particulière gravité. Avant de statuer sur la demande d'extradition, il doit tenir dûment compte, dans son évaluation de la nature de l'infraction, d'un certain nombre d'éléments relatifs au caractère et aux effets de l'infraction en question qui sont énumérés à titre d'exemple aux alinéas *a* à *c* de l'article 16, paragraphe 1. Ces éléments, qui décrivent le caractère de particulière gravité de l'infraction, s'inspirent du paragraphe 1 de la recommandation contenue dans la Résolution (74) 3 du Comité des Ministres. En ce qui concerne le membre de phrase «danger collectif pour la vie, l'intégrité corporelle ou la liberté des personnes» utilisé à l'alinéa a de l'article 16, paragraphe 1, des exemples ont été donnés au paragraphe 52 du présent rapport.

126. Ayant tenu compte de ces éléments, l'Etat requis demeure libre d'accorder ou de refuser l'extradition, sous réserve des conditions énoncées aux autres paragraphes de cet article.

127. Par « décision dûment motivée », il faut entendre une déclaration écrite adéquate expliquant de manière claire et détaillée les motifs de fait et de droit ayant conduit à rejeter la demande d'extradition.

128. Le paragraphe 2 prévoit expressément que la ou les infractions auxquelles la réserve s'appliquera devraient être citées dans la déclaration.

129. Les paragraphes 3 et 4 sont inchangés. Ils régissent, respectivement, le retrait des réserves formulées en vertu du paragraphe 1 et les réserves partielles ou conditionnelles. Le paragraphe 4, en particulier, énonce la règle de réciprocité en ce qui concerne l'application de l'article 1er par un Etat ayant formulé une réserve. Cette disposition répète les dispositions contenues à l'article 26, paragraphe 3, de la Convention européenne d'extradition. Le principe de réciprocité s'applique également aux réserves non prévues à l'article 16.

130. Contrairement au régime des réserves de la Convention initiale, selon lequel les réserves formulées en vertu du paragraphe 1 étaient valables indéfiniment, le paragraphe 5 prévoit que la durée de validité des réserves est limitée à trois ans à compter de l'entrée en vigueur du Protocole d'amendement. A l'issue de ce délai, la réserve devient caduque, à moins d'être expressément renouvelée. Le paragraphe 6 définit une procédure d'expiration automatique des réserves non renouvelées. Lorsqu'un Etat contractant maintient sa réserve, il doit fournir des explications quant aux motifs justifiant ce maintien. Les paragraphes 5 et 6

s'inspirent des dispositions de la Convention pénale sur la corruption du 27 janvier 1999 (STE n° 173, article 38, paragraphes 1 et 2). Ils ont été introduits dans le but de s'assurer que les Etats contractants revoient périodiquement les réserves qu'ils ont formulées.

131. Si l'extradition est refusée en raison d'une réserve formulée conformément à l'article 16, les articles 6 et 7 s'appliquent. Cela ressort expressément du paragraphe 7, qui applique la maxime *aut dedere aut judicare* et la renforce en instaurant une obligation de communiquer aussitôt à l'Etat requérant la décision conformément au paragraphe 8.

132. Aux termes du paragraphe 7, l'obligation faite à l'Etat requis de soumettre l'affaire aux autorités compétentes en vue de poursuites résulte du rejet d'une demande d'extradition faite par un Etat requérant. Toutefois, l'Etat requis et l'Etat requérant peuvent convenir de ne pas soumettre l'affaire aux autorités compétentes de l'Etat requis en vue de poursuites. Ainsi, si l'Etat requérant ou l'Etat requis estime qu'il n'a pas réuni d'éléments suffisants pour porter l'affaire devant les tribunaux de l'Etat requis, il peut être plus indiqué de continuer l'enquête jusqu'à ce que l'affaire soit en état d'être jugée. L'application de la maxime *aut dedere aut judicare* admet donc une certaine souplesse découlant de la nécessité d'une coopération pleine et entière entre l'Etat requérant et l'Etat requis afin de ne pas compromettre les poursuites déjà engagées.

133. Lorsque l'Etat requis soumet l'affaire à ses autorités compétentes en vue de poursuites, ces dernières sont tenues de l'examiner et de statuer dans les mêmes conditions que pour toute infraction de caractère grave conformément aux lois de cet Etat. L'Etat requis doit communiquer l'issue finale des poursuites à l'Etat requérant et au Secrétaire Général du Conseil de l'Europe, qui en informe le COSTER.

134. Lorsqu'un Etat requérant estime qu'un Etat requis ayant formulé une réserve n'a pas satisfait aux conditions énoncées aux paragraphes 1, 2 et/ou 7, parce que, par exemple, aucune décision judiciaire sur le fond n'a été prise dans un délai raisonnable dans l'Etat requis en vertu du paragraphe 7, il a la possibilité de saisir le COSTER. Celui-ci est compétent pour examiner la question et émettre un avis sur la conformité du refus avec la Convention. Cet avis est soumis au Comité des Ministres afin qu'il adopte une déclaration en la matière. Lorsqu'il exerce ses fonctions en vertu du paragraphe 7, le Comité des Ministres se réunit dans sa composition restreinte aux Etats contractants.

135. Les expressions «sans retard injustifié», figurant au paragraphe 7, et «dans un délai raisonnable», au paragraphe 8, doivent être entendues comme étant synonymes. Ces notions laissent place à une certaine marge d'interprétation et, selon les termes de la Cour européenne des Droits de l'Homme, «s'apprécie[nt] suivant les circonstances de la cause et eu égard aux critères consacrés par la jurisprudence de la Cour, en particulier la complexité de l'affaire, le comportement [de la personne objet de la

demande d'extradition] et celui des autorités compétentes (voir, parmi beaucoup d'autres, les arrêts Pélissier et Sassi c. France du 25 mars 1999, [GC], n° 25444/94, CEDH 1999-II, et Philis c. Grèce (n° 2) du 27 juin 1997, *Recueil* 1997-IV, p. 1083, § 35)» (Affaire Zannouti c. France du 31 juillet 2001).

Article 17

136.   Cet article prévoit la création d'un comité conventionnel le COSTER (acronyme formé à partir des mots *Conference of Contracting States against Terrorism*/Conférence des Etats contractants contre le terrorisme), chargé d'un certain nombre de tâches ayant trait au suivi de la Convention. Ce comité, conçu sur le modèle de celui de la Convention sur la cybercriminalité du 23 novembre 2001 (STE n° 185, article 46), est ouvert à la participation de tous les Etats contractants.

137.   L'établissement de ce comité de suivi spécifique ne remet pas en cause les missions assignées au CDPC en application de l'article 10, avec lequel le COSTER est invité à coopérer étroitement dans l'exercice de ses fonctions. Le COSTER joue un rôle particulièrement important en ce qui concerne les réserves formulées en conformité avec l'article 16. A cet égard, il est chargé d'assurer la procédure prévue à l'article 16, paragraphe 8. Au-delà de ses fonctions purement conventionnelles, le COSTER est investi d'une mission plus large dans le cadre des activités juridiques menées par le Conseil de l'Europe en vue de lutter contre le terrorisme. Le COSTER est ainsi appelé à servir de centre d'échange d'informations sur les évolutions juridiques et politiques ainsi que, à la demande du Comité des Ministres, à examiner les nouvelles mesures juridiques antiterroristes adoptées dans le cadre du Conseil de l'Europe, à formuler des propositions de mesures supplémentaires, nécessaires en particulier pour améliorer la coopération internationale dans ce domaine, à élaborer des avis et l'exécution des mandats donnés par le Comité des Ministres.

Article 18 (inchangé)

138.   Cette disposition, inhabituelle parmi les clauses finales des conventions élaborées dans le cadre du Conseil de l'Europe, a pour objet de permettre à chaque Etat contractant de dénoncer cette Convention dans des cas exceptionnels, notamment s'il y a abolition dans un autre Etat contractant du régime véritablement démocratique au sens de la Convention européenne des Droits de l'Homme. Cette dénonciation peut, à la discrétion de l'Etat qui la déclare, prendre effet immédiatement, c'est-à-dire dès réception de la notification par le Secrétaire Général du Conseil de l'Europe, ou à une date ultérieure.

Article 19

139.   Cette disposition, conforme aux clauses finales types des traités du Conseil de l'Europe, concerne les notifications aux Etats contractants. Il va

sans dire que le Secrétaire Général doit également informer les Etats de tous autres actes, notifications et communications au sens de l'article 77 de la Convention de Vienne sur le droit des traités relatifs à la Convention et non expressément prévus à l'article 19, tels que ceux visés aux articles 12 à 18.

Convention européenne d'extradition [STE n° 24]

Les gouvernements signataires, membres du Conseil de l'Europe,

Considérant que le but du Conseil de l'Europe est de réaliser une union plus étroite entre ses membres;

Considérant que cet objectif peut être atteint par la conclusion d'accords ou par l'adoption d'une action commune dans le domaine juridique;

Convaincus que l'acceptation de règles uniformes en matière d'extradition est de nature à faire progresser cette œuvre d'unification,

Sont convenus de ce qui suit :

Article 1 – Obligation d'extrader

Les Parties contractantes s'engagent à se livrer réciproquement, selon les règles et sous les conditions déterminées par les articles suivants, les individus qui sont poursuivis pour une infraction ou recherchés aux fins d'exécution d'une peine ou d'une mesure de sûreté par les autorités judiciaires de la Partie requérante.

Article 2 – Faits donnant lieu à extradition

1 Donneront lieu à extradition les faits punis par les lois de la Partie requérante et de la Partie requise d'une peine privative de liberté ou d'une mesure de sûreté privative de liberté d'un maximum d'au moins un an ou d'une peine plus sévère. Lorsqu'une condamnation à une peine est intervenue ou qu'une mesure de sûreté a été infligée sur le territoire de la Partie requérante, la sanction prononcée devra être d'une durée d'au moins quatre mois.

2 Si la demande d'extradition vise plusieurs faits distincts punis chacun par la loi de la Partie requérante et de la Partie requise d'une peine privative de liberté ou d'une mesure de sûreté privative de liberté, mais dont certains ne remplissent pas la condition relative au taux de la peine, la Partie requise aura la faculté d'accorder également l'extradition pour ces derniers.

3 Toute Partie contractante dont la législation n'autorise pas l'extradition pour certaines infractions visées au paragraphe 1 du présent article pourra, en ce qui la concerne, exclure ces infractions du champ d'application de la Convention.

4 Toute Partie contractante qui voudra se prévaloir de la faculté prévue au paragraphe 3 du présent article notifiera au Secrétaire

Général du Conseil de l'Europe, au moment du dépôt de son instrument de ratification ou d'adhésion, soit une liste des infractions pour lesquelles l'extradition est autorisée, soit une liste des infractions pour lesquelles l'extradition est exclue, en indiquant les dispositions légales autorisant ou excluant l'extradition. Le Secrétaire Général du Conseil communiquera ces listes aux autres signataires.

5   Si, par la suite, d'autres infractions viennent à être exclues de l'extradition par la législation d'une Partie contractante, celle-ci notifiera cette exclusion au Secrétaire Général du Conseil qui en informera les autres signataires. Cette notification ne prendra effet qu'à l'expiration d'un délai de trois mois à compter de la date de sa réception par le Secrétaire Général.

6   Toute Partie qui aura fait usage de la faculté prévue aux paragraphes 4 et 5 du présent article pourra à tout moment soumettre à l'application de la présente Convention des infractions qui en ont été exclues. Elle notifiera ces modifications au Secrétaire Général du Conseil qui les communiquera aux autres signataires.

7   Toute Partie pourra appliquer la règle de la réciprocité en ce qui concerne les infractions exclues du champ d'application de la Convention en vertu du présent article.

Article 3 – Infractions politiques

1   L'extradition ne sera pas accordée si l'infraction pour laquelle elle est demandée est considérée par la Partie requise comme une infraction politique ou comme un fait connexe à une telle infraction.

2   La même règle s'appliquera si la Partie requise a des raisons sérieuses de croire que la demande d'extradition motivée par une infraction de droit commun a été présentée aux fins de poursuivre ou de punir un individu pour des considérations de race, de religion, de nationalité ou d'opinions politiques ou que la situation de cet individu risque d'être aggravée pour l'une ou l'autre de ces raisons.

3   Pour l'application de la présente Convention, l'attentat à la vie d'un chef d'Etat ou d'un membre de sa famille ne sera pas considéré comme infraction politique.

4   L'application du présent article n'affectera pas les obligations que les Parties auront assumées ou assumeront aux termes de toute autre convention internationale de caractère multilatéral.

Article 4 – Infractions militaires

L'extradition à raison d'infractions militaires qui ne constituent pas des infractions de droit commun est exclue du champ d'application de la présente Convention.

Article 5 – Infractions fiscales

En matière de taxes et impôts, de douane, de change, l'extradition sera accordée, dans les conditions prévues par la présente Convention, seulement s'il en a été ainsi décidé entre Parties contractantes pour chaque infraction ou catégorie d'infractions.

Article 6 – Extradition des nationaux

1   a   Toute Partie contractante aura la faculté de refuser l'extradition de ses ressortissants.

      b   Chaque Partie contractante pourra, par une déclaration faite au moment de la signature ou du dépôt de son instrument de ratification ou d'adhésion, définir, en ce qui la concerne, le terme «ressortissants» au sens de la présente Convention.

      c   La qualité de ressortissant sera appréciée au moment de la décision sur l'extradition. Toutefois, si cette qualité n'est reconnue qu'entre l'époque de la décision et la date envisagée pour la remise, la Partie requise pourra également se prévaloir de la disposition de l'alinéa a du présent paragraphe.

2   Si la Partie requise n'extrade pas son ressortissant, elle devra, sur la demande de la Partie requérante, soumettre l'affaire aux autorités compétentes afin que des poursuites judiciaires puissent être exercées s'il y a lieu. A cet effet, les dossiers, informations et objets relatifs à l'infraction seront adressés gratuitement par la voie prévue au paragraphe 1 de l'article 12. La Partie requérante sera informée de la suite qui aura été donnée à sa demande.

Article 7 – Lieu de perpétration

1   La Partie requise pourra refuser d'extrader l'individu réclamé à raison d'une infraction qui, selon sa législation, a été commise en tout ou en partie sur son territoire ou en un lieu assimilé à son territoire.

2   Lorsque l'infraction motivant la demande d'extradition aura été commise hors du territoire de la Partie requérante, l'extradition ne pourra être refusée que si la législation de la Partie requise n'autorise pas la poursuite d'une infraction du même genre commise

hors de son territoire ou n'autorise pas l'extradition pour l'infraction faisant l'objet de la demande.

Article 8 – Poursuites en cours pour les mêmes faits

Une Partie requise pourra refuser d'extrader un individu réclamé si cet individu fait l'objet de sa part de poursuites pour le ou les faits à raison desquels l'extradition est demandée.

Article 9 – *Non bis in idem*

L'extradition ne sera pas accordée lorsque l'individu réclamé a été définitivement jugé par les autorités compétentes de la Partie requise, pour le ou les faits à raison desquels l'extradition est demandée. L'extradition pourra être refusée si les autorités compétentes de la Partie requise ont décidé de ne pas engager de poursuites ou de mettre fin aux poursuites qu'elles ont exercées pour le ou les mêmes faits.

Article 10 – Prescription

L'extradition ne sera pas accordée si la prescription de l'action ou de la peine est acquise d'après la législation soit de la Partie requérante, soit de la Partie requise.

Article 11 – Peine capitale

Si le fait à raison duquel l'extradition est demandée, est puni de la peine capitale par la loi de la Partie requérante et que, dans ce cas, cette peine n'est pas prévue par la législation de la Partie requise, ou n'y est généralement pas exécutée, l'extradition pourra n'être accordée qu'à la condition que la Partie requérante donne des assurances jugées suffisantes par la Partie requise, que la peine capitale ne sera pas exécutée.

Article 12 – Requête et pièces à l'appui

1   La requête sera formulée par écrit et présentée par la voie diplomatique. Une autre voie pourra être convenue par arrangement direct entre deux ou plusieurs Parties.

2   Il sera produit à l'appui de la requête :

a   l'original ou l'expédition authentique soit d'une décision de condamnation exécutoire, soit d'un mandat d'arrêt ou de tout autre acte ayant la même force, délivré dans les formes prescrites par la loi de la Partie requérante;

b un exposé des faits pour lesquels l'extradition est demandée. Le temps et le lieu de leur perpétration, leur qualification légale et les références aux dispositions légales qui leur sont applicables seront indiqués le plus exactement possible; et

c une copie des dispositions légales applicables ou, si cela n'est pas possible, une déclaration sur le droit applicable, ainsi que le signalement aussi précis que possible de l'individu réclamé et tous autres renseignements de nature à déterminer son identité et sa nationalité.

Article 13 – Complément d'informations

Si les informations communiquées par la Partie requérante se révèlent insuffisantes pour permettre à la Partie requise de prendre une décision en application de la présente Convention, cette dernière Partie demandera le complément d'informations nécessaire et pourra fixer un délai pour l'obtention de ces informations.

Article 14 – Règle de la spécialité

1 L'individu qui aura été livré ne sera ni poursuivi, ni jugé, ni détenu en vue de l'exécution d'une peine ou d'une mesure de sûreté, ni soumis à toute autre restriction de sa liberté individuelle, pour un fait quelconque antérieur à la remise, autre que celui ayant motivé l'extradition, sauf dans les cas suivants :

a lorsque la Partie qui l'a livré y consent. Une demande sera présentée à cet effet, accompagnée des pièces prévues à l'article 12 et d'un procès-verbal judiciaire consignant les déclarations de l'extradé. Ce consentement sera donné lorsque l'infraction pour laquelle il est demandé entraîne elle-même l'obligation d'extrader aux termes de la présente Convention;

b lorsque, ayant eu la possibilité de le faire, l'individu extradé n'a pas quitté dans les 45 jours qui suivent son élargissement définitif, le territoire de la Partie à laquelle il a été livré ou s'il y est retourné après l'avoir quitté.

2 Toutefois, la Partie requérante pourra prendre les mesures nécessaires en vue d'une part d'un renvoi éventuel du territoire, d'autre part d'une interruption de la prescription conformément à sa législation, y compris le recours à une procédure par défaut.

3 Lorsque la qualification donnée au fait incriminé sera modifiée au cours de la procédure, l'individu extradé ne sera poursuivi ou jugé que dans la mesure où les éléments constitutifs de l'infraction nouvellement qualifiée permettraient l'extradition.

Article 15 – Réextradition à un Etat tiers

Sauf dans le cas prévu au paragraphe 1, alinéa b de l'article 14, l'assentiment de la Partie requise sera nécessaire pour permettre à la Partie requérante de livrer à une autre Partie ou à un Etat tiers l'individu qui lui aura été remis et qui serait recherché par l'autre Partie ou par l'Etat tiers pour des infractions antérieures à la remise. La Partie requise pourra exiger la production des pièces prévues au paragraphe 2 de l'article 12.

Article 16 – Arrestation provisoire

1   En cas d'urgence, les autorités compétentes de la Partie requérante pourront demander l'arrestation provisoire de l'individu recherché; les autorités compétentes de la Partie requise statueront sur cette demande conformément à la loi de cette Partie.

2   La demande d'arrestation provisoire indiquera l'existence d'une des pièces prévues au paragraphe 2, alinéa a de l'article 12 et fera part de l'intention d'envoyer une demande d'extradition; elle mentionnera l'infraction pour laquelle l'extradition sera demandée, le temps et le lieu où elle a été commise ainsi que, dans la mesure du possible, le signalement de l'individu recherché.

3   La demande d'arrestation provisoire sera transmise aux autorités compétentes de la Partie requise soit par la voie diplomatique, soit directement par la voie postale ou télégraphique, soit par l'Organisation internationale de police criminelle (Interpol), soit par tout autre moyen laissant une trace écrite ou admis par la Partie requise. L'autorité requérante sera informée sans délai de la suite donnée à sa demande.

4   L'arrestation provisoire pourra prendre fin si, dans le délai de 18 jours après l'arrestation, la Partie requise n'a pas été saisie de la demande d'extradition et des pièces mentionnées à l'article 12; elle ne devra, en aucun cas, excéder 40 jours après l'arrestation. Toutefois, la mise en liberté provisoire est possible à tout moment, sauf pour la Partie requise à prendre toute mesure qu'elle estimera nécessaire en vue d'éviter la fuite de l'individu réclamé.

5   La mise en liberté ne s'opposera pas à une nouvelle arrestation et à l'extradition si la demande d'extradition parvient ultérieurement.

Article 17 – Concours de requêtes

Si l'extradition est demandée concurremment par plusieurs Etats, soit pour le même fait, soit pour des faits différents, la Partie requise statuera compte tenu de toutes circonstances et notamment de la gravité relative et du lieu des infractions, des dates respectives des demandes, de la nationalité de l'individu réclamé et de la possibilité d'une extradition ultérieure à un autre Etat.

Article 18 – Remise de l'extradé

1   La Partie requise fera connaître à la Partie requérante par la voie prévue au paragraphe 1 de l'article 12, sa décision sur l'extradition.

2   Tout rejet complet ou partiel sera motivé.

3   En cas d'acceptation, la Partie requérante sera informée du lieu et de la date de remise, ainsi que de la durée de la détention subie en vue de l'extradition par l'individu réclamé.

4   Sous réserve du cas prévu au paragraphe 5 du présent article, si l'individu réclamé n'a pas été reçu à la date fixée, il pourra être mis en liberté à l'expiration d'un délai de 15 jours à compter de cette date et il sera en tout cas mis en liberté à l'expiration d'un délai de 30 jours; la Partie requise pourra refuser de l'extrader pour le même fait.

5   En cas de force majeure empêchant la remise ou la réception de l'individu à extrader, la Partie intéressée en informera l'autre Partie; les deux Parties se mettront d'accord sur une nouvelle date de remise et les dispositions du paragraphe 4 du présent article seront applicables.

Article 19 – Remise ajournée ou conditionnelle

1   La Partie requise pourra, après avoir statué sur la demande d'extradition, ajourner la remise de l'individu réclamé pour qu'il puisse être poursuivi par elle ou, s'il a déjà été condamné, pour qu'il puisse purger, sur son territoire, une peine encourue à raison d'un fait autre que celui pour lequel l'extradition est demandée.

2   Au lieu d'ajourner la remise, la Partie requise pourra remettre temporairement à la Partie requérante l'individu réclamé dans des conditions à déterminer d'un commun accord entre les Parties.

Article 20 – Remise d'objets

1   A la demande de la Partie requérante, la Partie requise saisira et remettra, dans la mesure permise par sa législation, les objets :

a   qui peuvent servir de pièces à conviction, ou

b   qui, provenant de l'infraction, auraient été trouvés au moment de l'arrestation en la possession de l'individu réclamé ou seraient découverts ultérieurement.

2   La remise des objets visés au paragraphe 1 du présent article sera effectuée même dans le cas où l'extradition déjà accordée ne pourrait avoir lieu par suite de la mort ou de l'évasion de l'individu réclamé.

3   Lorsque lesdits objets seront susceptibles de saisie ou de confiscation sur le territoire de la Partie requise, cette dernière pourra, aux fins d'une procédure pénale en cours, les garder temporairement ou les remettre sous condition de restitution.

4   Sont toutefois réservés les droits que la Partie requise ou des tiers auraient acquis sur ces objets. Si de tels droits existent, les objets seront, le procès terminé, restitués le plus tôt possible et sans frais à la Partie requise.

Article 21 – Transit

1   Le transit à travers le territoire de l'une des Parties contractantes sera accordé sur demande adressée par la voie prévue au paragraphe 1 de l'article 12 à la condition qu'il ne s'agisse pas d'une infraction considérée par la Partie requise du transit comme revêtant un caractère politique ou purement militaire compte tenu des articles 3 et 4 de la présente Convention.

2   Le transit d'un ressortissant, au sens de l'article 6, du pays requis du transit, pourra être refusé.

3   Sous réserve des dispositions du paragraphe 4 du présent article, la production des pièces prévues au paragraphe 2 de l'article 12 sera nécessaire.

4   Dans le cas où la voie aérienne sera utilisée, il sera fait application des dispositions suivantes:

   a   lorsque aucun atterrissage ne sera prévu, la Partie requérante avertira la Partie dont le territoire sera survolé, et attestera l'existence d'une des pièces prévues au paragraphe 2, alinéa a de l'article 12. Dans le cas d'atterrissage fortuit, cette notification produira les effets de la demande d'arrestation provisoire visée à l'article 16 et la Partie requérante adressera une demande régulière de transit;

   b   lorsqu'un atterrissage sera prévu, la Partie requérante adressera une demande régulière de transit.

5   Toutefois, une Partie pourra déclarer, au moment de la signature de la présente Convention ou du dépôt de son instrument de ratification ou d'adhésion, qu'elle n'accordera le transit d'un individu qu'aux

mêmes conditions que celles de l'extradition ou à certaines d'entre elles. Dans ces cas, la règle de la réciprocité pourra être appliquée.

6   Le transit de l'individu extradé ne sera pas effectué à travers un territoire où il y aurait lieu de croire que sa vie ou sa liberté pourraient être menacées en raison de sa race, de sa religion, de sa nationalité ou de ses opinions politiques.

Article 22 – Procédure

Sauf disposition contraire de la présente Convention, la loi de la Partie requise est seule applicable à la procédure de l'extradition ainsi qu'à celle de l'arrestation provisoire.

Article 23 – Langues à employer

Les pièces à produire seront rédigées soit dans la langue de la Partie requérante, soit dans celle de la Partie requise. Cette dernière pourra réclamer une traduction dans la langue officielle du Conseil de l'Europe qu'elle choisira.

Article 24 – Frais

1   Les frais occasionnés par l'extradition sur le territoire de la Partie requise seront à la charge de cette Partie.

2   Les frais occasionnés par le transit à travers le territoire de la Partie requise du transit seront à la charge de la Partie requérante.

3   Dans le cas d'extradition en provenance d'un territoire non métropolitain de la Partie requise, les frais occasionnés par le transport entre ce territoire et le territoire métropolitain de la Partie requérante seront à la charge de cette dernière. Il en sera de même des frais occasionnés par le transport entre le territoire non métropolitain de la Partie requise et le territoire métropolitain de celle-ci.

Article 25 – Définition des «mesures de sûreté»

Au sens de la présente Convention, l'expression «mesures de sûreté» désigne toutes mesures privatives de liberté qui ont été ordonnées en complément ou en substitution d'une peine, par sentence d'une juridiction pénale.

Article 26 – Réserves

1   Toute Partie contractante pourra, au moment de la signature de la présente Convention ou du dépôt de son instrument de ratification

ou d'adhésion, formuler une réserve au sujet d'une ou de plusieurs dispositions déterminées de la Convention.

2   Toute Partie contractante qui aura formulé une réserve la retirera aussitôt que les circonstances le permettront. Le retrait des réserves sera fait par notification adressée au Secrétaire Général du Conseil de l'Europe.

3   Une Partie contractante qui aura formulé une réserve au sujet d'une disposition de la Convention ne pourra prétendre à l'application de cette disposition par une autre Partie que dans la mesure où elle l'aura elle-même acceptée.

Article 27 – Champ d'application territoriale

1   La présente Convention s'appliquera aux territoires métropolitains des Parties contractantes.

2   Elle s'appliquera également, en ce qui concerne la France, à l'Algérie et aux départements d'outre-mer, et en ce qui concerne le Royaume-Uni de Grande-Bretagne et d'Irlande du Nord, aux îles anglo-normandes et à l'île de Man.

3   La République fédérale d'Allemagne pourra étendre l'application de la présente Convention au *Land* Berlin par une déclaration adressée au Secrétaire Général du Conseil de l'Europe. Celui-ci notifiera cette déclaration aux autres Parties.

4   Par arrangement direct entre deux ou plusieurs Parties contractantes, le champ d'application de la présente Convention pourra être étendu aux conditions qui sont stipulées dans cet arrangement à tout territoire d'une de ces Parties autre que ceux visés aux paragraphes 1, 2 et 3 du présent article et dont une des Parties assure les relations internationales.

Article 28 – Relations entre la présente Convention et les accords bilatéraux

1   La présente Convention abroge, en ce qui concerne les territoires auxquels elle s'applique, celles des dispositions des traités, conventions ou accords bilatéraux qui, entre deux Parties contractantes, régissent la matière de l'extradition.

2   Les Parties contractantes ne pourront conclure entre elles des accords bilatéraux ou multilatéraux que pour compléter les dispositions de la présente Convention ou pour faciliter l'application des principes contenus dans celle-ci.

3   Lorsque, entre deux ou plusieurs Parties contractantes, l'extradition se pratique sur la base d'une législation uniforme, les Parties auront la faculté de régler leurs rapports mutuels en matière d'extradition en se fondant exclusivement sur ce système nonobstant les dispositions de la présente Convention. Le même principe sera applicable entre deux ou plusieurs Parties contractantes dont chacune a en vigueur une loi prévoyant l'exécution sur son territoire des mandats d'arrêt décernés sur le territoire de l'autre ou des autres. Les Parties contractantes qui excluent ou viendraient à exclure de leurs rapports mutuels l'application de la présente Convention, conformément aux dispositions du présent paragraphe, devront adresser une notification à cet effet au Secrétaire Général du Conseil de l'Europe. Celui-ci communiquera aux autres Parties contractantes toute notification reçue en vertu du présent paragraphe.

Article 29 – Signature, ratification, entrée en vigueur

1   La présente Convention demeurera ouverte à la signature des membres du Conseil de l'Europe. Elle sera ratifiée et les instruments de ratification seront déposés auprès du Secrétaire Général du Conseil.

2   La Convention entrera en vigueur 90 jours après la date du dépôt du troisième instrument de ratification.

3   Elle entrera en vigueur à l'égard de tout signataire qui la ratifiera ultérieurement 90 jours après le dépôt de son instrument de ratification.

Article 30 – Adhésion

1   Le Comité des Ministres du Conseil de l'Europe pourra inviter tout Etat non membre du Conseil à adhérer à la présente Convention. La résolution concernant cette invitation devra recevoir l'accord unanime des membres du Conseil ayant ratifié la Convention.

2   L'adhésion s'effectuera par le dépôt, auprès du Secrétaire Général du Conseil, d'un instrument d'adhésion qui prendra effet 90 jours après son dépôt.

Article 31 – Dénonciation

Toute Partie contractante pourra, en ce qui la concerne, dénoncer la présente Convention en adressant une notification au Secrétaire Général du Conseil de l'Europe. Cette dénonciation prendra effet six mois après la date de la réception de sa notification par le Secrétaire Général du Conseil.

Article 32 – Notifications

Le Secrétaire Général du Conseil de l'Europe notifiera aux membres du Conseil et au gouvernement de tout Etat ayant adhéré à la présente Convention :

a   le dépôt de tout instrument de ratification ou d'adhésion;

b   la date de l'entrée en vigueur;

c   toute déclaration faite en application des dispositions du paragraphe 1 de l'article 6, et du paragraphe 5 de l'article 21;

d   toute réserve formulée en application des dispositions du paragraphe 1 de l'article 26;

e   le retrait de toute réserve effectué en application des dispositions du paragraphe 2 de l'article 26;

f   toute notification de dénonciation reçue en application des dispositions de l'article 31 de la présente Convention et la date à laquelle celle-ci prendra effet.

En foi de quoi, les soussignés, dûment autorisés à cet effet, ont signé la présente Convention.

Fait à Paris, le 13 décembre 1957, en français et en anglais, les deux textes faisant également foi, en un seul exemplaire qui sera déposé dans les archives du Conseil de l'Europe. Le Secrétaire Général du Conseil de l'Europe en communiquera copie certifiée conforme aux gouvernements signataires.

**Protocole additionnel
à la Convention européenne d'extradition [STE n° 86]**

Les Etats membres du Conseil de l'Europe, signataires du présent Protocole,

Vu les dispositions de la Convention européenne d'extradition ouverte à la signature à Paris le 13 décembre 1957 (ci-après dénommée «la Convention»), notamment les articles 3 et 9 de celle-ci;

Considérant qu'il est opportun de compléter ces articles en vue de renforcer la protection de la communauté humaine et des individus,

Sont convenus de ce qui suit:

Titre I

Article 1

Pour l'application de l'article 3 de la Convention, ne seront pas considérés comme infractions politiques:

a   les crimes contre l'humanité prévus par la Convention pour la prévention et la répression du crime de génocide, adoptée le 9 décembre 1948 par l'Assemblée générale des Nations Unies;

b   les infractions prévues aux articles 50 de la Convention de Genève de 1949 pour l'amélioration du sort des blessés et des malades dans les forces armées en campagne, 51 de la Convention de Genève de 1949 pour l'amélioration du sort des blessés, des malades et des naufragés des forces armées sur mer, 130 de la Convention de Genève de 1949 relative au traitement des prisonniers de guerre et 147 de la Convention de Genève de 1949 relative à la protection des personnes civiles en temps de guerre;

c   toutes violations analogues des lois de la guerre en vigueur lors de l'entrée en application du présent Protocole et des coutumes de la guerre existant à ce moment, qui ne sont pas déjà prévues par les dispositions susvisées des Conventions de Genève.

Titre II

Article 2

L'article 9 de la Convention est complété par le texte suivant, l'article 9 original de la Convention constituant le paragraphe 1 et les dispositions ci-après les paragraphes 2, 3 et 4:

«2. L'extradition d'un individu qui a fait l'objet d'un jugement définitif dans un Etat tiers, Partie contractante à la Convention, pour le ou les faits à raison desquels la demande est présentée, ne sera pas accordée:

a   lorsque ledit jugement aura prononcé son acquittement;

b   lorsque la peine privative de liberté ou l'autre mesure infligée:

    i   aura été entièrement subie;

    ii   aura fait l'objet d'une grâce ou d'une amnistie portant sur sa totalité ou sur sa partie non exécutée;

c   lorsque le juge aura constaté la culpabilité de l'auteur de l'infraction sans prononcer de sanction.

3   Toutefois, dans les cas prévus au paragraphe 2, l'extradition pourra être accordée:

a   si le fait qui a donné lieu au jugement a été commis contre une personne, une institution ou un bien qui a un caractère public dans l'Etat requérant;

b   si la personne qui a fait l'objet du jugement avait elle-même un caractère public dans l'Etat requérant;

c   si le fait qui a donné lieu au jugement a été commis en tout ou en partie sur le territoire de l'Etat requérant ou en un lieu assimilé à son territoire.

4   Les dispositions des paragraphes 2 et 3 ne font pas obstacle à l'application des dispositions nationales plus larges concernant l'effet *ne bis in idem* attaché aux décisions judiciaires prononcées à l'étranger.»

Titre III

Article 3

1. Le présent Protocole est ouvert à la signature des Etats membres du Conseil de l'Europe qui ont signé la Convention. Il sera ratifié, accepté ou approuvé. Les instruments de ratification, d'acceptation ou d'approbation seront déposés près le Secrétaire Général du Conseil de l'Europe.

2. Le Protocole entrera en vigueur 90 jours après la date du dépôt du troisième instrument de ratification, d'acceptation ou d'approbation.

3. Il entrera en vigueur à l'égard de tout Etat signataire qui le ratifiera, l'acceptera ou l'approuvera ultérieurement 90 jours après la date du dépôt de son instrument de ratification, d'acceptation ou d'approbation.

4. Aucun Etat membre du Conseil de l'Europe ne pourra ratifier, accepter ou approuver le présent Protocole sans avoir simultanément ou antérieurement ratifié la Convention.

Article 4

1. Tout Etat qui a adhéré à la Convention peut adhérer au présent Protocole après l'entrée en vigueur de celui-ci.

2. L'adhésion s'effectuera par le dépôt, près le Secrétaire Général du Conseil de l'Europe, d'un instrument d'adhésion qui prendra effet 90 jours après la date de son dépôt.

Article 5

1. Tout Etat peut, au moment de la signature ou au moment du dépôt de son instrument de ratification, d'acceptation, d'approbation ou d'adhésion, désigner le ou les territoires auxquels s'appliquera le présent Protocole.

2. Tout Etat peut, au moment du dépôt de son instrument de ratification, d'acceptation, d'approbation ou d'adhésion, ou à tout autre moment par la suite, étendre l'application du présent Protocole, par déclaration adressée au Secrétaire Général du Conseil de l'Europe, à tout autre territoire désigné dans la déclaration et dont il assure les relations internationales ou pour lequel il est habilité à stipuler.

3. Toute déclaration faite en vertu du paragraphe précédent pourra être retirée, en ce qui concerne tout territoire désigné dans cette

déclaration, aux conditions prévues par l'article 8 du présent Protocole.

Article 6

1   Tout Etat peut, au moment de la signature ou au moment du dépôt de son instrument de ratification, d'acceptation, d'approbation ou d'adhésion, déclarer qu'il n'accepte pas l'un ou l'autre des titres I ou II.

2   Toute Partie contractante peut retirer une déclaration formulée par elle en vertu du paragraphe précédent, au moyen d'une déclaration adressée au Secrétaire Général du Conseil de l'Europe et qui prendra effet à la date de sa réception.

3   Aucune réserve n'est admise aux dispositions du présent Protocole.

Article 7

Le Comité européen pour les problèmes criminels du Conseil de l'Europe suivra l'exécution du présent Protocole et facilitera autant que de besoin le règlement amiable de toute difficulté à laquelle l'exécution du Protocole donnerait lieu.

Article 8

1   Toute Partie contractante pourra, en ce qui la concerne, dénoncer le présent Protocole en adressant une notification au Secrétaire Général du Conseil de l'Europe.

2   La dénonciation prendra effet six mois après la date de la réception de la notification par le Secrétaire Général.

3   La dénonciation de la Convention entraîne automatiquement la dénonciation du présent Protocole.

Article 9

Le Secrétaire Général du Conseil de l'Europe notifiera aux Etats membres du Conseil et à tout Etat ayant adhéré à la Convention:

a   toute signature;

b   le dépôt de tout instrument de ratification, d'acceptation, d'approbation ou d'adhésion;

c   toute date d'entrée en vigueur du présent Protocole conformément à son article 3;

d   toute déclaration reçue en application des dispositions de l'article 5 et tout retrait d'une telle déclaration;

e   toute déclaration formulée en application des dispositions du paragraphe 1 de l'article 6;

f   le retrait de toute déclaration effectué en application des dispositions du paragraphe 2 de l'article 6;

g   toute notification reçue en application des dispositions de l'article 8 et la date à laquelle la dénonciation prendra effet.

En foi de quoi, les soussignés, dûment autorisés à cet effet, ont signé le présent Protocole.

Fait à Strasbourg, le 15 octobre 1975, en français et en anglais, les deux textes faisant également foi, en un seul exemplaire qui sera déposé dans les archives du Conseil de l'Europe. Le Secrétaire Général du Conseil de l'Europe en communiquera copie certifiée conforme à chacun des Etats signataires et adhérents.

**Deuxième protocole additionnel
à la Convention européenne d'extradition [STE n° 98]**

Les Etats membres du Conseil de l'Europe, signataires du présent Protocole,

Désireux de faciliter l'application en matière d'infractions fiscales de la Convention européenne d'extradition ouverte à la signature à Paris le 13 décembre 1957 (ci-après dénommée «la Convention»);

Considérant également qu'il est opportun de compléter la Convention à certains autres égards,

Sont convenus de ce qui suit:

Titre I

Article 1er

Le paragraphe 2 de l'article 2 de la Convention est complété par la disposition suivante:

«Cette faculté sera également applicable à des faits qui ne sont passibles que d'une sanction de nature pécuniaire.»

Titre II

Article 2

L'article 5 de la Convention est remplacé par les dispositions suivantes:

«Infractions fiscales

1   En matière de taxes et impôts, de douane et de change, l'extradition sera accordée entre les Parties contractantes, conformément aux dispositions de la Convention, pour les faits qui correspondent, selon la loi de la Partie requise, à une infraction de même nature.

2   L'extradition ne pourra être refusée pour le motif que la législation de la Partie requise n'impose pas le même type de taxes ou d'impôts, ou ne contient pas le même type de réglementation en matière de taxes et impôts, de douane et de change que la législation de la Partie requérante.»

Titre III

Article 3

La Convention est complétée par les dispositions suivantes:

«Jugements par défaut

1   Lorsqu'une Partie contractante demande à une autre Partie contractante l'extradition d'une personne aux fins d'exécution d'une peine ou d'une mesure de sûreté prononcée par une décision rendue par défaut à son encontre, la Partie requise peut refuser d'extrader à cette fin si, à son avis, la procédure de jugement n'a pas satisfait aux droits minimaux de la défense reconnus à toute personne accusée d'une infraction. Toutefois, l'extradition sera accordée si la Partie requérante donne des assurances jugées suffisantes pour garantir à la personne dont l'extradition est demandée le droit à une nouvelle procédure de jugement qui sauvegarde les droits de la défense. Cette décision autorise la Partie requérante soit à exécuter le jugement en question si le condamné ne fait pas opposition, soit à poursuivre l'extradé dans le cas contraire.

2   Lorsque la Partie requise communique à la personne dont l'extradition est demandée la décision rendue par défaut à son encontre, la Partie requérante ne considérera pas cette communication comme une notification entraînant des effets à l'égard de la procédure pénale dans cet Etat.»

Titre IV

Article 4

La Convention est complétée par les dispositions suivantes:

«Amnistie

L'extradition ne sera pas accordée pour une infraction couverte par l'amnistie dans l'Etat requis si celui-ci avait compétence pour poursuivre cette infraction selon sa propre loi pénale.»

Titre V

Article 5

Le paragraphe 1 de l'article 12 de la Convention est remplacé par les dispositions suivantes:

«La requête sera formulée par écrit et adressée par le ministère de la Justice de la Partie requérante au ministère de la Justice de la Partie requise; toutefois, la voie diplomatique n'est pas exclue. Une autre voie pourra être convenue par arrangement direct entre deux ou plusieurs Parties.»

Titre VI

Article 6

1   Le présent Protocole est ouvert à la signature des Etats membres du Conseil de l'Europe qui ont signé la Convention. Il sera soumis à ratification, acceptation ou approbation. Les instruments de ratification, d'acceptation ou d'approbation seront déposés près le Secrétaire Général du Conseil de l'Europe.

2   Le Protocole entrera en vigueur 90 jours après la date du dépôt du troisième instrument de ratification, d'acceptation ou d'approbation.

3   Il entrera en vigueur à l'égard de tout Etat signataire qui le ratifiera, l'acceptera ou l'approuvera ultérieurement, 90 jours après la date du dépôt de son instrument de ratification, d'acceptation ou d'approbation.

4   Un Etat membre du Conseil de l'Europe ne peut ratifier, accepter ou approuver le présent Protocole sans avoir simultanément ou antérieurement ratifié la Convention.

Article 7

1   Tout Etat qui a adhéré à la Convention peut adhérer au présent Protocole après l'entrée en vigueur de celui-ci.

2   L'adhésion s'effectuera par le dépôt, près le Secrétaire Général du Conseil de l'Europe, d'un instrument d'adhésion qui prendra effet 90 jours après la date de son dépôt.

Article 8

1   Tout Etat peut, au moment de la signature ou au moment du dépôt de son instrument de ratification, d'acceptation, d'approbation ou d'adhésion, désigner le ou les territoires auxquels s'appliquera le présent Protocole.

2   Tout Etat peut, au moment du dépôt de son instrument de ratification, d'acceptation, d'approbation ou d'adhésion, ou à tout autre moment par la suite, étendre l'application du présent Protocole, par déclaration adressée au Secrétaire Général du Conseil de l'Europe, à tout autre territoire désigné dans la

déclaration et dont il assure les relations internationales ou pour lequel il est habilité à stipuler.

3   Toute déclaration faite en vertu du paragraphe précédent pourra être retirée, en ce qui concerne tout territoire désigné dans cette déclaration, par notification adressée au Secrétaire Général du Conseil de l'Europe. Le retrait prendra effet six mois après la date de réception de la notification par le Secrétaire Général du Conseil de l'Europe.

Article 9

1   Les réserves formulées par un Etat concernant une disposition de la Convention s'appliqueront également au présent Protocole, à moins que cet Etat n'exprime l'intention contraire au moment de la signature ou au moment du dépôt de son instrument de ratification, d'acceptation, d'approbation ou d'adhésion.

2   Tout Etat peut, au moment de la signature ou au moment du dépôt de son instrument de ratification, d'acceptation, d'approbation ou d'adhésion, déclarer qu'il se réserve le droit:

a   de ne pas accepter le Titre I;

b   de ne pas accepter le Titre II, ou de l'accepter seulement en ce qui concerne certaines infractions ou catégories d'infractions visées par l'article 2;

c   de ne pas accepter le Titre III, ou de n'accepter que le paragraphe 1 de l'article 3;

d   de ne pas accepter le Titre IV;

e   de ne pas accepter le Titre V.

3   Toute Partie contractante qui a formulé une réserve en vertu du paragraphe précédent peut la retirer au moyen d'une déclaration adressée au Secrétaire Général du Conseil de l'Europe et qui prendra effet à la date de sa réception.

4   Une Partie contractante qui a appliqué au présent Protocole une réserve formulée au sujet d'une disposition de la Convention ou qui a formulé une réserve au sujet d'une disposition du présent Protocole ne peut prétendre à l'application de cette disposition par une autre Partie contractante; toutefois, elle peut, si la réserve est partielle ou conditionnelle, prétendre à l'application de cette disposition dans la mesure où elle l'a acceptée.

5   Aucune autre réserve n'est admise aux dispositions du présent Protocole.

Article 10

Le Comité européen pour les problèmes criminels du Conseil de l'Europe suivra l'exécution du présent Protocole et facilitera autant que de besoin le règlement amiable de toute difficulté à laquelle l'exécution du Protocole donnerait lieu.

Article 11

1   Toute Partie contractante pourra, en ce qui la concerne, dénoncer le présent Protocole en adressant une notification au Secrétaire Général du Conseil de l'Europe.

2   La dénonciation prendra effet six mois après la date de réception de la notification par le Secrétaire Général.

3   La dénonciation de la Convention entraîne automatiquement la dénonciation du présent Protocole.

Article 12

Le Secrétaire Général du Conseil de l'Europe notifiera aux Etats membres du Conseil et à tout Etat ayant adhéré à la Convention:

a   toute signature du présent Protocole;

b   le dépôt de tout instrument de ratification, d'acceptation, d'approbation ou d'adhésion;

c   toute date d'entrée en vigueur du présent Protocole conformément à ses articles 6 et 7;

d   toute déclaration reçue en application des dispositions des paragraphes 2 et 3 de l'article 8;

e   toute déclaration reçue en application des dispositions du paragraphe 1 de l'article 9;

f   toute réserve formulée en application des dispositions du paragraphe 2 de l'article 9;

g   le retrait de toute réserve effectué en application des dispositions du paragraphe 3 de l'article 9;

h   toute notification reçue en application des dispositions de l'article 11 et la date à laquelle la dénonciation prendra effet.

En foi de quoi, les soussignés, dûment autorisés à cet effet, ont signé la présente Convention.

Fait à Strasbourg, le 17 mars 1978, en français et en anglais, les deux textes faisant également foi, en un seul exemplaire qui sera déposé dans les archives du Conseil de l'Europe. Le Secrétaire Général du Conseil de l'Europe en communiquera copie certifiée conforme à chacun des Etats signataires et adhérents.

Convention européenne d'entraide judiciaire en matière pénale
[STE n° 30]

Préambule

Les gouvernements signataires, membres du Conseil de l'Europe,

Considérant que le but du Conseil de l'Europe est de réaliser une union plus étroite entre ses membres;

Convaincus que l'adoption de règles communes dans le domaine de l'entraide judiciaire en matière pénale est de nature à atteindre cet objectif;

Considérant que l'entraide judiciaire est une matière connexe à celle de l'extradition qui a déjà fait l'objet d'une convention en date du 13 décembre 1957,

Sont convenus de ce qui suit :

Titre I – Dispositions générales

Article 1

1   Les Parties contractantes s'engagent à s'accorder mutuellement, selon les dispositions de la présente convention, l'aide judiciaire la plus large possible dans toute procédure visant des infractions dont la répression est, au moment où l'entraide est demandée, de la compétence des autorités judiciaires de la partie requérante.

2   La présente convention ne s'applique ni à l'exécution des décisions d'arrestation et des condamnations ni aux infractions militaires qui ne constituent pas des infractions de droit commun.

Article 2

L'entraide judiciaire pourra être refusée :

a   si la demande se rapporte à des infractions considérées par la partie requise soit comme des infractions politiques, soit comme des infractions connexes à des infractions politiques, soit comme des infractions fiscales;

b   si la partie requise estime que l'exécution de la demande est de nature à porter atteinte à la souveraineté, à la sécurité, à l'ordre public ou à d'autres intérêts essentiels de son pays.

67

Titre II – Commissions rogatoires

Article 3

1   La partie requise fera exécuter, dans les formes prévues par sa législation, les commissions rogatoires relatives à une affaire pénale qui lui seront adressées par les autorités judiciaires de la partie requérante et qui ont pour objet d'accomplir des actes d'instruction ou de communiquer des pièces à conviction, des dossiers ou des documents.

2   Si la partie requérante désire que les témoins ou les experts déposent sous serment, elle en fera expressément la demande et la partie requise y donnera suite si la loi de son pays ne s'y oppose pas.

3   La partie requise pourra ne transmettre que des copies ou photocopies certifiées conformes des dossiers ou documents demandés. Toutefois, si la partie requérante demande expressément la communication des originaux, il sera donné suite à cette demande dans toute la mesure du possible.

Article 4

Si la partie requérante le demande expressément, la partie requise l'informera de la date et du lieu d'exécution de la commission rogatoire. Les autorités et personnes en cause pourront assister à cette exécution si la partie requise y consent.

Article 5

1   Toute Partie contractante pourra, au moment de la signature de la présente convention ou du dépôt de son instrument de ratification ou d'adhésion, par déclaration adressée au Secrétaire Général du Conseil de l'Europe, se réserver la faculté de soumettre l'exécution des commissions rogatoires aux fins de perquisition ou saisie d'objets à une ou plusieurs des conditions suivantes :

a   l'infraction motivant la commission rogatoire doit être punissable selon la loi de la partie requérante et de la partie requise;

b   l'infraction motivant la commission rogatoire doit être susceptible de donner lieu à extradition dans le pays requis;

c   l'exécution de la commission rogatoire doit être compatible avec la loi de la partie requise.

2 Lorsqu'une Partie contractante aura fait une déclaration conformément au paragraphe 1er du présent article, toute autre Partie pourra appliquer la règle de la réciprocité.

Article 6

1 La partie requise pourra surseoir à la remise des objets, dossiers ou documents dont la communication est demandée, s'ils lui sont nécessaires pour une procédure pénale en cours.

2 Les objets, ainsi que les originaux des dossiers et documents, qui auront été communiqués en exécution d'une commission rogatoire, seront renvoyés aussitôt que possible par la partie requérante à la partie requise, à moins que celle-ci n'y renonce.

Titre III – Remise d'actes de procédure et de décisions judiciaires – Comparution de témoins, experts et personnes poursuivies

Article 7

1 La partie requise procédera à la remise des actes de procédure et des décisions judiciaires qui lui seront envoyés à cette fin par la partie requérante.

Cette remise pourra être effectuée par simple transmission de l'acte ou de la décision au destinataire. Si la partie requérante le demande expressément, la partie requise effectuera la remise dans une des formes prévues par sa législation pour les significations analogues ou dans une forme spéciale compatible avec cette législation.

2 La preuve de la remise se fera au moyen d'un récépissé daté et signé par le destinataire ou d'une déclaration de la partie requise constatant le fait, la forme et la date de la remise. L'un ou l'autre de ces documents sera immédiatement transmis à la partie requérante. Sur demande de cette dernière, la partie requise précisera si la remise a été faite conformément à sa loi. Si la remise n'a pu se faire, la partie requise en fera connaître immédiatement le motif à la partie requérante.

3 Toute Partie contractante pourra, au moment de la signature de la présente convention ou du dépôt de son instrument de ratification ou d'adhésion, par déclaration adressée au Secrétaire Général du Conseil de l'Europe, demander que la citation à comparaître destinée à une personne poursuivie se trouvant sur son territoire soit transmise à ses autorités dans un certain délai avant la date fixée pour la comparution. Ce délai sera précisé dans ladite déclaration et ne pourra pas excéder 50 jours.

Il sera tenu compte de ce délai en vue de la fixation de la date de comparution et lors de la transmission de la citation.

Article 8

Le témoin ou l'expert qui n'aura pas déféré à une citation à comparaître dont la remise a été demandée ne pourra être soumis, alors même que cette citation contiendrait des injonctions, à aucune sanction ou mesure de contrainte, à moins qu'il ne se rende par la suite de son plein gré sur le territoire de la partie requérante et qu'il n'y soit régulièrement cité à nouveau.

Article 9

Les indemnités à verser, ainsi que les frais de voyage et de séjour à rembourser au témoin ou à l'expert par la partie requérante seront calculés depuis le lieu de leur résidence et lui seront accordés selon des taux au moins égaux à ceux prévus par les tarifs et règlements en vigueur dans le pays où l'audition doit avoir lieu.

Article 10

1   Si la partie requérante estime que la comparution personnelle d'un témoin ou d'un expert devant ses autorités judiciaires est particulièrement nécessaire, elle en fera mention dans la demande de remise de la citation et la partie requise invitera ce témoin ou cet expert à comparaître.

La partie requise fera connaître la réponse du témoin ou de l'expert à la partie requérante.

2   Dans le cas prévu au paragraphe 1er du présent article, la demande ou la citation devra mentionner le montant approximatif des indemnités à verser, ainsi que des frais de voyage et de séjour à rembourser.

3   Si une demande lui est présentée à cette fin, la partie requise pourra consentir une avance au témoin ou à l'expert. Celle-ci sera mentionnée sur la citation et remboursée par la partie requérante.

Article 11

1   Toute personne détenue dont la comparution personnelle en qualité de témoin ou aux fins de confrontation est demandée par la partie requérante sera transférée temporairement sur le territoire où l'audition doit avoir lieu, sous condition de son renvoi dans le délai indiqué par la partie requise et sous réserve des dispositions de l'article 12 dans la mesure où celles-ci peuvent s'appliquer.

Le transfèrement pourra être refusé :

a   si la personne détenue n'y consent pas,

b   si sa présence est nécessaire dans une procédure pénale en cours sur le territoire de la partie requise,

c   si son transfèrement est susceptible de prolonger sa détention ou

d   si d'autres considérations impérieuses s'opposent à son transfèrement sur le territoire de la partie requérante.

2   Dans le cas prévu au paragraphe précédent et sous réserve des dispositions de l'article 2, le transit de la personne détenue par un territoire d'un Etat tiers, Partie à la présente convention, sera accordé sur demande accompagnée de tous documents utiles et adressée par le ministère de la Justice de la partie requérante au ministère de la Justice de la partie requise du transit.

Toute Partie contractante pourra refuser d'accorder le transit de ses ressortissants.

3   La personne transférée devra rester en détention sur le territoire de la partie requérante et, le cas échéant, sur le territoire de la partie requise du transit, à moins que la partie requise du transfèrement ne demande sa mise en liberté.

Article 12

1   Aucun témoin ou expert, de quelque nationalité qu'il soit, qui, à la suite d'une citation, comparaîtra devant les autorités judiciaires de la partie requérante, ne pourra être ni poursuivi, ni détenu, ni soumis à aucune autre restriction de sa liberté individuelle sur le territoire de cette partie pour des faits ou condamnations antérieurs à son départ du territoire de la partie requise.

2   Aucune personne, de quelque nationalité qu'elle soit, citée devant les autorités judiciaires de la partie requérante afin d'y répondre de faits pour lesquels elle fait l'objet de poursuites, ne pourra y être ni poursuivie, ni détenue, ni soumise à aucune autre restriction de sa liberté individuelle pour des faits ou condamnations antérieurs à son départ du territoire de la partie requise et non visés par la citation.

3   L'immunité prévue au présent article cessera lorsque le témoin, l'expert ou la personne poursuivie, ayant eu la possibilité de quitter le territoire de la partie requérante pendant quinze jours consécutifs, après que sa présence n'était plus requise par les autorités

judiciaires, sera néanmoins demeurée sur ce territoire ou y sera retournée après l'avoir quitté.

Titre IV – Casier judiciaire

Article 13

1   La partie requise communiquera, dans la mesure où ses autorités judiciaires pourraient elles-mêmes les obtenir en pareil cas, les extraits du casier judiciaire et tous renseignements relatifs à ce dernier qui lui seront demandés par les autorités judiciaires d'une Partie contractante pour les besoins d'une affaire pénale.

2   Dans les cas autres que ceux prévus au paragraphe 1er du présent article, il sera donné suite à pareille demande dans les conditions prévues par la législation, les règlements ou la pratique de la partie requise.

Titre V – Procédure

Article 14

1   Les demandes d'entraide devront contenir les indications suivantes :

a   l'autorité dont émane la demande,

b   l'objet et le motif de la demande,

c   dans la mesure du possible, l'identité et la nationalité de la personne en cause, et

d   le nom et l'adresse du destinataire s'il y a lieu.

2   Les commissions rogatoires prévues aux articles 3, 4 et 5 mentionneront en outre l'inculpation et contiendront un exposé sommaire des faits.

Article 15

1   Les commissions rogatoires prévues aux articles 3, 4 et 5 ainsi que les demandes prévues à l'article 11 seront adressées par le ministère de la Justice de la partie requérante au ministère de la Justice de la partie requise et renvoyées par la même voie.

2   En cas d'urgence, lesdites commissions rogatoires pourront être adressées directement par les autorités judiciaires de la partie requérante aux autorités judiciaires de la partie requise. Elles seront renvoyées accompagnées des pièces relatives à l'exécution par la voie prévue au paragraphe 1er du présent article.

3 Les demandes prévues au paragraphe 1er de l'article 13 pourront être adressées directement par les autorités judiciaires au service compétent de la partie requise, et les réponses pourront être renvoyées directement par ce service. Les demandes prévues au paragraphe 2 de l'article 13 seront adressées par le ministère de la Justice de la partie requérante au ministère de la Justice de la partie requise.

4 Les demandes d'entraide judiciaire, autres que celles prévues aux paragraphes 1 et 3 du présent article et notamment les demandes d'enquête préliminaire à la poursuite, pourront faire l'objet de communications directes entre autorités judiciaires.

5 Dans les cas où la transmission directe est admise par la présente convention, elle pourra l'effectuer par l'intermédiaire de l'Organisation internationale de police criminelle (Interpol).

6 Toute Partie contractante pourra, au moment de la signature de la présente Convention ou du dépôt de son instrument de ratification ou d'adhésion, par déclaration adressée au Secrétaire Général du Conseil de l'Europe, soit faire savoir que toutes ou certaines demandes d'entraide judiciaire doivent lui être adressées par une voie autre que celle prévue au présent article, soit demander que, dans le cas prévu au paragraphe 2 de cet article, une copie de la commission rogatoire soit communiquée en même temps à son ministère de la Justice.

7 Le présent article ne portera pas atteinte aux dispositions des accords ou arrangements bilatéraux en vigueur entre Parties contractantes, selon lesquelles la transmission directe des demandes d'entraide judiciaire entre les autorités des parties est prévue.

Article 16

1 Sous réserve des dispositions du paragraphe 2 du présent article, la traduction des demandes et des pièces annexes ne sera pas exigée.

2 Toute Partie contractante pourra, au moment de la signature ou du dépôt de son instrument de ratification ou d'adhésion, par déclaration adressée au Secrétaire Général du Conseil de l'Europe, se réserver la faculté d'exiger que les demandes et pièces annexes lui soient adressées accompagnées, soit d'une traduction dans sa propre langue, soit d'une traduction dans l'une quelconque des langues officielles du Conseil de l'Europe ou dans celle de ces langues qu'elle indiquera. Les autres Parties pourront appliquer la règle de la réciprocité.

3   Le présent article ne portera pas atteinte aux dispositions relatives à la traduction des demandes et pièces annexes contenues dans les accords ou arrangements en vigueur ou à intervenir entre deux ou plusieurs Parties contractantes.

Article 17

Les pièces et documents transmis en application de la présente convention seront dispensés de toutes formalités de légalisation.

Article 18

Si l'autorité saisie d'une demande d'entraide est incompétente pour y donner suite, elle transmettra d'office cette demande à l'autorité compétente de son pays et, dans le cas où la demande a été adressée par la voie directe, elle en informera par la même voie la partie requérante.

Article 19

Tout refus d'entraide judiciaire sera motivé.

Article 20

Sous réserve des dispositions de l'article 10, paragraphe 3, l'exécution des demandes d'entraide ne donnera lieu au remboursement d'aucun frais, à l'exception de ceux occasionnés par l'intervention d'experts sur le territoire de la partie requise et par le transfèrement de personnes détenues effectué en application de l'article 11.

Titre VI – Dénonciation aux fins de poursuites

Article 21

1   Toute dénonciation adressée par une Partie contractante en vue de poursuites devant les tribunaux d'une autre Partie fera l'objet de communications entre ministères de la Justice. Cependant les Parties contractantes pourront user de la faculté prévue au paragraphe 6 de l'article 15.

2   La partie requise fera connaître la suite donnée à cette dénonciation et transmettra s'il y a lieu copie de la décision intervenue.

3   Les dispositions de l'article 16 s'appliqueront aux dénonciations prévues au paragraphe 1er du présent article.

Titre VII – Echange d'avis de condamnation

Article 22

Chacune des Parties contractantes donnera à la partie intéressée avis des sentences pénales et des mesures postérieures qui concernent les ressortissants de cette partie et ont fait l'objet d'une inscription au casier judiciaire. Les ministères de la Justice se communiqueront ces avis au moins une fois par an. Si la personne en cause est considérée comme ressortissante de deux ou plusieurs Parties contractantes, les avis seront communiqués à chacune des parties intéressées à moins que cette personne ne possède la nationalité de la partie sur le territoire de laquelle elle a été condamnée.

Titre VIII – Dispositions finales

Article 23

1   Toute Partie contractante pourra, au moment de la signature de la présente convention ou du dépôt de son instrument de ratification ou d'adhésion, formuler une réserve au sujet d'une ou de plusieurs dispositions déterminées de la convention.

2   Toute Partie contractante qui aura formulé une réserve la retirera aussitôt que les circonstances le permettront. Le retrait des réserves sera fait par notification adressée au Secrétaire Général du Conseil de l'Europe.

3   Une Partie contractante qui aura formulé une réserve au sujet d'une disposition de la convention ne pourra prétendre à l'application de cette disposition par une autre Partie que dans la mesure ou elle l'aura elle-même acceptée.

Article 24

Toute Partie contractante pourra, au moment de la signature de la présente convention ou du dépôt de son instrument de ratification ou d'adhésion, par déclaration adressée au Secrétaire Général du Conseil de l'Europe, indiquer quelles autorités elle considérera comme des autorités judiciaires aux fins de la présente convention.

Article 25

1   La présente convention s'appliquera aux territoires métropolitains des Parties contractantes.

2   Elle s'appliquera également, en ce qui concerne la France, à l'Algérie et aux départements d'outre-mer, et, en ce qui concerne l'Italie, au territoire de la Somalie sous administration italienne.

3   La République Fédérale d'Allemagne pourra étendre l'application de la présente convention au Land Berlin par une déclaration adressée au Secrétaire Général du Conseil de l'Europe.

4   En ce qui concerne le Royaume des Pays-Bas, la présente convention s'appliquera à son territoire européen. Le Royaume pourra étendre l'application de la convention aux Antilles néerlandaises, au Surinam et à la Nouvelle-Guinée néerlandaise par une déclaration adressée au Secrétaire Général du Conseil de l'Europe.

5   Par arrangement direct entre deux ou plusieurs Parties contractantes, le champ d'application de la présente convention pourra être étendu, aux conditions qui seront stipulées dans cet arrangement, à tout territoire d'une de ces Parties autre que ceux visés aux paragraphes 1, 2, 3 et 4 du présent article et dont une des Parties assure les relations internationales.

Article 26

1   Sous réserve des dispositions du paragraphe 7 de l'article 15 et du paragraphe 3 de l'article 16, la présente convention abroge, en ce qui concerne les territoires auxquels elle s'applique, celles des dispositions des traités, conventions ou accords bilatéraux qui, entre deux Parties contractantes, régissent l'entraide judiciaire en matière pénale.

2   Toutefois la présente Convention n'affectera pas les obligations contenues dans les dispositions de toute autre convention internationale de caractère bilatéral ou multilatéral, dont certaines clauses régissent ou régiront, dans un domaine déterminé, l'entraide judiciaire sur des points particuliers.

3   Les Parties contractantes ne pourront conclure entre elles des accords bilatéraux ou multilatéraux relatifs à l'entraide judiciaire en matière pénale que pour compléter les dispositions de la présente convention ou pour faciliter l'application des principes contenus dans celle-ci.

4   Lorsque, entre deux ou plusieurs Parties contractantes, l'entraide judiciaire en matière pénale se pratique sur la base d'une législation uniforme ou d'un régime particulier prévoyant l'application réciproque de mesures d'entraide judiciaire sur leurs territoires respectifs, ces Parties auront la faculté de régler leurs rapports mutuels en ce domaine en se fondant exclusivement sur ces

systèmes nonobstant les dispositions de la présente convention. Les Parties contractantes qui excluent ou viendraient à exclure de leurs rapports mutuels l'application de la présente Convention, conformément aux dispositions du présent paragraphe, devront adresser une notification à cet effet au Secrétaire Général du Conseil de l'Europe.

Article 27

1 La présente Convention demeurera ouverte à la signature des membres du Conseil de l'Europe. Elle sera ratifiée et les instruments de ratification seront déposés auprès du Secrétaire Général du Conseil.

2 La Convention entrera en vigueur 90 jours après la date du dépôt du troisième instrument de ratification.

3 Elle entrera en vigueur à l'égard de tout signataire qui la ratifiera ultérieurement 90 jours après le dépôt de son instrument de ratification.

Article 28

1 Le Comité des Ministres du Conseil de l'Europe pourra inviter tout Etat non membre du Conseil à adhérer à la présente convention. La résolution concernant cette invitation devra recevoir l'accord unanime des membres du Conseil ayant ratifié la convention.

2 L'adhésion s'effectuera par le dépôt, auprès du Secrétaire Général du Conseil, d'un instrument d'adhésion qui prendra effet 90 jours après son dépôt.

Article 29

Toute Partie contractante pourra, en ce qui la concerne, dénoncer la présente convention en adressant une notification au Secrétaire Général du Conseil de l'Europe. Cette dénonciation prendra effet six mois après la date de la réception de sa notification par le Secrétaire Général du Conseil.

Article 30

Le Secrétaire Général du Conseil de l'Europe notifiera aux membres du Conseil et au gouvernement de tout Etat ayant adhéré à la présente convention :

a les noms des signataires et le dépôt de tout instrument de ratification ou d'adhésion;

b la date de l'entrée en vigueur;

c toute notification reçue en application des dispositions du paragraphe 1 de l'article 5, du paragraphe 3 de l'article 7, du paragraphe 6 de l'article 15, du paragraphe 2 de l'article 16, de l'article 24, des paragraphes 3 et 4 de l'article 25 et du paragraphe 4 de l'article 26;

d toute réserve formulée en application des dispositions du paragraphe 1 de l'article 23;

e le retrait de toute réserve effectué en application des dispositions du paragraphe 1 de l'article 23;

f toute notification de dénonciation reçue en application des dispositions de l'article 29 et la date à laquelle celle-ci prendra effet.

En foi de quoi, les soussignés, dûment autorisés à cet effet, ont signé la présente convention.

Fait à Strasbourg, le 20 avril 1959, en français et en anglais, les deux textes faisant également foi, en un seul exemplaire qui sera déposé dans les archives du Conseil de l'Europe. Le Secrétaire Général du Conseil de l'Europe en enverra copie certifiée conforme aux gouvernements signataires et adhérents.

Protocole additionnel à la Convention européenne d'entraide judiciaire en matière pénale [STE n° 99]

Les Etats membres du Conseil de l'Europe, signataires du présent Protocole,

Désireux de faciliter l'application en matière d'infractions fiscales de la Convention européenne d'entraide judiciaire en matière pénale ouverte à la signature à Strasbourg le 20 avril 1959 (ci-après dénommée «la Convention»);

Considérant également qu'il est opportun de compléter ladite Convention à certains autres égards,

Sont convenus de ce qui suit:

Titre I

Article 1er

Les Parties contractantes n'exerceront pas le droit prévu à l'article 2.a de la Convention de refuser l'entraide judiciaire pour le seul motif que la demande se rapporte à une infraction que la Partie requise considère comme une infraction fiscale.

Article 2

1   Dans le cas où une Partie contractante s'est réservé la faculté de soumettre l'exécution des commissions rogatoires aux fins de perquisition ou de saisie d'objets à la condition que l'infraction motivant la commission rogatoire soit punissable selon la loi de la Partie requérante et de la Partie requise, cette condition sera remplie en ce qui concerne les infractions fiscales si l'infraction est punissable selon la loi de la Partie requérante et correspond à une infraction de même nature selon la loi de la Partie requise.

2   La demande ne pourra être rejetée pour le motif que la législation de la Partie requise n'impose pas le même type de taxes ou impôts, ou ne contient pas le même type de réglementation en matière de taxes et impôts, de douane et de change que la législation de la Partie requérante.

Titre II

Article 3

La Convention s'appliquera également:

a   à la notification des actes visant l'exécution d'une peine, le recouvrement d'une amende ou le paiement des frais de procédure;

b   aux mesures relatives au sursis au prononcé d'une peine ou à son exécution, à la libération conditionnelle, au renvoi du début d'exécution de la peine ou à l'interruption de son exécution.

Titre III

Article 4

L'article 22 de la Convention est complété par le texte suivant, l'article 22 original de la Convention constituant le paragraphe 1 et les dispositions ci-après le paragraphe 2:

«2   En outre, toute Partie contractante qui a donné les avis précités communiquera à la Partie intéressée, sur sa demande, dans des cas particuliers, copie des sentences et mesures dont il s'agit, ainsi que tout autre renseignement s'y référant, pour lui permettre d'examiner si elles requièrent des mesures sur le plan interne. Cette communication se fera entre les ministères de la Justice intéressés.»

Titre IV

Article 5

1   Le présent Protocole est ouvert à la signature des Etats membres du Conseil de l'Europe qui ont signé la Convention. Il sera soumis à ratification, acceptation ou approbation. Les instruments de ratification, d'acceptation ou d'approbation seront déposés près le Secrétaire Général du Conseil de l'Europe.

2   Le Protocole entrera en vigueur 90 jours après la date du dépôt du troisième instrument de ratification, d'acceptation ou d'approbation.

3   Il entrera en vigueur à l'égard de tout Etat signataire qui le ratifiera, l'acceptera ou l'approuvera ultérieurement 90 jours après la date du dépôt de son instrument de ratification, d'acceptation ou d'approbation.

4   Un Etat membre du Conseil de l'Europe ne peut ratifier, accepter ou approuver le présent Protocole sans avoir simultanément ou antérieurement ratifié la Convention.

Article 6

1   Tout Etat qui a adhéré à la Convention peut adhérer au présent Protocole après l'entrée en vigueur de celui-ci.

2   L'adhésion s'effectuera par le dépôt, près le Secrétaire Général du Conseil de l'Europe, d'un instrument d'adhésion qui prendra effet 90 jours après la date de son dépôt.

Article 7

1   Tout Etat peut, au moment de la signature ou au moment du dépôt de son instrument de ratification, d'acceptation, d'approbation ou d'adhésion, désigner le ou les territoires auxquels s'appliquera le présent Protocole.

2   Tout Etat peut, au moment du dépôt de son instrument de ratification, d'acceptation, d'approbation ou d'adhésion, ou à tout autre moment par la suite, étendre l'application du présent Protocole, par déclaration adressée au Secrétaire Général du Conseil de l'Europe, à tout autre territoire désigné dans la déclaration et dont il assure les relations internationales ou pour lequel il est habilité à stipuler.

3   Toute déclaration faite en vertu du paragraphe précédent pourra être retirée, en ce qui concerne tout territoire désigné dans cette déclaration, par notification adressée au Secrétaire Général du Conseil de l'Europe. Le retrait prendra effet six mois après la date de réception de la notification par le Secrétaire Général du Conseil de l'Europe.

Article 8

1   Les réserves formulées par une Partie contractante concernant une disposition de la Convention s'appliqueront également au présent Protocole, à moins que cette Partie n'exprime l'intention contraire au moment de la signature ou au moment du dépôt de son instrument de ratification, d'acceptation, d'approbation ou d'adhésion. Il en sera de même pour les déclarations faites en vertu de l'article 24 de la Convention.

2   Tout Etat peut, au moment de la signature ou au moment du dépôt de son instrument de ratification, d'acceptation, d'approbation ou d'adhésion, déclarer qu'il se réserve le droit:

    a   de ne pas accepter le Titre I, ou de l'accepter seulement en ce qui concerne certaines infractions ou catégories d'infractions visées par l'article 1, ou de ne pas exécuter les commissions rogatoires aux fins de perquisition ou de saisie d'objets en matière d'infractions fiscales;

b   de ne pas accepter le Titre II;

c   de ne pas accepter le Titre III.

3   Toute Partie contractante qui a formulé une réserve en vertu du paragraphe précédent peut la retirer au moyen d'une déclaration adressée au Secrétaire Général du Conseil de l'Europe et qui prendra effet à la date de sa réception.

4   Une Partie contractante qui a appliqué au présent Protocole une réserve formulée au sujet d'une disposition de la Convention ou qui a formulé une réserve au sujet d'une disposition du présent Protocole ne peut prétendre à l'application de cette disposition par une autre Partie contractante; toutefois elle peut, si la réserve est partielle ou conditionnelle, prétendre à l'application de cette disposition dans la mesure où elle l'a acceptée.

5   Aucune autre réserve n'est admise aux dispositions du présent Protocole.

Article 9

Les dispositions du présent Protocole ne font pas obstacle aux règles plus détaillées contenues dans les accords bilatéraux ou multilatéraux conclus entre des Parties contractantes en application de l'article 26, paragraphe 3, de la Convention.

Article 10

Le Comité européen pour les problèmes criminels du Conseil de l'Europe suivra l'exécution du présent Protocole et facilitera autant que de besoin le règlement amiable de toute difficulté à laquelle l'exécution du Protocole donnerait lieu.

Article 11

1   Toute Partie contractante pourra, en ce qui la concerne, dénoncer le présent Protocole en adressant une notification au Secrétaire Général du Conseil de l'Europe.

2   La dénonciation prendra effet six mois après la date de réception de la notification par le Secrétaire Général.

3   La dénonciation de la Convention entraîne automatiquement la dénonciation du présent Protocole.

Article 12

Le Secrétaire Général du Conseil de l'Europe notifiera aux Etats membres du Conseil et à tout Etat ayant adhéré à la Convention:

a   toute signature du présent Protocole;

b   le dépôt de tout instrument de ratification, d'acceptation, d'approbation ou d'adhésion;

c   toute date d'entrée en vigueur du présent Protocole conformément à ses articles 5 et 6;

d   toute déclaration reçue en application des dispositions des paragraphes 2 et 3 de l'article 7;

e   toute déclaration reçue en application des dispositions du paragraphe 1 de l'article 8;

f   toute réserve formulée en application des dispositions du paragraphe 2 de l'article 8;

g   le retrait de toute réserve effectué en application des dispositions du paragraphe 3 de l'article 8;

h   toute notification reçue en application des dispositions de l'article 11 et la date à laquelle la dénonciation prendra effet.

En foi de quoi, les soussignés, dûment autorisés à cet effet, ont signé le présent Protocole.

Fait à Strasbourg, le 17 mars 1978, en français et en anglais, les deux textes faisant également foi, en un seul exemplaire qui sera déposé dans les archives du Conseil de l'Europe. Le Secrétaire Général du Conseil de l'Europe en communiquera copie certifiée conforme à chacun des Etats signataires et adhérents.

Deuxième protocole additionnel à la Convention européenne d'entraide judiciaire en matière pénale [STE n° 182]

Les Etats membres du Conseil de l'Europe, signataires du présent Protocole,

Etant donné leurs engagements en vertu du Statut du Conseil de l'Europe;

Désireux de contribuer à protéger les droits de l'homme, à défendre l'Etat de droit et à soutenir le tissu démocratique de la société;

Considérant qu'il est souhaitable à cet effet de renforcer leur capacité individuelle et collective à réagir à la criminalité;

Décidés à améliorer et à compléter à certains égards la Convention européenne d'entraide judiciaire en matière pénale, faite à Strasbourg le 20 avril 1959 (ci-après désignée « la Convention »), ainsi que son Protocole additionnel, fait à Strasbourg le 17 mars 1978;

Tenant compte de la Convention de sauvegarde des Droits de l'Homme et des Libertés fondamentales, faite à Rome le 4 novembre 1950, ainsi que de la Convention pour la protection des personnes à l'égard du traitement automatisé des données à caractère personnel, faite à Strasbourg, le 28 janvier 1981,

Sont convenus de ce qui suit:

Chapitre I

Article 1 – Champ d'application

L'article 1 de la Convention est remplacé par les dispositions suivantes:

«1 Les Parties s'engagent à s'accorder mutuellement, selon les dispositions de la présente Convention et dans les meilleurs délais, l'entraide judiciaire la plus large possible dans toute procédure visant des infractions dont la répression est, au moment où l'entraide est demandée, de la compétence des autorités judiciaires de la Partie requérante.

2 La présente Convention ne s'applique ni à l'exécution des décisions d'arrestation et des condamnations ni aux infractions militaires qui ne constituent pas des infractions de droit commun.

3 L'entraide judiciaire pourra également être accordée dans des procédures pour des faits qui sont punissables selon le droit national

de la Partie requérante ou de la Partie requise au titre d'infractions aux règlements poursuivies par des autorités administratives dont la décision peut donner lieu à un recours devant une juridiction compétente, notamment en matière pénale.

4   L'entraide judiciaire ne sera pas refusée au seul motif que les faits dont il s'agit peuvent engager la responsabilité d'une personne morale dans la Partie requérante.»

Article 2 – Présence d'autorités de la Partie requérante

L'article 4 de la Convention est complété par le texte suivant, l'article 4 original de la Convention constituant le paragraphe 1 et les dispositions ci-après le paragraphe 2:

«2   Les demandes visant la présence de ces autorités ou personnes en cause ne devraient pas être refusées lorsqu'une telle présence tend à ce que l'exécution de la demande d'entraide réponde mieux aux besoins de la Partie requérante et, de ce fait, permet d'éviter des demandes d'entraide supplémentaires.»

Article 3 – Transfèrement temporaire de personnes détenues, sur le territoire de la Partie requérante

L'article 11 de la Convention est remplacé par les dispositions suivantes:

«1   Toute personne détenue dont la comparution personnelle aux fins d'instruction, à l'exclusion de sa comparution aux fins de jugement, est demandée par la Partie requérante sera transférée temporairement sur son territoire, sous condition de son renvoi dans le délai indiqué par la Partie requise et sous réserve des dispositions de l'article 12 de la présente Convention, dans la mesure où celles-ci peuvent s'appliquer.

Le transfèrement pourra être refusé:

a   si la personne détenue n'y consent pas;

b   si sa présence est nécessaire dans une procédure pénale en cours sur le territoire de la Partie requise;

c   si son transfèrement est susceptible de prolonger sa détention; ou

d   si d'autres considérations impérieuses s'opposent à son transfèrement sur le territoire de la Partie requérante.

2   Sous réserve des dispositions de l'article 2 de la présente Convention, dans un cas prévu au paragraphe 1, le transit de la personne détenue par un territoire d'un Etat tiers sera accordé sur demande, accompagnée de tous les documents utiles, adressée par le Ministère de la Justice de la Partie requérante au ministère de la Justice de la Partie requise du transit. Toute Partie pourra refuser d'accorder le transit de ses ressortissants.

3   La personne transférée devra rester en détention sur le territoire de la Partie requérante et, le cas échéant, sur le territoire de la Partie requise du transit, à moins que la Partie requise du transfèrement ne demande sa mise en liberté.»

Article 4 – Voies de communication

L'article 15 de la Convention est remplacé par les dispositions suivantes:

«1   Les demandes d'entraide judiciaire, ainsi que toute information spontanée, seront adressées, sous forme écrite, par le ministère de la Justice de la Partie requérante au ministère de la Justice de la Partie requise et renvoyées par la même voie. Toutefois, elles peuvent être adressées directement par l'autorité judiciaire de la Partie requérante à l'autorité judiciaire de la Partie requise et renvoyées par la même voie.

2   Les demandes prévues à l'article 11 de la présente Convention ainsi que celles prévues à l'article 13 du Deuxième Protocole additionnel à la présente Convention, seront adressées dans tous les cas par le Ministère de la Justice de la Partie requérante au Ministère de la Justice de la Partie requise et renvoyées par la même voie.

3   Les demandes d'entraide judiciaire relatives aux procédures visées au paragraphe 3 de l'article 1 de la présente Convention peuvent également être adressées directement par l'autorité administrative ou judiciaire de la Partie requérante à l'autorité administrative ou judiciaire de la Partie requise, selon le cas, et renvoyées par la même voie.

4   Les demandes d'entraide judiciaire faites en vertu des articles 18 ou 19 du Deuxième Protocole additionnel à la présente Convention peuvent également être adressées directement par l'autorité compétente de la Partie requérante à l'autorité compétente de la Partie requise.

5   Les demandes prévues au paragraphe 1 de l'article 13 de la présente Convention pourront être adressées directement par les autorités judiciaires concernées au service compétent de la Partie requise, et les réponses pourront être renvoyées directement par ce

service. Les demandes prévues au paragraphe 2 de l'article 13 de la présente Convention seront adressées par le ministère de la Justice de la Partie requérante au ministère de la Justice de la Partie requise.

6   Les demandes de copie des sentences et mesures visées à l'article 4 du Protocole additionnel à la Convention peuvent être adressées directement aux autorités compétentes. Tout Etat contractant pourra, à tout moment, par déclaration adressée au Secrétaire Général du Conseil de l'Europe, indiquer les autorités qu'il considérera compétentes aux fins du présent paragraphe.

7   En cas d'urgence et lorsque la transmission directe est admise par la présente Convention, elle pourra s'effectuer par l'intermédiaire de l'Organisation internationale de police criminelle (Interpol).

8   Toute Partie pourra, à tout moment, par déclaration adressée au Secrétaire Général du Conseil de l'Europe, se réserver le droit de soumettre l'exécution des demandes d'entraide judiciaire, ou de certaines d'entre elles, à une ou plusieurs des conditions suivantes:

a   une copie de la demande doit être adressée à l'autorité centrale y désignée;

b   la demande, sauf lorsqu'elle est urgente, doit être adressée à l'autorité centrale y désignée;

c   dans le cas d'une transmission directe pour motif d'urgence, une copie soit communiquée en même temps à son ministère de la Justice;

d   certaines ou toutes les demandes d'entraide judiciaire doivent lui être adressées par une voie autre que celle prévue au présent article.

9   Les demandes d'entraide judiciaire ou toute autre communication en vertu de la présente Convention ou de ses protocoles, peuvent être faites par voie de moyens électroniques de communication, ou par tout autre moyen de télécommunication, à condition que la Partie requérante soit prête à produire à tout moment, sur demande, une trace écrite de l'expédition ainsi que l'original. Cependant, tout Etat contractant peut, à tout moment, par déclaration adressée au Secrétaire Général du Conseil de l'Europe, indiquer les conditions dans lesquelles il est prêt à accepter et à mettre en exécution des demandes reçues par voie électronique ou tout autre moyen de télécommunication.

10   Le présent article ne portera pas atteinte aux dispositions des accords ou arrangements bilatéraux en vigueur entre les Parties,

selon lesquelles la transmission directe des demandes d'entraide judiciaire entre les autorités des Parties est prévue.»

Article 5 – Frais

L'article 20 de la Convention est remplacé par les dispositions suivantes:

«1 Les Parties ne se réclament pas mutuellement le remboursement des frais découlant de l'application de la Convention ou de ses protocoles, à l'exception:

    a des frais occasionnés par l'intervention d'experts sur le territoire de la Partie requise;

    b des frais occasionnés par le transfèrement de personnes détenues effectué en application des articles 13 ou 14 du Deuxième Protocole additionnel à la présente Convention, ou de l'article 11 de la présente Convention;

    c des frais importants ou extraordinaires.

2 Toutefois, le coût de l'établissement de la liaison vidéo ou téléphonique, les coûts liés à la mise à disposition de la liaison vidéo ou téléphonique dans la Partie requise, la rémunération des interprètes qu'elle fournit et les indemnités versées aux témoins ainsi que leurs frais de déplacement dans la Partie requise sont remboursés par la Partie requérante à la Partie requise, à moins que les Parties n'en conviennent autrement.

3 Les Parties se consultent en vue de déterminer les conditions de paiement des frais susceptibles d'être réclamés en vertu des dispositions du paragraphe 1.c du présent article.

4 Les dispositions du présent article s'appliquent sans préjudice de l'application des dispositions de l'article 10, paragraphe 3, de la présente Convention.»

Article 6 – Autorités judiciaires

L'article 24 de la Convention est remplacé par les dispositions suivantes:

«Tout Etat, au moment de la signature ou au moment du dépôt de son instrument de ratification, d'acceptation, d'approbation ou d'adhésion, par déclaration adressée au Secrétaire Général du Conseil de l'Europe, indiquera quelles autorités il considérera comme des autorités judiciaires aux fins de la présente Convention.

Par la suite il pourra, à tout moment et de la même manière, changer les termes de sa déclaration.»

Chapitre II

Article 7 – Exécution différée des demandes

1   La Partie requise peut surseoir à la satisfaction d'une demande si le fait de donner suite à celle-ci risque d'avoir une incidence négative sur une enquête, des poursuites ou toute autre procédure connexe menée par ses autorités.

2   Avant de refuser son entraide ou d'y surseoir, la Partie requise examine, le cas échéant après avoir consulté la Partie requérante, s'il peut y être fait droit partiellement ou sous réserve des conditions qu'elle juge nécessaires.

3   Toute décision de surseoir à l'entraide est motivée. La Partie requise informe également la Partie requérante des raisons qui rendent impossible l'entraide ou qui sont susceptibles de la retarder de façon significative.

Article 8 – Procédure

Nonobstant les dispositions de l'article 3 de la Convention, lorsqu'une demande prescrit une formalité ou une procédure donnée qu'impose la législation de la Partie requérante, même si la formalité ou la procédure demandée n'est pas familière à la Partie requise, cette Partie donne satisfaction à la demande dans la mesure où cela n'est pas contraire aux principes fondamentaux de son droit, sauf dispositions contraires du présent Protocole.

Article 9 – Audition par vidéoconférence

1   Si une personne qui se trouve sur le territoire d'une Partie doit être entendue comme témoin ou expert par les autorités judiciaires d'une autre Partie, cette dernière peut demander, s'il est inopportun ou impossible pour la personne à entendre de comparaître en personne sur son territoire, que l'audition ait lieu par vidéoconférence, conformément aux paragraphes 2 à 7.

2   La Partie requise consent à l'audition par vidéoconférence pour autant que le recours à cette méthode ne soit pas contraire aux principes fondamentaux de son droit et à condition qu'elle dispose des moyens techniques permettant d'effectuer l'audition. Si la Partie requise ne dispose pas des moyens techniques permettant une vidéoconférence, la Partie requérante peut les mettre à la disposition de la Partie requise avec l'accord de cette dernière.

3   Les demandes d'audition par vidéoconférence contiennent, outre les informations indiquées à l'article 14 de la Convention, la raison pour laquelle il n'est pas souhaitable ou pas possible que le témoin ou l'expert soit présent en personne à l'audition, le nom de l'autorité judiciaire et des personnes qui procéderont à l'audition.

4   L'autorité judiciaire de la Partie requise cite à comparaître la personne concernée selon les formes prévues par sa législation.

5   Les règles suivantes s'appliquent à l'audition par vidéoconférence:

   a   l'audition a lieu en présence d'une autorité judiciaire de la Partie requise, assistée au besoin d'un interprète; cette autorité est aussi responsable de l'identification de la personne entendue et du respect des principes fondamentaux du droit de la Partie requise. Si l'autorité judiciaire de la Partie requise estime que les principes fondamentaux du droit de la Partie requise ne sont pas respectés pendant l'audition, elle prend immédiatement les mesures nécessaires pour veiller à ce que l'audition se poursuive conformément auxdits principes;

   b   les autorités compétentes des Parties requérante et requise conviennent, le cas échéant, des mesures relatives à la protection de la personne à entendre;

   c   l'audition est effectuée directement par l'autorité judiciaire de la Partie requérante, ou sous sa direction, conformément à son droit interne;

   d   à la demande de la Partie requérante ou de la personne à entendre, la Partie requise veille à ce que cette personne soit, au besoin, assistée d'un interprète;

   e   la personne à entendre peut invoquer le droit de ne pas témoigner qui lui serait reconnu par la loi soit de la Partie requise soit de la Partie requérante.

6   Sans préjudice de toutes les mesures convenues en ce qui concerne la protection des personnes, l'autorité judiciaire de la Partie requise établit, à l'issue de l'audition, un procès-verbal indiquant la date et le lieu de l'audition, l'identité de la personne entendue, les identités et les qualités de toutes les autres personnes de la Partie requise ayant participé à l'audition, toutes les éventuelles prestations de serment et les conditions techniques dans lesquelles l'audition s'est déroulée. Ce document est transmis par l'autorité compétente de la Partie requise à l'autorité compétente de la Partie requérante.

7   Chaque Partie prend les mesures nécessaires pour que, lorsque des témoins ou des experts sont entendus sur son territoire, conformément au présent article, et refusent de témoigner alors qu'ils sont tenus de le faire, ou font de fausses dépositions, son droit national s'applique comme il s'appliquerait si l'audition avait lieu dans le cadre d'une procédure nationale.

8   Les Parties peuvent, si elles le souhaitent, appliquer également les dispositions du présent article, lorsqu'il y a lieu et avec l'accord de leurs autorités judiciaires compétentes, aux auditions par vidéoconférence auxquelles participe la personne poursuivie pénalement ou le suspect. Dans ce cas, la décision de tenir la vidéoconférence et la manière dont elle se déroule doivent faire l'objet d'un accord entre les Parties concernées et être conformes à leur droit national et aux instruments internationaux en la matière. Les auditions auxquelles participe la personne poursuivie pénalement ou le suspect ne peuvent avoir lieu que s'ils y consentent.

9   Tout Etat contractant peut, à tout moment, par une déclaration adressée au Secrétaire Général du Conseil de l'Europe, déclarer qu'il n'entend pas se prévaloir de la faculté, prévue au paragraphe 8 du présent article, d'appliquer également les dispositions du présent article aux auditions par vidéoconférence auxquelles participe la personne poursuivie pénalement ou le suspect.

Article 10 – Audition par conférence téléphonique

1   Si une personne qui se trouve sur le territoire d'une Partie doit être entendue comme témoin ou expert par les autorités judiciaires d'une autre Partie, cette dernière peut demander, lorsque son droit national le prévoit, l'aide de la première Partie afin que l'audition puisse avoir lieu par conférence téléphonique, conformément aux dispositions des paragraphes 2 à 6.

2   Une audition ne peut avoir lieu par conférence téléphonique que si le témoin ou l'expert accepte que l'audition se fasse par ce moyen.

3   La Partie requise consent à l'audition par conférence téléphonique pour autant que le recours à cette méthode n'est pas contraire aux principes fondamentaux de son droit.

4   Les demandes d'audition par conférence téléphonique contiennent, outre les informations visées à l'article 14 de la Convention, le nom de l'autorité judiciaire et des personnes qui procéderont à l'audition ainsi qu'une indication selon laquelle le témoin ou l'expert est disposé à prendre part à une audition par conférence téléphonique.

5   Les modalités pratiques de l'audition sont arrêtées d'un commun accord par les Parties concernées. Lorsqu'elle accepte ces modalités, la Partie requise s'engage:

a   à notifier au témoin ou à l'expert concerné l'heure et le lieu de l'audition;

b   à veiller à l'identification du témoin ou de l'expert;

c   à vérifier que le témoin ou l'expert accepte l'audition par conférence téléphonique.

6   L'Etat requis peut donner son consentement sous réserve de l'application, en tout ou en partie, des dispositions pertinentes de l'article 9, paragraphes 5 et 7.

Article 11 – Transmission spontanée d'informations

1   Sans préjudice de leurs propres investigations ou procédures, les autorités compétentes d'une Partie peuvent, sans demande préalable, transmettre aux autorités compétentes d'une autre Partie des informations recueillies dans le cadre de leur propre enquête lorsqu'elles estiment que la communication de ces informations pourrait aider la Partie destinataire à engager ou à mener à bien des investigations ou des procédures, ou lorsque ces informations pourraient aboutir à une demande formulée par cette Partie en vertu de la Convention ou de ses protocoles.

2   La Partie qui fournit l'information peut, conformément à son droit national, soumettre à certaines conditions son utilisation par la Partie destinataire.

3   La Partie destinataire est tenue de respecter ces conditions.

4   Toutefois, tout Etat contractant peut, à tout moment, par une déclaration adressée au Secrétaire Général du Conseil de l'Europe, déclarer qu'il se réserve le droit de ne pas se soumettre aux conditions imposées en vertu des dispositions du paragraphe 2 du présent article par la Partie qui fournit l'information, à moins qu'il ne soit avisé au préalable de la nature de l'information à fournir et qu'il accepte que cette dernière lui soit transmise.

Article 12 – Restitution

1   La Partie requise peut, sur demande de la Partie requérante et sans préjudice des droits des tiers de bonne foi, mettre des objets obtenus par des moyens illicites à la disposition de la Partie requérante en vue de leur restitution à leur propriétaire légitime.

2   Dans le cadre de l'application des articles 3 et 6 de la Convention, la Partie requise peut renoncer, soit avant, soit après leur remise à la Partie requérante, au renvoi des objets qui ont été remis à la Partie requérante si cela peut favoriser la restitution de ces objets à leur propriétaire légitime. Les droits des tiers de bonne foi ne sont pas affectés.

3   Au cas où la Partie requise renonce au renvoi des objets avant leur remise à la Partie requérante, elle ne fait valoir aucun droit de gage ni aucun autre droit de recours découlant de la législation fiscale ou douanière sur ces objets.

4   Une renonciation conformément au paragraphe 2 n'affecte pas le droit de la Partie requise de percevoir auprès du propriétaire légitime des taxes ou droits de douane.

Article 13 – Transfèrement temporaire de personnes détenues, sur le territoire de la Partie requise

1   En cas d'accord entre les autorités compétentes des Parties concernées, une Partie qui a demandé une mesure d'instruction nécessitant la présence d'une personne détenue sur son territoire peut transférer temporairement cette personne sur le territoire de la Partie où l'instruction doit avoir lieu.

2   L'accord prévoit les modalités du transfèrement temporaire de la personne et le délai dans lequel elle doit être renvoyée sur le territoire de la Partie requérante.

3   S'il est exigé que la personne concernée consente à son transfèrement, une déclaration de consentement ou une copie de celle-ci est fournie sans tarder à la Partie requise.

4   La personne transférée devra rester en détention sur le territoire de la Partie requise et, le cas échéant, sur le territoire de la Partie du transit, à moins que la Partie requérante du transfèrement ne demande sa mise en liberté.

5   La période de détention sur le territoire de la Partie requise est déduite de la durée de la détention que doit ou devra subir la personne concernée sur le territoire de la Partie requérante.

6   L'article 11, paragraphe 2, et l'article 12 de la Convention s'appliquent par analogie.

7   Tout Etat contractant peut, à tout moment, par une déclaration adressée au Secrétaire Général du Conseil de l'Europe, déclarer que, pour la réalisation de l'accord visé au paragraphe 1 du présent article, le consentement visé au paragraphe 3 du présent article

sera exigé, ou qu'il le sera dans certaines conditions précisées dans la déclaration.

Article 14 – Comparution personnelle de personnes condamnées et transférées

Les dispositions des articles 11 et 12 de la Convention s'appliquent par analogie également aux personnes en détention sur le territoire de la Partie requise, à la suite de leur transfèrement en vue de purger une peine prononcée sur le territoire de la Partie requérante, lorsque leur comparution personnelle à des fins de révision du jugement est demandée par la Partie requérante.

Article 15 – Langue des actes de procédure et des décisions judiciaires à remettre

1   Les dispositions du présent article s'appliquent à toute demande de remise faite en vertu de l'article 7 de la Convention ou de l'article 3 de son protocole additionnel.

2   Les actes de procédure et les décisions judiciaires sont toujours remis dans la langue, ou les langues, dans laquelle, ou dans lesquelles, ils ont été produits.

3   Nonobstant les dispositions de l'article 16 de la Convention, si l'autorité qui est à l'origine des documents sait, ou a des raisons de considérer, que le destinataire ne connaît qu'une autre langue, les documents, ou au moins les passages les plus importants de ceux-ci, doivent être accompagnés d'une traduction dans cette autre langue.

4   Nonobstant les dispositions de l'article 16 de la Convention, les actes de procédure et les décisions judiciaires doivent être accompagnés, à l'intention des autorités de la Partie requise, d'un court sommaire de leur contenu traduit dans la langue, ou l'une des langues, de cette Partie.

Article 16 – Remise par voie postale

1   Les autorités judiciaires compétentes de toute Partie peuvent envoyer directement, par voie postale, des actes de procédure et des décisions judiciaires, aux personnes qui se trouvent sur le territoire de toute autre Partie.

2   Les actes de procédure et les décisions judiciaires sont accompagnés d'une note indiquant que le destinataire peut obtenir de l'autorité identifiée dans la note des informations sur ses droits et obligations concernant la remise des pièces. Les dispositions du

paragraphe 3 de l'article 15 du présent Protocole s'appliquent à cette note.

3   Les dispositions des articles 8, 9 et 12 de la Convention s'appliquent par analogie à la remise par voie postale.

4   Les dispositions des paragraphes 1, 2 et 3 de l'article 15 du présent Protocole s'appliquent également à la remise par voie postale.

Article 17 – Observation transfrontalière

1   Les agents d'une des Parties qui, dans le cadre d'une enquête judiciaire, observent dans leur pays une personne présumée avoir participé à un fait punissable pouvant donner lieu à extradition, ou une personne à l'égard de laquelle il y a de sérieuses raisons de penser qu'elle peut conduire à l'identification ou à la localisation de la personne ci-dessus mentionnée sont autorisés à continuer cette observation sur le territoire d'une autre Partie, lorsque celle-ci a autorisé l'observation transfrontalière sur la base d'une demande d'entraide judiciaire présentée au préalable. L'autorisation peut être assortie de conditions.

Sur demande, l'observation sera confiée aux agents de la Partie sur le territoire de laquelle elle est effectuée.

La demande d'entraide judiciaire mentionnée au paragraphe 1 doit être adressée à une autorité désignée par chacune des Parties et compétente pour accorder ou transmettre l'autorisation demandée.

2   Lorsque, pour des raisons particulièrement urgentes, l'autorisation préalable de l'autre Partie ne peut être demandée, les agents observateurs agissant dans le cadre d'une enquête judiciaire sont autorisés à continuer au-delà de la frontière l'observation d'une personne présumée avoir commis des faits punissables et énumérés au paragraphe 6, dans les conditions ci-après:

a   le franchissement de la frontière sera communiqué immédiatement durant l'observation à l'autorité de la Partie désignée au paragraphe 4, sur le territoire de laquelle l'observation continue;

b   une demande d'entraide judiciaire présentée conformément au paragraphe 1 et exposant les motifs justifiant le franchissement de la frontière, sans autorisation préalable, sera transmise sans délai.

L'observation sera arrêtée dès que la Partie sur le territoire de laquelle elle a lieu le demande, suite à la communication visée au point a, ou à la demande visée au point b, ou si l'autorisation n'est pas obtenue cinq heures après le franchissement de la frontière.

3 L'observation visée aux paragraphes 1 et 2 ne peut être exercée qu'aux conditions générales suivantes:

a Les agents observateurs doivent se conformer aux dispositions du présent article et au droit de la Partie sur le territoire de laquelle ils opèrent; ils doivent obtempérer aux injonctions des autorités localement compétentes.

b Sous réserve des situations prévues au paragraphe 2, les agents se munissent durant l'observation d'un document attestant que l'autorisation a été accordée.

c Les agents observateurs devront être en mesure de justifier à tout moment de leur qualité officielle.

d Les agents observateurs peuvent emporter leur arme de service pendant l'observation, sauf décision contraire expresse de la Partie requise; son utilisation est interdite sauf en cas de légitime défense.

e L'entrée dans les domiciles et les lieux non accessibles au public est interdite.

f Les agents observateurs ne peuvent ni interpeller ni arrêter la personne observée.

g Toute opération fera l'objet d'un rapport aux autorités de la Partie sur le territoire de laquelle elle est intervenue; la comparution personnelle des agents observateurs peut être requise.

h Les autorités de la Partie dont les agents observateurs sont originaires apportent, lorsqu'il est demandé par les autorités de la Partie sur le territoire de laquelle l'observation a eu lieu, leur concours à l'enquête consécutive à l'opération à laquelle ils ont participé, y compris aux procédures judiciaires.

4 Toute Partie, au moment de la signature ou au moment du dépôt de son instrument de ratification, d'acceptation, d'approbation ou d'adhésion, par déclaration adressée au Secrétaire Général du Conseil de l'Europe, indiquera, d'une part, quels agents et, d'autre part, quelles autorités elle désigne aux fins des paragraphes 1 et 2 du présent article. Par la suite, toute Partie peut, à tout moment et de la même manière, changer les termes de sa déclaration.

5 Les Parties peuvent, sur le plan bilatéral, étendre le champ d'application du présent article et adopter des dispositions supplémentaires en exécution de cet article.

6 L'observation telle que visée au paragraphe 2 ne peut avoir lieu que pour l'un des faits punissables suivants:

– assassinat;
– meurtre;
– viol;
– incendie volontaire;
– fausse monnaie;
– vol et recel aggravés;
– extorsion;
– enlèvement et prise d'otage;
– trafic d'êtres humains;
– trafic illicite de stupéfiants et substances psychotropes;
– infractions aux dispositions légales en matière d'armes et explosifs;
– destruction par explosifs;
– transport illicite de déchets toxiques et nuisibles;
– trafic d'étrangers,
– abus sexuel d'enfant.

Article 18 – Livraison surveillée

1 Chaque Partie s'engage à ce que, à la demande d'une autre Partie, des livraisons surveillées puissent être autorisées sur son territoire dans le cadre d'enquêtes pénales relatives à des infractions susceptibles de donner lieu à extradition.

2 La décision de recourir à des livraisons surveillées est prise dans chaque cas d'espèce par les autorités compétentes de la Partie requise, dans le respect du droit national de cette Partie.

3 Les livraisons surveillées se déroulent conformément aux procédures prévues par la Partie requise. Le pouvoir d'agir, la direction et le contrôle de l'opération appartiennent aux autorités compétentes de la Partie requise.

4 Toute Partie, lorsqu'elle dépose son instrument de ratification, d'acceptation, d'approbation ou d'adhésion, par déclaration adressée au Secrétaire Général du Conseil de l'Europe, indiquera les autorités qu'elle désigne comme compétentes aux fins du présent article. Par la suite, toute Partie peut, à tout moment et de la même manière, changer les termes de sa déclaration.

Article 19 – Enquêtes discrètes

1   La Partie requérante et la Partie requise peuvent convenir de s'entraider pour la réalisation d'enquêtes pénales menées par des agents intervenant en secret ou sous une identité fictive (enquêtes discrètes).

2   Les autorités compétentes de la Partie requise décident, dans chaque cas d'espèce de la réponse à donner à la demande, en tenant dûment compte de la loi et des procédures nationales. Les deux Parties conviennent, dans le respect de leur loi et de leurs procédures nationales, de la durée de l'enquête discrète, de ses modalités précises et du statut juridique des agents concernés.

3   Les enquêtes discrètes sont menées conformément à la loi et aux procédures nationales de la Partie sur le territoire de laquelle elles se déroulent. Les Parties concernées coopèrent pour en assurer la préparation et la direction, et pour prendre des dispositions pour la sécurité des agents intervenant en secret ou sous une identité fictive.

4   Toute Partie, au moment de la signature ou au moment du dépôt de son instrument de ratification, d'acceptation, d'approbation ou d'adhésion, par déclaration adressée au Secrétaire Général du Conseil de l'Europe, indiquera les autorités qu'elle désigne comme compétentes aux fins du paragraphe 2 du présent article. Par la suite, toute Partie peut, à tout moment et de la même manière, changer les termes de sa déclaration.

Article 20 – Equipes communes d'enquête

1   Les autorités compétentes de deux Parties au moins peuvent, d'un commun accord, créer une équipe commune d'enquête, avec un objectif précis et pour une durée limitée pouvant être prolongée avec l'accord de toutes les Parties, pour effectuer des enquêtes pénales dans une ou plusieurs des Parties qui créent l'équipe. La composition de l'équipe est arrêtée dans l'accord.

Une équipe commune d'enquête peut notamment être créée lorsque:

a   dans le cadre d'une procédure d'enquête menée par une Partie pour détecter des infractions, il y a lieu d'effectuer des enquêtes difficiles et impliquant la mobilisation d'importants moyens, qui concernent aussi d'autres Parties;

b   plusieurs Parties effectuent des enquêtes concernant des infractions qui, en raison des faits qui sont à l'origine de celles-ci, exigent une action coordonnée et concertée dans les Parties en question.

La demande de création d'une équipe commune d'enquête peut émaner de toute Partie concernée. L'équipe est créée dans l'une des Parties dans lesquelles l'enquête doit être effectuée.

2   Outre les indications visées dans les dispositions pertinentes de l'article 14 de la Convention, les demandes de création d'une équipe commune d'enquête comportent des propositions relatives à la composition de l'équipe.

3   L'équipe commune d'enquête intervient sur le territoire des Parties qui la créent dans les conditions générales suivantes:

a   le responsable de l'équipe est un représentant de l'autorité compétente – participant aux enquêtes pénales – de la Partie sur le territoire de laquelle l'équipe intervient. Le responsable de l'équipe agit dans les limites des compétences qui sont les siennes au regard du droit national;

b   l'équipe mène ses opérations conformément au droit de la Partie sur le territoire de laquelle elle intervient. Les membres de l'équipe et les membres détachés de l'équipe exécutent leurs tâches sous la responsabilité de la personne visée au point a, en tenant compte des conditions fixées par leurs propres autorités dans l'accord relatif à la création de l'équipe;

c   la Partie sur le territoire de laquelle l'équipe intervient crée les conditions organisationnelles nécessaires pour lui permettre de le faire.

4   Au présent article, les membres de l'équipe commune d'enquête provenant de la Partie sur le territoire de laquelle l'équipe intervient sont désignés comme «membres», tandis que les membres provenant de Parties autres que celle sur le territoire de laquelle l'équipe intervient sont désignés comme «membres détachés».

5   Les membres détachés auprès de l'équipe commune d'enquête sont habilités à être présents lorsque des mesures d'enquête sont prises dans la Partie d'intervention. Toutefois, le responsable de l'équipe peut, pour des raisons particulières, en décider autrement, dans le respect du droit de la Partie sur le territoire de laquelle l'équipe intervient.

6   Les membres détachés de l'équipe commune d'enquête peuvent, conformément au droit de la Partie d'intervention, se voir confier, par le responsable de l'équipe, la tâche de prendre certaines mesures d'enquête, moyennant le consentement des autorités compétentes

de la Partie d'intervention et de la Partie qui a procédé au détachement.

7 Lorsque l'équipe commune d'enquête a besoin que des mesures d'enquête soient prises dans une des Parties qui l'ont créée, les membres détachés auprès de l'équipe par ladite Partie peuvent demander à leurs autorités compétentes de prendre ces mesures. Ces mesures sont considérées dans la Partie en question selon les conditions qui s'appliqueraient si elles étaient demandées dans le cadre d'une enquête nationale.

8 Lorsque l'équipe commune d'enquête a besoin de l'aide d'une Partie autre que celles qui l'ont créée, ou d'un Etat tiers, la demande d'entraide peut être adressée par les autorités compétentes de l'Etat d'intervention à leurs homologues de l'autre Etat concerné, conformément aux instruments ou arrangements pertinents.

9 Un membre détaché auprès de l'équipe commune d'enquête peut, conformément à son droit national et dans les limites de ses compétences, fournir à l'équipe des informations qui sont disponibles dans la Partie qui l'a détaché aux fins des enquêtes pénales menées par l'équipe.

10 Les informations obtenues de manière régulière par un membre ou un membre détaché dans le cadre de sa participation à une équipe commune d'enquête, et qui ne peuvent pas être obtenues d'une autre manière par les autorités compétentes des Parties concernées, peuvent être utilisées aux fins suivantes:

a   aux fins pour lesquelles l'équipe a été créée;

b   pour détecter, enquêter sur et poursuivre d'autres infractions pénales sous réserve du consentement préalable de la Partie où l'information a été obtenue. Le consentement ne peut être refusé que dans les cas où une telle utilisation représenterait un danger pour les enquêtes pénales menées dans la Partie concernée, ou pour lesquels cette Partie pourrait refuser l'entraide;

c   pour prévenir un danger immédiat et sérieux pour la sécurité publique et sans préjudice des dispositions du point b si, par la suite, une enquête pénale est ouverte;

d   à d'autres fins, pour autant que cela ait été convenu par les Parties qui ont créé l'équipe.

11 Les dispositions du présent article ne portent pas atteinte à d'autres dispositions ou arrangements existants relatifs à la création ou à l'intervention d'équipes communes d'enquête.

12   Dans la mesure où le droit des Parties concernées ou les dispositions de tout instrument juridique applicable entre elles le permettent, des arrangements peuvent être conclus pour que des personnes autres que des représentants des autorités compétentes des Parties qui créent l'équipe commune d'enquête prennent part aux activités de l'équipe. Les droits conférés aux membres et aux membres détachés auprès de l'équipe en vertu du présent article ne s'appliquent pas à ces personnes, sauf disposition contraire figurant explicitement dans l'accord.

Article 21 – Responsabilité pénale en ce qui concerne les fonctionnaires

Au cours des opérations visées aux articles 17, 18, 19 et 20, les fonctionnaires d'une Partie autre que la Partie d'intervention sont assimilés aux agents de celle-ci en ce qui concerne les infractions dont ils seraient victimes ou qu'ils commettraient, à moins qu'il n'en soit convenu autrement entre les Parties concernées.

Article 22 – Responsabilité civile en ce qui concerne les fonctionnaires

1   Lorsque, conformément aux articles 17, 18, 19 et 20, les fonctionnaires d'une Partie se trouvent en mission sur le territoire d'une autre Partie, la première Partie est responsable des dommages qu'ils causent pendant le déroulement de la mission, conformément au droit de la Partie sur le territoire de laquelle ils opèrent.

2   La Partie sur le territoire de laquelle les dommages visés au paragraphe 1 sont causés assume la réparation de ces dommages dans les conditions applicables aux dommages causés par ses propres agents.

3   La Partie dont les fonctionnaires ont causé des dommages à quiconque sur le territoire d'une autre Partie rembourse intégralement à cette dernière les sommes qu'elle a versées aux victimes ou à leurs ayants droit.

4   Sans préjudice de l'exercice de ses droits à l'égard des tiers et à l'exception de la disposition du paragraphe 3, chaque Partie renoncera, dans le cas prévu au paragraphe 1, à demander à une autre Partie le remboursement du montant des dommages qu'elle a subis.

5   Les dispositions du présent article s'appliquent à la condition que les Parties n'en aient pas convenu différemment.

Article 23 – Protection des témoins

Lorsqu'une Partie fait une demande d'entraide en vertu de la Convention ou de l'un de ses Protocoles concernant un témoin qui risque d'être exposé à une intimidation ou qui a besoin de protection, les autorités compétentes de la Partie requérante et celles de la Partie requise font de leur mieux pour convenir des mesures visant la protection de la personne concernée, en conformité avec leur droit national.

Article 24 – Mesures provisoires

1   A la demande de la Partie requérante, la Partie requise, en conformité avec sa loi nationale, peut ordonner des mesures provisoires en vue de préserver des moyens de preuve, de maintenir une situation existante, ou de protéger des intérêts juridiques menacés.

2   La Partie requise peut faire droit à la demande partiellement ou sous réserve de conditions, notamment en limitant la durée des mesures prises.

Article 25 – Confidentialité

La Partie requérante peut demander à la Partie requise de veiller à ce que la requête et son contenu restent confidentiels, sauf dans la mesure où cela n'est pas compatible avec l'exécution de la requête. Si la Partie requise ne peut pas se conformer aux impératifs de la confidentialité, elle en informe sans tarder la Partie requérante.

Article 26 – Protection des données

1   Les données à caractère personnel transmises d'une Partie à une autre en conséquence de l'exécution d'une demande faite au titre de la Convention ou de l'un de ses protocoles ne peuvent être utilisées par la Partie à laquelle elles ont été transmises:

   a   qu'aux fins des procédures auxquelles s'applique la Convention ou de l'un de ses protocoles, et

   b   qu'aux fins d'autres procédures judiciaires ou administratives directement liées aux procédures visées au point a, et

   c   qu'aux fins de prévenir un danger immédiat et sérieux pour la sécurité publique.

2   De telles données peuvent toutefois être utilisées pour toute autre fin, après consentement préalable, soit de la Partie qui a transmis les données, soit de la personne concernée.

3 Toute Partie peut refuser de transmettre des données obtenues en conséquence de l'exécution d'une demande faite au titre de la Convention ou l'un de ses protocoles, lorsque

- de telles données sont protégées au titre de sa loi nationale et

- que la Partie à laquelle les données devraient être transmises n'est pas liée par la Convention pour la protection des personnes à l'égard du traitement automatisé des données à caractère personnel, faite à Strasbourg, le 28 janvier 1981, sauf si cette dernière Partie s'engage à accorder aux données la même protection qui leur est accordée par la première Partie.

4 Toute Partie qui transmet des données obtenues en conséquence de l'exécution d'une demande faite au titre de la Convention ou l'un de ses Protocoles peut exiger de la Partie à laquelle les données sont transmises de l'informer de l'utilisation qui en a été faite.

5 Toute Partie peut, par une déclaration adressée au Secrétaire Général du Conseil de l'Europe, exiger que, dans le cadre de procédures pour lesquelles elle aurait pu refuser ou limiter la transmission ou l'utilisation de données à caractère personnel conformément aux dispositions de la Convention ou d'un de ses protocoles, les données à caractère personnel qu'elle transmet à une autre Partie ne soient utilisées par cette dernière aux fins visées au paragraphe 1 qu'avec son accord préalable.

Article 27 – Autorités administratives

Toute Partie pourra, à tout moment, par déclaration adressée au Secrétaire Général du Conseil de l'Europe, indiquer quelles autorités elle considérera comme des autorités administratives au sens de l'article 1, paragraphe 3, de la Convention.

Article 28 – Rapports avec d'autres traités

Les dispositions du présent Protocole ne font pas obstacle aux règles plus détaillées contenues dans les accords bilatéraux ou multilatéraux conclus entre des Parties en application de l'article 26, paragraphe 3, de la Convention.

Article 29 – Règlement amiable

Le Comité européen pour les problèmes criminels suivra l'interprétation et l'application de la Convention et de ses protocoles, et facilitera au besoin le règlement amiable de toute difficulté d'application.

Chapitre III

Article 30 – Signature et entrée en vigueur

1   Le présent Protocole est ouvert à la signature des Etats membres du Conseil de l'Europe qui sont Parties à la Convention ou qui l'ont signée. Il est soumis à ratification, acceptation ou approbation. Un signataire ne peut ratifier, accepter ou approuver le présent Protocole sans avoir antérieurement ou simultanément ratifié, accepté ou approuvé la Convention. Les instruments de ratification, d'acceptation ou d'approbation sont à déposer près le Secrétaire Général du Conseil de l'Europe.

2   Le présent Protocole entrera en vigueur le premier jour du mois suivant l'expiration d'une période de trois mois après le dépôt du troisième instrument de ratification, d'acceptation ou d'approbation.

3   Pour tout Etat signataire qui déposera ultérieurement son instrument de ratification, d'acceptation ou d'approbation, le Protocole entrera en vigueur le premier jour du mois qui suit l'expiration d'une période de trois mois après la date de dépôt.

Article 31 – Adhésion

1   Tout Etat non membre ayant adhéré à la Convention pourra adhérer au présent Protocole après l'entrée en vigueur de celui-ci.

2   Une telle adhésion se fera par le dépôt de l'instrument d'adhésion près le Secrétaire Général du Conseil de l'Europe.

3   Pour tout Etat adhérent, le Protocole entrera en vigueur le premier jour du mois qui suit l'expiration d'une période de trois mois après la date de dépôt de l'instrument d'adhésion.

Article 32 – Application territoriale

1   Tout Etat pourra, lorsqu'il signera le présent Protocole ou déposera son instrument de ratification, d'acceptation, d'approbation ou d'adhésion, spécifier le ou les territoires au(x)quel(s) s'appliquera ledit Protocole.

2   Tout Etat pourra, à n'importe quelle date ultérieure, par déclaration adressée au Secrétaire Général du Conseil de l'Europe, étendre l'application du présent Protocole à tout autre territoire spécifié dans cette déclaration. A l'égard dudit territoire, le Protocole entrera en vigueur le premier jour du mois suivant l'expiration d'une période de trois mois après la date de réception de la déclaration par le Secrétaire Général.

3   Toute déclaration faite en vertu des deux paragraphes précédents pourra être retirée, en ce qui concerne tout territoire désigné dans cette déclaration, par notification adressée au Secrétaire Général du Conseil de l'Europe. Ledit retrait prendra effet le premier jour du mois qui suit l'expiration d'une période de trois mois après la date de réception de la notification par le Secrétaire Général.

Article 33 – Réserves

1   Toute réserve formulée par une Partie à l'égard d'une disposition de la Convention ou de son Protocole s'applique également au présent Protocole, à moins que cette Partie n'exprime l'intention contraire au moment de la signature ou au moment du dépôt de son instrument de ratification, d'acceptation, d'approbation ou d'adhésion. Il en est de même pour toute déclaration faite à l'égard ou en vertu d'une disposition de la Convention ou de son Protocole.

2   Tout Etat peut, au moment de la signature ou au moment du dépôt de son instrument de ratification, d'acceptation, d'approbation ou d'adhésion, déclarer se prévaloir du droit de ne pas accepter, en tout ou en partie, un ou plusieurs des articles 16, 17, 18, 19 et 20. Aucune autre réserve n'est admise.

3   Tout Etat peut retirer tout ou partie des réserves qu'il a faites conformément aux paragraphes précédents, en adressant à cet effet au Secrétaire Général du Conseil de l'Europe une déclaration prenant effet à la date de sa réception.

4   La Partie qui a formulé une réserve au sujet d'un des articles mentionnés au paragraphe 2 du présent article ne peut prétendre à l'application de cet article par une autre Partie. Cependant, elle peut, si la réserve est partielle ou conditionnelle, prétendre à l'application de cet article dans la mesure où elle l'a accepté.

Article 34 – Dénonciation

1   Toute Partie peut, dans la mesure où elle est concernée, dénoncer le présent Protocole par notification adressée au Secrétaire Général du Conseil de l'Europe.

2   Cette dénonciation prendra effet le premier jour du mois suivant l'expiration d'une période de trois mois après la date à laquelle le Secrétaire Général en aura reçu notification.

3   La dénonciation de la Convention entraîne automatiquement la dénonciation du présent Protocole.

Article 35 – Notifications

Le Secrétaire Général du Conseil de l'Europe notifie aux Etats membres du Conseil de l'Europe et à tout Etat ayant adhéré au présent Protocole:

a   toute signature;

b   le dépôt de tout instrument de ratification, d'acceptation, d'approbation ou d'adhésion;

c   toute date d'entrée en vigueur du présent protocole, conformément aux articles 30 et 31;

d   tous autres actes, déclarations, notifications ou communications ayant trait au présent Protocole.

En foi de quoi, les soussignés, dûment autorisés à cet effet, ont signé le présent Protocole.

Fait à Strasbourg, le 8 novembre 2001, en français et en anglais, les deux textes faisant également foi, en un seul exemplaire qui sera déposé dans les archives du Conseil de l'Europe. Le Secrétaire Général du Conseil de l'Europe en communiquera copie certifiée conforme à chacun des Etats membres du Conseil de l'Europe ainsi qu'à tout Etat non membre ayant adhéré à la Convention.

Convention européenne sur la transmission des procédures répressives [STE n° 73]

Les Etats membres du Conseil de l'Europe, signataires de la présente Convention,

Considérant que le but du Conseil de l'Europe est de réaliser une union plus étroite entre ses membres;

Soucieux de compléter l'œuvre qu'ils ont déjà accomplie dans le domaine du droit pénal en vue de parvenir à une répression plus juste et plus efficace;

Estimant utile d'assurer à cette fin, dans un esprit de confiance mutuelle, l'organisation de la poursuite des infractions sur le plan international en évitant notamment les inconvénients des conflits de compétence,

Sont convenus de ce qui suit:

Titre I – Définitions

Article 1

Au sens de la présente Convention, l'expression:

a «infraction» comprend les faits constituant des infractions pénales ainsi que ceux qui sont visés par les dispositions légales mentionnées à l'annexe III de la présente Convention à la condition que si l'infraction est de la compétence d'une autorité administrative, l'intéressé ait la possibilité de porter l'affaire devant une instance juridictionnelle;

b «sanction» désigne toute peine ou mesure encourue ou prononcée en raison d'une infraction pénale ou en raison d'une infraction aux dispositions légales mentionnées à l'annexe III.

Titre II – Compétence

Article 2

1 En vue de l'application de la présente Convention, tout Etat contractant a compétence pour poursuivre selon sa propre loi pénale toute infraction à laquelle est applicable la loi pénale d'un autre Etat contractant.

2 La compétence reconnue à un Etat contractant exclusivement en vertu du paragraphe 1 du présent article ne peut être exercée qu'à

la suite d'une demande de poursuite présentée par un autre Etat contractant.

Article 3

Tout Etat contractant compétent en vertu de sa propre loi pour poursuivre une infraction peut, en vue de l'application de la présente Convention, renoncer à engager la poursuite ou l'abandonner en ce qui concerne un prévenu qui est ou sera poursuivi pour le même fait par un autre Etat contractant. Compte tenu des dispositions du paragraphe 2 de l'article 21, la décision de renonciation ou d'abandon de la poursuite est provisoire aussi longtemps qu'une décision définitive n'est pas intervenue dans l'autre Etat contractant.

Article 4

L'Etat requis cesse d'exercer la poursuite fondée exclusivement sur l'article 2 lorsque, à sa connaissance, le droit de répression s'éteint selon la loi de l'Etat requérant pour une autre cause que la prescription, celle-ci faisant l'objet notamment de l'alinéa c de l'article 10, des alinéas f et g de l'article 11 et des articles 22, 23 et 26.

Article 5

Les dispositions du titre III de la présente Convention ne limitent pas la compétence que confère à l'Etat requis sa législation interne en matière de poursuite.

Titre III – Transmission des poursuites

Section 1 – Demande de poursuites

Article 6

1   Lorsqu'une personne est prévenue d'avoir commis une infraction à la loi d'un Etat contractant, celui-ci peut demander à un autre Etat contractant d'exercer la poursuite dans les cas et les conditions prévus par la présente Convention.

2   Si selon les dispositions de la présente Convention un Etat contractant peut demander à un autre Etat contractant d'exercer la poursuite, les autorités compétentes du premier Etat doivent prendre cette possibilité en considération.

Article 7

1   La poursuite ne peut être exercée dans l'Etat requis que lorsque le fait dont la poursuite est demandée constituerait une infraction en

cas de commission dans cet Etat et lorsque, dans ce cas, l'auteur serait passible d'une sanction également en vertu de la législation dudit Etat.

2   Si l'infraction a été commise par une personne investie d'une fonction publique dans l'Etat requérant ou à l'égard d'une personne investie d'une fonction publique, d'une institution ou d'un bien qui a un caractère public dans cet Etat, elle sera considérée dans l'Etat requis comme ayant été commise par une personne investie d'une fonction publique dans cet Etat ou à l'égard d'une personne, d'une institution ou d'un bien correspondant, dans ce dernier Etat, à celui qui est l'objet de l'infraction.

Article 8

1   Un Etat contractant peut demander à un autre Etat contractant d'exercer la poursuite dans un ou plusieurs des cas suivants:

a   si le prévenu a sa résidence habituelle dans l'Etat requis;

b   si le prévenu est un ressortissant de l'Etat requis ou si cet Etat est son Etat d'origine;

c   si le prévenu subit ou doit subir dans l'Etat requis une sanction privative de liberté;

d   si le prévenu fait l'objet dans l'Etat requis d'une poursuite pour la même infraction ou pour d'autres infractions;

e   s'il estime que la transmission est justifiée par l'intérêt de la découverte de la vérité et notamment que les éléments de preuve les plus importants se trouvent dans l'Etat requis;

f   s'il estime que l'exécution dans l'Etat requis d'une éventuelle condamnation est susceptible d'améliorer les possibilités de reclassement social du condamné;

g   s'il estime que la présence du prévenu ne peut pas être assurée à l'audience dans l'Etat requérant alors que sa présence peut être assurée à l'audience dans l'Etat requis;

h   s'il estime qu'il n'est pas en mesure d'exécuter lui-même une éventuelle condamnation, même en ayant recours à l'extradition, et que l'Etat requis est en mesure de le faire.

2   Si le prévenu a été condamné définitivement dans un Etat contractant, cet Etat ne peut demander la transmission des poursuites dans l'un ou plusieurs des cas prévus au paragraphe 1 du présent article que s'il ne peut lui-même exécuter la sanction,

même en ayant recours à l'extradition, et si l'autre Etat contractant n'accepte pas le principe de l'exécution d'un jugement rendu à l'étranger ou refuse d'exécuter un tel jugement.

Article 9

1   Les autorités compétentes de l'Etat requis examinent la demande de poursuite qui leur a été adressée en application des articles précédents. Elles déterminent, conformément à leur propre législation, la suite à donner à la demande.

2   Lorsque la loi de l'Etat requis prévoit la répression de l'infraction par une autorité administrative, cet Etat en avise aussitôt que possible l'Etat requérant à moins que l'Etat requis n'ait fait une déclaration en vertu du paragraphe 3 du présent article.

3   Tout Etat contractant peut, au moment de la signature ou du dépôt de son instrument de ratification, d'acceptation ou d'adhésion ou à tout autre moment, par déclaration adressée au Secrétaire Général du Conseil de l'Europe, faire connaître les conditions dans lesquelles sa loi nationale prévoit la répression de certaines infractions par une autorité administrative. Une telle déclaration remplace l'avis prévu au paragraphe 2 du présent article.

Article 10

L'Etat requis ne donne pas suite à la demande:

a   si la demande n'est pas conforme aux dispositions du paragraphe 1 de l'article 6 et du paragraphe 1 de l'article 7;

b   si l'exercice de la poursuite est contraire aux dispositions de l'article 35;

c   si, à la date mentionnée sur la demande, la prescription de l'action publique est acquise dans l'Etat requérant selon la loi de cet Etat.

Article 11

Sans préjudice des dispositions de l'article 10, l'Etat requis ne peut refuser entièrement ou partiellement l'acceptation de la demande que dans un ou plusieurs des cas suivants:

a   s'il estime que le motif sur lequel la demande est fondée en application de l'article 8 n'est pas justifié;

b   si le prévenu n'a pas sa résidence habituelle dans l'Etat requis;

c si le prévenu n'est pas un ressortissant de l'Etat requis et n'avait pas sa résidence habituelle sur le territoire de cet Etat au moment de l'infraction;

d s'il estime que l'infraction dont la poursuite est demandée revêt un caractère politique, ou qu'il s'agit d'une infraction purement militaire ou purement fiscale;

e s'il estime qu'il y a des raisons sérieuses de croire que la demande de poursuite est motivée par des considérations de race, de religion, de nationalité ou d'opinions politiques;

f si sa propre loi est déjà applicable au fait et si l'action publique est prescrite selon cette loi au moment de la réception de la demande; dans ce cas, il ne pourra être fait application du paragraphe 2 de l'article 26;

g si sa compétence est fondée exclusivement sur l'article 2 et si l'action publique est prescrite selon sa loi au moment de la réception de la demande, compte tenu de la prolongation de six mois du délai de prescription prévue à l'article 23;

h si le fait a été commis hors du territoire de l'Etat requérant;

i si la poursuite est contraire aux engagements internationaux de l'Etat requis;

j si la poursuite est contraire aux principes fondamentaux de l'ordre juridique de l'Etat requis;

k si l'Etat requérant a violé une règle de procédure prévue par la présente Convention.

Article 12

1 L'Etat requis révoque son acceptation de la demande si, postérieurement à cette acceptation, se révèle un motif de ne pas donner suite à la demande, conformément à l'article 10 de la présente Convention.

2 L'Etat requis peut révoquer son acceptation de la demande:

a s'il apparaît que la présence du prévenu ne peut être assurée à l'audience dans cet Etat ou si une éventuelle condamnation ne peut être exécutée dans ledit Etat;

b si l'un des motifs de refus prévus à l'article 11 se révèle avant que la juridiction du jugement ait été saisie; ou c   dans les autres cas, si l'Etat requérant y consent.

Section 2 – Procédure de transmission

Article 13

1   Les demandes prévues par la présente Convention sont faites par écrit. Elles sont adressées ainsi que toutes les communications nécessaires à l'application de la présente Convention, soit par le ministère de la Justice de l'Etat requérant au ministère de la Justice de l'Etat requis, soit, en vertu d'accords particuliers, directement par les autorités de l'Etat requérant à celles de l'Etat requis, et renvoyées par la même voie.

2   En cas d'urgence, les demandes et communications pourront être transmises par l'intermédiaire de l'Organisation internationale de police criminelle (Interpol).

3   Tout Etat contractant pourra, par déclaration adressée au Secrétaire Général du Conseil de l'Europe, faire connaître qu'il entend déroger pour ce qui le concerne aux règles de transmission énoncées au paragraphe 1 du présent article.

Article 14

Si un Etat contractant estime que les renseignements fournis par un autre Etat contractant sont insuffisants pour lui permettre d'appliquer la présente Convention, il demande le complément d'informations nécessaire. Il peut fixer un délai pour l'obtention de ces informations.

Article 15

1   La demande de poursuite est accompagnée de l'original ou d'une copie certifiée conforme du dossier pénal ainsi que de toutes les pièces utiles. Toutefois, si le prévenu est placé en détention provisoire en vertu des dispositions de la section 5 et que l'Etat requérant n'est pas en mesure de joindre ces documents à la demande de poursuite, ceux-ci peuvent être adressés ultérieurement.

2   L'Etat requérant informe par écrit l'Etat requis de tous actes de procédure ou de toutes mesures relatifs à l'action publique intervenus dans l'Etat requérant postérieurement à la transmission de la demande. Cette notification est accompagnée de tous documents utiles.

Article 16

1 L'Etat requis informe sans retard l'Etat requérant de sa décision sur la demande de poursuite.

2 L'Etat requis doit également informer l'Etat requérant de l'abandon de poursuite ou de la décision rendue à l'issue de la procédure. Une copie certifiée conforme de toute décision écrite doit être adressée à l'Etat requérant.

Article 17

Si la compétence de l'Etat requis est fondée exclusivement sur l'article 2, cet Etat doit aviser le prévenu de la demande de poursuite afin que ce dernier puisse faire valoir ses arguments avant que cet Etat ait pris une décision sur ladite demande.

Article 18

1 Sous réserve des dispositions du paragraphe 2 du présent article, la traduction des documents relatifs à l'application de la présente Convention n'est pas exigée.

2 Tout Etat contractant peut, au moment de la signature ou du dépôt de son instrument de ratification, d'acceptation ou d'adhésion, par déclaration adressée au Secrétaire Général du Conseil de l'Europe, se réserver la faculté d'exiger que lesdits documents, à l'exception de la copie de la décision écrite visée par le paragraphe 2 de l'article 16, lui soient adressés accompagnés d'une traduction. Les autres Etats contractants devront adresser lesdites traductions, soit dans la langue nationale de l'Etat destinataire, soit dans l'une des langues officielles du Conseil de l'Europe que l'Etat destinataire désignera. Toutefois, cette dernière désignation n'est pas obligatoire. Les autres Etats contractants peuvent appliquer la règle de la réciprocité.

3 Le présent article ne porte pas atteinte aux dispositions relatives à la traduction des demandes et pièces annexes contenues dans les accords ou arrangements en vigueur ou à intervenir entre deux ou plusieurs Etats contractants.

Article 19

Les documents transmis en application de la présente Convention sont dispensés de toutes formalités de légalisation.

Article 20

Chacun des Etats contractants renonce à réclamer à l'autre le remboursement des frais résultant de l'application de la présente Convention.

Section 3 – Effets de la demande de poursuite dans l'Etat requérant

Article 21

1   Dès que l'Etat requérant a présenté la demande de poursuite, il ne peut plus poursuivre le prévenu pour le fait qui a motivé cette demande, ni exécuter une décision qu'il a prononcée antérieurement pour ce fait contre le prévenu. Toutefois, jusqu'à la notification de la décision de l'Etat requis sur la demande de poursuite, l'Etat requérant conserve le droit de procéder à tous actes de poursuite, à l'exception de ceux qui ont pour effet de saisir la juridiction de jugement ou éventuellement l'autorité administrative compétente pour statuer sur l'infraction.

2   L'Etat requérant reprend son droit de poursuite et d'exécution:

a   si l'Etat requis l'informe de sa décision de ne pas donner suite à la demande dans les cas prévus à l'article 10;

b   si l'Etat requis l'informe qu'il refuse son acceptation de la demande dans les cas prévus à l'article 11;

c   si l'Etat requis l'informe qu'il révoque son acceptation de la demande dans les cas prévus à l'article 12;

d   si l'Etat requis l'informe de sa décision de ne pas entamer la poursuite ou d'y mettre fin;

e   s'il retire sa demande avant que l'Etat requis l'ait informé de sa décision d'y donner suite.

Article 22

Dans l'Etat requérant, la demande de poursuite conforme au présent titre a pour effet de prolonger de six mois le délai de prescription de l'action publique.

Section 4 – Effets de la demande de poursuite dans l'Etat requis

Article 23

Si la compétence de l'Etat requis est fondée exclusivement sur l'article 2, le délai de prescription de l'action publique dans cet Etat est prolongé de six mois.

Article 24

1   Si la poursuite est subordonnée à une plainte dans les deux Etats, la plainte déposée dans l'Etat requérant vaut comme telle dans l'Etat requis.

2   Si une plainte n'est nécessaire que dans l'Etat requis, cet Etat peut exercer la poursuite, même en l'absence de plainte, si la personne habilitée à la former ne s'y est pas opposée dans un délai d'un mois à compter de la réception de l'avis par lequel l'autorité compétente l'informe de ce droit.

Article 25

Dans l'Etat requis la sanction applicable à l'infraction est celle prévue par la loi de cet Etat à moins que ladite loi n'en dispose autrement. Lorsque la compétence de l'Etat requis est fondée exclusivement sur l'article 2, la sanction prononcée dans cet Etat ne peut pas être plus sévère que la sanction prévue par la loi de l'Etat requérant.

Article 26

1   Tout acte aux fins de poursuites, accompli dans l'Etat requérant conformément aux lois et règlements qui y sont en vigueur, a la même valeur dans l'Etat requis que s'il avait été accompli par les autorités de cet Etat, sans que cette assimilation puisse avoir pour effet de donner à cet acte une force probante supérieure à celle qu'il a dans l'Etat requérant.

2   Tout acte interruptif de prescription valablement accompli dans l'Etat requérant a les mêmes effets dans l'Etat requis et réciproquement.

Section 5 – Mesures provisoires dans l'Etat requis

Article 27

1   Lorsque l'Etat requérant annonce son intention de transmettre une demande de poursuite et que la compétence de l'Etat requis est fondée exclusivement sur l'article 2, l'Etat requis peut, sur demande

de l'Etat requérant, procéder, en vertu de la présente Convention, à l'arrestation provisoire du prévenu:

a   si la loi de l'Etat requis autorise la détention provisoire en raison de l'infraction, et

b   s'il existe des motifs de craindre que le prévenu ne prenne la fuite ou qu'il ne crée un danger de suppression des preuves.

2   La demande d'arrestation provisoire indique l'existence d'un mandat d'arrêt ou de tout autre acte ayant la même force, délivré dans les formes prescrites par la loi de l'Etat requérant; elle mentionne l'infraction pour laquelle la poursuite sera demandée, le temps et le lieu où elle a été commise, ainsi que le signalement aussi précis que possible du prévenu. Elle doit également contenir un exposé succinct des circonstances de l'affaire.

3   La demande d'arrestation provisoire est transmise directement par les autorités de l'Etat requérant visées à l'article 13 aux autorités correspondantes de l'Etat requis, soit par la voie postale ou télégraphique, soit par tout autre moyen laissant une trace écrite ou admis par l'Etat requis. L'Etat requérant est informé sans délai de la suite donnée à sa demande.

Article 28

Dès qu'il a reçu une demande de poursuite accompagnée des documents prévus au paragraphe 1 de l'article 15, l'Etat requis a compétence pour appliquer toutes les mesures provisoires, y compris la détention provisoire du prévenu et la saisie, dont sa loi permettrait l'application si l'infraction pour laquelle la poursuite est demandée avait été commise sur son territoire.

Article 29

1   Les mesures provisoires prévues aux articles 27 et 28 sont régies par les dispositions de la présente Convention et la loi de l'Etat requis. La loi de cet Etat ou la Convention détermine également les conditions dans lesquelles ces mesures peuvent prendre fin.

2   Ces mesures prennent fin dans tous les cas visés au paragraphe 2 de l'article 21.

3   Une personne détenue doit être libérée si elle a été arrêtée en vertu de l'article 27 et que l'Etat requis n'a pas reçu la demande de poursuite dans les 18 jours à partir de la date de l'arrestation.

4   Une personne détenue doit être libérée si elle a été arrêtée en vertu de l'article 27 et que les documents à joindre à la demande de

poursuite ne sont pas parvenus à l'Etat requis dans un délai de 15 jours après la réception de la demande de poursuite.

5 Le délai de l'incarcération intervenue exclusivement en vertu de l'article 27 ne peut en aucun cas dépasser 40 jours.

Titre IV – Pluralité de procédures répressives

Article 30

1 Tout Etat contractant qui, avant l'engagement ou au cours d'une poursuite pour une infraction qu'il estime ne pas revêtir un caractère politique ou un caractère purement militaire, a connaissance de l'existence dans un autre Etat contractant d'une poursuite pendante contre la même personne, pour les mêmes faits, examine s'il peut, soit renoncer à sa propre poursuite, soit la suspendre, soit la transmettre à l'autre Etat.

2 S'il estime opportun en l'état de ne pas renoncer à sa propre poursuite ou de ne pas la suspendre, il en avise l'autre Etat en temps utile et en tout cas avant le prononcé du jugement au fond.

Article 31

1 Dans le cas prévu au paragraphe 2 de l'article 30, les Etats intéressés s'efforcent, dans toute la mesure du possible, de déterminer, après appréciation dans chaque cas d'espèce des circonstances mentionnées à l'article 8, celui d'entre eux auquel incombera le soin de continuer l'exercice d'une poursuite unique. Pendant cette procédure de consultation, les Etats intéressés sursoient au prononcé du jugement au fond, sans toutefois être obligés de prolonger ce sursis au-delà d'un délai de 30 jours à compter de l'envoi de l'avis prévu au paragraphe 2 de l'article 30.

2 Les dispositions du paragraphe 1 ne s'imposent pas:

a à l'Etat d'envoi de l'avis prévu au paragraphe 2 de l'article 30, lorsque les débats principaux au fond y ont été déclarés ouverts en présence du prévenu avant l'envoi de cet avis;

b à l'Etat destinataire de l'avis, lorsque ces débats y ont été déclarés ouverts en présence du prévenu avant la réception de cet avis.

Article 32

Dans l'intérêt de la découverte de la vérité et de l'application d'une sanction appropriée, les Etats intéressés examinent s'il est opportun qu'une poursuite unique soit intentée par l'un d'eux et, dans l'affirmative, s'efforcent de déterminer lequel d'entre eux intentera la poursuite, lorsque:

a   plusieurs faits matériellement distincts qui constituent tous des infractions à la loi pénale de chacun de ces Etats sont imputés, soit à une seule personne, soit à plusieurs personnes ayant agi de concert;

b   un fait unique qui constitue une infraction à la loi pénale de chacun de ces Etats est imputé à plusieurs personnes ayant agi de concert.

Article 33

Toute décision intervenue en application du paragraphe 1 de l'article 31 et de l'article 32 entraîne entre les Etats intéressés tous les effets d'une transmission de poursuite prévus par la présente Convention. L'Etat qui renonce à sa propre poursuite est considéré comme ayant transmis sa poursuite à l'autre Etat.

Article 34

La procédure de transmission prévue à la section 2 du titre III s'applique dans celles de ses dispositions qui sont compatibles avec le présent titre.

Titre V – *Ne bis in idem*

Article 35

1   Une personne qui a fait l'objet d'un jugement répressif définitif et exécutoire ne peut, pour le même fait, être poursuivie, condamnée ou soumise à l'exécution d'une sanction dans un autre Etat contractant:

a   lorsqu'elle a été acquittée;

b   lorsque la sanction infligée:

    i   a été entièrement subie ou est en cours d'exécution, ou

    ii   a fait l'objet d'une grâce ou d'une amnistie portant sur la totalité de la sanction ou sur la partie non exécutée de celle-ci, ou

    iii   ne peut plus être exécutée en raison de la prescription;

c   lorsque le juge a constaté la culpabilité de l'auteur de l'infraction sans prononcer de sanction.

2   Toutefois, un Etat contractant n'est pas obligé, à moins qu'il n'ait lui-même demandé la poursuite, de reconnaître l'effet *ne bis in idem* si le fait qui a donné lieu au jugement a été commis contre une personne, une institution, ou un bien qui a un caractère public dans cet Etat, ou si la personne qui a fait l'objet du jugement avait elle-même un caractère public dans cet Etat.

3   En outre, un Etat contractant dans lequel le fait a été commis ou est considéré comme tel selon la loi de cet Etat n'est pas obligé de reconnaître l'effet *ne bis in idem*, à moins qu'il n'ait lui-même demandé la poursuite.

Article 36

Si une nouvelle poursuite est intentée contre une personne jugée pour le même fait dans un autre Etat contractant, toute période de privation de liberté subie en exécution du jugement doit être déduite de la sanction qui sera éventuellement prononcée.

Article 37

Le présent titre ne fait pas obstacle à l'application des dispositions nationales plus larges concernant l'effet *ne bis in idem* attaché aux décisions judiciaires prononcées à l'étranger.

Titre VI – Dispositions finales

Article 38

1   La présente Convention est ouverte à la signature des Etats membres du Conseil de l'Europe. Elle sera ratifiée ou acceptée. Les instruments de ratification ou d'acceptation seront déposés près le Secrétaire Général du Conseil de l'Europe.

2   La Convention entrera en vigueur trois mois après la date du dépôt du troisième instrument de ratification ou d'acceptation.

3   Elle entrera en vigueur à l'égard de tout Etat signataire qui la ratifiera ou l'acceptera ultérieurement trois mois après la date du dépôt de son instrument de ratification ou d'acceptation.

Article 39

1   Après l'entrée en vigueur de la présente Convention, le Comité des Ministres du Conseil de l'Europe pourra inviter tout Etat non membre du Conseil à adhérer à la présente Convention. La résolution concernant cette invitation devra recevoir l'accord unanime des Membres du Conseil ayant ratifié la Convention.

2   L'adhésion s'effectuera par le dépôt, près le Secrétaire Général du Conseil de l'Europe, d'un instrument d'adhésion qui prendra effet trois mois après la date de son dépôt.

Article 40

1   Tout Etat contractant peut, au moment de la signature ou au moment du dépôt de son instrument de ratification, d'acceptation ou d'adhésion, désigner le ou les territoires auxquels s'appliquera la présente Convention.

2   Tout Etat contractant peut, au moment du dépôt de son instrument de ratification, d'acceptation ou d'adhésion, ou à tout autre moment par la suite, étendre l'application de la présente Convention, par déclaration adressée au Secrétaire Général du Conseil de l'Europe, à tout autre territoire désigné dans la déclaration et dont il assure les relations internationales ou pour lequel il est habilité à stipuler.

3   Toute déclaration faite en vertu du paragraphe précédent pourra être retirée, en ce qui concerne tout territoire désigné dans cette déclaration, aux conditions prévues par l'article 45 de la présente Convention.

Article 41

1   Tout Etat contractant peut, au moment de la signature ou au moment du dépôt de son instrument de ratification, d'acceptation ou d'adhésion, déclarer faire usage de l'une ou de plusieurs des réserves figurant à l'annexe I ou faire une déclaration, conformément à l'annexe II de la présente Convention.

2   Tout Etat contractant peut retirer en tout ou en partie une réserve ou déclaration formulée par lui en vertu du paragraphe précédent, au moyen d'une déclaration adressée au Secrétaire Général du Conseil de l'Europe et qui prendra effet à la date de sa réception.

3   L'Etat contractant qui a formulé une réserve au sujet d'une disposition de la présente Convention ne peut prétendre à l'application de cette disposition par un autre Etat contractant; toutefois, il peut, si la réserve est partielle ou conditionnelle, prétendre à l'application de cette disposition dans la mesure où il l'a acceptée.

Article 42

1   Tout Etat contractant peut, à tout moment, indiquer au moyen d'une déclaration adressée au Secrétaire Général du Conseil de l'Europe

les dispositions légales à inclure dans l'annexe III de la présente Convention.

2   Toute modification des dispositions nationales mentionnées dans l'annexe III doit être notifiée au Secrétaire Général du Conseil de l'Europe si elle rend inexactes les informations données par cette annexe.

3   Les modifications apportées à l'annexe III en application des paragraphes précédents prennent effet pour chaque Etat contractant un mois après la date de leur notification par le Secrétaire Général du Conseil de l'Europe.

Article 43

1   La présente Convention ne porte atteinte ni aux droits et obligations découlant des traités d'extradition et des conventions internationales multilatérales concernant des matières spéciales, ni aux dispositions qui concernent les matières qui font l'objet de la présente Convention et qui sont contenues dans d'autres conventions existantes entre Etats contractants.

2   Les Etats contractants ne pourront conclure entre eux des accords bilatéraux ou multilatéraux relatifs aux questions réglées par la présente Convention que pour compléter les dispositions de celle-ci ou pour faciliter l'application des principes qui y sont contenus.

3   Toutefois, si deux ou plusieurs Etats contractants ont établi ou viennent à établir leurs relations sur la base d'une législation uniforme ou d'un régime particulier, ils auront la faculté de régler leurs rapports mutuels en la matière en se basant exclusivement sur ces systèmes nonobstant les dispositions de la présente Convention.

4   Les Etats contractants qui viendraient à exclure de leurs rapports mutuels l'application de la présente Convention conformément aux dispositions du paragraphe précédent adresseront à cet effet une notification au Secrétaire Général du Conseil de l'Europe.

Article 44

Le Comité européen pour les problèmes criminels du Conseil de l'Europe suivra l'exécution de la présente Convention et facilitera autant que de besoin le règlement amiable de toute difficulté à laquelle l'exécution de la Convention donnerait lieu.

Article 45

1 La présente Convention demeurera en vigueur sans limitation de durée.

2 Tout Etat contractant pourra, en ce qui le concerne, dénoncer la présente Convention en adressant une notification au Secrétaire Général du Conseil de l'Europe.

3 La dénonciation prendra effet six mois après la date de la réception de la notification par le Secrétaire Général.

Article 46

Le Secrétaire Général du Conseil de l'Europe notifiera aux Etats membres du Conseil et à tout Etat ayant adhéré à la présente Convention:

a toute signature;

b le dépôt de tout instrument de ratification, d'acceptation ou d'adhésion;

c toute date d'entrée en vigueur de la présente Convention conformément à son article 38;

d toute déclaration reçue en application des dispositions du paragraphe 3 de l'article 9;

e toute déclaration reçue en application des dispositions du paragraphe 3 de l'article 13;

f toute déclaration reçue en application des dispositions du paragraphe 2 de l'article 18;

g toute déclaration reçue en application des dispositions des paragraphes 2 et 3 de l'article 40;

h toute réserve ou déclaration formulée en application des dispositions du paragraphe 1 de l'article 41;

i le retrait de toute réserve ou déclaration effectué en application des dispositions du paragraphe 2 de l'article 41;

j toute déclaration reçue en application du paragraphe 1 de l'article 42 et toute notification ultérieure reçue en application du paragraphe 2 de cet article;

k   toute notification reçue en application du paragraphe 4 de l'article 43;

l   toute notification reçue en application des dispositions de l'article 45 et la date à laquelle la dénonciation prendra effet.

Article 47

La présente Convention et les déclarations et notifications qu'elle autorise ne s'appliqueront qu'aux infractions commises postérieurement à son entrée en vigueur entre les Etats contractants intéressés.

En foi de quoi, les soussignés, dûment autorisés à cet effet, ont signé la présente Convention.

Fait à Strasbourg, le 15 mai 1972, en français et en anglais, les deux textes faisant également foi, en un seul exemplaire qui sera déposé dans les archives du Conseil de l'Europe. Le Secrétaire Général du Conseil de l'Europe en communiquera copie certifiée conforme à chacun des Etats signataires et adhérents.

Annexe I

Tout Etat contractant peut déclarer qu'il se réserve le droit:

a   de refuser une demande de poursuite s'il estime que l'infraction revêt un caractère purement religieux;

b   de refuser une demande de poursuite à raison d'un fait dont la répression, conformément à sa propre loi, est de la compétence exclusive d'une autorité administrative;

c   de ne pas accepter l'article 22;

d   de ne pas accepter l'article 23;

e   de ne pas accepter les dispositions contenues dans la deuxième phrase de l'article 25 pour des motifs d'ordre constitutionnel;

f   de ne pas accepter les dispositions prévues au paragraphe 2 de l'article 26 dans les cas où il a compétence en application de sa législation interne;

g   de ne pas appliquer les articles 30 et 31 à raison d'un fait dont la répression, conformément à sa propre loi ou à celle de l'autre Etat, est de la compétence exclusive d'une autorité administrative;

h   de ne pas accepter le titre V.

Annexe II

Tout Etat contractant peut déclarer que, pour des raisons d'ordre constitutionnel, il ne peut formuler ou accueillir de demandes de poursuites que dans les cas qui sont précisés dans sa loi interne.

Tout Etat contractant peut, au moyen d'une déclaration, définir, en ce qui le concerne, le terme «ressortissant» au sens de la présente Convention.

Annexe III

Liste d'infractions autres que les infractions pénales

Aux infractions réprimées par la loi pénale doit être assimilé

– en France:

tout comportement illégal sanctionné par une contravention de grande voirie.

– en République fédérale d'Allemagne:

tout comportement illégal pour lequel est prévue la procédure instaurée par la loi sur les violations de prescriptions d'ordre (*Gesetz über Ordnungswidrigkeiten* du 24 mai 1968 — BGBl 1968, I, 481).

– en Italie:

tout comportement illégal auquel est applicable la loi n° 317 du 3 mars 1967.

Convention européenne relative au dédommagement des victimes d'infractions violentes [STE n° 116]

Les Etats membres du Conseil de l'Europe, signataires de la présente Convention,

Considérant que le but du Conseil de l'Europe est de réaliser une union plus étroite entre ses membres;

Considérant que, pour des raisons d'équité et de solidarité sociale, il est nécessaire de se préoccuper de la situation des personnes victimes d'infractions intentionnelles de violence qui ont subi des atteintes au corps ou à la santé ou des personnes qui étaient à la charge de victimes décédées à la suite de telles infractions;

Considérant qu'il est nécessaire d'introduire ou de développer des régimes de dédommagement de ces victimes par l'Etat sur le territoire duquel de telles infractions ont été commises, notamment pour les cas où l'auteur de l'infraction est inconnu ou sans ressources;

Considérant qu'il est nécessaire d'établir des dispositions minimales dans le domaine considéré;

Vu la Résolution (77) 27 du Comité des Ministres du Conseil de l'Europe sur le dédommagement des victimes d'infractions pénales,

Sont convenus de ce qui suit:

Titre I – Principes fondamentaux

Article 1

Les Parties s'engagent à prendre les dispositions nécessaires pour donner effet aux principes énoncés au Titre I de la présente Convention.

Article 2

1   Lorsque la réparation ne peut être entièrement assurée par d'autres sources, l'Etat doit contribuer au dédommagement:

a   de ceux qui ont subi de graves atteintes au corps ou à la santé résultant directement d'une infraction intentionnelle de violence;

b   de ceux qui étaient à la charge de la personne décédée à la suite d'une telle infraction.

2   Le dédommagement prévu à l'alinéa précédent sera accordé même si l'auteur ne peut pas être poursuivi ou puni.

Article 3

L'indemnité sera accordée par l'Etat sur le territoire duquel l'infraction a été commise:

a   aux ressortissants des Etats parties à la présente Convention;

b   aux ressortissants de tous les Etats membres du Conseil de l'Europe qui résident en permanence dans l'Etat sur le territoire duquel l'infraction a été commise.

Article 4

Le dédommagement couvrira au moins, selon le cas, les éléments suivants du préjudice: perte de revenus, frais médicaux et d'hospitalisation, frais funéraires, et, en ce qui concerne les personnes à charge, perte d'aliments.

Article 5

Le régime de dédommagement peut fixer au besoin, pour l'ensemble ou pour les éléments de l'indemnité, une limite supérieure au-dessus de laquelle et un seuil minimum au-dessous duquel aucun dédommagement ne sera versé.

Article 6

Le régime de dédommagement peut fixer un délai dans lequel les requêtes en dédommagement doivent être introduites.

Article 7

Le dédommagement peut être réduit ou supprimé compte tenu de la situation financière du requérant.

Article 8

1   Le dédommagement peut être réduit ou supprimé en raison du comportement de la victime ou du requérant avant, pendant ou après l'infraction, ou en relation avec le dommage causé.

2   Le dédommagement peut aussi être réduit ou supprimé si la victime ou le requérant est impliqué(e) dans la criminalité organisée ou appartient à une organisation qui se livre à des infractions de violence.

3   Le dédommagement peut également être réduit ou supprimé dans le cas où une réparation, totale ou partielle, serait contraire au sens de la justice ou à l'ordre public.

Article 9

Afin d'éviter un double dédommagement, l'Etat ou l'autorité compétente peut imputer sur le dédommagement accordé ou réclamer à la personne indemnisée toute somme, relative au préjudice, reçue du délinquant, de la sécurité sociale, d'une assurance ou provenant de toute autre source.

Article 10

L'Etat ou l'autorité compétente peut être subrogé(e) dans les droits de la personne indemnisée à concurrence du montant versé.

Article 11

Les Parties s'engagent à prendre les mesures appropriées afin que des informations concernant le régime de dédommagement soient à la disposition des requérants potentiels.

Titre II – Coopération internationale

Article 12

Sous réserve de l'application des accords bilatéraux ou multilatéraux d'assistance mutuelle conclus entre Etats contractants, les autorités compétentes des Parties doivent s'accorder mutuellement, sur demande, la plus large assistance possible dans le domaine couvert par la présente Convention. Dans ce but, chaque Etat contractant désignera une autorité centrale chargée de recevoir les demandes d'assistance et d'y donner suite et en informera le Secrétaire Général du Conseil de l'Europe lors du dépôt de son instrument de ratification, d'acceptation, d'approbation ou d'adhésion.

Article 13

1   Le Comité européen pour les problèmes criminels (CDPC) du Conseil de l'Europe sera tenu informé de l'application de la présente Convention.

2   A cette fin, chaque Partie transmettra au Secrétaire Général du Conseil de l'Europe toute information utile concernant ses dispositions législatives ou réglementaires relatives aux questions couvertes par la Convention.

Titre III – Clauses finales

Article 14

La présente Convention est ouverte à la signature des Etats membres du Conseil de l'Europe. Elle sera soumise à ratification, acceptation ou approbation. Les instruments de ratification, d'acceptation ou d'approbation seront déposés près le Secrétaire Général du Conseil de l'Europe.

Article 15

1   La présente Convention entrera en vigueur le premier jour du mois qui suit l'expiration d'une période de trois mois après la date à laquelle trois Etats membres du Conseil de l'Europe auront exprimé leur consentement à être liés par la Convention conformément aux dispositions de l'article 14.

2   Pour tout Etat membre qui exprimera ultérieurement son consentement à être lié par la Convention, celle-ci entrera en vigueur le premier jour du mois qui suit l'expiration d'une période de trois mois après la date du dépôt de l'instrument de ratification, d'acceptation ou d'approbation.

Article 16

1   Après l'entrée en vigueur de la présente Convention, le Comité des Ministres du Conseil de l'Europe pourra inviter tout Etat non membre du Conseil de l'Europe à adhérer à la présente Convention par une décision prise à la majorité prévue à l'article 20.d du Statut du Conseil de l'Europe, et à l'unanimité des représentants des Etats contractants ayant le droit de siéger au Comité.

2   Pour tout Etat adhérant, la Convention entrera en vigueur le premier jour du mois qui suit l'expiration d'une période de trois mois après la date du dépôt de l'instrument d'adhésion près le Secrétaire Général du Conseil de l'Europe.

Article 17

1   Tout Etat peut, au moment de la signature ou au moment du dépôt de son instrument de ratification, d'acceptation, d'approbation ou d'adhésion, désigner le ou les territoires auxquels s'appliquera la présente Convention.

2   Tout Etat peut, à tout moment par la suite, par une déclaration adressée au Secrétaire Général du Conseil de l'Europe, étendre l'application de la présente Convention à tout autre territoire désigné dans la déclaration. La Convention entrera en vigueur à l'égard de

ce territoire le premier jour du mois qui suit l'expiration d'une période de trois mois après la date de réception de la déclaration par le Secrétaire Général.

3   Toute déclaration faite en vertu des deux paragraphes précédents pourra être retirée, en ce qui concerne tout territoire désigné dans cette déclaration, par notification adressée au Secrétaire Général. Le retrait prendra effet le premier jour du mois qui suit l'expiration d'une période de six mois après la date de réception de la notification par le Secrétaire Général.

Article 18

1   Tout Etat peut, au moment de la signature ou au moment du dépôt de son instrument de ratification, d'acceptation, d'approbation ou d'adhésion, déclarer faire usage d'une ou de plusieurs réserves.

2   Tout Etat contractant qui a formulé une réserve en vertu du paragraphe précédent peut la retirer en tout ou en partie en adressant une notification au Secrétaire Général du Conseil de l'Europe. Le retrait prendra effet à la date de réception de la notification par le Secrétaire Général.

3   La Partie qui a formulé une réserve au sujet d'une disposition de la présente Convention ne peut prétendre à l'application de cette disposition par une autre Partie; toutefois, elle peut, si la réserve est partielle ou conditionnelle, prétendre à l'application de cette disposition dans la mesure où elle l'a acceptée.

Article 19

1   Toute Partie peut, à tout moment, dénoncer la présente Convention en adressant une notification au Secrétaire Général du Conseil de l'Europe.

2   La dénonciation prendra effet le premier jour du mois qui suit l'expiration d'une période de six mois après la date de réception de la notification par le Secrétaire Général.

Article 20

Le Secrétaire Général du Conseil de l'Europe notifiera aux Etats membres du Conseil et à tout Etat ayant adhéré à la présente Convention:

a   toute signature;

b   le dépôt de tout instrument de ratification, d'acceptation, d'approbation ou d'adhésion;

c   toute date d'entrée en vigueur de la présente Convention conformément à ses articles 15, 16 et 17;

d   tout autre acte, notification ou communication ayant trait à la présente Convention.

En foi de quoi, les soussignés, dûment autorisés à cet effet, ont signé la présente Convention.

Fait à Strasbourg, le 24 novembre 1983, en français et en anglais, les deux textes faisant également foi, en un seul exemplaire, qui sera déposé dans les archives du Conseil de l'Europe. Le Secrétaire Général du Conseil de l'Europe en communiquera copie certifiée conforme à chacun des Etats membres du Conseil de l'Europe et à tout Etat invité à adhérer à la présente Convention.

Convention relative au blanchiment, au dépistage, à la saisie et à la confiscation des produits du crime [STE n° 141]

Préambule

Les Etats membres du Conseil de l'Europe et les autres Etats signataires de la présente Convention,

Considérant que le but du Conseil de l'Europe est de réaliser une union plus étroite entre ses membres;

Convaincus de la nécessité de poursuivre une politique pénale commune tendant à la protection de la société;

Considérant que la lutte contre la criminalité grave, qui est de plus en plus un problème international, exige l'emploi de méthodes modernes et efficaces au niveau international;

Estimant qu'une de ces méthodes consiste à priver le délinquant des produits du crime;

Considérant qu'afin d'atteindre cet objectif, un système satisfaisant de coopération internationale doit également être mis en place,

Sont convenus de ce qui suit:

Chapitre I – Terminologie

Article 1 – Terminologie

Aux fins de la présente Convention, l'expression:

a   «produit» désigne tout avantage économique tiré d'infractions pénales. Cet avantage peut consister en tout bien tel que défini à l'alinéa b du présent article;

b   «bien» comprend un bien de toute nature, qu'il soit corporel ou incorporel, meuble ou immeuble, ainsi que les actes juridiques ou documents attestant d'un titre ou d'un droit sur le bien;

c   «instruments» désigne tous objets employés ou destinés à être employés de quelque façon que ce soit, en tout ou partie, pour commettre une ou des infractions pénales;

d   «confiscation» désigne une peine ou une mesure ordonnée par un tribunal à la suite d'une procédure portant sur une ou des infractions pénales, peine ou mesure aboutissant à la privation permanente du bien;

e «infraction principale» désigne toute infraction pénale à la suite de laquelle des produits sont générés et susceptibles de devenir l'objet d'une infraction selon l'article 6 de la présente Convention.

Chapitre II – Mesures à prendre au niveau national

Article 2 – Mesures de confiscation

1 Chaque Partie adopte les mesures législatives et autres qui se révèlent nécessaires pour lui permettre de confisquer des instruments et des produits ou des biens dont la valeur correspond à ces produits.

2 Chaque Partie peut, au moment de la signature ou au moment du dépôt de son instrument de ratification, d'acceptation, d'approbation ou d'adhésion, par une déclaration adressée au Secrétaire Général du Conseil de l'Europe, déclarer que le paragraphe 1 du présent article ne s'applique qu'aux infractions ou catégories d'infractions précisées dans la déclaration.

Article 3 – Mesures d'investigation et mesures provisoires

Chaque Partie adopte les mesures législatives et autres qui se révèlent nécessaires pour lui permettre d'identifier et de rechercher les biens soumis à confiscation conformément à l'article 2, paragraphe 1, et de prévenir toute opération, tout transfert ou toute aliénation relativement à ces biens.

Article 4 – Pouvoirs et techniques spéciaux d'investigation

1 Chaque Partie adopte les mesures législatives et autres qui se révèlent nécessaires pour habiliter ses tribunaux ou ses autres autorités compétents à ordonner la communication ou la saisie de dossiers bancaires, financiers ou commerciaux afin de mettre en œuvre les mesures visées aux articles 2 et 3. Une Partie ne saurait invoquer le secret bancaire pour refuser de donner effet aux dispositions du présent article.

2 Chaque Partie envisage d'adopter les mesures législatives et autres qui se révèlent nécessaires pour lui permettre d'employer des techniques spéciales d'investigation facilitant l'identification et la recherche du produit ainsi que la réunion de preuves y afférentes. Parmi ces techniques, on peut citer les ordonnances de surveillance de comptes bancaires, l'observation, l'interception de télécommunications, l'accès à des systèmes informatiques et les ordonnances de production de documents déterminés.

Article 5 – Recours juridiques

Chaque Partie adopte les mesures législatives et autres qui se révèlent nécessaires pour faire en sorte que les personnes affectées par les mesures prévues aux articles 2 et 3 disposent de recours juridiques effectifs pour préserver leurs droits.

Article 6 – Infractions de blanchiment

1   Chaque Partie adopte les mesures législatives et autres qui se révèlent nécessaires pour conférer le caractère d'infraction pénale conformément à son droit interne lorsque l'acte a été commis intentionnellement à:

a   la conversion ou au transfert de biens dont celui qui s'y livre sait que ces biens constituent des produits, dans le but de dissimuler ou de déguiser l'origine illicite desdits biens ou d'aider toute personne qui est impliquée dans la commission de l'infraction principale à échapper aux conséquences juridiques de ses actes;

b   la dissimulation ou le déguisement de la nature, de l'origine, de l'emplacement, de la disposition, du mouvement ou de la propriété réels de biens ou de droits y relatifs, dont l'auteur sait que ces biens constituent des produits;

et, sous réserve de ses principes constitutionnels et des concepts fondamentaux de son système juridique:

c   l'acquisition, la détention ou l'utilisation de biens, dont celui qui les acquiert, les détient ou les utilise sait, au moment où il les reçoit, qu'ils constituent des produits;

d   la participation à l'une des infractions établies conformément au présent article ou à toute association, entente, tentative ou complicité par fourniture d'une assistance, d'une aide ou de conseils en vue de sa commission.

2   Aux fins de la mise en œuvre ou de l'application du paragraphe 1 du présent article:

a   le fait que l'infraction principale soit ou non de la compétence des juridictions pénales de la Partie n'entre pas en ligne de compte;

b   il peut être prévu que les infractions énoncées par ce paragraphe ne s'appliquent pas aux auteurs de l'infraction principale;

c   la connaissance, l'intention ou la motivation nécessaires en tant qu'élément d'une des infractions énoncées par ce paragraphe peut être déduite de circonstances factuelles objectives.

3   Chaque Partie peut adopter les mesures qu'elle estime nécessaires pour conférer, en vertu de son droit interne, le caractère d'infractions pénales à la totalité ou à une partie des actes évoqués au paragraphe 1 dans l'un ou dans la totalité des cas suivants lorsque l'auteur:

a   devait présumer que le bien constituait un produit;

b   a agi dans un but lucratif;

c   a agi pour faciliter la continuation d'une activité criminelle.

4   Chaque Partie peut, au moment de la signature ou au moment du dépôt de son instrument de ratification, d'acceptation, d'approbation ou d'adhésion, par déclaration adressée au Secrétaire Général du Conseil de l'Europe, déclarer que le paragraphe 1 du présent article s'applique seulement aux infractions principales ou catégories d'infractions principales précisées dans cette déclaration.

Chapitre III – Coopération internationale

Section 1 – Principes de coopération internationale

Article 7 – Principes généraux et mesures de coopération internationale

1   Les Parties coopèrent dans la mesure la plus large possible les unes avec les autres aux fins d'investigations et de procédures visant à la confiscation des instruments et des produits.

2   Chaque Partie adopte les mesures législatives et autres qui se révéleront nécessaires pour lui permettre de répondre, aux conditions prévues dans ce chapitre, aux demandes:

a   de confiscation de biens particuliers consistant en des produits ou instruments, ainsi que de confiscation des produits consistant en l'obligation de payer une somme d'argent correspondant à la valeur du produit;

b   d'entraide aux fins d'investigations et de mesures provisoires ayant pour but l'une des formes de confiscation mentionnées au point a ci-dessus.

Section 2 – Entraide aux fins d'investigations

Article 8 – Obligation d'entraide

Les Parties s'accordent, sur demande, l'entraide la plus large possible pour identifier et dépister les instruments, les produits et les autres biens susceptibles de confiscation. Cette entraide consiste notamment en toute mesure relative à l'apport et à la mise en sûreté des éléments de preuve concernant l'existence des biens susmentionnés, leur emplacement ou leurs mouvements, leur nature, leur statut juridique ou leur valeur.

Article 9 – Exécution de l'entraide

L'entraide prévue par l'article 8 est exécutée conformément au droit interne de la Partie requise et en vertu de celui-ci, et conformément aux procédures précisées dans la demande, dans la mesure où elles ne sont pas incompatibles avec ce droit interne.

Article 10 – Transmission spontanée d'informations

Sans préjudice de ses propres investigations ou procédures, une Partie peut, sans demande préalable, transmettre à une autre Partie des informations sur les instruments et les produits lorsqu'elle estime que la communication de ces informations pourrait aider la Partie destinataire à engager ou mener à bien des investigations ou des procédures, ou lorsque ces informations pourraient aboutir à une demande formulée par cette Partie en vertu du présent chapitre.

Section 3 – Mesures provisoires

Article 11 – Obligation d'ordonner des mesures provisoires

1   Une Partie prend, à la demande d'une autre Partie qui a engagé une procédure pénale ou une action en confiscation, les mesures provisoires qui s'imposent, telles que le gel ou la saisie, pour prévenir toute opération, tout transfert ou toute aliénation relativement à tout bien qui, par la suite, pourrait faire l'objet d'une demande de confiscation ou qui pourrait permettre de faire droit à une telle demande.

2   Une Partie qui a reçu une demande de confiscation conformément à l'article 13 prend, si la demande en est faite, les mesures mentionnées au paragraphe 1 du présent article, relativement à tout bien qui fait l'objet de la demande ou qui pourrait permettre de faire droit à une telle demande.

Article 12 – Exécution des mesures provisoires

1   Les mesures provisoires visées à l'article 11 sont exécutées conformément au droit interne de la Partie requise et en vertu de celui-ci, et conformément aux procédures précisées dans la demande, dans la mesure où elles ne sont pas incompatibles avec ce droit interne.

2   Avant de lever toute mesure provisoire prise conformément au présent article, la Partie requise donne, si possible, à la Partie requérante la faculté d'exprimer ses raisons en faveur du maintien de la mesure.

Section 4 – Confiscation

Article 13 – Obligation de confiscation

1   Une Partie qui a reçu d'une autre Partie une demande de confiscation concernant des instruments ou des produits, situés sur son territoire, doit:

    a   exécuter une décision de confiscation émanant d'un tribunal de la Partie requérante en ce qui concerne ces instruments ou ces produits; ou

    b   présenter cette demande à ses autorités compétentes pour obtenir une décision de confiscation et, si celle-ci est accordée, l'exécuter.

2   Aux fins de l'application du paragraphe 1.b du présent article, toute Partie a, si besoin est, compétence pour engager une procédure de confiscation en vertu de son droit interne.

3   Les dispositions du paragraphe 1 du présent article s'appliquent également à la confiscation consistant en l'obligation de payer une somme d'argent correspondant à la valeur du produit, si des biens sur lesquels peut porter la confiscation se trouvent sur le territoire de la Partie requise. En pareil cas, en procédant à la confiscation conformément au paragraphe 1, la Partie requise, à défaut de paiement, fait recouvrer sa créance sur tout bien disponible à cette fin.

4   Si une demande de confiscation vise un bien déterminé, les Parties peuvent convenir que la Partie requise peut procéder à la confiscation sous forme d'une obligation de payer une somme d'argent correspondant à la valeur du bien.

Article 14 – Exécution de la confiscation

1   Les procédures permettant d'obtenir et d'exécuter la confiscation en vertu de l'article 13 sont régies par la loi de la Partie requise.

2   La Partie requise est liée par la constatation des faits dans la mesure où ceux-ci sont exposés dans une condamnation ou une décision judiciaire de la Partie requérante, ou dans la mesure où celle-ci se fonde implicitement sur eux.

3   Chaque Partie peut, au moment de la signature ou au moment du dépôt de son instrument de ratification, d'acceptation, d'approbation ou d'adhésion, par une déclaration adressée au Secrétaire Général du Conseil de l'Europe, déclarer que le paragraphe 2 du présent article ne s'applique que sous réserve de ses principes constitutionnels et des concepts fondamentaux de son système juridique.

4   Si la confiscation consiste en l'obligation de payer une somme d'argent, l'autorité compétente de la Partie requise en convertit le montant en devises de son pays au taux de change en vigueur au moment où est prise la décision d'exécuter la confiscation.

5   Dans le cas visé à l'article 13, paragraphe 1.a, la Partie requérante a seule le droit de statuer relativement à toute demande de révision de la décision de confiscation.

Article 15 – Biens confisqués

La Partie requise dispose selon son droit interne de tous les biens confisqués par elle, sauf s'il en est convenu autrement par les Parties concernées.

Article 16 – Droit d'exécution et montant maximal de la confiscation

1   Une demande de confiscation faite conformément à l'article 13 ne porte pas atteinte au droit de la Partie requérante d'exécuter elle-même la décision de confiscation.

2   Rien dans la présente Convention ne saurait être interprété comme permettant que la valeur totale des biens confisqués soit supérieure à la somme fixée par la décision de confiscation. Si une Partie constate que cela pourrait se produire, les Parties concernées procèdent à des consultations pour éviter une telle conséquence.

Article 17 – Contrainte par corps

La Partie requise ne peut pas prononcer la contrainte par corps ni prendre aucune autre mesure restrictive de liberté à la suite d'une demande présentée en vertu de l'article 13 si la Partie requérante l'a précisé dans la demande.

Section 5 – Refus et ajournement de la coopération

Article 18 – Motifs de refus

1   La coopération en vertu du présent chapitre peut être refusée dans le cas où:

    a   la mesure sollicitée serait contraire aux principes fondamentaux de l'ordre juridique de la Partie requise; ou

    b   l'exécution de la demande risque de porter atteinte à la souveraineté, à la sécurité, à l'ordre public ou à d'autres intérêts essentiels de la Partie requise; ou

    c   la Partie requise estime que l'importance de l'affaire sur laquelle porte la demande ne justifie pas que soit prise la mesure sollicitée; ou

    d   l'infraction sur laquelle porte la demande est une infraction politique ou fiscale; ou

    e   la Partie requise considère que la mesure sollicitée irait à l'encontre du principe «*ne bis in idem*»; ou

    f   l'infraction à laquelle se rapporte la demande ne serait pas une infraction au regard du droit de la Partie requise si elle était commise sur le territoire relevant de sa juridiction. Toutefois, ce motif de refus ne s'applique à la coopération prévue par la section 2 que dans la mesure où l'entraide sollicitée implique des mesures coercitives.

2   La coopération prévue par la section 2, dans la mesure où l'entraide sollicitée implique des mesures coercitives, et celle prévue par la section 3 du présent chapitre peuvent également être refusées dans les cas où les mesures sollicitées ne pourraient pas être prises en vertu du droit interne de la Partie requise à des fins d'investigations ou de procédures, s'il s'agissait d'une affaire interne analogue.

3   Lorsque la législation de la Partie requise l'exige, la coopération prévue par la section 2, dans la mesure où l'entraide sollicitée implique des mesures coercitives, et celle prévue par la section 3 du présent chapitre peuvent aussi être refusées dans le cas où les

mesures sollicitées ou toutes autres mesures ayant des effets analogues ne seraient pas autorisées par la législation de la Partie requérante, ou, en ce qui concerne les autorités compétentes de la Partie requérante, si la demande n'est autorisée ni par un juge ni par une autre autorité judiciaire, y compris le ministère public, ces autorités agissant en matière d'infractions pénales.

4   La coopération prévue par la section 4 du présent chapitre peut aussi être refusée si:

a   la législation de la Partie requise ne prévoit pas la confiscation pour le type d'infraction sur lequel porte la demande; ou

b   sans préjudice de l'obligation relevant de l'article 13, paragraphe 3, elle irait à l'encontre des principes du droit interne de la Partie requise en ce qui concerne les possibilités de confiscation relativement aux liens entre une infraction et:

i   un avantage économique qui pourrait être assimilé à son produit; ou

ii   des biens qui pourraient être assimilés à ses instruments; ou

c   en vertu de la législation de la Partie requise, la décision de confiscation ne peut plus être prononcée ou exécutée pour cause de prescription; ou

d   la demande ne porte pas sur une condamnation antérieure, ni sur une décision de caractère judiciaire, ni sur une déclaration figurant dans une telle décision, déclaration selon laquelle une ou plusieurs infractions ont été commises, et qui est à l'origine de la décision ou de la demande de confiscation; ou

e   soit la confiscation n'est pas exécutoire dans la Partie requérante, soit elle est encore susceptible de voies de recours ordinaires; ou

f   la demande se rapporte à une décision de confiscation rendue en l'absence de la personne visée par la décision et si, selon la Partie requise, la procédure engagée par la Partie requérante et qui a conduit à cette décision n'a pas satisfait aux droits minima de la défense reconnus à toute personne accusée d'une infraction.

5   Aux fins du paragraphe 4.f du présent article, une décision n'est pas réputée avoir été rendue en l'absence de l'accusé:

a si elle a été confirmée ou prononcée après opposition par l'intéressé; ou

b si elle a été rendue en appel, à condition que l'appel ait été interjeté par l'intéressé.

6 En examinant, pour les besoins du paragraphe 4.f du présent article, si les droits minima de la défense ont été respectés, la Partie requise tiendra compte du fait que l'intéressé a délibérément cherché à se soustraire à la justice ou que cette personne, après avoir eu la possibilité d'introduire un recours contre la décision rendue en son absence, a choisi de ne pas introduire un tel recours. Il en ira de même lorsque l'intéressé, après avoir été dûment cité à comparaître, aura choisi de ne pas comparaître ou de ne pas demander l'ajournement de l'affaire.

7 Une Partie ne saurait invoquer le secret bancaire pour justifier son refus de toute coopération prévue au présent chapitre. Lorsque son droit interne l'exige, une Partie peut exiger qu'une demande de coopération qui impliquerait la levée du secret bancaire soit autorisée, soit par un juge, soit par une autre autorité judiciaire, y compris le ministère public, ces autorités agissant en matière d'infractions pénales.

8 Sans préjudice du motif de refus prévu au paragraphe 1.a du présent article:

a le fait que la personne qui fait l'objet d'une investigation menée ou d'une décision de confiscation prise par les autorités de la Partie requérante soit une personne morale ne saurait être invoqué par la Partie requise comme un obstacle à toute coopération en vertu du présent chapitre;

b le fait que la personne physique contre laquelle a été rendue une décision de confiscation de produits soit décédée par la suite ainsi que le fait qu'une personne morale contre laquelle a été rendue une décision de confiscation de produits ait été dissoute par la suite ne sauraient être invoqués comme des obstacles à l'entraide prévue par l'article 13, paragraphe 1.a.

Article 19 – Ajournement

La Partie requise peut surseoir à l'exécution des mesures visées par une demande si elles risquent de porter préjudice à des investigations ou des procédures menées par ses autorités.

Article 20 – Acceptation partielle ou sous condition d'une demande

Avant de refuser ou de différer sa coopération en vertu du présent chapitre, la Partie requise examine, le cas échéant après avoir consulté la Partie requérante, s'il peut y être fait droit partiellement ou sous réserve des conditions qu'elle juge nécessaires.

Section 6 – Notification et protection des droits des tiers

Article 21 – Notification de documents

1 Les Parties s'accordent mutuellement l'entraide la plus large possible pour la notification des actes judiciaires aux personnes concernées par des mesures provisoires et de confiscation.

2 Rien dans le présent article ne vise à faire obstacle:

    a à la faculté d'adresser des actes judiciaires par voie postale directement à des personnes se trouvant à l'étranger;

    b à la faculté pour les officiers ministériels, fonctionnaires ou autres personnes compétentes de la Partie d'origine de faire procéder à des significations ou notifications d'actes judiciaires directement par les autorités consulaires de cette Partie ou par les soins d'officiers ministériels, fonctionnaires ou autres personnes compétentes de la Partie de destination,

    sauf si la Partie de destination fait une déclaration contraire au Secrétaire Général du Conseil de l'Europe au moment de la signature ou du dépôt de son instrument de ratification, d'acceptation, d'approbation ou d'adhésion.

3 Lors de la notification d'actes judiciaires à l'étranger à des personnes concernées par des mesures provisoires ou des décisions de confiscation ordonnées dans la Partie d'origine, ladite Partie informe ces personnes des recours en justice offerts par sa législation.

Article 22 – Reconnaissance de décisions étrangères

1 Saisie d'une demande de coopération au titre des sections 3 et 4, la Partie requise reconnaît toute décision judiciaire rendue dans la Partie requérante en ce qui concerne les droits revendiqués par des tiers.

2 La reconnaissance peut être refusée:

a si des tiers n'ont pas eu une possibilité suffisante de faire valoir leurs droits; ou

b si la décision est incompatible avec une décision déjà rendue dans la Partie requise sur la même question; ou

c si elle est incompatible avec l'ordre public de la Partie requise; ou

d si la décision a été rendue contrairement aux dispositions en matière de compétence exclusive prévues par le droit de la Partie requise.

Section 7 – Procédure et autres règles générales

Article 23 – Autorité centrale

1 Les Parties désignent une autorité centrale ou, au besoin, plusieurs autorités chargées d'envoyer les demandes formulées en vertu du présent chapitre, d'y répondre, de les exécuter ou de les transmettre aux autorités qui ont compétence pour les exécuter.

2 Chaque Partie communique au Secrétaire Général du Conseil de l'Europe, au moment de la signature ou au moment du dépôt de son instrument de ratification, d'acceptation, d'approbation ou d'adhésion, la dénomination et l'adresse des autorités désignées en application du paragraphe 1 du présent article.

Article 24 – Correspondance directe

1 Les autorités centrales communiquent directement entre elles.

2 En cas d'urgence, les demandes et communications prévues par le présent chapitre peuvent être envoyées directement par les autorités judiciaires, y compris le ministère public, de la Partie requérante à de telles autorités. En pareil cas, une copie doit être envoyée simultanément à l'autorité centrale de la Partie requise par l'intermédiaire de l'autorité centrale de la Partie requérante.

3 Toute demande ou communication formulée en application des paragraphes 1 et 2 du présent article peut être présentée par l'intermédiaire de l'Organisation internationale de police criminelle (Interpol).

4 Si une demande est présentée en vertu du paragraphe 2 du présent article et si l'autorité saisie n'est pas compétente pour y donner suite, elle la transmet à l'autorité compétente de son pays et en informe directement la Partie requérante.

5   Les demandes ou communications, présentées en vertu de la section 2 du présent chapitre, qui n'impliquent pas de mesures coercitives, peuvent être transmises directement par l'autorité compétente de la Partie requérante à l'autorité compétente de la Partie requise.

Article 25 – Forme des demandes et langues

1   Toutes les demandes prévues par le présent chapitre sont faites par écrit. Il est permis de recourir à des moyens modernes de télécommunication, tels que la télécopie.

2   Sous réserve des dispositions du paragraphe 3 du présent article, la traduction des demandes ou des pièces annexes ne sera pas exigée.

3   Toute Partie peut, au moment de la signature ou au moment du dépôt de son instrument de ratification, d'acceptation, d'approbation ou d'adhésion, par une déclaration adressée au Secrétaire Général du Conseil de l'Europe, se réserver la faculté d'exiger que les demandes et pièces annexes soient accompagnées d'une traduction dans sa propre langue ou dans l'une des langues officielles du Conseil de l'Europe ou dans celle de ces langues qu'elle indiquera. Toute Partie peut, à cette occasion, déclarer qu'elle est disposée à accepter des traductions dans toute autre langue qu'elle indiquera. Les autres Parties peuvent appliquer la règle de la réciprocité.

Article 26 – Légalisation

Les documents transmis en application du présent chapitre sont dispensés de toute formalité de légalisation.

Article 27 – Contenu de la demande

1   Toute demande de coopération prévue par le présent chapitre doit préciser:

a   l'autorité dont elle émane et l'autorité chargée de mettre en œuvre les investigations ou les procédures;

b   l'objet et le motif de la demande;

c   l'affaire, y compris les faits pertinents (tels que la date, le lieu et les circonstances de l'infraction), sur laquelle portent les investigations ou les procédures, sauf en cas de demande de notification;

d   dans la mesure où la coopération implique des mesures coercitives:

   i   le texte des dispositions légales ou, lorsque cela n'est pas possible, la teneur de la loi pertinente applicable; et

   ii   une indication selon laquelle la mesure sollicitée ou toute autre mesure ayant des effets analogues pourrait être prise sur le territoire de la Partie requérante en vertu de sa propre législation;

e   si nécessaire, et dans la mesure du possible:

   i   des détails relativement à la ou les personne(s) concernée(s), y compris le nom, la date et le lieu de naissance, la nationalité et l'endroit où elle(s) se trouve(nt), et, lorsqu'il s'agit d'une personne morale, son siège; et

   ii   les biens en relation desquels la coopération est sollicitée, leur emplacement, leurs liens avec la ou les personne(s) en question, tout lien avec l'infraction ainsi que toute information dont on dispose concernant les intérêts d'autrui afférents à ces biens; et

f   toute procédure particulière souhaitée par la Partie requérante.

2   Lorsqu'une demande de mesures provisoires présentée en vertu de la section 3 vise la saisie d'un bien qui pourrait faire l'objet d'une décision de confiscation consistant en l'obligation de payer une somme d'argent, cette demande doit aussi indiquer la somme maximale que l'on cherche à récupérer sur ce bien.

3   En plus des indications mentionnées au paragraphe 1, toute demande formulée en application de la section 4 doit contenir:

a   dans le cas de l'article 13, paragraphe 1.a:

   i   une copie certifiée conforme de la décision de confiscation rendue par le tribunal de la Partie requérante et l'exposé des motifs à l'origine de la décision, s'ils ne sont pas indiqués dans la décision elle-même;

   ii   une attestation de l'autorité compétente de la Partie requérante selon laquelle la décision de confiscation est exécutoire et n'est pas susceptible de voies de recours ordinaires;

iii des informations concernant la mesure dans laquelle la décision devrait être exécutée; et

iv des informations concernant la nécessité de prendre des mesures provisoires;

b dans le cas de l'article 13, paragraphe 1.b, un exposé des faits invoqués par la Partie requérante qui soit suffisant pour permettre à la Partie requise d'obtenir une décision en vertu de son droit interne;

c lorsque des tiers ont eu la possibilité de revendiquer des droits, des documents révélant qu'ils ont eu cette possibilité.

Article 28 – Vices des demandes

1 Si la demande n'est pas conforme aux dispositions du présent chapitre, ou si les informations fournies ne sont pas suffisantes pour permettre à la Partie requise de prendre une décision sur la demande, cette Partie peut demander à la Partie requérante de modifier la demande ou de la compléter par des informations supplémentaires.

2 La Partie requise peut fixer un délai pour l'obtention de ces modifications ou informations.

3 En attendant d'obtenir les modifications ou informations demandées relativement à une demande présentée en application de la section 4 du présent chapitre, la Partie requise peut ordonner toutes mesures visées aux sections 2 et 3 du présent chapitre.

Article 29 – Concours de demandes

1 Lorsqu'une Partie requise reçoit plus d'une demande présentée en vertu des sections 3 et 4 du présent chapitre relativement à la même personne ou aux mêmes biens, le concours de demandes n'empêche pas la Partie requise de traiter les demandes qui impliquent que soient prises des mesures provisoires.

2 Dans le cas d'un concours de demandes présentées en vertu de la section 4 du présent chapitre, la Partie requise envisagera de consulter les Parties requérantes.

Article 30 – Obligation de motivation

La Partie requise doit motiver toute décision refusant, ajournant ou soumettant à des conditions toute coopération sollicitée en vertu du présent chapitre.

Article 31 – Information

1   La Partie requise informe sans délai la Partie requérante:

a   de la suite donnée aussitôt à une demande formulée en vertu du présent chapitre;

b   du résultat définitif de la suite donnée à la demande;

c   d'une décision refusant, ajournant ou soumettant à des conditions, totalement ou partiellement, toute coopération prévue par le présent chapitre;

d   de toutes circonstances rendant impossible l'exécution des mesures sollicitées ou risquant de la retarder considérablement; et

e   en cas de mesures provisoires adoptées conformément à une demande formulée en application de la section 2 ou 3 du présent chapitre, des dispositions de son droit interne qui entraîneraient automatiquement la levée de la mesure.

2   La Partie requérante informe sans délai la Partie requise:

a   de toute révision, décision ou autre fait enlevant totalement ou partiellement à la décision de confiscation son caractère exécutoire;

b   de tout changement, en fait ou en droit, rendant désormais injustifiée toute action entreprise en vertu du présent chapitre.

3   Lorsqu'une Partie demande la confiscation de biens dans plusieurs Parties, sur le fondement d'une même décision de confiscation, elle en informe toutes les Parties concernées par l'exécution de la décision.

Article 32 – Utilisation restreinte

1   La Partie requise peut subordonner l'exécution d'une demande à la condition que les informations ou éléments de preuve obtenus ne soient pas, sans son consentement préalable, utilisés ou transmis par les autorités de la Partie requérante à des fins d'investigations ou de procédures autres que celles précisées dans la demande.

2   Chaque Partie peut, au moment de la signature ou du dépôt de son instrument de ratification, d'acceptation, d'approbation ou d'adhésion, par déclaration adressée au Secrétaire Général du Conseil de l'Europe, déclarer que les informations ou éléments de preuve fournis par elle en vertu du présent chapitre ne pourront,

sans son consentement préalable, être utilisés ou transmis par les autorités de la Partie requérante à des fins d'investigations ou de procédures autres que celles précisées dans la demande.

Article 33 – Confidentialité

1   La Partie requérante peut exiger de la Partie requise qu'elle garde confidentielles la demande et sa teneur, sauf dans la mesure nécessaire pour y faire droit. Si la Partie requise ne peut pas se conformer à cette condition de confidentialité, elle doit en informer la Partie requérante dans les plus brefs délais.

2   La Partie requérante doit, si la demande lui en est faite, et à condition que cela ne soit pas contraire aux principes fondamentaux de son droit interne, garder confidentiels tous moyens de preuve et informations communiqués par la Partie requise, sauf dans la mesure nécessaire aux investigations ou à la procédure décrites dans la demande.

3   Sous réserve des dispositions de son droit interne, une Partie qui a reçu une transmission spontanée d'informations en vertu de l'article 10 doit se conformer à toute condition de confidentialité demandée par la Partie qui transmet l'information. Si l'autre Partie ne peut pas se conformer à une telle condition, elle doit en informer la Partie qui transmet l'information dans les plus brefs délais.

Article 34 – Frais

Les frais ordinaires encourus pour exécuter une demande sont à la charge de la Partie requise. Lorsque des frais importants ou extraordinaires s'avèrent nécessaires pour donner suite à la demande, les Parties se concertent pour fixer les conditions dans lesquelles celle-ci sera exécutée ainsi que la manière dont les frais seront assumés.

Article 35 – Dommages et intérêts

1   Lorsqu'une action en responsabilité en raison de dommages résultant d'un acte ou d'une omission relevant de la coopération prévue par ce chapitre a été engagée par une personne, les Parties concernées envisagent de se consulter, le cas échéant, sur la répartition éventuelle des indemnités dues.

2   Une Partie qui fait l'objet d'une demande de dommages et intérêts s'efforce d'en informer sans délai l'autre Partie si celle-ci peut avoir un intérêt dans l'affaire.

Chapitre IV – Dispositions finales

Article 36 – Signature et entrée en vigueur

1   La présente Convention est ouverte à la signature des Etats membres du Conseil de l'Europe et des Etats non membres qui ont participé à son élaboration. Ces Etats peuvent exprimer leur consentement à être liés par:

   a   signature sans réserve de ratification, d'acceptation ou d'approbation; ou

   b   signature, sous réserve de ratification, d'acceptation ou d'approbation, suivie de ratification, d'acceptation ou d'approbation.

2   Les instruments de ratification, d'acceptation ou d'approbation seront déposés près le Secrétaire Général du Conseil de l'Europe.

3   La présente Convention entrera en vigueur le premier jour du mois qui suit l'expiration d'une période de trois mois après la date à laquelle trois Etats, dont au moins deux Etats membres du Conseil de l'Europe, auront exprimé leur consentement à être liés par la Convention, conformément aux dispositions de l'alinéa 1.

4   Pour tout Etat signataire qui exprimera ultérieurement son consentement à être lié par la Convention, celle-ci entrera en vigueur le premier jour du mois qui suit l'expiration d'une période de trois mois après la date de l'expression de son consentement à être lié par la Convention conformément aux dispositions du paragraphe 1.

Article 37 – Adhésion à la Convention

1   Après l'entrée en vigueur de la présente Convention, le Comité des Ministres du Conseil de l'Europe pourra, après avoir consulté les Etats contractants à la Convention, inviter tout Etat non membre du Conseil à adhérer à la présente Convention par une décision prise à la majorité prévue à l'article 20.d du Statut du Conseil de l'Europe et à l'unanimité des représentants des Etats Contractants ayant le droit de siéger au Comité.

2   Pour tout Etat adhérent, la Convention entrera en vigueur le premier jour du mois qui suit l'expiration d'une période de trois mois après la date de dépôt de l'instrument d'adhésion près le Secrétaire Général du Conseil de l'Europe.

Article 38 – Application territoriale

1   Tout Etat pourra, au moment de la signature ou au moment du dépôt de son instrument de ratification, d'acceptation, d'approbation ou d'adhésion, désigner le ou les territoires auxquels s'appliquera la présente Convention.

2   Tout Etat pourra, à tout autre moment par la suite, par une déclaration adressée au Secrétaire Général du Conseil de l'Europe, étendre l'application de la présente Convention à tout autre territoire désigné dans la déclaration. La Convention entrera en vigueur à l'égard de ce territoire le premier jour du mois qui suit l'expiration d'une période de trois mois après la date de réception de la déclaration par le Secrétaire Général.

3   Toute déclaration faite en vertu des deux paragraphes précédents pourra être retirée, en ce qui concerne tout territoire désigné dans cette déclaration, par notification adressée au Secrétaire Général. Le retrait prendra effet le premier jour du mois qui suit l'expiration d'une période de trois mois après la date de réception de la notification par le Secrétaire Général.

Article 39 – Relations avec d'autres conventions et accords

1   La présente Convention ne porte pas atteinte aux droits et obligations découlant de conventions internationales multilatérales concernant des questions particulières.

2   Les Parties à la Convention pourront conclure entre elles des accords bilatéraux ou multilatéraux relatifs aux questions réglées par la présente Convention, aux fins de compléter ou renforcer les dispositions de celle-ci ou pour faciliter l'application des principes qu'elle consacre.

3   Lorsque deux ou plusieurs Parties ont déjà conclu un accord ou un traité sur un sujet couvert par la présente Convention, ou lorsqu'elles ont établi d'une autre manière leurs relations quant à ce sujet, elles auront la faculté d'appliquer ledit accord, traité ou arrangement au lieu de la présente Convention, si elle facilite la coopération internationale.

Article 40 – Réserves

1   Tout Etat peut, au moment de la signature ou au moment du dépôt de son instrument de ratification, d'acceptation, d'approbation ou d'adhésion, déclarer faire usage d'une ou plusieurs réserves figurant aux articles 2, paragraphe 2; 6, paragraphe 4; 14, paragraphe 3; 21, paragraphe 2; 25, paragraphe 3; et 32, paragraphe 2. Aucune autre réserve n'est admise.

2   Tout Etat qui a formulé une réserve en vertu du paragraphe précédent peut la retirer en tout ou en partie, en adressant une notification au Secrétaire Général du Conseil de l'Europe. Le retrait prendra effet à la date de réception de la notification par le Secrétaire Général.

3   La Partie qui a formulé une réserve au sujet d'une disposition de la présente Convention ne peut prétendre à l'application de cette disposition par une autre Partie; elle peut, si la réserve est partielle ou conditionnelle, prétendre à l'application de cette disposition dans la mesure où elle l'a acceptée.

Article 41 – Amendements

1   Des amendements à la présente Convention peuvent être proposés par chaque Partie et toute proposition sera communiquée par le Secrétaire Général du Conseil de l'Europe aux Etats membres du Conseil et à chaque Etat non membre qui a adhéré ou a été invité à adhérer à la présente Convention conformément aux dispositions de l'article 37.

2   Tout amendement proposé par une Partie est communiqué au Comité européen pour les problèmes criminels qui soumet au Comité des Ministres son avis sur l'amendement proposé.

3   Le Comité des Ministres examine l'amendement proposé et l'avis soumis par le Comité européen pour les problèmes criminels, et peut adopter l'amendement.

4   Le texte de tout amendement adopté par le Comité des Ministres conformément au paragraphe 3 du présent article est transmis aux Parties pour acceptation.

5   Tout amendement adopté conformément au paragraphe 3 du présent article entrera en vigueur le trentième jour après que toutes les Parties auront informé le Secrétaire Général qu'elles l'ont accepté.

Article 42 – Règlement des différends

1   Le Comité européen pour les problèmes criminels du Conseil de l'Europe sera tenu informé de l'interprétation et de l'application de la présente Convention.

2   En cas de différend entre les Parties sur l'interprétation ou l'application de la présente Convention, les Parties s'efforceront de parvenir à un règlement du différend par la négociation ou tout autre

moyen pacifique à leur choix, y compris la soumission du différend au Comité européen pour les problèmes criminels, à un tribunal arbitral qui prendra des décisions qui lieront les Parties au différend, ou à la Cour internationale de justice, selon un accord commun par les Parties concernées.

Article 43 – Dénonciation

1   Toute Partie peut, à tout moment, dénoncer la présente Convention en adressant une notification au Secrétaire Général du Conseil de l'Europe.

2   La dénonciation prendra effet le premier jour du mois qui suit l'expiration d'une période de trois mois après la date de réception de la notification par le Secrétaire Général.

3   Toutefois, la présente Convention continue de s'appliquer à l'exécution, en vertu de l'article 14, d'une confiscation demandée conformément à ses dispositions avant que la dénonciation ne prenne effet.

Article 44 – Notifications

Le Secrétaire Général du Conseil de l'Europe notifiera aux Etats membres du Conseil et à tout Etat ayant adhéré à la présente Convention:

a   toute signature;

b   le dépôt de tout instrument de ratification, d'acceptation, d'approbation ou d'adhésion;

c   toute date d'entrée en vigueur de la présente Convention conformément à ses articles 36 et 37;

d   toute réserve en vertu de l'article 40, paragraphe 1;

e   tout autre acte, notification ou communication ayant trait à la présente Convention.

En foi de quoi, les soussignés, dûment autorisés à cet effet, ont signé la présente Convention.

Fait à Strasbourg, le 8 novembre 1990, en français et en anglais, les deux textes faisant également foi, en un seul exemplaire qui sera déposé dans les archives du Conseil de l'Europe. Le Secrétaire

Général du Conseil de l'Europe en communiquera copie certifiée conforme à chacun des Etats membres du Conseil de l'Europe, aux Etats non membres qui ont participé à l'élaboration de la Convention et à tout Etat invité à adhérer à celle-ci.

Convention sur la cybercriminalité [STE n° 185]

Préambule

Les Etats membres du Conseil de l'Europe et les autres Etats signataires,

Considérant que le but du Conseil de l'Europe est de réaliser une union plus étroite entre ses membres;

Reconnaissant l'intérêt d'intensifier la coopération avec les autres Etats parties à la Convention;

Convaincus de la nécessité de mener, en priorité, une politique pénale commune destinée à protéger la société de la criminalité dans le cyberespace, notamment par l'adoption d'une législation appropriée et par l'amélioration de la coopération internationale;

Conscients des profonds changements engendrés par la numérisation, la convergence et la mondialisation permanente des réseaux informatiques;

Préoccupés par le risque que les réseaux informatiques et l'information électronique soient utilisés également pour commettre des infractions pénales et que les preuves de ces infractions soient stockées et transmises par le biais de ces réseaux;

Reconnaissant la nécessité d'une coopération entre les Etats et l'industrie privée dans la lutte contre la cybercriminalité, et le besoin de protéger les intérêts légitimes dans l'utilisation et le développement des technologies de l'information;

Estimant qu'une lutte bien menée contre la cybercriminalité requiert une coopération internationale en matière pénale accrue, rapide et efficace;

Convaincus que la présente Convention est nécessaire pour prévenir les actes portant atteinte à la confidentialité, à l'intégrité et à la disponibilité des systèmes informatiques, des réseaux et des données, ainsi que l'usage frauduleux de tels systèmes, réseaux et données, en assurant l'incrimination de ces comportements, tels que décrits dans la présente Convention, et l'adoption de pouvoirs suffisants pour permettre une lutte efficace contre ces infractions pénales, en en facilitant la détection, l'investigation et la poursuite, tant au plan national qu'au niveau international, et en prévoyant des dispositions matérielles en vue d'une coopération internationale rapide et fiable;

Gardant à l'esprit la nécessité de garantir un équilibre adéquat entre les intérêts de l'action répressive et le respect des droits de l'homme fondamentaux, tels que garantis dans la Convention de sauvegarde des Droits de l'Homme et des Libertés fondamentales du Conseil de l'Europe (1950), dans le Pacte international relatif aux droits civils et politiques des Nations Unies (1966), ainsi que dans d'autres conventions internationales applicables en matière de droits de l'homme, qui réaffirment le droit à ne pas être inquiété pour ses opinions, le droit à la liberté d'expression, y compris la liberté de rechercher, d'obtenir et de communiquer des informations et des idées de toute nature, sans considération de frontière, ainsi que le droit au respect de la vie privée;

Conscients également du droit à la protection des données personnelles, tel que spécifié, par exemple, par la Convention de 1981 du Conseil de l'Europe pour la protection des personnes à l'égard du traitement automatisé des données à caractère personnel;

Considérant la Convention des Nations Unies relative aux droits de l'enfant (1989) et la Convention de l'Organisation internationale du travail sur les pires formes de travail des enfants (1999);

Tenant compte des conventions existantes du Conseil de l'Europe sur la coopération en matière pénale, ainsi que d'autres traités similaires conclus entre les Etats membres du Conseil de l'Europe et d'autres Etats, et soulignant que la présente Convention a pour but de les compléter en vue de rendre plus efficaces les enquêtes et les procédures pénales portant sur des infractions pénales en relation avec des systèmes et des données informatiques, ainsi que de permettre la collecte des preuves électroniques d'une infraction pénale;

Se félicitant des récentes initiatives destinées à améliorer la compréhension et la coopération internationales aux fins de la lutte contre la criminalité dans le cyberespace, notamment des actions menées par les Nations Unies, l'OCDE, l'Union européenne et le G8;

Rappelant les Recommandations du Comité des Ministres n°R (85) 10 concernant l'application pratique de la Convention européenne d'entraide judiciaire en matière pénale relative aux commissions rogatoires pour la surveillance des télécommunications, n°R (88) 2 sur des mesures visant à combattre la piraterie dans le domaine du droit d'auteur et des droits voisins, n°R (87) 15 visant à réglementer l'utilisation de données à caractère personnel dans le secteur de la police, n°R (95) 4 sur la protection des données à caractère personnel dans le domaine des services de télécommunication, eu égard notamment aux services téléphoniques, et n° R (89) 9 sur la criminalité en relation avec l'ordinateur, qui indique aux législateurs nationaux des principes directeurs pour définir certaines infractions informatiques, ainsi que n° R (95) 13 relative aux problèmes de procédure pénale liés à la technologie de l'information;

Eu égard à la Résolution n° 1, adoptée par les ministres européens de la Justice lors de leur 21e Conférence (Prague, 10 et 11 juin 1997), qui recommande au Comité des Ministres de soutenir les activités concernant la cybercriminalité menées par le Comité européen pour les problèmes criminels (CDPC) afin de rapprocher les législations pénales nationales et de permettre l'utilisation de moyens d'investigation efficaces en matière d'infractions informatiques, ainsi qu'à la Résolution n° 3, adoptée lors de la 23e Conférence des ministres européens de la Justice (Londres, 8 et 9 juin 2000), qui encourage les parties aux négociations à poursuivre leurs efforts afin de trouver des solutions permettant au plus grand nombre d'Etats d'être parties à la Convention et qui reconnaît la nécessité de disposer d'un mécanisme rapide et efficace de coopération internationale qui tienne dûment compte des exigences spécifiques de la lutte contre la cybercriminalité;

Prenant également en compte le plan d'action adopté par les chefs d'Etat et de gouvernement du Conseil de l'Europe à l'occasion de leur 2e Sommet (Strasbourg, 10 et 11 octobre 1997) afin de trouver des réponses communes au développement des nouvelles technologies de l'information, fondées sur les normes et les valeurs du Conseil de l'Europe,

Sont convenus de ce qui suit:

Chapitre I – Terminologie

Article 1 – Définitions

Aux fins de la présente Convention,

a   l'expression «système informatique» désigne tout dispositif isolé ou ensemble de dispositifs interconnectés ou apparentés, qui assure ou dont un ou plusieurs éléments assurent, en exécution d'un programme, un traitement automatisé de données;

b   l'expression «données informatiques» désigne toute représentation de faits, d'informations ou de concepts sous une forme qui se prête à un traitement informatique, y compris un programme de nature à faire en sorte qu'un système informatique exécute une fonction;

c l'expression «fournisseur de services» désigne:

    i toute entité publique ou privée qui offre aux utilisateurs de ses services la possibilité de communiquer au moyen d'un système informatique, et

    ii toute autre entité traitant ou stockant des données informatiques pour ce service de communication ou ses utilisateurs.

d «données relatives au trafic» désigne toutes données ayant trait à une communication passant par un système informatique, produites par ce dernier en tant qu'élément de la chaîne de communication, indiquant l'origine, la destination, l'itinéraire, l'heure, la date, la taille et la durée de la communication ou le type de service sous-jacent.

Chapitre II – Mesures à prendre au niveau national

Section 1 – Droit pénal matériel

Titre 1 – Infractions contre la confidentialité, l'intégrité et la disponibilité des données et systèmes informatiques

Article 2 – Accès illégal

Chaque Partie adopte les mesures législatives et autres qui se révèlent nécessaires pour ériger en infraction pénale, conformément à son droit interne, l'accès intentionnel et sans droit à tout ou partie d'un système informatique. Une Partie peut exiger que l'infraction soit commise en violation des mesures de sécurité, dans l'intention d'obtenir des données informatiques ou dans une autre intention délictueuse, ou soit en relation avec un système informatique connecté à un autre système informatique.

Article 3 – Interception illégale

Chaque Partie adopte les mesures législatives et autres qui se révèlent nécessaires pour ériger en infraction pénale, conformément à son droit interne, l'interception intentionnelle et sans droit, effectuée par des moyens techniques, de données informatiques, lors de transmissions non publiques, à destination, en provenance ou à l'intérieur d'un système informatique, y compris les émissions électromagnétiques provenant d'un système informatique transportant de telles données informatiques. Une Partie peut exiger que l'infraction soit commise dans une intention délictueuse ou soit en relation avec un système informatique connecté à un autre système informatique.

160

Article 4 – Atteinte à l'intégrité des données

1   Chaque Partie adopte les mesures législatives et autres qui se révèlent nécessaires pour ériger en infraction pénale, conformément à son droit interne, le fait, intentionnel et sans droit, d'endommager, d'effacer, de détériorer, d'altérer ou de supprimer des données informatiques.

2   Une Partie peut se réserver le droit d'exiger que le comportement décrit au paragraphe 1 entraîne des dommages sérieux.

Article 5 – Atteinte à l'intégrité du système

Chaque Partie adopte les mesures législatives et autres qui se révèlent nécessaires pour ériger en infraction pénale, conformément à son droit interne, l'entrave grave, intentionnelle et sans droit, au fonctionnement d'un système informatique, par l'introduction, la transmission, l'endommagement, l'effacement, la détérioration, l'altération ou la suppression de données informatiques.

Article 6 – Abus de dispositifs

1   Chaque Partie adopte les mesures législatives et autres qui se révèlent nécessaires pour ériger en infraction pénale, conformément à son droit interne, lorsqu'elles sont commises intentionnellement et sans droit:

    a   la production, la vente, l'obtention pour utilisation, l'importation, la diffusion ou d'autres formes de mise à disposition:

        i   d'un dispositif, y compris un programme informatique, principalement conçu ou adapté pour permettre la commission de l'une des infractions établies conformément aux articles 2 à 5 ci-dessus;

        ii   d'un mot de passe, d'un code d'accès ou de données informatiques similaires permettant d'accéder à tout ou partie d'un système informatique,

    dans l'intention qu'ils soient utilisés afin de commettre l'une ou l'autre des infractions visées par les articles 2 à 5; et

    b   la possession d'un élément visé aux paragraphes a.i ou ii ci-dessus, dans l'intention qu'il soit utilisé afin de commettre l'une ou l'autre des infractions visées par les articles 2 à 5. Une Partie peut exiger en droit interne qu'un certain nombre de ces éléments soit détenu pour que la responsabilité pénale soit engagée.

2   Le présent article ne saurait être interprété comme imposant une responsabilité pénale lorsque la production, la vente, l'obtention pour utilisation, l'importation, la diffusion ou d'autres formes de mise à disposition mentionnées au paragraphe 1 du présent article n'ont pas pour but de commettre une infraction établie conformément aux articles 2 à 5 de la présente Convention, comme dans le cas d'essai autorisé ou de protection d'un système informatique.

3   Chaque Partie peut se réserver le droit de ne pas appliquer le paragraphe 1 du présent article, à condition que cette réserve ne porte pas sur la vente, la distribution ou toute autre mise à disposition des éléments mentionnés au paragraphe 1.a.ii du présent article.

Titre 2 – Infractions informatiques

Article 7 – Falsification informatique

Chaque Partie adopte les mesures législatives et autres qui se révèlent nécessaires pour ériger en infraction pénale, conformément à son droit interne, l'introduction, l'altération, l'effacement ou la suppression intentionnels et sans droit de données informatiques, engendrant des données non authentiques, dans l'intention qu'elles soient prises en compte ou utilisées à des fins légales comme si elles étaient authentiques, qu'elles soient ou non directement lisibles et intelligibles. Une Partie peut exiger une intention frauduleuse ou une intention délictueuse similaire pour que la responsabilité pénale soit engagée.

Article 8 – Fraude informatique

Chaque Partie adopte les mesures législatives et autres qui se révèlent nécessaires pour ériger en infraction pénale, conformément à son droit interne, le fait intentionnel et sans droit de causer un préjudice patrimonial à autrui:

a   par toute introduction, altération, effacement ou suppression de données informatiques;

b   par toute forme d'atteinte au fonctionnement d'un système informatique,

dans l'intention, frauduleuse ou délictueuse, d'obtenir sans droit un bénéfice économique pour soi-même ou pour autrui.

Titre 3 – Infractions se rapportant au contenu

Article 9 – Infractions se rapportant à la pornographie enfantine

1   Chaque Partie adopte les mesures législatives et autres qui se révèlent nécessaires pour ériger en infraction pénale, conformément à son droit interne, les comportements suivants lorsqu'ils sont commis intentionnellement et sans droit:

a   la production de pornographie enfantine en vue de sa diffusion par le biais d'un système informatique;

b   l'offre ou la mise à disposition de pornographie enfantine par le biais d'un système informatique;

c   la diffusion ou la transmission de pornographie enfantine par le biais d'un système informatique;

d   le fait de se procurer ou de procurer à autrui de la pornographie enfantine par le biais d'un système informatique;

e   la possession de pornographie enfantine dans un système informatique ou un moyen de stockage de données informatiques.

2   Aux fins du paragraphe 1 ci-dessus, le terme «pornographie enfantine» comprend toute matière pornographique représentant de manière visuelle:

a   un mineur se livrant à un comportement sexuellement explicite;

b   une personne qui apparaît comme un mineur se livrant à un comportement sexuellement explicite;

c   des images réalistes représentant un mineur se livrant à un comportement sexuellement explicite.

3   Aux fins du paragraphe 2 ci-dessus, le terme «mineur» désigne toute personne âgée de moins de 18 ans. Une Partie peut toutefois exiger une limite d'âge inférieure, qui doit être au minimum de 16 ans.

4   Une Partie peut se réserver le droit de ne pas appliquer, en tout ou en partie, les paragraphes 1, alinéas d et e, et 2, alinéas b et c.

*Titre 4 – Infractions liées aux atteintes à la propriété intellectuelle
et aux droits connexes*

Article 10 – Infractions liées aux atteintes à la propriété intellectuelle et aux droits connexes

1   Chaque Partie adopte les mesures législatives et autres qui se révèlent nécessaires pour ériger en infraction pénale, conformément à son droit interne, les atteintes à la propriété intellectuelle, définies par la législation de ladite Partie, conformément aux obligations que celle-ci a souscrites en application de l'Acte de Paris du 24 juillet 1971 portant révision de la Convention de Berne pour la protection des œuvres littéraires et artistiques, de l'Accord sur les aspects commerciaux des droits de propriété intellectuelle et du traité de l'OMPI sur la propriété intellectuelle, à l'exception de tout droit moral conféré par ces conventions, lorsque de tels actes sont commis délibérément, à une échelle commerciale et au moyen d'un système informatique.

2   Chaque Partie adopte les mesures législatives et autres qui se révèlent nécessaires pour ériger en infraction pénale, conformément à son droit interne, les atteintes aux droits connexes définis par la législation de ladite Partie, conformément aux obligations que cette dernière a souscrites en application de la Convention internationale pour la protection des artistes interprètes ou exécutants, des producteurs de phonogrammes et des organismes de radiodiffusion (Convention de Rome), de l'Accord relatif aux aspects commerciaux des droits de propriété intellectuelle et du Traité de l'OMPI sur les interprétations et exécutions, et les phonogrammes, à l'exception de tout droit moral conféré par ces conventions, lorsque de tels actes sont commis délibérément, à une échelle commerciale et au moyen d'un système informatique.

3   Une Partie peut, dans des circonstances bien délimitées, se réserver le droit de ne pas imposer de responsabilité pénale au titre des paragraphes 1 et 2 du présent article, à condition que d'autres recours efficaces soient disponibles et qu'une telle réserve ne porte pas atteinte aux obligations internationales incombant à cette Partie en application des instruments internationaux mentionnés aux paragraphes 1 et 2 du présent article.

Titre 5 – Autres formes de responsabilité et de sanctions

Article 11 –   Tentative et complicité

1   Chaque Partie adopte les mesures législatives et autres qui se révèlent nécessaires pour ériger en infraction pénale,

conformément à son droit interne, toute complicité lorsqu'elle est commise intentionnellement en vue de la perpétration d'une des infractions établies en application des articles 2 à 10 de la présente Convention, dans l'intention qu'une telle infraction soit commise.

2   Chaque Partie adopte les mesures législatives et autres qui se révèlent nécessaires pour ériger en infraction pénale, conformément à son droit interne, toute tentative intentionnelle de commettre l'une des infractions établies en application des articles 3 à 5, 7, 8, 9.1.a et c de la présente Convention.

3   Chaque Partie peut se réserver le droit de ne pas appliquer, en tout ou en partie, le paragraphe 2 du présent article.

Article 12 – Responsabilité des personnes morales

1   Chaque Partie adopte les mesures législatives et autres qui se révèlent nécessaires pour que les personnes morales puissent être tenues pour responsables des infractions établies en application de la présente Convention, lorsqu'elles sont commises pour leur compte par toute personne physique, agissant soit individuellement, soit en tant que membre d'un organe de la personne morale, qui exerce un pouvoir de direction en son sein, fondé:

a   sur un pouvoir de représentation de la personne morale;

b   sur une autorité pour prendre des décisions au nom de la personne morale;

c   sur une autorité pour exercer un contrôle au sein de la personne morale.

2   Outre les cas déjà prévus au paragraphe 1 du présent article, chaque Partie adopte les mesures qui se révèlent nécessaires pour s'assurer qu'une personne morale peut être tenue pour responsable lorsque l'absence de surveillance ou de contrôle de la part d'une personne physique mentionnée au paragraphe 1 a rendu possible la commission des infractions établies en application de la présence Convention pour le compte de ladite personne morale par une personne physique agissant sous son autorité.

3   Selon les principes juridiques de la Partie, la responsabilité d'une personne morale peut être pénale, civile ou administrative.

4   Cette responsabilité est établie sans préjudice de la responsabilité pénale des personnes physiques ayant commis l'infraction.

Article 13 – Sanctions et mesures

1 Chaque Partie adopte les mesures législatives et autres qui se révèlent nécessaires pour que les infractions pénales établies en application des articles 2 à 11 soient passibles de sanctions effectives, proportionnées et dissuasives, comprenant des peines privatives de liberté.

2 Chaque Partie veille à ce que les personnes morales tenues pour responsables en application de l'article 12 fassent l'objet de sanctions ou de mesures pénales ou non pénales effectives, proportionnées et dissuasives, comprenant des sanctions pécuniaires.

Section 2 – Droit procédural

Titre 1 – Dispositions communes

Article 14 – Portée d'application des mesures du droit de procédure

1 Chaque Partie adopte les mesures législatives et autres qui se révèlent nécessaires pour instaurer les pouvoirs et procédures prévus dans la présente section aux fins d'enquêtes ou de procédures pénales spécifiques.

2 Sauf disposition contraire figurant à l'article 21, chaque Partie applique les pouvoirs et procédures mentionnés dans le paragraphe 1 du présent article:

    a   aux infractions pénales établies conformément aux articles 2 à 11 de la présente Convention;

    b   à toutes les autres infractions pénales commises au moyen d'un système informatique; et

    c   à la collecte des preuves électroniques de toute infraction pénale.

3   a   Chaque Partie peut se réserver le droit de n'appliquer les mesures mentionnées à l'article 20 qu'aux infractions ou catégories d'infractions spécifiées dans la réserve, pour autant que l'éventail de ces infractions ou catégories d'infractions ne soit pas plus réduit que celui des infractions auxquelles elle applique les mesures mentionnées à l'article 21. Chaque Partie envisagera de limiter une telle réserve de manière à permettre l'application la plus large possible de la mesure mentionnée à l'article 20.

b   Lorsqu'une Partie, en raison des restrictions imposées par sa législation en vigueur au moment de l'adoption de la présente Convention, n'est pas en mesure d'appliquer les mesures visées aux articles 20 et 21 aux communications transmises dans un système informatique d'un fournisseur de services:

    i   qui est mis en œuvre pour le bénéfice d'un groupe d'utilisateurs fermé, et

    ii   qui n'emploie pas les réseaux publics de télécommunication et qui n'est pas connecté à un autre système informatique, qu'il soit public ou privé,

cette Partie peut réserver le droit de ne pas appliquer ces mesures à de telles communications. Chaque Partie envisagera de limiter une telle réserve de manière à permettre l'application la plus large possible de la mesure mentionnée aux articles 20 et 21.

Article 15 – Conditions et sauvegardes

1   Chaque Partie veille à ce que l'instauration, la mise en œuvre et l'application des pouvoirs et procédures prévus dans la présente section soient soumises aux conditions et sauvegardes prévues par son droit interne, qui doit assurer une protection adéquate des droits de l'homme et des libertés, en particulier des droits établis conformément aux obligations que celle-ci a souscrites en application de la Convention de sauvegarde des Droits de l'Homme et des Libertés fondamentales du Conseil de l'Europe (1950) et du Pacte international relatif aux droits civils et politiques des Nations Unies (1966), ou d'autres instruments internationaux applicables concernant les droits de l'homme, et qui doit intégrer le principe de la proportionnalité.

2   Lorsque cela est approprié, eu égard à la nature de la procédure ou du pouvoir concerné, ces conditions et sauvegardes incluent, entre autres, une supervision judiciaire ou d'autres formes de supervision indépendante, des motifs justifiant l'application ainsi que la limitation du champ d'application et de la durée du pouvoir ou de la procédure en question.

3   Dans la mesure où cela est conforme à l'intérêt public, en particulier à la bonne administration de la justice, chaque Partie examine l'effet des pouvoirs et procédures dans cette section sur les droits, responsabilités et intérêts légitimes des tiers.

Article 16 – Conservation rapide de données informatiques stockées

1   Chaque Partie adopte les mesures législatives et autres qui se révèlent nécessaires pour permettre à ses autorités compétentes d'ordonner ou d'imposer d'une autre manière la conservation rapide de données électroniques spécifiées, y compris des données relatives au trafic, stockées au moyen d'un système informatique, notamment lorsqu'il y a des raisons de penser que celles-ci sont particulièrement susceptibles de perte ou de modification.

2   Lorsqu'une Partie fait application du paragraphe 1 ci-dessus, au moyen d'une injonction ordonnant à une personne de conserver des données stockées spécifiées se trouvant en sa possession ou sous son contrôle, cette Partie adopte les mesures législatives et autres qui se révèlent nécessaires pour obliger cette personne à conserver et à protéger l'intégrité desdites données pendant une durée aussi longue que nécessaire, au maximum de quatre-vingt-dix jours, afin de permettre aux autorités compétentes d'obtenir leur divulgation. Une Partie peut prévoir qu'une telle injonction soit renouvelée par la suite.

3   Chaque Partie adopte les mesures législatives et autres qui se révèlent nécessaires pour obliger le gardien des données ou une autre personne chargée de conserver celles-ci à garder le secret sur la mise en œuvre desdites procédures pendant la durée prévue par son droit interne.

4   Les pouvoirs et procédures mentionnés dans le présent article doivent être soumis aux articles 14 et 15.

Article 17 – Conservation et divulgation partielle rapides de données relatives au trafic

1   Afin d'assurer la conservation des données relatives au trafic, en application de l'article 16, chaque Partie adopte les mesures législatives et autres qui se révèlent nécessaires:

   a   pour veiller à la conservation rapide de ces données relatives au trafic, qu'un seul ou plusieurs fournisseurs de services aient participé à la transmission de cette communication; et

   b   pour assurer la divulgation rapide à l'autorité compétente de la Partie, ou à une personne désignée par cette autorité, d'une quantité suffisante de données relatives au trafic pour permettre l'identification par la Partie des fournisseurs de services et de la voie par laquelle la communication a été transmise.

2   Les pouvoirs et procédures mentionnés dans le présent article doivent être soumis aux articles 14 et 15.

Titre 3 – Injonction de produire

Article 18 – Injonction de produire

1   Chaque Partie adopte les mesures législatives et autres qui se révèlent nécessaires pour habiliter ses autorités compétentes à ordonner:

   a   à une personne présente sur son territoire de communiquer les données informatiques spécifiées, en sa possession ou sous son contrôle, qui sont stockées dans un système informatique ou un support de stockage informatique; et

   b   à un fournisseur de services offrant des prestations sur le territoire de la Partie, de communiquer les données en sa possession ou sous son contrôle relatives aux abonnés et concernant de tels services.

2   Les pouvoirs et procédures mentionnés dans le présent article doivent être soumis aux articles 14 et 15.

3   Aux fins du présent article, l'expression «données relatives aux abonnés» désigne toute information, sous forme de données informatiques ou sous toute autre forme, détenue par un fournisseur de services et se rapportant aux abonnés de ses services, autres que des données relatives au trafic ou au contenu, et permettant d'établir:

   a   le type de service de communication utilisé, les dispositions techniques prises à cet égard et la période de service;

   b   l'identité, l'adresse postale ou géographique et le numéro de téléphone de l'abonné, et tout autre numéro d'accès, les données concernant la facturation et le paiement, disponibles sur la base d'un contrat ou d'un arrangement de services;

   c   toute autre information relative à l'endroit où se trouvent les équipements de communication, disponible sur la base d'un contrat ou d'un arrangement de services.

Titre 4 – Perquisition et saisie de données informatiques stockées

Article 19 – Perquisition et saisie de données informatiques stockées

1 Chaque Partie adopte les mesures législatives et autres qui se révèlent nécessaires pour habiliter ses autorités compétentes à perquisitionner ou à accéder d'une façon similaire:

   a à un système informatique ou à une partie de celui-ci ainsi qu'aux données informatiques qui y sont stockées; et

   b à un support du stockage informatique permettant de stocker des données informatiques

   sur son territoire.

2 Chaque Partie adopte les mesures législatives et autres qui se révèlent nécessaires pour veiller à ce que, lorsque ses autorités perquisitionnent ou accèdent d'une façon similaire à un système informatique spécifique ou à une partie de celui-ci, conformément au paragraphe 1.a, et ont des raisons de penser que les données recherchées sont stockées dans un autre système informatique ou dans une partie de celui-ci situé sur son territoire, et que ces données sont légalement accessibles à partir du système initial ou disponibles pour ce système initial, lesdites autorités soient en mesure d'étendre rapidement la perquisition ou l'accès d'une façon similaire à l'autre système.

3 Chaque Partie adopte les mesures législatives et autres qui se révèlent nécessaires pour habiliter ses autorités compétentes à saisir ou à obtenir d'une façon similaire les données informatiques pour lesquelles l'accès a été réalisé en application des paragraphes 1 ou 2. Ces mesures incluent les prérogatives suivantes:

   a saisir ou obtenir d'une façon similaire un système informatique ou une partie de celui-ci, ou un support de stockage informatique;

   b réaliser et conserver une copie de ces données informatiques;

   c préserver l'intégrité des données informatiques stockées pertinentes;

   d rendre inaccessibles ou enlever ces données informatiques du système informatique consulté.

4   Chaque Partie adopte les mesures législatives et autres qui se révèlent nécessaires pour habiliter ses autorités compétentes à ordonner à toute personne connaissant le fonctionnement du système informatique ou les mesures appliquées pour protéger les données informatiques qu'il contient de fournir toutes les informations raisonnablement nécessaires, pour permettre l'application des mesures visées par les paragraphes 1 et 2.

5   Les pouvoirs et procédures mentionnés dans cet article doivent être soumis aux articles 14 et 15.

Titre 5 – Collecte en temps réel de données informatiques

Article 20 – Collecte en temps réel des données relatives au trafic

1   Chaque Partie adopte les mesures législatives et autres qui se révèlent nécessaires pour habiliter ses autorités compétentes:

a   à collecter ou enregistrer par l'application de moyens techniques existant sur son territoire, et

b   à obliger un fournisseur de services, dans le cadre de ses capacités techniques existantes:

    i   à collecter ou à enregistrer par l'application de moyens techniques existant sur son territoire, ou

    ii   à prêter aux autorités compétentes son concours et son assistance pour collecter ou enregistrer,

en temps réel, les données relatives au trafic associées à des communications spécifiques transmises sur son territoire au moyen d'un système informatique.

2   Lorsqu'une Partie, en raison des principes établis de son ordre juridique interne, ne peut adopter les mesures énoncées au paragraphe 1.a, elle peut à la place, adopter les mesures législatives et autres qui se révèlent nécessaires pour assurer la collecte ou l'enregistrement en temps réel des données relatives au trafic associées à des communications spécifiques transmises sur son territoire par l'application de moyens techniques existant sur ce territoire.

3   Chaque Partie adopte les mesures législatives et autres qui se révèlent nécessaires pour obliger un fournisseur de services à garder secrets le fait que l'un quelconque des pouvoirs prévus dans le présent article a été exécuté ainsi que toute information à ce sujet.

4   Les pouvoirs et procédures mentionnés dans le présent article doivent être soumis aux articles 14 et 15.

Article 21 – Interception de données relatives au contenu

1   Chaque Partie adopte les mesures législatives et autres qui se révèlent nécessaires pour habiliter ses autorités compétentes en ce qui concerne un éventail d'infractions graves à définir en droit interne :

    a   à collecter ou à enregistrer par l'application de moyens techniques existant sur son territoire, et

    b   à obliger un fournisseur de services, dans le cadre de ses capacités techniques:

        i   à collecter ou à enregistrer par l'application de moyens techniques existant sur son territoire, ou

        ii   à prêter aux autorités compétentes son concours et son assistance pour collecter ou enregistrer,

        en temps réel, les données relatives au contenu de communications spécifiques sur son territoire, transmises au moyen d'un système informatique.

2   Lorsqu'une Partie, en raison des principes établis dans son ordre juridique interne, ne peut adopter les mesures énoncées au paragraphe 1.a, elle peut à la place adopter les mesures législatives et autres qui se révèlent nécessaires pour assurer la collecte ou l'enregistrement en temps réel des données relatives au contenu de communications spécifiques transmises sur son territoire par l'application de moyens techniques existant sur ce territoire.

3   Chaque Partie adopte les mesures législatives et autres qui se révèlent nécessaires pour obliger un fournisseur de services à garder secrets le fait que l'un quelconque des pouvoirs prévus dans le présent article a été exécuté, ainsi que toute information à ce sujet.

4   Les pouvoirs et procédures mentionnés dans le présent article doivent être soumis aux articles 14 et 15.

Section 3 – Compétence

Article 22 – Compétence

1   Chaque Partie adopte les mesures législatives et autres qui se révèlent nécessaires pour établir sa compétence à l'égard de toute infraction pénale établie conformément aux articles 2 à 11 de la présente Convention, lorsque l'infraction est commise:

   a   sur son territoire; ou

   b   à bord d'un navire battant pavillon de cette Partie; ou

   c   à bord d'un aéronef immatriculé selon les lois de cette Partie; ou

   d   par un de ses ressortissants, si l'infraction est punissable pénalement là où elle a été commise ou si l'infraction ne relève de la compétence territoriale d'aucun Etat.

2   Chaque Partie peut se réserver le droit de ne pas appliquer, ou de n'appliquer que dans des cas ou des conditions spécifiques, les règles de compétence définies aux paragraphes 1.b à 1.d du présent article ou dans une partie quelconque de ces paragraphes.

3   Chaque Partie adopte les mesures qui se révèlent nécessaires pour établir sa compétence à l'égard de toute infraction mentionnée à l'article 24, paragraphe 1, de la présente Convention, lorsque l'auteur présumé de l'infraction est présent sur son territoire et ne peut être extradé vers une autre Partie au seul titre de sa nationalité, après une demande d'extradition.

4   La présente Convention n'exclut aucune compétence pénale exercée par une Partie conformément à son droit interne.

5   Lorsque plusieurs Parties revendiquent une compétence à l'égard d'une infraction présumée visée dans la présente Convention, les Parties concernées se concertent, lorsque cela est opportun, afin de déterminer la mieux à même d'exercer les poursuites.

Chapitre III – Coopération internationale

Section 1 – Principes généraux

Titre 1 – Principes généraux relatifs à la coopération internationale

Article 23 – Principes généraux relatifs à la coopération internationale

Les Parties coopèrent les unes avec les autres, conformément aux dispositions du présent chapitre, en application des instruments internationaux pertinents sur la coopération internationale en matière pénale, des arrangements reposant sur des législations uniformes ou réciproques et de leur droit national, dans la mesure la plus large possible, aux fins d'investigations ou de procédures concernant les infractions pénales liées à des systèmes et des données informatiques ou pour recueillir les preuves, sous forme électronique, d'une infraction pénale.

Titre 2 – Principes relatifs à l'extradition

Article 24 – Extradition

1. a   Le présent article s'applique à l'extradition entre les Parties pour les infractions pénales définies conformément aux articles 2 à 11 de la présente Convention, à condition qu'elles soient punissables dans la législation des deux Parties concernées par une peine privative de liberté pour une période maximale d'au moins un an, ou par une peine plus sévère.

   b   Lorsqu'il est exigé une peine minimale différente, sur la base d'un traité d'extradition tel qu'applicable entre deux ou plusieurs parties, y compris la Convention européenne d'extradition (STE n° 24), ou d'un arrangement reposant sur des législations uniformes ou réciproques, la peine minimale prévue par ce traité ou cet arrangement s'applique.

2. Les infractions pénales décrites au paragraphe 1 du présent article sont considérées comme incluses en tant qu'infractions pouvant donner lieu à extradition dans tout traité d'extradition existant entre ou parmi les Parties. Les Parties s'engagent à inclure de telles infractions comme infractions pouvant donner lieu à extradition dans tout traité d'extradition pouvant être conclu entre ou parmi elles.

3. Lorsqu'une Partie conditionne l'extradition à l'existence d'un traité et reçoit une demande d'extradition d'une autre Partie avec laquelle elle n'a pas conclu de traité d'extradition, elle peut considérer la présente Convention comme fondement juridique

pour l'extradition au regard de toute infraction pénale mentionnée au paragraphe 1 du présent article.

4 Les Parties qui ne conditionnent pas l'extradition à l'existence d'un traité reconnaissent les infractions pénales mentionnées au paragraphe 1 du présent article comme des infractions pouvant donner lieu entre elles à l'extradition.

5 L'extradition est soumise aux conditions prévues par le droit interne de la Partie requise ou par les traités d'extradition en vigueur, y compris les motifs pour lesquels la Partie requise peut refuser l'extradition.

6 Si l'extradition pour une infraction pénale mentionnée au paragraphe 1 du présent article est refusée uniquement sur la base de la nationalité de la personne recherchée ou parce que la Partie requise s'estime compétente pour cette infraction, la Partie requise soumet l'affaire, à la demande de la Partie requérante, à ses autorités compétentes aux fins de poursuites, et rendra compte, en temps utile, de l'issue de l'affaire à la Partie requérante. Les autorités en question prendront leur décision et mèneront l'enquête et la procédure de la même manière que pour toute autre infraction de nature comparable, conformément à la législation de cette Partie.

7 a Chaque Partie communique au Secrétaire Général du Conseil de l'Europe, au moment de la signature ou du dépôt de son instrument de ratification, d'acceptation, d'approbation ou d'adhésion, le nom et l'adresse de chaque autorité responsable de l'envoi ou de la réception d'une demande d'extradition ou d'arrestation provisoire, en l'absence de traité.

b Le Secrétaire Général du Conseil de l'Europe établit et tient à jour un registre des autorités ainsi désignées par les Parties. Chaque Partie doit veiller en permanence à l'exactitude des données figurant dans le registre.

Titre 3 – Principes généraux relatifs à l'entraide

Article 25 – Principes généraux relatifs à l'entraide

1 Les Parties s'accordent l'entraide la plus large possible aux fins d'investigations ou de procédures concernant les infractions pénales liées à des systèmes et à des données informatiques, ou afin de recueillir les preuves sous forme électronique d'une infraction pénale.

2   Chaque Partie adopte également les mesures législatives et autres qui se révèlent nécessaires pour s'acquitter des obligations énoncées aux articles 27 à 35.

3   Chaque Partie peut, en cas d'urgence, formuler une demande d'entraide ou les communications s'y rapportant par des moyens rapides de communication, tels que la télécopie ou le courrier électronique, pour autant que ces moyens offrent des conditions suffisantes de sécurité et d'authentification (y compris, si nécessaire, le cryptage), avec confirmation officielle ultérieure si l'Etat requis l'exige. L'Etat requis accepte la demande et y répond par n'importe lequel de ces moyens rapides de communication.

4   Sauf disposition contraire expressément prévue dans les articles du présent chapitre, l'entraide est soumise aux conditions fixées par le droit interne de la Partie requise ou par les traités d'entraide applicables, y compris les motifs sur la base desquels la Partie requise peut refuser la coopération. La Partie requise ne doit pas exercer son droit de refuser l'entraide concernant les infractions visées aux articles 2 à 11 au seul motif que la demande porte sur une infraction qu'elle considère comme de nature fiscale.

5   Lorsque, conformément aux dispositions du présent chapitre, la Partie requise est autorisée à subordonner l'entraide à l'existence d'une double incrimination, cette condition sera considérée comme satisfaite si le comportement constituant l'infraction, pour laquelle l'entraide est requise, est qualifié d'infraction pénale par son droit interne, que le droit interne classe ou non l'infraction dans la même catégorie d'infractions ou qu'il la désigne ou non par la même terminologie que le droit de la Partie requérante.

Article 26 – Information spontanée

1   Une Partie peut, dans les limites de son droit interne et en l'absence de demande préalable, communiquer à une autre Partie des informations obtenues dans le cadre de ses propres enquêtes lorsqu'elle estime que cela pourrait aider la Partie destinataire à engager ou à mener à bien des enquêtes ou des procédures au sujet d'infractions pénales établies conformément à la présente Convention, ou lorsque ces informations pourraient aboutir à une demande de coopération formulée par cette Partie au titre du présent chapitre.

2   Avant de communiquer de telles informations, la Partie qui les fournit peut demander qu'elles restent confidentielles ou qu'elles ne soient utilisées qu'à certaines conditions. Si la Partie destinataire ne peut faire droit à cette demande, elle doit en informer l'autre Partie, qui devra alors déterminer si les informations en question devraient néanmoins être fournies. Si la

Partie destinataire accepte les informations aux conditions prescrites, elle sera liée par ces dernières.

Titre 4 – Procédures relatives aux demandes d'entraide en l'absence d'accords internationaux applicables

Article 27 – Procédures relatives aux demandes d'entraide en l'absence d'accords internationaux applicables

1 En l'absence de traité d'entraide ou d'arrangement reposant sur des législations uniformes ou réciproques en vigueur entre la Partie requérante et la Partie requise, les dispositions des paragraphes 2 à 9 du présent article s'appliquent. Elles ne s'appliquent pas lorsqu'un traité, un arrangement ou une législation de ce type existent, à moins que les Parties concernées ne décident d'appliquer à la place tout ou partie du reste de cet article.

2 a Chaque Partie désigne une ou plusieurs autorités centrales chargées d'envoyer les demandes d'entraide ou d'y répondre, de les exécuter ou de les transmettre aux autorités compétentes pour leur exécution;

   b Les autorités centrales communiquent directement les unes avec les autres;

   c Chaque Partie, au moment de la signature ou du dépôt de ses instruments de ratification, d'acceptation, d'approbation ou d'adhésion, communique au Secrétaire Général du Conseil de l'Europe les noms et adresses des autorités désignées en application du présent paragraphe;

   d Le Secrétaire Général du Conseil de l'Europe établit et tient à jour un registre des autorités centrales désignées par les Parties. Chaque Partie veille en permanence à l'exactitude des données figurant dans le registre.

3 Les demandes d'entraide sous le présent article sont exécutées conformément à la procédure spécifiée par la Partie requérante, sauf lorsqu'elle est incompatible avec la législation de la Partie requise.

4 Outre les conditions ou les motifs de refus prévus à l'article 25, paragraphe 4, l'entraide peut être refusée par la Partie requise:

   a si la demande porte sur une infraction que la Partie requise considère comme étant de nature politique ou liée à une infraction de nature politique; ou b   si la Partie requise estime que le fait d'accéder à la demande risquerait de porter atteinte à sa souveraineté, à sa sécurité, à son ordre public ou à d'autres intérêts essentiels.

5   La Partie requise peut surseoir à l'exécution de la demande si cela risquerait de porter préjudice à des enquêtes ou procédures conduites par ses autorités.

6   Avant de refuser ou de différer sa coopération, la Partie requise examine, après avoir le cas échéant consulté la Partie requérante, s'il peut être fait droit à la demande partiellement, ou sous réserve des conditions qu'elle juge nécessaires.

7   La Partie requise informe rapidement la Partie requérante de la suite qu'elle entend donner à la demande d'entraide. Elle doit motiver son éventuel refus d'y faire droit ou l'éventuel ajournement de la demande. La Partie requise informe également la Partie requérante de tout motif rendant l'exécution de l'entraide impossible ou étant susceptible de la retarder de manière significative.

8   La Partie requérante peut demander que la Partie requise garde confidentiels le fait et l'objet de toute demande formulée au titre du présent chapitre, sauf dans la mesure nécessaire à l'exécution de ladite demande. Si la Partie requise ne peut faire droit à cette demande de confidentialité, elle doit en informer rapidement la Partie requérante, qui devra alors déterminer si la demande doit néanmoins être exécutée.

9   a   En cas d'urgence, les autorités judiciaires de la Partie requérante peuvent adresser directement à leurs homologues de la Partie requise les demandes d'entraide ou les communications s'y rapportant. Dans un tel cas, copie est adressée simultanément aux autorités centrales de la Partie requise par le biais de l'autorité centrale de la Partie requérante.

     b   Toute demande ou communication formulée au titre du présent paragraphe peut l'être par l'intermédiaire de l'Organisation internationale de police criminelle (Interpol).

     c   Lorsqu'une demande a été formulée en application de l'alinéa a. du présent article et lorsque l'autorité n'est pas compétente pour la traiter, elle la transmet à l'autorité nationale compétente et en informe directement la Partie requérante.

     d   Les demandes ou communications effectuées en application du présent paragraphe qui ne supposent pas de mesure de coercition peuvent être directement transmises par les autorités compétentes de la Partie requérante aux autorités compétentes de la Partie requise.

e   Chaque Partie peut informer le Secrétaire Général du Conseil de l'Europe, au moment de la signature ou du dépôt de son instrument de ratification, d'acceptation, d'approbation ou d'adhésion, que, pour des raisons d'efficacité, les demandes faites sous ce paragraphe devront être adressées à son autorité centrale.

Article 28 – Confidentialité et restriction d'utilisation

1   En l'absence de traité d'entraide ou d'arrangement reposant sur des législations uniformes ou réciproques en vigueur entre la Partie requérante et la Partie requise, les dispositions du présent article s'appliquent. Elles ne s'appliquent pas lorsqu'un traité, un arrangement ou une législation de ce type existent, à moins que les Parties concernées ne décident d'appliquer à la place tout ou partie du présent article.

2   La Partie requise peut subordonner la communication d'informations ou de matériels en réponse à une demande:

a   à la condition que ceux-ci restent confidentiels lorsque la demande d'entraide ne pourrait être respectée en l'absence de cette condition; ou

b   à la condition qu'ils ne soient pas utilisés aux fins d'enquêtes ou de procédures autres que celles indiquées dans la demande.

3   Si la Partie requérante ne peut satisfaire à l'une des conditions énoncées au paragraphe 2, elle en informe rapidement la Partie requise, qui détermine alors si l'information doit néanmoins être fournie. Si la Partie requérante accepte cette condition, elle sera liée par celle-ci.

4   Toute Partie qui fournit des informations ou du matériel soumis à l'une des conditions énoncées au paragraphe 2 peut exiger de l'autre Partie qu'elle lui communique des précisions, en relation avec cette condition, quant à l'usage fait de ces informations ou de ce matériel.

Section 2 – Dispositions spécifiques

Titre 1 – Entraide en matière de mesures provisoires

Article 29 – Conservation rapide de données informatiques stockées

1   Une Partie peut demander à une autre Partie d'ordonner ou d'imposer d'une autre façon la conservation rapide de données stockées au moyen d'un système informatique se trouvant sur le territoire de cette autre Partie, et au sujet desquelles la Partie requérante a l'intention de soumettre une demande d'entraide en vue de la perquisition ou de l'accès par un moyen similaire, de la saisie ou de l'obtention par un moyen similaire, ou de la divulgation desdites données.

2   Une demande de conservation faite en application du paragraphe 1 doit préciser:

a   l'autorité qui demande la conservation;

b   l'infraction faisant l'objet de l'enquête ou de procédures pénales et un bref exposé des faits qui s'y rattachent;

c   les données informatiques stockées à conserver et la nature de leur lien avec l'infraction;

d   toutes les informations disponibles permettant d'identifier le gardien des données informatiques stockées ou l'emplacement du système informatique;

e   la nécessité de la mesure de conservation; et

f   le fait que la Partie entend soumettre une demande d'entraide en vue de la perquisition ou de l'accès par un moyen similaire, de la saisie ou de l'obtention par un moyen similaire, ou de la divulgation des données informatiques stockées.

3   Après avoir reçu la demande d'une autre Partie, la Partie requise doit prendre toutes les mesures appropriées afin de procéder sans délai à la conservation des données spécifiées, conformément à son droit interne. Pour pouvoir répondre à une telle demande, la double incrimination n'est pas requise comme condition préalable à la conservation.

4   Une Partie qui exige la double incrimination comme condition pour répondre à une demande d'entraide visant la perquisition ou l'accès similaire, la saisie ou l'obtention par un moyen similaire ou la divulgation des données stockées peut, pour des infractions

autres que celles établies conformément aux articles 2 à 11 de la présente Convention, se réserver le droit de refuser la demande de conservation au titre du présent article dans le cas où elle a des raisons de penser que, au moment de la divulgation, la condition de double incrimination ne pourra pas être remplie.

5   En outre, une demande de conservation peut être refusée uniquement:

    a   si la demande porte sur une infraction que la Partie requise considère comme étant de nature politique ou liée à une infraction de nature politique; ou

    b   si la Partie requise estime que le fait d'accéder à la demande risquerait de porter atteinte à sa souveraineté, à sa sécurité, à l'ordre public ou à d'autres intérêts essentiels.

6   Lorsque la Partie requise estime que la conservation simple ne suffira pas à garantir la disponibilité future des données, ou compromettra la confidentialité de l'enquête de la Partie requérante, ou nuira d'une autre façon à celle-ci, elle en informe rapidement la Partie requérante, qui décide alors s'il convient néanmoins d'exécuter la demande.

7   Toute conservation effectuée en réponse à une demande visée au paragraphe 1 sera valable pour une période d'au moins soixante jours afin de permettre à la Partie requérante de soumettre une demande en vue de la perquisition ou de l'accès par un moyen similaire, de la saisie ou de l'obtention par un moyen similaire, ou de la divulgation des données. Après la réception d'une telle demande, les données doivent continuer à être conservées en attendant l'adoption d'une décision concernant la demande.

Article 30 – Divulgation rapide de données conservées

1   Lorsque, en exécutant une demande de conservation de données relatives au trafic concernant une communication spécifique formulée en application de l'article 29, la Partie requise découvre qu'un fournisseur de services dans un autre Etat a participé à la transmission de cette communication, la Partie requise divulgue rapidement à la Partie requérante une quantité suffisante de données concernant le trafic, aux fins d'identifier ce fournisseur de services et la voie par laquelle la communication a été transmise.

2   La divulgation de données relatives au trafic en application du paragraphe 1 peut être refusée seulement:

a   si la demande porte sur une infraction que la Partie requise considère comme étant de nature politique ou liée à une infraction de nature politique; ou

b   si elle considère que le fait d'accéder à la demande risquerait de porter atteinte à sa souveraineté, à sa sécurité, à son ordre public ou à d'autres intérêts essentiels.

Titre 2 – Entraide concernant les pouvoirs d'investigation

Article 31 – Entraide concernant l'accès aux données stockées

1   Une Partie peut demander à une autre Partie de perquisitionner ou d'accéder de façon similaire, de saisir ou d'obtenir de façon similaire, de divulguer des données stockées au moyen d'un système informatique se trouvant sur le territoire de cette autre Partie, y compris les données conservées conformément à l'article 29.

2   La Partie requise satisfait à la demande en appliquant les instruments internationaux, les arrangements et les législations mentionnés à l'article 23, et en se conformant aux dispositions pertinentes du présent chapitre.

3   La demande doit être satisfaite aussi rapidement que possible dans les cas suivants:

a   il y a des raisons de penser que les données pertinentes sont particulièrement sensibles aux risques de perte ou de modification; ou

b   les instruments, arrangements et législations visés au paragraphe 2 prévoient une coopération rapide.

Article 32 – Accès transfrontière à des données stockées, avec consentement ou lorsqu'elles sont accessibles au public

Une Partie peut, sans l'autorisation d'une autre Partie :

a   accéder à des données informatiques stockées accessibles au public (source ouverte), quelle que soit la localisation géographique de ces données; ou

b   accéder à, ou recevoir au moyen d'un système informatique situé sur son territoire, des données informatiques stockées situées dans un autre Etat, si la Partie obtient le consentement légal et volontaire de la personne légalement autorisée à lui divulguer ces données au moyen de ce système informatique.

Article 33 – Entraide dans la collecte en temps réel de données relatives au trafic

1   Les Parties s'accordent l'entraide dans la collecte en temps réel de données relatives au trafic, associées à des communications spécifiées sur leur territoire, transmises au moyen d'un système informatique. Sous réserve des dispositions du paragraphe 2, cette entraide est régie par les conditions et les procédures prévues en droit interne.

2   Chaque Partie accorde cette entraide au moins à l'égard des infractions pénales pour lesquelles la collecte en temps réel de données concernant le trafic serait disponible dans une affaire analogue au niveau interne.

Article 34 – Entraide en matière d'interception de données relatives au contenu

Les Parties s'accordent l'entraide, dans la mesure permise par leurs traités et lois internes applicables, pour la collecte ou l'enregistrement en temps réel de données relatives au contenu de communications spécifiques transmises au moyen d'un système informatique.

Titre 3 – Réseau 24/7

Article 35 – Réseau 24/7

1   Chaque Partie désigne un point de contact joignable vingt-quatre heures sur vingt-quatre, sept jours sur sept, afin d'assurer une assistance immédiate pour des investigations concernant les infractions pénales liées à des systèmes et à des données informatiques, ou pour recueillir les preuves sous forme électronique d'une infraction pénale. Cette assistance englobera la facilitation, ou, si le droit et la pratique internes le permettent, l'application directe des mesures suivantes:

a   apport de conseils techniques;

b   conservation des données, conformément aux articles 29 et 30;

c   recueil de preuves, apport d'informations à caractère juridique, et localisation des suspects.

2   a   Le point de contact d'une Partie aura les moyens de correspondre avec le point de contact d'une autre Partie selon une procédure accélérée.

b   Si le point de contact désigné par une Partie ne dépend pas de l'autorité ou des autorités de cette Partie responsables de l'entraide internationale ou de l'extradition, le point de contact veillera à pouvoir agir en coordination avec cette ou ces autorités, selon une procédure accélérée.

3   Chaque Partie fera en sorte de disposer d'un personnel formé et équipé en vue de faciliter le fonctionnement du réseau.

Chapitre IV – Clauses finales

Article 36 – Signature et entrée en vigueur

1   La présente Convention est ouverte à la signature des Etats membres du Conseil de l'Europe et des Etats non membres qui ont participé à son élaboration.

2   La présente Convention est soumise à ratification, acceptation ou approbation. Les instruments de ratification, d'acceptation ou d'approbation sont déposés près le Secrétaire Général du Conseil de l'Europe.

3   La présente Convention entrera en vigueur le premier jour du mois qui suit l'expiration d'une période de trois mois après la date à laquelle cinq Etats, incluant au moins trois Etats membres du Conseil de l'Europe, auront exprimé leur consentement à être liés par la Convention, conformément aux dispositions des paragraphes 1 et 2.

4   Pour tout Etat signataire qui exprimera ultérieurement son consentement à être lié par la Convention, celle-ci entrera en vigueur le premier jour du mois qui suit l'expiration d'une période de trois mois après la date de l'expression de son consentement à être lié par la Convention, conformément aux dispositions des paragraphes 1 et 2.

Article 37 – Adhésion à la Convention

1   Après l'entrée en vigueur de la présente Convention, le Comité des Ministres du Conseil de l'Europe peut, après avoir consulté les Etats contractants à la Convention et en avoir obtenu l'assentiment unanime, inviter tout Etat non membre du Conseil, n'ayant pas participé à son élaboration, à adhérer à la présente Convention. La décision est prise à la majorité prévue à l'article 20.d du Statut du Conseil de l'Europe et à l'unanimité des représentants des Etats contractants ayant le droit de siéger au Comité des Ministres.

2   Pour tout Etat adhérent à la Convention, conformément au paragraphe 1 ci-dessus, la Convention entrera en vigueur le

premier jour du mois qui suit l'expiration d'une période de trois mois après la date de dépôt de l'instrument d'adhésion près le Secrétaire Général du Conseil de l'Europe.

Article 38 – Application territoriale

1   Tout Etat peut, au moment de la signature ou au moment du dépôt de son instrument de ratification, d'acceptation, d'approbation ou d'adhésion, désigner le ou les territoires auxquels s'appliquera la présente Convention.

2   Tout Etat peut, à tout autre moment par la suite, par déclaration adressée au Secrétaire Général du Conseil de l'Europe, étendre l'application de la présente Convention à tout autre territoire désigné dans la déclaration. La Convention entrera en vigueur à l'égard de ce territoire le premier jour du mois qui suit l'expiration d'une période de trois mois après la date de réception de la déclaration par le Secrétaire Général.

3   Toute déclaration faite en application des deux paragraphes précédents peut être retirée, en ce qui concerne tout territoire désigné dans cette déclaration, par notification adressée au Secrétaire Général du Conseil de l'Europe. Le retrait prendra effet le premier jour du mois qui suit l'expiration d'une période de trois mois après la date de réception de ladite notification par le Secrétaire Général.

Article 39 – Effets de la Convention

1   L'objet de la présente Convention est de compléter les traités ou les accords multilatéraux ou bilatéraux applicables existant entre les Parties, y compris les dispositions:

– de la Convention européenne d'extradition, ouverte à la signature le 13 décembre 1957, à Paris (STE n° 24);

– de la Convention européenne d'entraide judiciaire en matière pénale, ouverte à la signature le 20 avril 1959, à Strasbourg (STE n° 30);

– du Protocole additionnel à la Convention européenne d'entraide judiciaire en matière pénale, ouvert à la signature le 17 mars 1978, à Strasbourg (STE n° 99).

2   Si deux ou plusieurs Parties ont déjà conclu un accord ou un traité relatif aux matières traitées par la présente Convention, ou si elles ont autrement établi leurs relations sur ces sujets, ou si elles le feront à l'avenir, elles ont aussi la faculté d'appliquer ledit accord ou traité ou d'établir leurs relations en conséquence, au lieu de la

présente Convention. Toutefois, lorsque les Parties établiront leurs relations relatives aux matières faisant l'objet de la présente Convention d'une manière différente de celle y prévue, elles le feront d'une manière qui ne soit pas incompatible avec les objectifs et les principes de la Convention.

3   Rien dans la présente Convention n'affecte d'autres droits, restrictions, obligations et responsabilités d'une Partie.

Article 40 – Déclarations

Par déclaration écrite adressée au Secrétaire Général du Conseil de l'Europe, tout Etat peut, au moment de la signature ou du dépôt de son instrument de ratification, d'acceptation, d'approbation ou d'adhésion, déclarer qu'il se prévaut de la faculté d'exiger, le cas échéant, un ou plusieurs éléments supplémentaires tels que prévus aux articles 2, 3, 6, paragraphe 1.b, 7, 9, paragraphe 3, et 27, paragraphe 9.e.

Article 41 – Clause fédérale

1   Un Etat fédéral peut se réserver le droit d'honorer les obligations contenues dans le chapitre II de la présente Convention dans la mesure où celles-ci sont compatibles avec les principes fondamentaux qui gouvernent les relations entre son gouvernement central et les Etats constituants ou autres entités territoriales analogues, à condition qu'il soit en mesure de coopérer sur la base du chapitre III.

2   Lorsqu'il fait une réserve prévue au paragraphe 1, un Etat fédéral ne saurait faire usage des termes d'une telle réserve pour exclure ou diminuer de manière substantielle ses obligations en vertu du chapitre II. En tout état de cause, il se dote de moyens étendus et effectifs permettant la mise en œuvre des mesures prévues par ledit chapitre.

3   En ce qui concerne les dispositions de cette Convention dont l'application relève de la compétence législative de chacun des Etats constituants ou autres entités territoriales analogues, qui ne sont pas, en vertu du système constitutionnel de la fédération, tenus de prendre des mesures législatives, le gouvernement fédéral porte, avec son avis favorable, lesdites dispositions à la connaissance des autorités compétentes des Etats constituants, en les encourageant à adopter les mesures appropriées pour les mettre en œuvre.

Article 42 – Réserves

Par notification écrite adressée au Secrétaire Général du Conseil de l'Europe, tout Etat peut, au moment de la signature ou du dépôt de son instrument de ratification, d'acceptation, d'approbation ou d'adhésion, déclarer qu'il se prévaut de la ou les réserves prévues à l'article 4, paragraphe 2, à l'article 6, paragraphe 3, à l'article 9, paragraphe 4, à l'article 10, paragraphe 3, à l'article 11, paragraphe 3, à l'article 14, paragraphe 3, à l'article 22, paragraphe 2, à l'article 29, paragraphe 4, et à l'article 41, paragraphe 1. Aucune autre réserve ne peut être faite.

Article 43 – Statut et retrait des réserves

1   Une Partie qui a fait une réserve conformément à l'article 42 peut la retirer en totalité ou en partie par notification adressée au Secrétaire Général du Conseil de l'Europe. Ce retrait prend effet à la date de réception de ladite notification par le Secrétaire Général. Si la notification indique que le retrait d'une réserve doit prendre effet à une date précise, et si cette date est postérieure à celle à laquelle le Secrétaire Général reçoit la notification, le retrait prend effet à cette date ultérieure.

2   Une Partie qui a fait une réserve comme celles mentionnées à l'article 42 retire cette réserve, en totalité ou en partie, dès que les circonstances le permettent.

3   Le Secrétaire Général du Conseil de l'Europe peut périodiquement demander aux Parties ayant fait une ou plusieurs réserves comme celles mentionnées à l'article 42 des informations sur les perspectives de leur retrait.

Article 44 – Amendements

1   Des amendements à la présente Convention peuvent être proposés par chaque Partie, et sont communiqués par le Secrétaire Général du Conseil de l'Europe aux Etats membres du Conseil de l'Europe, aux Etats non membres ayant pris part à l'élaboration de la présente Convention, ainsi qu'à tout Etat y ayant adhéré ou ayant été invité à y adhérer, conformément aux dispositions de l'article 37.

2   Tout amendement proposé par une Partie est communiqué au Comité européen pour les problèmes criminels (CDPC), qui soumet au Comité des Ministres son avis sur ledit amendement.

3   Le Comité des Ministres examine l'amendement proposé et l'avis soumis par le CDPC et, après consultation avec les Etats non

membres parties à la présente Convention, peut adopter l'amendement.

4   Le texte de tout amendement adopté par le Comité des Ministres conformément au paragraphe 3 du présent article est communiqué aux Parties pour acceptation.

5   Tout amendement adopté conformément au paragraphe 3 du présent article entre en vigueur le trentième jour après que toutes les Parties ont informé le Secrétaire Général de leur acceptation.

Article 45 – Règlement des différends

1   Le Comité européen pour les problèmes criminels du Conseil de l'Europe (CDPC) est tenu informé de l'interprétation et de l'application de la présente Convention.

2   En cas de différend entre les Parties sur l'interprétation ou l'application de la présente Convention, les Parties s'efforceront de parvenir à un règlement du différend par la négociation ou par tout autre moyen pacifique de leur choix, y compris la soumission du différend au CDPC, à un tribunal arbitral qui prendra des décisions qui lieront les Parties au différend, ou à la Cour internationale de justice, selon un accord entre les Parties concernées.

Article 46 – Concertation des Parties

1   Les Parties se concertent périodiquement, au besoin, afin de faciliter:

a   l'usage et la mise en œuvre effectifs de la présente Convention, y compris l'identification de tout problème en la matière, ainsi que les effets de toute déclaration ou réserve faite conformément à la présente Convention;

b   l'échange d'informations sur les nouveautés juridiques, politiques ou techniques importantes observées dans le domaine de la criminalité informatique et la collecte de preuves sous forme électronique;

c   l'examen de l'éventualité de compléter ou d'amender la Convention.

2   Le Comité européen pour les problèmes criminels (CDPC) est tenu périodiquement au courant du résultat des concertations mentionnées au paragraphe 1.

3   Le CDPC facilite, au besoin, les concertations mentionnées au paragraphe 1 et adopte les mesures nécessaires pour aider les

Parties dans leurs efforts visant à compléter ou amender la Convention. Au plus tard à l'issue d'un délai de trois ans à compter de l'entrée en vigueur de la présente Convention, le CDPC procédera, en coopération avec les Parties, à un réexamen de l'ensemble des dispositions de la Convention et proposera, le cas échéant, les amendements appropriés.

4   Sauf lorsque le Conseil de l'Europe les prend en charge, les frais occasionnés par l'application des dispositions du paragraphe 1 sont supportés par les Parties, de la manière qu'elles déterminent.

5   Les Parties sont assistées par le Secrétariat du Conseil de l'Europe dans l'exercice de leurs fonctions découlant du présent article.

Article 47 – Dénonciation

1   Toute Partie peut, à tout moment, dénoncer la présente Convention par notification au Secrétaire Général du Conseil de l'Europe.

2   La dénonciation prendra effet le premier jour du mois qui suit l'expiration d'une période de trois mois après la date de réception de la notification par le Secrétaire Général.

Article 48 – Notification

Le Secrétaire Général du Conseil de l'Europe notifie aux Etats membres du Conseil de l'Europe, aux Etats non membres ayant pris part à l'élaboration de la présente Convention, ainsi qu'à tout Etat y ayant adhéré ou ayant été invité à y adhérer :

a   toute signature;

b   le dépôt de tout instrument de ratification, d'acceptation, d'approbation ou d'adhésion;

c   toute date d'entrée en vigueur de la présente Convention, conformément à ses articles 36 et 37;

d   toute déclaration faite en application de l'article 40 ou toute réserve faite en application de l'article 42;

e   tout autre acte, notification ou communication ayant trait à la présente Convention.

En foi de quoi, les soussignés, dûment autorisés à cet effet, ont signé la présente Convention.

Fait à Budapest, le 23 novembre 2001, en français et en anglais, les deux textes faisant également foi, en un seul exemplaire qui sera déposé dans les archives du Conseil de l'Europe. Le Secrétaire Général du Conseil de l'Europe en communiquera copie certifiée conforme à chacun des Etats membres du Conseil de l'Europe, aux Etats non membres qui ont participé à l'élaboration de la Convention et à tout Etat invité à y adhérer.

Protocole additionnel à la Convention sur la cybercriminalité, relatif à l'incrimination d'acte de nature raciste et xénophobe commis par le biais de systèmes informatiques [STE n° 189]

Les Etats membres du Conseil de l'Europe et les autres Etats parties à la Convention sur la cybercriminalité, ouverte à la signature à Budapest le 23 novembre 2001, signataires du présent Protocole ;

Considérant que le but du Conseil de l'Europe est de réaliser une union plus étroite entre ses membres ;

Rappelant que tous les êtres humains sont nés libres et égaux en dignité et en droits ;

Soulignant la nécessité de garantir une mise en œuvre exhaustive et efficace de tous les droits de l'homme sans distinction ni discrimination, tels qu'énoncés dans les instruments européens et autres instruments internationaux ;

Convaincus que des actes de nature raciste et xénophobe constituent une violation des droits de l'homme, ainsi qu'une menace pour l'Etat de droit et la stabilité démocratique ;

Considérant que le droit national et le droit international nécessitent de prévoir une réponse juridique adéquate à la propagande de nature raciste et xénophobe diffusée par le biais des systèmes informatiques ;

Conscients que la propagande de tels actes est souvent criminalisée par les législations nationales ;

Ayant égard à la Convention sur la cybercriminalité qui prévoit des moyens flexibles et modernes de coopération internationale, et convaincus de la nécessité d'harmoniser la lutte contre la propagande raciste et xénophobe ;

Conscients de ce que les systèmes informatiques offrent un moyen sans précédent de faciliter la liberté d'expression et de communication dans le monde entier ;

Reconnaissant que la liberté d'expression constitue l'un des principaux fondements d'une société démocratique, et qu'elle est l'une des conditions essentielles de son progrès et de l'épanouissement de chaque être humain ;

Préoccupés toutefois par le risque que ces systèmes informatiques soient utilisés à mauvais escient ou de manière abusive pour diffuser une propagande raciste et xénophobe ;

Convaincus de la nécessité d'assurer un bon équilibre entre la liberté d'expression et une lutte efficace contre les actes de nature raciste et xénophobe ;

Reconnaissant que ce Protocole ne porte pas atteinte aux principes établis dans le droit interne concernant la liberté d'expression ;

Tenant compte des instruments juridiques internationaux pertinents dans ce domaine, et en particulier de la Convention de sauvegarde des Droits de l'Homme et des Libertés fondamentales et de son Protocole n° 12 relatif à l'interdiction générale de la discrimination, des conventions existantes du Conseil de l'Europe sur la coopération en matière pénale, en particulier de la Convention sur la cybercriminalité et de la Convention internationale des Nations Unies du 21 décembre 1965 sur l'élimination de toutes les formes de discrimination raciale, l'Action commune du 15 juillet 1996 de l'Union européenne adoptée par le Conseil sur la base de l'article K.3 du traité sur l'Union européenne concernant l'action contre le racisme et la xénophobie ;

Se félicitant des récentes initiatives destinées à améliorer la compréhension et la coopération internationales aux fins de la lutte contre la cybercriminalité, ainsi que celle contre le racisme et la xénophobie ;

Prenant également en compte le Plan d'action adopté par les chefs d'Etat et de gouvernement du Conseil de l'Europe à l'occasion de leur 2e Sommet, tenu à Strasbourg les 10 et 11 octobre 1997, afin de chercher des réponses communes au développement des nouvelles technologies de l'information, fondées sur les normes et les valeurs du Conseil de l'Europe,

Sont convenus de ce qui suit :

Chapitre I – Dispositions communes

Article 1 – But

Le but du présent Protocole est de compléter, pour les Parties au Protocole, les dispositions de la Convention sur la cybercriminalité, ouverte à la signature à Budapest le 23 novembre 2001 (appelé ci-après « la Convention ») eu égard à l'incrimination des actes de nature raciste et xénophobe diffusés par le biais de systèmes informatiques.

Article 2 – Définition

1   Aux fins du présent Protocole, l'expression :

« matériel raciste et xénophobe » désigne tout matériel écrit, toute image ou toute autre représentation d'idées ou de théories qui préconise ou encourage la haine, la discrimination ou la violence, contre une personne ou un groupe de personnes, en raison de la race, de la couleur, de l'ascendance ou de l'origine nationale ou ethnique, ou de la religion, dans la mesure où cette dernière sert de prétexte à l'un ou l'autre de ces éléments, ou qui incite à de tels actes.

2   Les expressions et termes employés dans ce Protocole sont interprétés de la même manière qu'ils le sont dans la Convention.

Chapitre II – Mesures à prendre au niveau national

Article 3 – Diffusion de matériel raciste et xénophobe par le biais de systèmes informatiques

1   Chaque Partie adopte les mesures législatives et autres qui se révèlent nécessaires pour ériger en infractions pénales, dans son droit interne, lorsqu'ils sont commis intentionnellement et sans droit, les comportements suivants :
la diffusion ou les autres formes de mise à disposition du public, par le biais d'un système informatique, de matériel raciste et xénophobe.

2   Une Partie peut se réserver le droit de ne pas imposer de responsabilité pénale aux conduites prévues au paragraphe 1 du présent article lorsque le matériel, tel que défini à l'article 2, paragraphe 1, préconise, encourage ou incite à une discrimination qui n'est pas associée à la haine ou à la violence, à condition que d'autres recours efficaces soient disponibles.

3   Sans préjudice du paragraphe 2 du présent article, une Partie peut se réserver le droit de ne pas appliquer le paragraphe 1 aux cas de discrimination pour lesquels elle ne peut pas prévoir, à la lumière des principes établis dans son ordre juridique interne concernant la liberté d'expression, les recours efficaces prévus au paragraphe 2.

Article 4 – Menace avec une motivation raciste et xénophobe

Chaque Partie adopte les mesures législatives et autres qui se révèlent nécessaires pour ériger en infraction pénale, dans son droit interne, lorsqu'il est commis intentionnellement et sans droit, le comportement suivant :

la menace, par le biais d'un système informatique, de commettre une infraction pénale grave, telle que définie par le droit national, envers (i) une personne en raison de son appartenance à un groupe qui se caractérise par la race, la couleur, l'ascendance ou l'origine nationale ou ethnique, ou la religion dans la mesure où cette dernière sert de prétexte à l'un ou l'autre de ces éléments, ou (ii) un groupe de personnes qui se distingue par une de ces caractéristiques.

Article 5 – Insulte avec une motivation raciste et xénophobe

1   Chaque Partie adopte les mesures législatives et autres qui se révèlent nécessaires pour ériger en infraction pénale, dans son droit interne, lorsqu'il est commis intentionnellement et sans droit, le comportement suivant :
l'insulte en public, par le biais d'un système informatique, (i) d'une personne en raison de son appartenance à un groupe qui se caractérise par la race, la couleur, l'ascendance ou l'origine nationale ou ethnique, ou la religion dans la mesure où cette dernière sert de prétexte à l'un ou l'autre de ces éléments, ou (ii) d'un groupe de personnes qui se distingue par une de ces caractéristiques.

2   Une Partie peut :

a   soit exiger que l'infraction prévue au paragraphe 1 du présent article ait pour effet d'exposer la personne ou le groupe de personnes visées au paragraphe 1 à la haine, au mépris ou au ridicule ;

b   soit se réserver le droit de ne pas appliquer, en tout ou en partie, le paragraphe 1 du présent article.

Article 6 – Négation, minimisation grossière, approbation ou justification du génocide ou des crimes contre l'humanité

1   Chaque Partie adopte les mesures législatives qui se révèlent nécessaires pour ériger en infractions pénales, dans son droit interne, lorsqu'ils sont commis intentionnellement et sans droit, les comportements suivants :

la diffusion ou les autres formes de mise à disposition du public, par le biais d'un système informatique, de matériel qui nie, minimise de manière grossière, approuve ou justifie des actes constitutifs de génocide ou de crimes contre l'humanité, tels que définis par le droit international et reconnus comme tels par une décision finale et définitive du Tribunal militaire international, établi par l'accord de Londres du 8 août 1945, ou par tout autre tribunal international établi par des instruments internationaux pertinents et dont la juridiction a été reconnue par cette Partie.

2   Une Partie peut :

a   soit prévoir que la négation ou la minimisation grossière, prévues au paragraphe 1 du présent article, soient commises avec l'intention d'inciter à la haine, à la discrimination ou à la violence contre une personne ou un groupe de personnes, en raison de la race, de la couleur, de l'ascendance ou de l'origine nationale ou ethnique, ou de la religion, dans la mesure où cette dernière sert de prétexte à l'un ou l'autre de ces éléments ;

b   soit se réserver le droit de ne pas appliquer, en tout ou en partie, le paragraphe 1 du présent article.

Article 7 – Aide et complicité

Chaque Partie adopte les mesures législatives et autres qui se révèlent nécessaires pour ériger en infraction pénale, en vertu de son droit interne, lorsqu'il est commis intentionnellement et sans droit, le fait d'aider à perpétrer une infraction telle que définie dans ce Protocole, ou d'en être complice, avec l'intention qu'une telle infraction soit commise.

Chapitre III – Relations entre la Convention et ce Protocole

Article 8 – Relations entre la Convention et ce Protocole

1   Les articles 1, 12, 13, 22, 41, 44, 45 et 46 de la Convention s'appliquent, *mutatis mutandis*, à ce Protocole.

2   Les Parties étendent le champ d'application des mesures définies aux articles 14 à 21 et 23 à 35 de la Convention, aux articles 2 à 7 de ce Protocole.

Chapitre IV – Dispositions finales

Article 9 – Expression du consentement à être lié

1   Le présent Protocole est ouvert à la signature des Etats signataires de la Convention, qui peuvent exprimer leur consentement à être liés par :

a   la signature sans réserve de ratification, d'acceptation ou d'approbation ; ou b la signature sous réserve de ratification, d'acceptation ou d'approbation, suivie de ratification, d'acceptation ou d'approbation.

2 Un Etat ne peut signer le présent Protocole sans réserve de ratification, d'acceptation ou d'approbation ni déposer un instrument de ratification, d'acceptation ou d'approbation s'il n'a pas déjà déposé ou ne dépose pas simultanément un instrument de ratification, d'acceptation ou d'approbation de la Convention.

3 Les instruments de ratification, d'acceptation ou d'approbation sont déposés près le Secrétaire Général du Conseil de l'Europe.

Article 10 – Entrée en vigueur

1 Le présent Protocole entrera en vigueur le premier jour du mois qui suit l'expiration d'une période de trois mois après la date à laquelle cinq Etats auront exprimé leur consentement à être liés par le Protocole conformément aux dispositions de l'article 9.

2 Pour tout Etat qui exprimera ultérieurement son consentement à être lié par le Protocole, celui-ci entrera en vigueur le premier jour du mois qui suit l'expiration d'une période de trois mois après la date de sa signature sans réserve de ratification, d'acceptation ou d'approbation ou du dépôt de son instrument de ratification, d'acceptation ou d'approbation.

Article 11 – Adhésion

1 Après l'entrée en vigueur du présent Protocole, tout Etat qui a adhéré à la Convention pourra adhérer également au Protocole.

2 L'adhésion s'effectuera par le dépôt, près le Secrétaire Général du Conseil de l'Europe, d'un instrument d'adhésion qui prendra effet le premier jour du mois qui suit l'expiration d'une période de trois mois après la date de son dépôt.

Article 12 – Réserves et déclarations

1 Les réserves et les déclarations formulées par une Partie concernant une disposition de la Convention s'appliqueront également à ce Protocole, à moins que cette Partie n'exprime l'intention contraire au moment de la signature ou au moment du dépôt de son instrument de ratification, d'acceptation, d'approbation ou d'adhésion.

2 Par notification écrite adressée au Secrétaire Général du Conseil de l'Europe, toute Partie peut, au moment de la signature ou du dépôt de son instrument de ratification, d'acceptation,

d'approbation ou d'adhésion, déclarer qu'il se prévaut de la ou des réserves prévues aux articles 3, 5 et 6 du présent Protocole. Une Partie peut aussi formuler, par rapport aux dispositions de ce Protocole, les réserves prévues à l'article 22, paragraphe 2, et à l'article 41, paragraphe 1, de la Convention, sans préjudice de la mise en œuvre faite par cette Partie par rapport à la Convention. Aucune autre réserve ne peut être formulée.

3   Par notification écrite adressée au Secrétaire Général du Conseil de l'Europe, toute Partie peut, au moment de la signature ou du dépôt de son instrument de ratification, d'acceptation, d'approbation ou d'adhésion, déclarer qu'il se prévaut de la possibilité de prévoir des éléments additionnels, tels que prévus à l'article 5, paragraphe 2.a, et à l'article 6, paragraphe 2.a, de ce Protocole.

Article 13 – Statut et retrait des réserves

1   Une Partie qui a fait une réserve conformément à l'article 12 ci-dessus retire cette réserve, en totalité ou en partie, dès que les circonstances le permettent. Ce retrait prend effet à la date de réception d'une notification de retrait par le Secrétaire Général du Conseil de l'Europe. Si la notification indique que le retrait d'une réserve doit prendre effet à une date précise, et si cette date est postérieure à celle à laquelle le Secrétaire Général reçoit la notification, le retrait prend effet à cette date ultérieure.

2   Le Secrétaire Général du Conseil de l'Europe peut périodiquement demander aux Parties ayant fait une ou plusieurs réserves en application de l'article 12 des informations sur les perspectives de leur retrait.

Article 14 – Application territoriale

1   Toute Partie peut, au moment de la signature ou au moment du dépôt de son instrument de ratification, d'acceptation, d'approbation ou d'adhésion, désigner le ou les territoires auxquels s'appliquera le présent Protocole.

2   Toute Partie peut, à tout autre moment par la suite, par déclaration adressée au Secrétaire Général du Conseil de l'Europe, étendre l'application de ce Protocole à tout autre territoire désigné dans la déclaration. Le Protocole entrera en vigueur à l'égard de ce territoire le premier jour du mois qui suit l'expiration d'une période de trois mois après la date de réception de la déclaration par le Secrétaire Général.

3   Toute déclaration faite en application des deux paragraphes précédents peut être retirée, en ce qui concerne tout territoire désigné dans cette déclaration, par notification adressée au Secrétaire Général du Conseil de l'Europe. Le retrait prendra effet le premier jour du mois qui suit l'expiration d'une période de trois mois après la date de réception de ladite notification par le Secrétaire Général.

Article 15 – Dénonciation

1   Toute Partie peut, à tout moment, dénoncer le présent Protocole par notification au Secrétaire Général du Conseil de l'Europe.

2   La dénonciation prendra effet le premier jour du mois qui suit l'expiration d'une période de trois mois après la date de réception de la notification par le Secrétaire Général.

Article 16 – Notification

Le Secrétaire Général du Conseil de l'Europe notifiera aux Etats membres du Conseil de l'Europe, aux Etats non-membres ayant participé à l'élaboration du présent Protocole, ainsi qu'à tout Etat y ayant adhéré ou ayant été invité à y adhérer :

a   toute signature ;

b   le dépôt de tout instrument de ratification, d'acceptation, d'approbation ou d'adhésion ;

c   toute date d'entrée en vigueur du présent Protocole conformément à ses articles 9, 10 et 11 ;

d   tout autre acte, notification ou communication ayant trait au présent Protocole.

En foi de quoi, les soussignés, dûment autorisés à cet effet, ont signé le présent Protocole.

Fait à Strasbourg, le 28 janvier 2003, en français et en anglais, les deux textes faisant également foi, en un seul exemplaire qui sera déposé dans les archives du Conseil de l'Europe. Le Secrétaire Général du Conseil de l'Europe en communiquera copie certifiée conforme à chacun des Etats membres du Conseil de l'Europe, aux Etats non-membres ayant participé à l'élaboration du présent Protocole et à tout Etat invité à y adhérer.

Comité des Ministres

Résolution (74) 3 sur le terrorisme international

(adoptée par le Comité des Ministres le 24 janvier 1974, lors de sa 53ᵉ Session)

Le Comité des Ministres,

Considérant les recommandations de l'Assemblée Consultative relatives au terrorisme international et notamment la Recommandation 703 (1973) ;

Conscient de l'inquiétude croissante causée par la multiplication des actes de terrorisme international qui compromettent la sécurité des personnes ;

Souhaitant que des mesures efficaces soient prises pour que les auteurs de tels actes n'échappent pas à toute répression ;

Convaincu que l'extradition est un moyen particulièrement efficace de parvenir à ce résultat et que le mobile politique allégué par les auteurs de certains actes de terrorisme ne doit pas avoir pour résultat que ceux-ci ne soient ni extradés, ni punis,

Recommande aux gouvernements des Etats membres de s'inspirer des principes suivants :

1. Lorsqu'ils sont saisis d'une demande d'extradition concernant des infractions visées par les Conventions de La Haye pour la répression de la capture illicite d'aéronefs et de Montréal pour la répression d'actes illicites dirigés contre la sécurité de l'aviation civile, des infractions dirigées contre les agents diplomatiques et autres personnes ayant droit à une protection internationale, des prises d'otages, ou tout autre acte terroriste, ils devraient prendre en considération, lors de l'application des accords ou conventions internationaux en la matière, et spécialement de la Convention européenne d'extradition, ou lors de l'application de leur droit national, le caractère de particulière gravité de ces actes, entre autres :

— lorsque ceux-ci créent un danger collectif pour la vie, la liberté ou la sécurité humaine ;

— lorsqu'ils atteignent des personnes innocentes étrangères aux mobiles qui les ont inspirés ;

— lorsque des moyens cruels ou perfides sont utilisés pour leur réalisation.

2. S'il refuse l'extradition dans un cas ayant le caractère ci-dessus mentionné, et si ses règles de compétence juridictionnelle le permettent, le gouvernement de l'Etat requis devrait soumettre l'affaire aux autorités compétentes pour l'exercice de l'action pénale. Ces autorités devraient prendre leur décision dans les mêmes conditions que pour toute infraction de droit commun de caractère grave conformément aux lois de cet Etat.

3. Les gouvernements des Etats membres où une telle compétence juridictionnelle fait défaut devraient envisager la possibilité de l'instituer.

Déclaration sur le terrorisme (1978)

(adoptée par le Comité des Ministres le 23 novembre 1978, lors de sa 63e session)

Le Comité des Ministres du Conseil de l'Europe,

1. Ayant à l'esprit les récents développements d'actes de terrorisme dans certains Etats membres ;

2. Considérant que la prévention et la répression de tels actes sont indispensables pour assurer le maintien de la structure démocratique des Etats membres ;

3. Notant que la Convention européenne pour la répression du terrorisme est entrée en vigueur le 4 août 1978 ;

4. Considérant que cette convention représente une importante contribution dans la lutte contre le terrorisme ;

5. Convaincu qu'il est nécessaire d'étendre et de renforcer encore la coopération internationale dans ce domaine,

I. Réaffirme le rôle important du Conseil de l'Europe dans la lutte entreprise contre le terrorisme, en tant qu'Organisation regroupant des Etats démocratiques qui sont fondés sur le principe de la prééminence du droit et qui se sont engagés à protéger les droits de l'homme et les libertés fondamentales ;

II. Souligne l'importance des travaux en cours au Conseil de l'Europe en vue d'intensifier la coopération européenne dans le domaine de la lutte contre le terrorisme ;

III. Décide que dans la poursuite de ces travaux il sera accordé priorité à l'examen des questions suivantes :

a. les moyens tendant à simplifier et accélérer les pratiques existantes en matière de coopération internationale entre les autorités compétentes ;

b. les moyens d'améliorer et d'accélérer la communication d'informations à tout Etat intéressé concernant les circonstances dans lesquelles un acte de terrorisme a été commis, les mesures prises à l'égard de son auteur, le résultat de toute procédure judiciaire engagée contre lui et l'exécution de la peine prononcée ;

c. les problèmes résultant de la commission d'actes de terrorisme qui sont de la compétence de plusieurs Etats.

**Recommandation n° R (82) 1
concernant la coopération internationale en matière de poursuite et de
répression des actes de terrorisme**

*(adoptée par le Comité des Ministres le 15 janvier 1982, lors de la
342e réunion des Délégués des Ministres)*

Le Comité des Ministres, en vertu de l'article 15.*b* du Statut du Conseil de
l'Europe,

Considérant que le but du Conseil de l'Europe est de réaliser une union plus
étroite entre ses membres ;

Préoccupé par le nombre accru d'actes de terrorisme commis dans certains
Etats membres ;

Estimant que la prévention et la répression de tels actes sont indispensables
au maintien des institutions démocratiques des Etats membres ;

Eu égard aux initiatives[1] que le Conseil de l'Europe a entreprises par le
passé en vue de la répression du terrorisme qui constituent des
contributions importantes à la lutte contre cette menace à la société ;

Convaincu qu'il importe de développer et de renforcer encore la coopération
internationale en ce domaine ;

Souhaitant simplifier et accélérer les procédures actuelles de coopération
judiciaire internationale, améliorer les échanges d'informations entre les
autorités compétentes des Etats membres, spécialement entre pays
limitrophes, et faciliter la poursuite et la répression des actes de terrorisme ;

Eu égard à la collaboration et aux voies de communication existantes entre
les polices des Etats membres ;

---

1. En particulier :
-   Convention européenne d'extradition (1957) avec deux protocoles additionnels
    (1975 et 1978) ;
-   Convention européenne d'entraide judiciaire en matière pénale (1959) avec
    protocole additionnel (1978) ;
-   Convention européenne pour la répression du terrorisme (1977) ;
-   Résolution (74) 3 sur le terrorisme international adoptée par le Comité des
    Ministres lors de sa 53e Session (janvier 1974) ;
-   Déclaration sur le terrorisme adoptée par le Comité des Ministres lors de sa 63e
    Session (novembre 1978) ;
-   Communiqués du Comité des Ministres lors de ses 67e (octobre 1980), 68e (mai
    1991) et 69e (novembre 1981) Sessions ;
-   Recommandations 684 (1972), 703 (1973), 852 (1979) et 916 (1981) de
    l'Assemblée ;
-   Conférence sur la « Défense de la démocratie contre le terrorisme en Europe –
    Tâches et problèmes » (novembre 1980).

Rappelant la Déclaration sur le terrorisme adoptée par le Comité des Ministres le 23 novembre 1978 ;

Soulignant que toute mesure de coopération internationale doit être entièrement compatible avec la sauvegarde des droits de l'homme et plus particulièrement avec les principes énoncés dans la Convention de sauvegarde des Droits de l'Homme et des Libertés fondamentales signée à Rome le 4 novembre 1950,

Recommande aux gouvernements des Etats membres de faire appliquer, par les moyens les plus appropriés, les mesures suivantes destinées à améliorer la coopération internationale en matière de poursuite et de répression des actes terroristes dirigés contre la vie, l'intégrité corporelle ou la liberté des personnes, ou dirigés contre les biens lorsqu'ils créent un danger collectif pour les personnes, y compris, en conformité avec la législation des Etats, la tentative de tels actes, ou de menaces de tels actes, ou la participation à de tels actes en tant que coauteur ou complice (dénommés dans la présente recommandation « actes de terrorisme »).

I. *Voies de communication pour l'entraide judiciaire en matière pénale*

1. La transmission directe de demandes d'entraide judiciaire et de réponses entre les autorités concernées de l'Etat requérant et de l'Etat requis devrait être encouragée dans tous les cas où elle est admise par la loi de ces Etats ou par des traités qui lient lesdits Etats lorsqu'elle est susceptible d'accélérer l'entraide judiciaire.

2. Lorsqu'une telle transmission directe a été admise, les affaires comportant des actes de terrorisme devraient pouvoir bénéficier de la procédure d'urgence prévue à l'article 15.2 de la Convention européenne d'entraide judiciaire en matière pénale ou de la même procédure prévue par d'autres traités en vigueur entre les Etats membres ou par la législation de ces Etats, de sorte que les commissions rogatoires puissent être directement adressées par l'autorité concernée de l'Etat requérant à l'autorité concernée de l'Etat requis, étant entendu que l'Etat requis peut exiger qu'une copie soit communiquée en même temps à son ministère de la Justice ou tout autre ministère compétent.

3. Lorsque les demandes d'entraide et les réponses qui y sont apportées peuvent être communiquées directement entre les autorités concernées de l'Etat requérant et de l'Etat requis, leur transmission devrait être effectuée aussi rapidement que possible, soit par l'intermédiaire des Bureaux centraux nationaux d'Interpol, dans la mesure où le Statut d'Interpol ne s'y oppose pas, soit par toute autre voie existante.

4. Lorsque la communication s'effectue entre les ministères de la Justice ou entre d'autres ministères compétents, l'autorité concernée de l'Etat requérant devrait être autorisée à adresser directement une copie de la

demande à l'autorité concernée de l'Etat requis. Cette copie devrait être transmise avec l'indication qu'elle ne peut servir qu'à permettre à l'autorité concernée de l'Etat requis de se préparer à l'exécution de la demande.

II. *Echange d'informations*

5. Les échanges d'informations entre Etats membres devraient être améliorés et renforcés. A cette fin, les autorités compétentes devraient, pour autant que la loi interne ne s'y oppose pas, avoir la possibilité de fournir, de leur propre initiative, des informations en leur possession portant, notamment, sur :

i. les mesures relatives à la poursuite de l'auteur présumé (par exemple, arrestation, inculpation) ;

ii. l'issue de toute procédure judiciaire ou administrative (par exemple, condamnation, décision d'extradition) ;

iii. l'exécution de la peine éventuellement prononcée (y compris la grâce et la libération conditionnelle) ;

iv. toute autre information pertinente relative au déplacement de la personne concernée (par exemple expulsion, évasion, exécution d'une décision d'extradition)

aux autorités de tout Etat membre concerné, par exemple l'Etat où a été commis l'acte de terrorisme, l'Etat qui a compétence pour connaître de l'infraction, l'Etat dont l'auteur de l'infraction est ressortissant, l'Etat où l'auteur de l'infraction a sa résidence habituelle, et tout autre Etat qui pourrait avoir un intérêt à recevoir l'élément d'information en question.

6. Cet échange d'informations devrait s'effectuer avec toute la diligence requise, soit par l'intermédiaire des Bureaux centraux nationaux d'Interpol, dans la mesure où le Statut d'Interpol ne s'y oppose pas, soit par toute autre voie existante.

III. *Poursuite et jugement des infractions ayant un caractère international*

7. Lorsqu'un ou plusieurs actes de terrorisme ont été commis sur le territoire de deux ou plusieurs Etats membres et qu'il y a connexité entre eux, les Etats membres concernés devraient examiner la possibilité de voir se dérouler la poursuite et le procès dans un seul Etat. A cette fin, ces Etats devraient s'entendre sur l'Etat compétent, conformément aux traités internationaux en vigueur et à leur droit interne. La même facilité devrait s'appliquer, si possible, lorsqu'un ou plusieurs actes de terrorisme à caractère international ont été commis sur le territoire d'un seul Etat par plusieurs personnes ayant agi de concert et qui ont été appréhendées dans des Etats différents. En recherchant une telle entente quant à l'Etat compétent, les Etats intéressés devraient, en vue d'assurer que la poursuite

et le procès aient lieu dans l'Etat le mieux placé pour connaître de l'affaire, tenir compte du nombre des infractions commises dans chaque Etat, de la gravité de ces infractions, des preuves disponibles, de la situation personnelle de l'auteur présumé, notamment sa nationalité et sa résidence habituelle et des possibilités de réinsertion sociale.

Exposé des motifs

Introduction

1. Dans le cadre des initiatives entreprises par le Conseil de l'Europe dans le domaine de la lutte contre le terrorisme, le «Comité d'experts chargé d'examiner les problèmes posés par certaines nouvelles formes d'actes de violence concertés», qui avait préparé la Convention européenne pour la répression du terrorisme, a poursuivi l'examen d'autres mesures visant à faciliter la coopération internationale en matière de poursuite et de répression du terrorisme, conformément à un nouveau mandat que le Comité des Ministres lui avait assigné en novembre 1977 sur proposition du Comité européen pour les problèmes criminels (CDPC).

2. La Recommandation n° R (82) 1 relative à la coopération internationale en matière de poursuite et de répression des actes de terrorisme est l'aboutissement de ces travaux. Le texte en a été établi au cours des 5e à 9e réunions du comité d'experts, tenues respectivement du 5 au 8 juin 1978, du 11 au 13 décembre 1978, du 19 au 22 juin 1979, du 23 au 26 juin 1980 et du 10 au 13 février 1981, sous la présidence de M. R. Linke (Autriche). Le projet de Recommandation a été approuvé par le Comité européen pour les problèmes criminels (CDPC) à sa 30e Session plénière en mars 1981, révisé, à la demande du Comité des Ministres, lors de la 10e réunion du comité d'experts du 20 au 23 octobre 1981 et adopté par le Comité des Ministres à la 342e réunion de ses Délégués le 15 janvier 1982.

Considérations générales

3. L'une des caractéristiques des actes de terrorisme est qu'ils revêtent de plus en plus un caractère international, leurs auteurs préparant souvent leurs actes sur le territoire d'un Etat autre que celui où ils sont perpétrés ou se réfugiant et étant arrêtés en dehors des frontières de l'Etat où les actes ont été commis. Aussi la coopération internationale en matière de poursuite et de répression de tels actes est-elle essentielle à une lutte efficace contre le terrorisme. La Convention européenne pour la répression du terrorisme représente une contribution d'une importance capitale à la lutte contre le terrorisme comme moyen de coopération internationale en matière de poursuite et de répression de tels actes.

4. La Recommandation vise à atteindre cet objectif en fixant un certain nombre de mesures qui contribueront, si les gouvernements des Etats membres y souscrivent, à développer et renforcer la coopération internationale en la matière, en attendant la ratification de la Convention européenne pour la répression du terrorisme par l'ensemble des Etats membres. Le texte concerne les trois domaines de coopération que le Comité des Ministres avait indiqués comme prioritaires dans une Déclaration sur le terrorisme adoptée le 23 novembre 1978:

i. les moyens tendant à simplifier et accélérer les pratiques existantes en matière d'entraide judiciaire (chapitre I);

ii. les moyens d'améliorer et d'accélérer l'échange d'informations pertinentes entre les autorités compétentes des Etats membres (chapitre II);

iii. les moyens de coordonner poursuite et jugement des infractions terroristes à caractère international (chapitre III).

5. A plusieurs égards, la Recommandation a un caractère complémentaire par rapport à la Convention européenne d'entraide judiciaire en matière pénale; elle s'inspire dans une large mesure des règles contenues dans cette convention.

6. Les mesures de coopération internationale que propose la Recommandation ont pour but de renforcer la protection des droits de l'homme que les Etats membres du Conseil de l'Europe se sont engagés à assurer. En proposant des moyens d'améliorer la coopération internationale en matière de poursuite et de répression du terrorisme, la Recommandation cherche à contribuer à la lutte contre le terrorisme, forme de criminalité qui souvent s'accompagne d'un mépris particulièrement brutal pour les droits des victimes, réelles ou potentielles. Par ailleurs, en rédigeant les différentes recommandations, le comité d'experts a soigneusement pesé leurs incidences éventuelles sur les droits de l'accusé, en matière de procédure notamment − convaincu que la lutte contre le terrorisme peut être plus efficace si les mesures antiterroristes sont pleinement conformes aux exigences de protection des droits de l'homme inscrites dans la Convention européenne des Droits de l'Homme. A cet égard, le comité a pris acte de la Recommandation 852 de l'Assemblée parlementaire relative au terrorisme en Europe, qui souligne, en son paragraphe 8, «que les stratégies antiterroristes, si elles sont vitales pour la préservation des institutions démocratiques, doivent aussi être compatibles avec celles-ci, et toujours respecter les constitutions nationales et la Convention européenne des Droits de l'Homme». Le comité, souscrivant pleinement à cette affirmation, s'est assuré que ses propres recommandations s'y conforment bien en examinant la jurisprudence y afférente de la Commission européenne des Droits de l'Homme. Pour souligner l'importance primordiale de cette considération, les rédacteurs y ont fait référence dans le préambule.

7. En ce qui concerne son champ d'application, la Recommandation ne définit pas la catégorie d'infractions auxquelles s'appliquent les différentes mesures de coopération internationale améliorée, et elle ne contient pas non plus une liste des infractions qu'elle considère comme des actes de terrorisme. La Recommandation se réfère simplement aux «actes terroristes dirigés contre la vie, l'intégrité corporelle ou la liberté des personnes, ou dirigés contre les biens lorsqu'ils créent un danger collectif pour les personnes, y compris, en conformité avec la législation des Etats, la tentative de tels actes, ou de menaces de tels actes, ou la participation à de tels actes en tant que coauteur ou complice».

8. Pour déterminer si la coopération policière internationale avait besoin d'être améliorée, le comité d'experts, assisté d'un observateur de l'Organisation internationale de police criminelle (Interpol), a examiné les pratiques actuelles de coopération entre les polices des Etats membres et en a conclu que la coopération policière internationale, par Interpol notamment, était satisfaisante.

Le but de la Recommandation n'est donc pas d'améliorer la coopération policière internationale en tant que telle. Cependant, dans certains Etats membres, la police agit comme autorité responsable de la poursuite des auteurs des actes de terrorisme. En ce qui concerne ces pays, les recommandations figurant au chapitre II peuvent être applicables à la police.

En outre, les recommandations 1.3 et 11.6 font référence aux voies de communication d'Interpol.

9. La Recommandation se borne à proposer un certain nombre de mesures qui pourraient renforcer, améliorer et faciliter la coopération internationale entre Etats membres. Elle n'indique pas comment les mettre en œuvre au niveau national car c'est à chaque gouvernement qu'il appartient de décider des moyens que, compte tenu de son ordre juridique interne, il juge les mieux indiqués pour appliquer les différentes recommandations.

Commentaires sur les recommandations

I. Voies de communication pour l'entraide judiciaire en matière pénale

10. Le chapitre I concerne le premier objectif de la Recommandation qui est de simplifier et d'accélérer les pratiques existantes en matière de coopération judiciaire internationale. Améliorer les voies de communication est l'un des meilleurs moyens d'atteindre cet objectif.

11. Les recommandations figurant au chapitre I s'inscrivent en harmonie avec la Convention européenne d'entraide judiciaire en matière pénale. Toutefois, elles visent en général toutes les communications qu'effectuent les autorités des Etats membres pour s'entraider dans des affaires impliquant des terroristes, indépendamment du point de savoir si l'Etat concerné est partie à cette convention. L'objectif général des mesures proposées au chapitre I n'est pas de modifier les dispositions de la Convention d'entraide judiciaire quant aux voies de communication (objectif qui, au demeurant, ne pourrait pas être atteint par une Recommandation), mais d'inciter à utiliser des voies plus rapides – à savoir la transmission directe de demandes et de réponses entre autorités concernées – dans tous les cas où des traités ou le droit interne le permettent.

12. La transmission rapide des demandes d'entraide et des réponses revêt une importance primordiale, et ceci pour deux raisons: premièrement, en permettant que les auteurs d'actes terroristes sont rapidement traduits en justice, elle contribue à lutter efficacement contre le terrorisme; deuxièmement, elle aide à accélérer la procédure d'assistance et à permettre aux instances judiciaires de juger le terroriste «dans un délai raisonnable», conformément à l'article 6.1 de la Convention européenne des Droits de l'Homme.

13. C'est pourquoi la recommandation 1.1 incite les autorités concernées à communiquer directement pour demander l'entraide et y répondre. Elle y met cependant une double condition: il faut que la communication directe soit autorisée (par la législation interne ou par un traité international auquel l'Etat concerné est partie), et qu'elle soit censée accélérer l'entraide judiciaire. Cette dernière condition traduit une divergence d'opinions au sein du comité d'experts: si la majorité estime que la communication directe entre autorités concernées conduit généralement à une transmission rapide des demandes et des réponses, d'autres experts contestent que le principe de la communication directe puisse être appliqué de manière générale, sans tenir compte des circonstances particulières à l'espèce et sans prendre dûment en considération l'organisation interne et les règles de procédure de l'Etat concerné: hormis les cas véritablement urgents, il peut y avoir de bonnes raisons e ne pas exclure des voies de communication le ministère compétent: Justice ou Affaires étrangères. En effet, indépendamment de la qualification de «politique» ou «non politique» pour les besoins de l'entraide, les affaires impliquant des infractions terroristes posent souvent des questions délicates d'ordre politique. Par ailleurs, les ministères ont une grande expérience pratique de la communication des demandes d'entraide, notamment pour ce qui est de vérifier si les conditions formelles sont bien remplies ou de fournir des traductions. C'est précisément pour ces raisons, souligne-t-on, que plusieurs Etats parties à la Convention d'entraide judiciaire ont estimé nécessaire d'exclure l'usage des voies de transmission directe, même lorsque la convention les autorise.

14. La recommandation 1.1 tient compte de ces considérations. Elle reflète l'opinion qu'en règle générale les Etats devraient être encouragés à utiliser les voies de communication directe entre autorités concernées car cela simplifie et accélère les pratiques actuelles. Cependant, elle reconnaît qu'il peut y avoir de bonnes raisons de ne pas appliquer toujours cette règle générale: pour cette raison la recommandation vaut sous réserve que la communication directe entre autorités concernées accélère la procédure d'entraide.

I.2

15. La recommandation 1.2 traite de la transmission des commissions rogatoires. Poursuivant l'objectif général de la Recommandation, à savoir

accélérer les pratiques d'entraide judiciaire, elle cherche à activer la transmission des commissions rogatoires dans les affaires comportant des actes de terrorisme. Pour ce faire, elle invite les Etats membres à traiter ces affaires selon une procédure d'urgence et permet à l'autorité requérante d'adresser directement les commissions rogatoires à l'autorité requise.

16. La recommandation s'inspire des dispositions de l'article 15.2 de la Convention européenne d'entraide judiciaire en matière pénale. En invitant les Etats à traiter comme urgentes les affaires comportant des actes de terrorisme, la recommandation encourage les Etats parties à cette convention à appliquer son article 15.2 et les Etats qui ne sont pas parties à la convention à adopter une procédure d'urgence analogue, pour que les commissions rogatoires puissent faire l'objet d'une communication directe entre les autorités concernées.

I.3

17. Si l'on veut que l'entraide contribue efficacement à la poursuite des auteurs d'actes de terrorisme, il ne suffit pas que les autorités concernées puissent communiquer directement entre elles; il est tout aussi important que ces communications soient rapides. Aussi la recommandation 1.3 souligne-t-elle l'importance de transmettre rapidement demandes d'entraide et réponses.

18. Le texte mentionne l'utilisation du réseau d'Interpol comme l'un des moyens d'atteindre ce but, notamment lorsqu'il s'agit des demandes d'entraide pénale concernant des actes visés par la Recommandation et provenant d'autres Etats membres du Conseil de l'Europe. Cela reflète l'opinion du comité d'experts que, du point de vue de la rapidité de la communication, la transmission par l'intermédiaire des Bureaux centraux nationaux d'Interpol serait, en règle générale, préférable à d'autres voies de communication, la voie diplomatique par exemple.

Interpol est déjà associée à la mise en œuvre d'accords de coopération internationale, par exemple en vertu de l'article 16 de la Convention européenne d'extradition et de l'article 15 de la Convention européenne d'entraide judiciaire en matière pénale. Il se peut toutefois qu'en matière d'actes de terrorisme, l'intervention d'Interpol soit limitée par l'article 3 de son statut. En effet, si cette disposition n'évoque pas expressément le «terrorisme», elle peut influer sur la possibilité pour Interpol de s'associer aux types de mesures que préconise la recommandation car elle lui interdit d'agir dans les cas d'infractions à caractère politique. C'est pourquoi l'utilisation de la voie Interpol préconisée par la recommandation est-elle assortie de la réserve «dans la mesure où le statut d'Interpol ne s'y oppose pas». Cependant, il convient de considérer l'article 3 du statut d'Interpol à la lumière d'une résolution adoptée en 1951 par son Assemblée générale et limitant la portée de l'article 3, en ce qui concerne les infractions à caractère politique, aux infractions présentant un caractère politique prédominant, ainsi qu'à la lumière de la pratique suivie par Interpol, y compris les Bureaux centraux nationaux, conformément à cette résolution.

I.4

19. La recommandation 1.4 concerne les cas où les demandes d'entraide, ou leur réponse, ou les deux à la fois, ne peuvent pas être transmises directement entre autorités concernées mais doivent passer par le ministère de la Justice ou tout autre ministère compétent. Pour accélérer l'entraide en pareil cas, et notamment pour permettre à l'autorité requise de prendre les dispositions préalables nécessaires à l'exécution de la demande, le texte recommande d'autoriser l'autorité requérante à adresser directement une copie de la demande à l'autorité requise. La procédure a pour but d'informer l'autorité requise qu'une demande est en cours. Pour éviter des malentendus sur le caractère de cette copie, l'autorité requise doit être informée que cette transmission vise uniquement à lui permettre de se préparer à l'exécution de la demande. L'autorité requise ne doit pas traiter cette copie reçue à l'avance comme s'il s'agissait de l'original. Si le ministère concerné de l'Etat requérant ne transmet pas la demande, l'autorité requise ne doit pas l'exécuter.

II. Echange d'informations

20. Le chapitre II traite des moyens d'améliorer, pour autant que la loi interne ne s'y oppose pas, les échanges internationaux d'informations sur les auteurs, ou présumés tels, d'infractions terroristes. Il s'applique aux informations relatives, notamment, aux poursuites, aux procédures judiciaires ou administratives, à l'exécution des peines et aux déplacements de l'intéressé. Le but des mesures que préconise cette partie de la Recommandation est de pallier l'inconvénient auquel" se heurte la coopération internationale dans la lutte antiterroriste: les autorités
chargées de poursuivre et de châtier les auteurs d'actes terroristes ignorent souvent les procédures et mesures instituées dans d'autres pays; pourtant, ces renseignements les intéressent directement et peuvent servir à leur propre enquête ou avoir leur importance en liaison avec les mesures qu'elles-mêmes ont prises, ou peuvent souhaiter prendre à l'égard de l'auteur ou présumé tel. Le but principal de cette transmission d'informations à une autorité étrangère est de permettre à celle-ci d'adresser une demande d'entraide au service qui a fourni l'information en question. L'échange d'informations recommandé au chapitre II facilitera en conséquence l'entraide et accroîtra l'efficacité de la lutte antiterroriste.

21. Le texte s'inspire des dispositions de l'article 11 de la Convention de La Haye pour la répression de la capture illicite d'aéronefs (16 décembre 1970) et de l'article 13 de la Convention de Montréal pour la répression d'actes illicites contre la sécurité de l'aviation civile (23 septembre 1971). Cependant, contrairement à ces instruments forgés par l'Organisation de l'aviation civile internationale, le chapitre II de la Recommandation

n'envisage pas la création d'un centre d'information mais prévoit un échange direct d'informations entre les autorités compétentes des Etats membres.

22. L'expression «autorité compétente» n'est pas définie dans la Recommandation. Il appartient à chaque Etat membre de déterminer les autorités qui sont «autorités compétentes» aux fins de l'échange d'informations recommandé.

II.5

23. Tel que le conçoit la recommandation 11.5, l'échange d'informations s'effectue suivant les trois modalités suivantes:

– L'autorité compétente fournit le renseignement de son propre chef, c'est-à-dire sans avoir été saisie par l'autorité étrangère à laquelle est destiné le renseignement.

– Le renseignement ne peut être fourni que dans la mesure où cela n'est pas contraire à la législation interne (concernant par exemple la protection des données personnelles).

– L'autorité compétente qui retient le renseignement a toute latitude pour décider s'il lui faut transmettre tel ou tel élément d'information à une autorité située dans un autre Etat, ainsi que pour déterminer à quelle autorité étrangère le renseignement doit être fourni.

24. Cette faculté dont jouit l'autorité compétente pour choisir l'autorité destinataire découle du libellé de la recommandation 11.5 («l'autorité de tout Etat membre concerné»). Cette notion n'est qu'indirectement définie dans la dernière partie de la phrase: un «Etat membre concerné» est tout Etat qui pourrait avoir un intérêt à recevoir l'élément d'information en question. A titre indicatif pour l'autorité qui informe, le texte énumère un certain nombre d'Etats susceptibles d'être «concernés», autrement dit qui ont un intérêt à recevoir le renseignement, notamment l'Etat qui a compétence pour connaître de l'infraction, celui dont l'auteur de l'infraction est ressortissant et celui où l'auteur de l'infraction a sa résidence habituelle.

25. Cet échange d'informations s'étend à tous points portant sur la poursuite ou la répression des personnes qui ont commis ou sont présumées avoir commis des actes de terrorisme auxquels se réfère la Recommandation. Les plus utiles de ces informations sont énumérées, à titre d'exemple, dans la recommandation II.5 qui les regroupe en quatre catégories: poursuite, décisions administratives ou judiciaires, exécution des peines et déplacements de l'intéressé. Là encore, l'autorité détentrice de l'information a toute latitude pour décider s'il s'agit d'un renseignement susceptible d'intéresser l'autorité d'un autre Etat membre. La liste des points figurant dans la recommandation II.5 n'est pas exhaustive, elle vise seulement à donner une indication sur le caractère des informations à fournir aux autorités étrangères.

26. Il découle de l'une des considérations formulées dans le préambule – toute mesure de coopération internationale doit être entièrement compatible avec la sauvegarde des droits de l'homme – que toute information reçue en application de la Recommandation doit être utilisée de manière parfaitement conforme aux exigences de la Convention européenne des Droits de l'Homme et notamment de son article 6.2.

II.6

27. Estimant essentiel que la transmission des informations soit aussi rapide que possible, la recommandation II. 6 prévoit que l'échange international d'informations doit s'effectuer, dans la mesure où le statut d'Interpol ne s'y oppose pas, par l'intermédiaire des Bureaux centraux nationaux d'Interpol. C'est seulement lorsque la voie d'Interpol ne peut pas être utilisée que la transmission se fera par toute autre voie de communication existante. Cette recommandation étant fondamentalement la même que celle déjà formulée pour la transmission des demandes d'entraide judiciaire, le commentaire afférant à la recommandation 1.3 s'applique ici, *mutatis mutandis*.

III. Poursuite et jugement des infractions à caractère international

28. Le chapitre III concerne l'association poursuite-jugement dans les cas d'infractions terroristes ayant un caractère international soit parce qu'elles ont été commises dans différents Etats et qu'il y a connexité entre elles, soit parce que, tout en ayant été commises sur le territoire du même Etat, elles mettent en cause plusieurs personnes ayant agi de concert et ayant été appréhendées dans différents Etats. La recommandation que les Etats membres devraient, d'un commun accord, coopérer dans la poursuite et le jugement des actes de terrorisme à caractère international vaut pour trois situations différentes: 1. lorsqu'une infraction a été commise, par une ou plusieurs personnes, dans plusieurs Etats; 2. lorsqu'une personne a commis plusieurs infractions dans différents Etats; et 3. lorsque plusieurs personnes ont commis une ou plusieurs infractions dans un seul Etat et ont été appréhendées dans des Etats différents.

29. Les recommandations du chapitre III poursuivent deux objectifs principaux:

L'un porte sur le déroulement des poursuites et du procès dont les recommandations visent à accroître l'efficacité. Lorsqu'il s'agit d'établir la vérité, poursuivre le même individu dans des Etats différents peut entraîner des difficultés de preuve car il ne sera pas toujours possible que l'intéressé comparaisse personnellement dans tous les Etats concernés. D'autre part, lorsque plusieurs personnes sont impliquées dans la commission des infractions, il est important de pouvoir disposer de l'ensemble de leurs déclarations. En outre, la recommandation de concentrer, si possible, poursuite et jugement dans un seul Etat vise à faciliter l'application d'une sanction appropriée. Pour choisir la sanction la mieux indiquée, le tribunal doit pouvoir prendre en considération toutes les infractions commises par l'intéressé. Si certaines de ces infractions sont jugées dans un Etat et les autres dans un Etat différent, le total des peines infligées au délinquant peut être plus sévère que si le jugement avait été prononcé dans un seul Etat. De même, lorsque plusieurs personnes sont impliquées dans le même ensemble d'infractions, le jugement dans différents Etats peut, en raison des différences dans l'éventail des peines, conduire à des résultats insatisfaisants.

L'autre objectif des dispositions du chapitre III est de sauvegarder le principe de la règle non bis in idem, autrement dit d'éviter que quelqu'un ne puisse être accusé et jugé plusieurs fois pour les mêmes infractions. Aussi le texte recommande-t-il aux Etats membres de s'entendre pour que les poursuites puissent se dérouler dans un seul Etat pour différents actes punissables par la loi pénale de plusieurs Etats et commis par la même personne ou par plusieurs personnes ayant agi de concert, ou encore pour un seul acte punissable commis par plusieurs personnes ayant agi de concert.

III.7

30. Pour permettre de concentrer poursuite et jugement dans les cas indiqués ci-dessus au paragraphe 28, le texte recommande aux Etats concernés de s'entendre sur la question de savoir dans quel Etat devraient se dérouler les poursuites.

31. La raison pour laquelle la recommandation se borne à inviter les Etats à «examiner la possibilité» de voir se dérouler la poursuite et le procès dans un seul Etat est qu'il n'est pas toujours opportun d'en faire ainsi. Si par exemple, parmi plusieurs affaires différentes, l'une a un caractère de moindre gravité appelant une sanction moins sévère, il ne sera généralement pas raisonnable d'entamer des négociations sur une seule compétence. Au surplus, lorsqu'une seule infraction a été commise par plusieurs personnes, il n'est généralement pas possible de s'entendre sur l'unicité de la poursuite et du procès si les auteurs ont été appréhendés dans leurs pays d'origine respectifs.

32. Il découle de la référence au «droit interne» ainsi que du caractère juridique de la Recommandation que les mesures mentionnées sous III.7 n'affectent nullement le droit des Etats de poursuivre et de juger une infraction conformément à leurs propres règles de compétence. En outre, toute entente sur l'Etat compétent doit se faire conformément aux traités internationaux – bilatéraux ou multilatéraux – comme, par exemple, la Convention européenne sur la transmission des procédures répressives.

33. Enfin, la poursuite et le procès devraient avoir lieu dans l'Etat le mieux à même de connaître de l'affaire. En énumérant un certain nombre d'éléments dont il faut tenir compte, la recommandation fournit aux gouvernements des

indications sur le choix qu'ils sont appelés à faire. Aucun des éléments énumérés n'appelle d'observation particulière.

Déclaration sur des actes de terrorisme (1986)

(adoptée par le Comité des Ministres le 8 septembre 1986, lors de la 399ᵉ réunion des Délégués des Ministres)

Le Conseil de l'Europe réagit vigoureusement contre le terrorisme

Le Président du Comité des Ministres du Conseil de l'Europe, Monsieur Giulio ANDREOTTI, ministre des Affaires étrangères de l'Italie, Monsieur Louis JUNG, Président de l'Assemblée parlementaire, et Monsieur Marcelino OREJA, Secrétaire Général du Conseil de l'Europe, ont condamné avec la plus grande vigueur les actes de terrorisme commis ces derniers jours et qui, dans le cas de la Turquie, ont frappé encore une fois l'un des Etats membres du Conseil de l'Europe. Ils s'élèvent contre l'escalade de cette barbarie terroriste qui frappe des innocents et ils réitèrent leur conviction que le terrorisme doit être condamné sans réserve. Parce qu'il vise à déstabiliser les démocraties en s'attaquant à la vie et aux libertés des citoyens, le terrorisme exige de la fermeté et une coopération accrue de la part des pays démocratiques dans leur lutte antiterroriste. La prochaine Conférence européenne des ministres responsables de cette lutte devra marquer une étape décisive pour la communauté démocratique des 21 pays membres du Conseil de l'Europe dans la coordination de leurs efforts et de leurs politiques.

Déclaration sur la lutte contre le terrorisme international (2001)

(adoptée par le Comité des Ministres le 12 septembre 2001 lors de la 763e réunion des Délégués des Ministres)

1. Le Comité des Ministres du Conseil de l'Europe condamne avec la plus extrême vigueur les attaques terroristes d'une violence sans précédent commises contre le peuple américain, auquel il tient à exprimer son émotion et sa solidarité.

Ces crimes ne frappent pas seulement les Etats-Unis mais nous concernent tous. Ces actes barbares violent les droits de l'homme, en particulier le droit à la vie, la démocratie et la recherche de la paix.

De tels actes monstrueux appellent une réaction résolue de tous les Etats attachés aux valeurs de la civilisation.

Le Conseil de l'Europe, qui unit l'ensemble du continent autour de ces valeurs, a un intérêt particulier à cet égard et la responsabilité d'apporter une contribution à cette réaction.

2. Le Comité des Ministres décide de tenir une réunion spéciale le 21 septembre avec pour ordre du jour :

> i. le renforcement de la lutte contre le terrorisme, en utilisant l'expertise spécifique et les instruments du Conseil de l'Europe, et en améliorant les mécanismes et les moyens de coopération avec les autres organisations internationales et les Etats observateurs ;

> ii. l'invitation aux Etats membres à conférer une efficacité accrue à la coopération pan-européenne existante, par exemple en accédant – lorsqu'ils ne l'ont pas encore fait – aux conventions d'entraide en matière pénale;

> iii. l'examen de l'opportunité de mettre à jour la Convention pour la répression du terrorisme ;

> iv. l'inclusion de la lutte contre le terrorisme dans le projet intégré du Conseil de l'Europe de lutte contre la violence quotidienne dans une société démocratique.

Recommandation Rec (2001) 11 concernant des principes directeurs pour la lutte contre le crime organisé

(adoptée par le Comité des Ministres, le 19 septembre 2001, lors de la 765ᵉ réunion des Délégués des Ministres)

Le Comité des Ministres, en vertu de l'article 15.*b* du Statut du Conseil de l'Europe,

Rappelant que le but du Conseil de l'Europe est de réaliser une union plus étroite entre ses membres;

Conscient de la nécessité, pour les Etats membres, d'élaborer une politique criminelle commune de lutte contre la criminalité organisée en définissant des moyens capables de rendre leur législation plus efficace et de renforcer la coopération internationale dans ce domaine;

Soulignant que la criminalité organisée représente, du fait de sa puissance économique, de ses connexions transnationales et de ses techniques et méthodes complexes, une grave menace pour la société, la prééminence du droit et la démocratie, à laquelle les Etats doivent réagir en adoptant une stratégie commune;

Considérant qu'une telle stratégie nécessite la ferme résolution des Etats d'unir leurs efforts, de partager leur expérience et d'engager des actions communes aux niveaux national et international;

Conscient des multiples facettes de la criminalité organisée et de son interaction avec la criminalité économique, notamment la corruption, le blanchiment des capitaux et la fraude;

Convaincu, de ce fait, qu'une stratégie commune de lutte contre la criminalité organisée nécessite aussi une action commune contre la corruption et le blanchiment des capitaux, et prenant note avec satisfaction des résultats obtenus jusqu'ici dans ces domaines, notamment l'adoption de la Résolution (97) 24 portant les vingt principes directeurs pour la lutte contre la corruption, l'accord instituant le Groupe d'Etats contre la corruption (GRECO) et la Convention pénale sur la corruption (STE n° 173), ainsi que les nouvelles ratifications de la Convention relative au blanchiment, au dépistage, à la saisie et à la confiscation des produits du crime (STE n° 141), et la création d'un mécanisme d'évaluation mutuelle des mesures de lutte contre le blanchiment;

Prenant en considération la Recommandation n° R (97) 13 sur l'intimidation des témoins et les droits de la défense, et la Recommandation n° R (96) 8 sur la politique criminelle dans une Europe en transformation;

Tenant également compte des «Etudes des bonnes pratiques» réalisées par le Conseil de l'Europe en ce qui concerne les diverses mesures appliquées avec succès par certains Etats membres pour lutter contre le crime organisé, études qui se sont révélées efficaces non seulement en encourageant le développement de la législation et de la pratique des autres Etats, mais également en contribuant à la rédaction des présentes recommandations;

Conscient de l'obligation, pour les Etats membres, de maintenir un juste équilibre entre l'intérêt qu'a la société à faire respecter la loi et les droits des individus, conformément aux dispositions de la Convention européenne des Droits de l'Homme et à la jurisprudence de ses organes;

Gardant à l'esprit la Résolution n° 1 adoptée par les ministres européens de la Justice lors de leur 21e Conférence (Prague, juin 1997) consacrée aux liens entre la corruption et le crime organisé, ainsi que la déclaration finale et le plan d'action adoptés lors du 2e Sommet des chefs d'Etat et de gouvernement (Strasbourg, octobre 1997), qui ont invité le Conseil de l'Europe à intensifier sa lutte contre la corruption, le blanchiment des capitaux et le crime organisé;

Tenant compte des initiatives mondiales et plurinationales dans ce domaine, telles que les actions entreprises par l'ONU, le Groupe d'action financière sur le blanchiment de capitaux (GAFI), le G7 et l'Union européenne;

Se félicitant de l'adoption de la Convention des Nations Unies contre la criminalité transnationale organisée, ouverte à la signature les 12-15 décembre 2000 à Palerme,

Recommande aux gouvernements des Etats membres:

– de revoir leur politique criminelle, leur législation et leurs pratiques à la lumière des principes énoncés en annexe à la présente recommandation;

– de veiller à ce que ces principes soient portés à la connaissance de tous les organes intéressés: organes de répression, barreaux, instances judiciaires ou autres institutions publiques ou privées s'occupant de la prévention ou de la répression du crime organisé.

Annexe à la Recommandation Rec(2001)11

I. *Définitions*

Aux fins de la présente recommandation:

– l'expression « groupe criminel organisé » désigne un groupe structuré de trois personnes ou plus existant depuis un certain temps et agissant de concert dans le but de commettre une ou plusieurs infractions graves, pour en tirer, directement ou indirectement, un avantage financier ou matériel;

– l'expression «infraction grave» désigne un acte constituant une infraction passible d'une peine privative de liberté dont le maximum ne doit pas être inférieur à quatre ans ou d'une peine plus lourde;

– l'expression «organes de répression» désigne tout organe public chargé d'instruire et/ou de poursuivre les infractions pénales conformément à ses attributions légales.

II. *Principes relatifs à la prévention générale*

1. Les Etats membres devraient prendre des mesures pour empêcher des personnes physiques ou morales de dissimuler la conversion des produits du crime en d'autres biens à travers l'utilisation de paiements substantiels en espèces ou d'opérations de change.

2. Les Etats membres devraient prendre des mesures pour empêcher l'utilisation de centres financiers et d'institutions *offshore* pour le blanchiment de capitaux et la réalisation d'opérations financières illicites. Les Etats membres devraient, à cette fin, permettre notamment l'examen des opérations financières sans but commercial apparent et exiger l'identification des parties directement impliquées ou des destinataires ultimes des fonds.

3. Les Etats membres devraient établir l'obligation, pour les personnes exerçant des professions vulnérables, de «connaître leurs clients» et de signaler les opérations suspectes dont elles ont connaissance lorsqu'elles interviennent comme intermédiaires financiers pour le compte de leurs clients.

4. Les Etats membres devraient identifier dans leur réglementation, en matière d'import-export, de délivrance de licences, de fiscalité et de douane, les dispositions détournées ou susceptibles d'être détournées par les groupes criminels organisés en vue de la réalisation de leur but, et prendre des mesures afin de renforcer cette réglementation et de prévenir l'utilisation illicite; ils devraient en particulier assurer la cohérence de ces dispositions les unes par rapport aux autres et les soumettre régulièrement à des vérificateurs indépendants chargés d'évaluer leur «résistance» aux abus tels que la fraude.

5. Les Etats membres devraient veiller à ce que l'utilisation accrue des technologies de l'information dans le secteur financier – modes de paiement électroniques, transactions effectuées par le biais de banques virtuelles, etc. – s'accompagne de mesures de sécurité propres à empêcher ou à réduire les possibilités d'utilisation illicite.

6. Les Etats membres devraient établir des normes communes de bonne gestion et de discipline financière augmentant la transparence et la responsabilité dans l'administration publique, et encourager l'adoption de codes de conduite dans les secteurs commercial et financier pour prévenir les pratiques illicites, telle la corruption, y compris dans le domaine des marchés publics.

7. Les Etats membres devraient favoriser l'émergence d'une culture d'entreprise fondée sur la responsabilité et l'intolérance absolue à l'égard des pratiques illégales. Ils devraient notamment établir des normes pour la protection des personnes qui signalent des actes de corruption ou des activités présumées criminelles commises pour le compte des personnes morales ou au sein de telles entités.

III. *Principes relatifs au système de justice pénale*

8. Les Etats membres devraient s'efforcer d'ériger en infraction pénale l'appartenance de toute personne à un groupe criminel organisé, tel que défini ci-dessus, quel que soit le pays membre du Conseil de l'Europe dans lequel ce groupe est basé ou dans lequel il se livre à ses activités criminelles.

9. Les Etats membres devraient ériger en infraction pénale le blanchiment de toute forme de produits du crime, en particulier des produits provenant d'infractions commises par des groupes criminels organisés.

10. Les Etats membres devraient pénaliser tout manquement intentionnel à l'obligation de signaler des transactions financières suspectes lorsqu'il est le fait d'institutions ou de professionnels du secteur bancaire ou d'autres secteurs qui sont soumis à cette obligation.

11. Les Etats membres devraient, sous réserve du respect des principes constitutionnels fondamentaux, adopter des mesures juridiques pour priver les personnes des biens dont on soupçonne de manière raisonnable qu'ils ont pour origine une activité criminelle organisée.

12. Les Etats membres devraient veiller à ce que les personnes morales puissent être tenues responsables des infractions commises pour leur compte et liées au crime organisé.

13. Les Etats membres devraient accorder une attention particulière aux infractions financières ou fiscales liées au crime organisé et veiller à ce qu'elles donnent lieu à des enquêtes et à des poursuites efficaces.

14. Les Etats membres devraient élaborer des stratégies permettant d'enquêter sur les avoirs des groupes criminels organisés en procédant à des investigations financières interconnectées; ils devraient, entre autres, mettre en place des mécanismes juridiques rapides permettant de lever le secret bancaire et adopter des dispositions aux termes desquelles les banquiers, administrateurs de fonds, comptables, notaires et avocats puissent être contraints, en vertu d'une décision judiciaire, de produire des états financiers ou des bilans et, le cas échéant, de témoigner, sous réserve de sauvegardes appropriées.

15. Les Etats membres devraient adopter des dispositions législatives permettant le dépistage, le gel, la saisie, la confiscation ou la mise sous séquestre d'avoirs provenant d'activités criminelles organisées.

16. Les Etats membres devraient introduire la possibilité de confiscation ou de mise sous séquestre d'avoirs en rapport avec des activités criminelles organisées, par le biais de procédures judiciaires pouvant être indépendantes de toute autre procédure, et pouvant, exceptionnellement, exiger le partage de la charge de la preuve concernant l'origine illicite des biens.

17. Les Etats membres devraient assurer une protection, physique ou autre, efficace aux témoins et collaborateurs de la justice qui ont besoin d'une telle protection parce qu'ils ont fourni ou accepté de fournir des renseignements et/ou de déposer ou témoigner dans des affaires de crime organisé. Il faudrait aussi de telles mesures de protection pour les personnes qui participent ou ont accepté de participer à une enquête ou à des poursuites liées à des activités criminelles organisées, ainsi que pour les proches et les associés des personnes ayant besoin de cette protection.

18. Les Etats membres devraient adopter des mesures appropriées pour assurer la protection des témoins avant, pendant et après la procédure pénale – à la fois dans le pays où se tient le procès et hors de ce pays.

19. Les Etats membres devraient adopter une législation autorisant ou étendant l'utilisation de mesures d'investigation qui permettent aux organes de répression de mieux connaître, dans le cadre des enquêtes pénales, les activités des groupes criminels organisés, comme la surveillance, l'interception des communications, les opérations d'infiltration, les livraisons surveillées et le recours à des informateurs. Ils devraient fournir aux organes de répression les moyens techniques nécessaires et une formation appropriée.

20. Les Etats membres devraient élaborer de nouvelles méthodes de travail de la police, privilégiant l'anticipation par rapport à la réaction, et comprenant l'exploitation de renseignements stratégiques et le recours à l'analyse criminelle.

21. Les Etats membres devraient envisager la création d'équipes spécialisées multidisciplinaires pour enquêter et engager des poursuites dans les cas de criminalité économique et organisée. Cette coopération multidisciplinaire suppose une amélioration de la coordination, de la communication et de l'échange d'informations au sein du système de justice pénale et avec les autres autorités publiques compétentes.

IV. *Principes relatifs à la coopération internationale*

22. Les Etats membres devraient permettre, en droit et en pratique, les échanges d'informations entre leurs autorités compétentes, au sujet de personnes morales et d'autres entités juridiques relevant de leur juridiction, ainsi qu'au sujet des personnes physiques qui ont créé ces entités, en sont propriétaires, les dirigent ou les financent.

23. Les Etats membres devraient introduire, dans le droit interne ou dans des accords bilatéraux ou multilatéraux, des dispositions pour autoriser le partage des avoirs entre les pays intervenant dans le dépistage, le gel, la saisie, la confiscation ou la mise sous séquestre d'avoirs provenant d'activités criminelles organisées.

24. Les Etats membres devraient étendre leurs plans ou programmes nationaux de protection des témoins aux témoins étrangers, par exemple en concluant des accords bilatéraux ou multilatéraux prévoyant une telle assistance et précisant les conditions applicables.

25. Les Etats membres devraient ratifier et mettre en œuvre rapidement les instruments juridiques internationaux visant à favoriser la coopération policière et judiciaire entre Etats membres, notamment par le biais d'accords bilatéraux et l'élimination des obstacles qui s'opposent à une coopération efficace, par exemple:

— en levant les réserves énoncées dans les conventions auxquelles ils sont Parties;

— en limitant les motifs de refus, en particulier dans les cas d'infractions fiscales et de délits politiques;

— en prenant en considération les exigences procédurales de l'Etat requérant lors de l'exécution de la demande d'entraide judiciaire, pour lui permettre d'utiliser plus facilement les preuves recueillies pour son compte dans le cadre de procédures pénales;

— en identifiant, dans les structures nationales existantes, des correspondants centraux pour faciliter les contacts avec des organes opérationnels étrangers;

— en désignant, sous réserve de leurs systèmes juridiques, des correspondants judiciaires, distincts de l'autorité centrale, pour identifier plus rapidement les autorités judiciaires requises et permettre la transmission directe des demandes d'entraide judiciaire en cas d'urgence ou en vue d'un échange d'informations;

— en procédant à des opérations policières conjointes avec des représentants des services répressifs et des magistrats de liaison étrangers, et en envisageant d'affecter des représentants des services répressifs et des magistrats de liaison dans d'autres Etats membres;

— en répondant rapidement à toutes les demandes d'entraide judiciaire concernant des infractions commises par des groupes criminels organisés;

— en assurant la coordination des structures de coopération policière et judiciaire, en établissant des canaux et des méthodes de coopération internationale et d'échange d'informations et de renseignements à la fois directs et rapides.

V. *Principes relatifs au recueil des données, à la recherche et à la formation*

26. Les Etats membres devraient s'assurer que des données sont systématiquement recueillies et analysées concernant les activités criminelles, l'organisation, la base financière et le champ d'action géographique des groupes criminels organisés opérant sur leur territoire, ainsi que les relations de ces groupes avec d'autres groupes nationaux ou étrangers. Les systèmes nationaux de recueil de données et des statistiques criminelles devraient prendre en considération les traits spécifiques de la criminalité organisée et être dotés des moyens et personnels adéquats.

27. Les Etats membres devraient soutenir la recherche ainsi que les institutions effectuant des recherches sur la criminalité organisée.

28. Les Etats membres devraient assurer les moyens nécessaires pour la formation des organes de répression et, le cas échéant, d'autres composantes du système de justice pénale, à la conduite d'enquêtes dans le domaine financier et aux nouvelles méthodes d'investigation.

Annexe – Liste des instruments juridiques relatifs à la coopération internationale dans le domaine pénal, que les Etats devraient ratifier

STE n° 24. Convention européenne d'extradition (1957)

STE n° 86. Protocole additionnel à la Convention européenne d'extradition (1975)

STE n° 98. Deuxième Protocole additionnel à la Convention européenne d'extradition (1978)

STE n° 30. Convention européenne d'entraide judiciaire en matière pénale (1959)

STE n° 99. Protocole additionnel à la Convention européenne d'entraide judiciaire en matière pénale (1978)

STE n° 73. Convention européenne sur la transmission des procédures répressives (1972)

STE n° 90. Convention européenne pour la répression du terrorisme (1977)

STE n° 97. Protocole additionnel à la Convention européenne dans le domaine de l'information sur le droit étranger (1978)

STE n° 141. Convention relative au blanchiment, au dépistage, à la saisie et à la confiscation des produits du crime (1990)

STE n° 156. Accord relatif au trafic illicite par mer, mettant en œuvre l'article 17 de la Convention des Nations Unies contre le trafic illicite de stupéfiants et de substances psychotropes (1995)

STE n° 172. Convention sur la protection de l'environnement par le droit pénal (1998)

STE n° 173. Convention pénale sur la corruption (1998)

Exposé des motifs

I. Introduction

1. Pourquoi adopter une recommandation de plus sur le crime organisé? Parce que, comme une autre institution européenne[1] l'a noté, cette forme de délinquance menace de plus en plus la société telle que nous la connaissons et telle que nous souhaitons la préserver. L'activité criminelle n'est plus le propre d'individus; elle est aussi devenue le fait d'organisations qui infiltrent les structures de la société civile et envahissent même la société tout entière. Le crime tend, de plus en plus, à s'organiser indépendamment de toute frontière nationale, profitant, lui aussi, de la liberté de circulation des biens, des capitaux, des services et des personnes. Les innovations techniques, telles qu'Internet ou les banques virtuelles, sont aussi devenues des moyens extrêmement commodes de commettre des crimes ou d'en transférer les produits vers des activités en apparence licites. La fraude et la corruption ont pris des proportions massives, au détriment des citoyens comme des institutions publiques. Par comparaison, les moyens concrets de prévenir et de réprimer ces activités criminelles évoluent lentement, presque toujours avec un temps de retard. Le moment était donc venu pour le Conseil de l'Europe de réagir avec fermeté et détermination. Les principes directeurs présentés ici, rédigés par un Comité d'experts sur le crime organisé, expriment à la fois les idées des praticiens et celles des décideurs désireux de prendre des mesures raisonnablement efficaces contre le crime organisé et de contribuer ainsi à mieux protéger la société.

2. Le Comité d'experts sur les aspects de droit pénal et les aspects criminologiques du crime organisé (PC-CO) a été créé à la suite d'une décision du Comité des Ministres (587e réunion, 1er avril 1997) avec pour mandat d'analyser, sous l'autorité du Comité européen pour les problèmes criminels (CDPC), les caractéristiques du crime organisé dans les Etats membres du Conseil de l'Europe, d'évaluer les mesures adoptées pour lutter contre celui-ci et de rechercher les moyens de renforcer l'efficacité des politiques nationales et de la coopération internationale à cet égard.

3. Le PC-CO a tenu trois réunions plénières et six réunions en groupe de travail entre avril 1997 et décembre 1999. Il a d'abord rédigé un questionnaire, adressé chaque année, moyennant un certain nombre de modifications, aux Etats membres. A partir des réponses reçues, le Comité PC-CO a établi et soumis au CDPC trois rapports annuels sur la situation du crime organisé dans les Etats membres (1996-1998). Il a procédé, en outre, à trois études de bonne pratique, portant respectivement sur la protection des témoins, le renversement de la charge de la preuve dans les procédures de confiscation et les mesures de surveillance intrusives. Enfin, le PC-CO a rédigé la présente recommandation qui contient des principes directeurs

---

1. Union européenne – Programme d'action relatif à la criminalité organisée, adopté par le Conseil, le 28 avril 1997, 97/C 251/01.

pour la lutte contre le crime organisé et l'exposé des motifs qui les accompagne.

4. Ce projet de recommandation a été soumis pour la première fois au CDPC lors de sa 49ᵉ session plénière, en juin 2000. Toutefois, faute de temps, le CDPC a décidé de reporter l'examen du projet et confié la question à son Bureau. Lors de sa réunion des 7-8 mars 2001, le Bureau a examiné et révisé le projet de recommandation en tenant compte des observations écrites formulées par les chefs de délégation du CDPC. Le texte révisé a été approuvé par le CDPC lors sa 50ᵉ réunion plénière, qui s'est tenue du 18 au 22 juin 2001. L'exposé des motifs a été adopté à la même occasion. Le Comité des Ministres a adopté le texte en tant que Recommandation Rec(2001)... lors de la ..ᵉ réunion des Délégués des Ministres et autorisé la publication du présent exposé des motifs qui s'y rapporte.

5. Le mandat du comité était le suivant:

« eu égard à la Recommandation n° R (96) 8 sur la politique criminelle dans une Europe en transformation, examiner les questions suivantes en vue d'élaborer un rapport et, au besoin, des recommandations:

a. Caractéristiques du crime organisé

Le Comité analysera, en vue d'élaborer des explications, la situation actuelle du crime organisé, des points de vue qualitatif et quantitatif, notamment en ce qui concerne:

– les facteurs politiques, sociaux (ou mésologiques) et économiques, juridiques et réglementaires facilitant soit l'apparition, soit la persistance du crime organisé (ou encore les deux à la fois);

– la description des infractions commises, y compris le modus operandi des organisations qui les commettent (en tenant compte du caractère national ou international de celles-ci);

– la description du degré d'organisation (par exemple, groupes criminels «ad hoc», réseaux criminels structurés ou organisations de type mafieux);

– la description des auteurs d'infractions (jeunes ou adultes, nationaux ou étrangers, personnes morales, opérant sur place ou sur un plan international).

b. Mesures destinées à prévenir et à réprimer le crime organisé

Le comité évaluera les mesures prévues ou déjà mises en œuvre contre le crime organisé, les ressources nécessaires (qu'il s'agisse de ressources matérielles ou de savoir-faire), ainsi que les moyens d'information et d'évaluation disponibles. A cet égard, il tiendra compte notamment de ce qui suit, dans le cadre des phénomènes mentionnés sous a ci-dessus:

— mesures législatives;

— mesures (de prévention) sociales (par exemple, politique sociale et économique, éducation, information, aide sociale);

— mesures (de prévention) liées aux situations (par exemple, mesures visant à réduire les occasions et les moyens de commettre des infractions);

— amélioration du fonctionnement de la justice pénale (par exemple, formation et spécialisation, simplification des procédures, élaboration de nouvelles techniques d'investigation, ou encore intervention de nouveaux acteurs, comme les institutions financières).

c. Etude des législations pénales vis-à-vis du crime organisé

Dans la mesure où ceci apparaît nécessaire pour la prévention ou la répression du crime organisé, les législations nationales devraient être étudiées afin:

— d'identifier les solutions existantes qui peuvent servir d'exemples;

— d'identifier des critères utilisés dans les législations nationales pour qualifier des infractions comme étant «commises de manière organisée», relevant de «conspiracy» ou de «l'association de malfaiteurs», en vue de surmonter les difficultés posées notamment au niveau de la coopération internationale par ces concepts, par exemple en établissant des critères communs;

— d'identifier les lacunes dans les instruments de coopération internationale et les solutions qui pourraient être insérées dans lesdits instruments, compte tenu des activités menées par le Comité PC-OC;

— d'élaborer des principes de procédure communs, notamment

en ce qui concerne le secret bancaire, la recevabilité de certains types de preuves ou la durée et l'effet des périodes de prescription;

– de définir des objectifs communs de politique pénale, notamment pour ce qui est de la nature et de la sévérité des sanctions et autres mesures. »

II. Observations générales

6. Le texte de la Recommandation comprend quatre parties:

- les principes relatifs à la prévention générale (principes 1 à 7);
- les principes relatifs au système de justice pénale (principes 8 à 21);
- les principes relatifs à la coopération internationale (principes 22 à 25) ;
- les principes relatifs au recueil des données, à la recherche et à la formation (principes 26 à 28).

7. La première partie, à savoir les principes relatifs à la prévention générale (1 à 7), doit, dans l'esprit des experts, attirer l'attention des gouvernements sur l'importance d'associer à la prévention des activités du crime organisé différentes composantes de la société, n'ayant pas de liens avec les services de répression ni avec la justice pénale. C'est à leur niveau, en effet, que semblent souvent se situer les «points de contact» utilisés par le crime organisé pour faire avancer ou légitimer ses activités. Ce sont essentiellement des personnes morales constituées dans les règles – banques ou sociétés commerciales, par exemple – qui interviennent au service du crime organisé, notamment en prenant livraison de produits du crime ou en servant de façade juridique à des activités criminelles. Mais il arrive aussi que ce soient des organes publics, à l'échelon national ou local – par exemple en délivrant les licences nécessaires. Les membres de certaines professions, particulièrement dans le secteur financier et dans le secteur juridique, agissent aussi parfois pour le crime organisé en facilitant les activités illégales ou en tant qu'intermédiaires financiers. Ces institutions et les membres de ces professions, visés par le premier groupe de principes, devraient devenir des acteurs ou des partenaires des stratégies officielles de lutte contre le crime organisé, par exemple en dépistant les pratiques illégales et en les signalant aux autorités compétentes. Le premier groupe de principes traite aussi de certains types de réglementation, par exemple sur les changes ou d'autres aspects administratifs, dont il est facile d'abuser à des fins criminelles, souvent à cause de leur complexité ou de l'insuffisance des contrôles. Enfin, certains principes concernant la prévention générale traitent des mesures que les entreprises et les institutions publiques peuvent prendre au plan interne pour assurer la transparence et la responsabilité.

8. Le second groupe de principes (principes 8 à 21) concerne le système de justice pénale au sens large: il porte sur des questions comme l'incrimination

de certains comportements, les enquêtes (y compris les enquêtes sur le patrimoine), la confiscation des avoirs résultant d'activités criminelles ou encore la protection des témoins. Ces principes partent de l'idée que les mesures de prévention ne suffiront certainement pas à faire obstacle à toutes les activités criminelles organisées et qu'il faut les compléter par des mesures de répression. La mesure la plus radicale que les pouvoirs publics sont invités à prendre à cet égard consiste à ériger en infractions pénales certains agissements, tels que la participation aux activités d'un groupe criminel organisé, le blanchiment des produits du crime ou le fait de ne pas signaler des opérations suspectes. Ces agissements à présent ne constituent pas tous par eux-mêmes un délit pénal en droit interne des Etats membres, mais les experts du comité ont estimé que leur incrimination était un élément indispensable d'une stratégie globale de lutte contre le crime organisé.

9. La privation des biens issus du crime organisé est étroitement liée à la question de l'incrimination, bien que les gouvernements se soient vu proposer diverses options, y compris le recours à des mesures de droit pénal, en présence de tels biens. Des mesures prises par les autorités administratives, fiscales en l'occurrence, répondraient aux objectifs visés par le principe. Les gouvernements sont également invités à porter une attention particulière aux délits fiscaux lorsqu'ils sont liés au crime organisé, malgré les difficultés qui peuvent se présenter dans certains cas pour prouver l'existence d'un tel lien. On considère, en effet, que certains délits fiscaux, comme l'évasion ou la fraude fiscales, peuvent fort bien être utilisés pour poursuivre les membres de groupes criminels organisés – et en particulier leurs chefs – qui sont largement bénéficiaires des produits du crime sans pour autant participer directement aux activités illégales.

10. Outre les principes qui se rapportent à l'incrimination, le second groupe traite aussi des enquêtes financières, de la coopération des membres de certaines professions avec les autorités, des mesures provisoires visant à localiser et à saisir les avoirs provenant d'activités criminelles organisées et de la confiscation de ces avoirs. Ces principes mettent à nouveau en relief la nécessité d'insister sur l'aspect financier du crime organisé en faisant des enquêtes sur le patrimoine une composante normale des stratégies gouvernementales de lutte contre le crime organisé. Les autres principes précisent les éléments que ces stratégies peuvent comprendre et recommandent, pour renforcer l'efficacité des enquêtes sur le crime organisé, d'utiliser la technique des témoins protégés, les mesures de surveillance intrusives et les opérations d'infiltration, l'exploitation par la police des informations recueillies par les services de renseignements et la coordination interinstitutions.

11. Un troisième groupe de principes (principes 22 à 25) traite de la coopération internationale, principalement en vue de faciliter la coopération transfrontalière officielle et informelle, par exemple en éliminant les obstacles qui nuisent au fonctionnement des arrangements en vigueur et en permettant de nouvelles formes de coopération. A cet égard, la

recommandation contient en annexe une liste de traités du Conseil de l'Europe que les gouvernements sont invités à ratifier et à mettre en œuvre. Il s'agit aussi bien d'instruments portant spécifiquement sur la coopération internationale, par exemple sur l'extradition et l'entraide, que de traités sectoriels sur l'incrimination, en matière de blanchiment de capitaux ou de corruption, par exemple.

12. Enfin, un quatrième groupe de principes (26 à 28) concerne les moyens d'améliorer la collecte des données, la recherche et la formation en matière de crime organisé.

III. Travaux antérieurs

13. Les principes directeurs pour la lutte contre le crime organisé sont peut-être le premier instrument spécifique du Conseil de l'Europe exclusivement consacré au crime organisé, mais certainement pas le premier à traiter de ce sujet. Deux recommandations antérieures valent d'être rappelées à ce propos: les Recommandations n° R (96) 8 sur la politique criminelle dans une Europe en transformation et n° R (97) 13 sur l'intimidation des témoins et les droits de la défense.

14. La Recommandation n° R (96) 8 énonce plusieurs principes importants dont les principes directeurs se sont inspirés. Elle invitait les gouvernements à prendre les mesures suivantes:

– étudier la possibilité d'ériger en infraction le fait d'appartenir ou d'apporter son soutien à une association criminelle organisée;

– s'efforcer de mieux connaître les caractéristiques des organisations criminelles et partager cette connaissance avec les gouvernements des autres Etats membres;

– agir dans le cadre d'une stratégie, notamment en utilisant les renseignements et l'analyse criminelle pour atteindre les objectifs fixés;

– créer des structures spécialisées de police, d'instruction et de poursuites dotées de moyens d'investigation financière et de systèmes d'analyse informatique;

– prévoir une protection adéquate des témoins et autres intervenants dans des procédures liées à la lutte contre le crime organisé;

– envisager l'interception des communications (télécommunications et communications directes) pour mieux répondre aux besoins de la lutte contre les organisations criminelles;

– ériger le blanchiment des capitaux en infraction autonome et adopter des dispositions pour la recherche, la saisie et la confiscation des produits du crime;

– envisager la possibilité de prévoir l'existence d'un magistrat d'instruction et/ou de poursuites dont la compétence s'étendrait sur tout le territoire national, ou la création d'un service central de coordination.

15. La Recommandation n° (97) 13 prévoyait notamment ce qui suit:

– lors de l'élaboration d'un cadre de mesures tendant à lutter contre la criminalité organisée, il faudrait adopter des règles de procédure spécifiques destinées à faire face à l'intimidation. Les mesures adoptées pourraient s'appliquer également à d'autres infractions graves. Ces règles devraient assurer l'équilibre nécessaire dans une société démocratique entre la protection de l'ordre et la prévention de la criminalité et la garantie du droit de l'accusé à un procès équitable;

– tout en assurant à la défense une possibilité adéquate de contester les preuves fournies par un témoin, les mesures ci-après devraient notamment être envisagées:

- enregistrer à l'aide de moyens audiovisuels les dépositions faites par les témoins au cours de leur audition préliminaire;

- utiliser les dépositions faites devant une autorité judiciaire au cours de l'audition préliminaire comme ayant la valeur d'un témoignage devant le tribunal lorsque la comparution du témoin devant le tribunal ne saurait être envisagée ou lorsqu'elle pourrait entraîner une menace grave et sérieuse pour sa vie ou sa sécurité personnelle ou celle de ses proches;

- ne révéler l'identité des témoins qu'au stade le plus avancé possible de la procédure et/ou ne faire connaître que certains détails les concernant;

- exclure la présence des médias et/ou du public de tout ou partie du procès;

– lorsqu'il est possible, l'anonymat d'une personne susceptible de fournir des preuves devrait, en conformité avec le droit national, être une mesure exceptionnelle. Lorsque la garantie de l'anonymat a été requise par le témoin et/ou temporairement accordée par les autorités compétentes, la procédure pénale devrait prévoir une procédure de vérification permettant de maintenir un juste équilibre entre les nécessités de la justice pénale et les droits de la défense. La défense devrait, grâce à cette procédure, avoir la possibilité de contester le besoin présumé de conserver l'anonymat du témoin, sa crédibilité et l'origine de sa connaissance des faits;

– l'anonymat ne devrait être accordé que lorsque l'autorité judiciaire compétente, après avoir entendu les parties, estime que:

i. la vie ou la liberté d'une personne concernée est sérieusement menacée ou, dans le cas d'un agent infiltré, la possibilité de poursuivre son travail est sérieusement compromise; et

ii. que la preuve paraît être importante et la personne crédible;

– lorsque cela apparaît justifié, il faudrait prévoir des mesures complémentaires pour protéger les témoins qui procurent des preuves, y compris des mesures visant à empêcher l'identification du témoin par la défense, par exemple en utilisant des écrans, en masquant son visage ou en déformant sa voix;

– lorsque l'anonymat a été accordé à une personne, une condamnation ne devrait pouvoir reposer exclusivement ou dans une mesure décisive sur la preuve apportée par la personne en question;

– le cas échéant, des programmes spéciaux, tels que des programmes de protection des témoins, devraient être mis en place à l'égard des témoins qui ont besoin d'une protection. Le but principal de ces programmes devrait être de sauvegarder la vie et d'assurer la sécurité personnelle des témoins et de leurs proches;

– les programmes de protection des témoins devraient offrir divers types de protection, en prévoyant notamment la possibilité pour les témoins et leurs proches de changer d'identité, d'avoir un nouveau lieu de résidence, d'être aidés dans la recherche d'un nouvel emploi et de bénéficier de gardes du corps et d'autres formes de protection physique;

– étant donné le rôle essentiel que les collaborateurs de justice jouent dans la lutte contre la criminalité organisée, ils devraient recevoir une considération appropriée, incluant la possibilité de bénéficier des mesures prévues par les programmes de protection des témoins. Si nécessaire, ces programmes pourraient aussi inclure des arrangements particuliers, tels que des régimes pénitentiaires spéciaux pour les collaborateurs de justice purgeant une peine de prison.

IV. Commentaire du préambule

16. En étudiant les réponses au questionnaire de 1998, les experts du Comité PC-CO ont constaté que beaucoup d'Etats membres (mais certainement pas tous) avaient adopté une législation et pris des mesures pour lutter contre le crime organisé. Il est apparu que des délits particuliers, tels que l'introduction irrégulière d'étrangers sur le territoire ou le trafic de drogues illicites, étaient souvent érigés en infractions pénales au vu des éléments spécifiques de la définition de la criminalité dans l'Etat membre considéré. Cependant, les experts ont également relevé que, bien souvent, ni les rapports entre différents délits pénaux commis de manière organisée ni le caractère transnational de ces délits n'étaient dûment pris en

considération. Pour cette raison, les statistiques pénales ne faisaient pas ressortir les délits en rapport avec le crime organisé, donnant à penser que la grande délinquance était le fait d'individus isolés. En définitive, l'efficacité de la législation interne pour lutter contre le crime organisé est apparue douteuse dans plusieurs cas.

17. Le crime organisé est aujourd'hui l'un des principaux problèmes auxquels se trouvent confrontées les missions de maintien de l'ordre et, dans certains cas, l'autorité de l'Etat. Naturellement, l'implantation et la force du crime organisé peuvent varier considérablement d'un pays à l'autre. Comme l'ont montré les rapports annuels sur la situation du crime organisé, certains pays sont particulièrement exposés à cette forme de délinquance, tandis que d'autres (insulaires, par exemple) en sont relativement protégés. Il est généralement admis qu'un pays agissant seul, aussi puissant et déterminé qu'il puisse être, n'a guère de chances d'éliminer le crime organisé, étant donné les liens qui existent entre les groupes locaux et les groupes étrangers, et la tendance croissante à voir différents groupes se fédérer en organisations «supranationales». Les experts ont donc souhaité définir avec les principes directeurs, des points de repère indispensables pour arriver à une politique pénale commune à l'égard de la criminalité organisée, du double point de vue de la législation et de l'action coordonnée à l'échelon international. Une politique criminelle commune marquerait une étape essentielle sur la voie d'une réaction internationale des Etats membres au crime organisé. La coopération internationale à cet égard n'est pas seulement nécessaire: elle est le seul moyen de réussir. Elle suppose aussi que les Etats partagent les résultats de leur expérience et leur connaissance du crime organisé.

18. A l'occasion de la rédaction des rapports annuels sur le crime organisé, les experts du Comité PC-CO ont constaté l'existence d'une corrélation étroite entre le crime organisé et la criminalité économique, particulièrement la corruption, le blanchiment des capitaux et la fraude. Cette relation est du reste prise en compte par différentes définitions nationales et internationales du crime organisé ou par les critères utilisés pour identifier les «groupes criminels organisés», qui considèrent invariablement que la corruption et le blanchiment des capitaux sont des activités connexes du crime organisé, souvent même vitales pour cette forme de délinquance. Les délits de fraude, par exemple les carrousels organisés de TVA, sont souvent le fait du crime organisé et génèrent de substantiels produits illicites. De ce fait, les instruments mis au point pour lutter contre la corruption et le blanchiment des capitaux sont aussi des outils utiles contre le crime organisé, qu'il s'agisse de la Convention de 1990 relative au blanchiment, au dépistage, à la saisie et à la confiscation des produits du crime (STE n° 141) ou de la Convention pénale de 1999 sur la corruption (STE n° 173). Dans la mesure où le Conseil de l'Europe ne s'est, jusqu'à présent, guère préoccupé de la fraude, les experts ont soutenu fermement l'idée, avancée par le rapporteur général de la 3e Conférence des services spécialisés dans la lutte contre la

corruption (Limassol, octobre 1999[2]), selon laquelle il serait bon d'examiner la possibilité d'élaborer une convention européenne sur la fraude fiscale, type de fraude qui est souvent le fait du crime organisé, afin d'harmoniser les dispositions des législations nationales et d'éliminer ou de réduire les obstacles à l'entraide judiciaire dans ce domaine.

19. Les experts ont aussi souligné qu'il fallait trouver des solutions imaginatives pour réagir au crime organisé. L'idée des «études de bonne pratique», mentionnée dans le mandat du comité, est née de la simple constatation que certains pays ont pu concevoir ou mettre en œuvre des mesures contre le crime organisé qui pourraient se révéler utiles à d'autres. Trois études ont été menées entre 1997 et 1999: sur les mesures de protection des témoins, sur la «surveillance intrusive» et sur le renversement de la charge de la preuve dans les procédures de confiscation. Toutes trois ont fourni des idées pour la rédaction des principes directeurs et proposé des recommandations concrètes au sujet des mesures qu'elles avaient examinées. Ces conclusions seront mentionnées plus loin au moment d'aborder les questions correspondantes.

V. Commentaire sur les principes contenus dans la Recommandation

Définitions

20. La Recommandation contient trois définitions, établies aux fins du texte lui-même et qui ne correspondent pas nécessairement à une définition ou une autre du droit positif ou de la doctrine.

Groupe criminel organisé

21. Le Comité PC-CO n'a pas cherché à définir le crime organisé. Il a jugé préférable d'utiliser, pour ses travaux, une liste de critères applicables aux groupes criminels organisés. Cette liste devait permettre aux Etats membres d'identifier, suivant les mêmes critères, certains groupes criminels pouvant être réputés «organisés» et donc de comparer les expériences nationales en rapport avec ces groupes. Une liste de onze critères a été dressée à partir d'une liste similaire établie par l'Union européenne[3], elle-même largement inspirée de la définition[4] de la «criminalité organisée» retenue par le

---

2. Voir le document Conf/4 (99) 8, Conclusions, point IV/7.

3. Voir Enfopol 161/1994, annexe C.

4. «Le crime organisé est la violation planifiée de la loi à des fins lucratives ou pour obtenir du pouvoir, les délits étant, individuellement ou ensemble, d'une gravité majeure et exécutés par plus de deux participants qui coopèrent en se répartissant les tâches durant une période de longue durée ou de durée indéterminée, en employant les moyens suivants:

   a. des structures commerciales ou quasi commerciales;

   b. la violence ou d'autres moyens d'intimidation;

   c. l'influence sur la politique, les médias, l'administration publique, la justice et l'économie légitime.»

Bundeskriminalamt (BKA) allemand. Suivant l'interprétation du comité, un certain nombre de caractéristiques minimales, numérotées de 1 à 4 («critères obligatoires») plus au moins deux des autres caractéristiques («critères optionnels») devaient être réunies pour qu'un groupe criminel puisse être qualifié d'organisé. Les groupes visés étaient donc ceux qui répondaient à au moins six des onze critères. Il pouvait ainsi s'agir de groupes criminels de type traditionnel aussi bien que d'entités juridiques ou de membres de professions pratiquant certaines formes de délinquance comme la délinquance économique. Les critères obligatoires sont les suivants:

— au moins trois personnes collaborent;

— durant une période prolongée ou indéfinie;

— elles sont soupçonnées d'avoir commis des infractions pénales graves ou ont été condamnées pour de telles infractions ;

— leur objectif est de rechercher un profit et/ou le pouvoir.

22. Les critères optionnels sont les suivants:

— chaque participant a une tâche ou un rôle spécifique;

— une forme de discipline et de contrôle internes s'applique;

— le groupe utilise la violence ou d'autres moyens d'intimidation;

— il exerce, par la corruption ou par d'autres moyens, une influence sur la politique, les médias, l'administration publique, les organes répressifs, l'administration de la justice ou l'économie;

— il utilise des structures commerciales ou quasi commerciales;

— il pratique le blanchiment de capitaux;

— il opère au niveau international.

23. La définition du «groupe criminel organisé» énoncée dans la Recommandation tient compte de ces critères, tout en correspondant formellement à la définition utilisée dans la convention des Nations Unies contre le crime organisé transnational[5] ; elle est aussi compatible avec celle qui est utilisée dans l'action commune adoptée par le Conseil de l'Union européenne[6]. La définition figurant dans les principes directeurs fait

---

5. Article 2(a) de la Convention des Nations Unies.

6. Voir 98/733/JAI Action commune du 21 décembre 1998, adoptée par le Conseil sur la base de l'article K.3 du Traité sur l'Union européenne, relative à l'incrimination

référence – comme celle qui figure dans la convention des Nations Unies – à des « infractions graves »[7].

Organes de répression

24. Cette définition fonctionnelle cherche à englober, indépendamment de toute définition nationale, les institutions et organes publics qui, en vertu de leur mandat, instruisent et/ou poursuivent les infractions pénales. Les forces de police, la gendarmerie, les services des douanes, les brigades des finances, le fisc, etc., entreront normalement dans cette définition en tant qu'autorités investies d'un pouvoir d'enquête. Le ministère public sera également considéré comme un organe de répression. Les juges d'instruction entreront eux aussi dans cette définition, soit comme organes d'instruction soit comme organes de poursuites. Les services de sûreté de l'Etat ou de renseignement qui n'instruisent pas les infractions pénales en seront, en revanche, exclus, à l'exception des unités de renseignement financier qui, dans certains pays, peuvent aussi déclencher ou mener des enquêtes. Les organismes privés de sécurité ou de renseignement ne seront pas considérés comme des organes de répression aux fins de la Recommandation.

Principes concernant la prévention générale

Utilisation d'argent liquide dans les paiements (Principe directeur n° 1)

25. Dans certains pays, l'activité économique repose encore largement sur le règlement de grosses sommes en espèces et le change de devises au comptant est une opération courante. Les pratiques de ce type facilitent le blanchiment des capitaux, surtout si les contrôles administratifs sont légers ou inexistants. Comme les produits de l'activité criminelle se présentent principalement sous la forme d'argent liquide et qu'ils doivent être convertis en d'autres avoirs financiers ou en biens pour masquer leur origine criminelle (opération communément appelée «blanchiment de capitaux»), le paiement de sommes élevées en espèces peut correspondre à une opération de blanchiment par le crime organisé. L'achat d'automobiles de luxe, de biens immobiliers, d'or ou de bijoux, d'œuvres d'art, d'actions ou d'obligations, etc., pour des sommes élevées réglées en espèces devrait normalement éveiller les soupçons, du moins dans les économies qui ne pratiquent pas couramment les paiements en espèces, et, dans certaines circonstances, être signalé à un organe chargé de recueillir les dénonciations. De plus, en cas d'opération portant sur un montant supérieur à un certain seuil, l'identité des clients devrait être vérifiée. Ce type de réaction en cas de paiements importants en espèces devrait devenir, avec le temps, une pratique commune dans tous les Etats membres du Conseil de

---

de la participation à une organisation criminelle dans les Etats membres de l'Union européenne – Journal officiel L 351, 29 décembre 1998, pages 1 à 3.

7. Article 2 (b) de la Convention des Nations Unies.

l'Europe. On se souviendra que les Recommandations 22 et 23 du Groupe d'action financière sur le blanchiment de capitaux (GAFI) suggéraient, dès 1990, que les banques et autres établissements financiers «[déclarent] toutes les transactions nationales et internationales en espèces au-dessus d'un certain montant» et que soient prises des mesures destinées à «détecter ou à surveiller les transports physiques transfrontaliers d'espèces». L'article 3, paragraphe 2, de la Directive du Conseil n° 91/308/CEE relative à la prévention de l'utilisation du système financier aux fins du blanchiment de capitaux (10 juin 1991) fait obligation aux établissements de crédit et aux institutions financières à l'intérieur de l'Union européenne d'exiger l'identification de leurs clients pour toute transaction dont le montant atteint ou excède 15 000 ECU.

26. Il est donc important que les mesures susmentionnées soient appliquées par tous les Etats membres, conformément aux recommandations du GAFI et à la directive communautaire. Un comité d'experts du Conseil de l'Europe[8] a été créé expressément à cette fin en 1997 et procède actuellement à sa première série d'évaluations[9].

27. Le Principe 1 demande aux gouvernements de prendre des mesures pour empêcher des personnes physiques ou morales de dissimuler, au moyen de paiements en espèces ou d'opérations de change, la conversion des produits du crime en d'autres biens. Ces mesures devraient comprendre des dispositions visant à réduire le montant des paiements en espèces, les opérations de change au comptant et le transport physique d'espèces à travers les frontières, en développant les techniques modernes de paiement telles que les chèques, les cartes de paiement, le virement direct des salaires, etc. Ce principe suppose aussi un renforcement de la vigilance de la part des établissements bancaires et financiers, de même que des professions qui manipulent des sommes élevées en espèces, afin de déceler les opérations suspectes.

Utilisation des centres financiers (Principe directeur n° 2)

28. Les centres financiers *offshore* font partie du système économique mondial. Leur nombre et leur diversité ont grandi avec la mondialisation des échanges commerciaux et des investissements, à la faveur du développement des technologies modernes de l'information. L'utilisation des services qu'ils offrent par les différents agents de la vie économique a considérablement augmenté et de nombreux établissements financiers des Etats membres du Conseil de l'Europe, y compris les Etats en transition, ont de fait créé leurs propres filiales dans des centres *offshore*.

---

8. Comité restreint d'experts sur l'évaluation des mesures contre le blanchiment des capitaux (PC-R-EV).

9. Voir les rapports annuels du Comité PC-R-EV pour les années 1997-1998 et 1998-1999.

29. Les centres *offshore* sont des ressorts dans lesquels les non-résidents ont la possibilité de créer des sociétés et d'utiliser des services financiers pour des activités menées en dehors du centre; ils offrent le plus souvent des avantages tels que des taux d'imposition peu élevés et/ou une réglementation réduite dans des domaines comme le droit des sociétés, le droit financier, le droit administratif ou le régime des devises. Les services qu'ils proposent varient et la concurrence se développe entre les différents centres *offshore*. Certains pays qui ne sont pas situés «au large» ont même jugé utile d'ouvrir des zones *offshore* à l'intérieur de leur propre ressort. Dès lors, la notion même de centre *offshore* risque d'être trompeuse car elle recouvre des réalités très variées et des régimes juridiques divers. Certaines juridictions *offshore* offrent le secret bancaire, le respect du caractère confidentiel des informations, l'anonymat et des mécanismes d'évasion fiscale, et refusent de pratiquer la coopération internationale en matière pénale, tandis que d'autres ont adopté des mesures de surveillance et de contrôle qui équivalent largement à celles qui existent dans certains ressorts *onshore* et qui vont même parfois plus loin.

30. Les services procurés par les centres *offshore* sont particulièrement attrayants pour les personnes, physiques et morales, qui participent à la corruption, au blanchiment des capitaux et à d'autres activités criminelles. L'expérience montre qu'ils sont souvent utilisés pour créer des caisses noires et des sociétés écrans, et certaines preuves indiquent que les grandes opérations de blanchiment comportent souvent l'utilisation de sociétés écrans ou de comptes bancaires domiciliés dans des centres *offshore*. Ces activités sont facilitées par des opérations licites en apparence, ou imbriquées dans de telles opérations, par exemple les investissements par l'intermédiaire de services *offshore* et la planification fiscale. Il est fréquent que ces opérations n'aient pas de but commercial visible (par exemple des dépôts en espèces sur des comptes bancaires *offshore* à taux d'intérêt faible ou nul, suivis de virements télégraphiques vers d'autres comptes bancaires à l'étranger) et se déroulent sans même une vérification minimale de l'identité des parties qui interviennent. Dans les pays *offshore*, la vérification de l'identité du client se limite souvent aux intermédiaires locaux, avocats, comptables ou fondés de pouvoirs, et les établissements financiers ne cherchent pas systématiquement à établir, par l'intermédiaire des banques du pays de résidence du client éventuel, si la personne a une réputation suffisamment bonne pour qu'ils acceptent de nouer des relations d'affaires avec elle. De même, il est fréquent que le bénéficiaire ultime de l'opération ne soit pas identifié, particulièrement dans le cas des sociétés commerciales, ce qui est contraire aux «mesures raisonnables» préconisées par les recommandations du GAFI (Recommandation n° 11) et par la directive communautaire (article 3, paragraphe 5). Enfin, les messages Swift en provenance et à destination des pays *offshore* ne contiennent souvent aucune indication sur l'émetteur et/ou le destinataire du message, contrairement à la pratique bancaire internationale courante.

31. L'expérience et les rapports des gouvernements montrent que les groupes criminels organisés profitent des marchés financiers mondiaux et des lacunes de leur réglementation, de la même manière que ceux qui pratiquent la fraude fiscale ou le blanchiment de capitaux. De plus, les centres financiers *offshore* n'accordent généralement aux autorités étrangères qu'une coopération insuffisante. A ce sujet, les conclusions de la 4e Conférence des services spécialisés dans la lutte contre la corruption[10] énumèrent une série d'obstacles qui entravent la coopération internationale:

– les différences dans les droits des sociétés et les autres normes réglementaires, en particulier la possibilité de création de sociétés écrans ou de sociétés boîtes aux lettres n'exerçant aucune activité commerciale ou industrielle et sans aucune exigence de capital minimal, de vérification des comptes, d'assemblées générales annuelles ou même la désignation d'un administrateur local;

– le fait que de telles sociétés écrans ou boîtes aux lettres sont utilisées pour opérer en dehors du territoire de création du centre offshore, rendent ainsi leur contrôle difficile, voire impossible;

– l'absence de moyens d'identification de l'ayant droit économique des sociétés écrans ou sociétés boîtes aux lettres;

– la réticence à signer, ratifier, ou appliquer des traités sur la coopération internationale en matière pénale et administrative;

– l'insuffisance en nombre et en formation du personnel des autorités chargées de l'application de la loi;

– l'abus des règles du secret bancaire, de la confidentialité, du secret professionnel et des immunités.

32. Pour prévenir l'utilisation abusive des centres financiers *offshore* dans le but de blanchir des capitaux et de réaliser des opérations financières illicites, ainsi que pour surmonter certains des obstacles ci-dessus, le Principe 2 invite les gouvernements à prendre des mesures appropriées, et donc aussi à assurer le respect des normes internationales. Bien entendu, il faut que ces normes soient également respectées par les pays *offshore* et les pays *onshore*. Le principe recommande explicitement aux gouvernements de permettre l'examen des opérations financières sans but commercial apparent et exiger l'identification des parties directement impliquées ou des destinataires ultimes des fonds. Voici quelques-unes des autres mesures que les gouvernements devraient prendre pour donner effet au Principe 2:

– la législation des sociétés commerciales devrait être alignée sur les normes internationales de «diligence raisonnable» établies, par

---

10. Voir la note de bas de page n° 4.

exemple, par le Comité de Bâle, le Groupe d'action financière (GAFI) ou les Communautés européennes, normes qui exigent notamment l'identification des clients, la consignation des opérations dans des registres et la dénonciation des opérations suspectes, etc.;

– les intermédiaires – notamment les avocats, les comptables, les commissaires aux comptes, les mandataires intervenant dans la création de sociétés et les fondés de pouvoirs – devraient être tenus de respecter des normes professionnelles minimales et de signaler toute opération suspecte. Le manquement à ces obligations devrait être assorti de sanctions pénales ou administratives efficaces, proportionnées et dissuasives;

– le secret bancaire ne devrait jamais faire obstacle aux enquêtes pénales et des procédures devraient être établies pour lever promptement le secret bancaire à la demande des autorités répressives étrangères ou nationales;

– aucune société ne devrait être enregistrée dans les ressorts offshore sans l'obtention et la vérification préalables de renseignements détaillés sur l'identité de la (des) personne(s) physique(s) propriétaire(s) et ultime(s) bénéficiaire(s) et du gérant effectivement responsable, de renseignements détaillés sur les activités de la société, de références bancaires ou commerciales, d'extraits du casier judiciaire, etc.;

– les membres des professions libérales s'occupant de la constitution et de la gestion des sociétés et des fiducies devraient faire l'objet d'une réglementation efficace, notamment, le cas échéant, par l'intermédiaire d'associations professionnelles auxquelles l'appartenance serait obligatoire, et soumis à des codes de conduite et des règles disciplinaires;

– les établissements financiers devraient considérer comme «suspecte», aux fins de leur obligation de dénonciation, la participation à toute opération d'une société écran ou boîte aux lettres établie dans un ressort offshore qui n'applique pas les mesures décrites ci-dessus;

– les agents des organes de répression devraient recevoir, de la part de spécialistes du secteur bancaire et du contrôle de gestion, une formation concernant la création, le fonctionnement et les possibilités d'abus des sociétés écrans et boîtes à lettres offshore.

Obligations des professions vulnérables (Principe directeur n° 3)

33. Dans certains Etats membres du Conseil de l'Europe, les membres de diverses professions (notaires, comptables, avocats ou conseillers fiscaux, notamment) sont habilités à pratiquer, et pratiquent couramment, des opérations financières pour le compte de leurs clients. Cependant, comme ces professions ne sont soumises à aucune obligation de «diligence

raisonnable» (aujourd'hui de règle dans le secteur financier traditionnel) et sont souvent protégées par le régime du secret professionnel et par les privilèges juridiques qui s'y rattachent, elles attirent (aussi) les clients malhonnêtes et leurs services risquent donc d'être utilisés abusivement pour des opérations illicites. Pour certaines d'entre elles, il faut distinguer clairement entre les activités conduites pour le compte de clients en qualité d'intermédiaire financier (ouverture de comptes bancaires, réception de dépôts en espèces, autorisation de virements bancaires par l'intermédiaire des comptes des clients, etc.) et les autres relations professionnelles avec le client (représentation légale, fonction de défenseur en justice, gestion du patrimoine personnel, etc.). Le Principe 3 devrait donc s'interpréter comme ne concernant que les activités accomplies par ces professions en qualité d'intermédiaire financier. D'autres professions (agents immobiliers, marchands d'art, commissaires-priseurs, gérants de casinos, transporteurs de fonds ou contrôleurs de gestion) ne présentent pas cette dualité d'activité mais, faute d'être soumises à des obligations de diligence raisonnable, sont-elles aussi exposées, à l'occasion de la manipulation de liquidités ou d'autres opérations financières, aux risques d'abus en vue de la réalisation d'opérations illicites. En bref, ces professions seront réputées vulnérables aux fins du présent principe.

34. Il convient de rappeler qu'à l'heure actuelle, aucune norme internationale n'oblige ces professions vulnérables à vérifier l'identité de leurs clients, à consigner les opérations réalisées avec eux ni à signaler les transactions suspectes à un organe spécialisé. La Directive de 1991 (91/308/CEE) relative à la prévention de l'utilisation du système financier aux fins du blanchiment de capitaux a servi de base aux mesures prises au niveau de l'UE afin de faire obstacle à l'entrée des produits du crime sur le système financier en exigeant que les établissements financiers (y compris les bureaux de change et les organismes effectuant des transferts de fonds) vérifient l'identité de leurs clients lorsqu'ils ouvrent un compte, louent des services de coffre-fort, ou effectuent des opérations qui, prises isolément ou liées, dépassent la valeur de 15 000 euros, consignent de façon appropriée les opérations en question et adoptent des programmes de lutte contre le blanchiment de l'argent. Plus important encore, la directive exige que le secret bancaire soit suspendu chaque fois qu'il le faut, et que tout soupçon de blanchiment de capitaux (même si l'opération porte sur un montant inférieur au seuil prévu) soit signalé aux autorités compétentes, c'est-à-dire aux organes chargés de recueillir les dénonciations. Depuis que la directive a été adoptée en 1991, la menace du blanchiment et la réponse à cette menace ont évolué l'une et l'autre. Les Etats membres de l'UE (dans les recommandations du programme d'action relatif à la criminalité organisée adopté par le Conseil européen d'Amsterdam) et le Parlement européen (dans deux rapports et résolutions) ont appelé à un renforcement et à un élargissement de l'action menée par l'UE dans ce domaine crucial. La plupart des pays de l'UE et certains pays non membres de l'Union vont déjà plus loin que les obligations prévues par la Directive de 1991 dans le domaine de la couverture des professions non financières. La seconde directive sur le blanchiment des capitaux, adoptée récemment, cherche à

élargir le cercle des professions et des établissements soumis aux obligations de diligence raisonnable. Elle part de la constatation que le renforcement des défenses du secteur bancaire contre le blanchiment de capitaux a conduit ceux qui le pratiquent à trouver d'autres manières de masquer l'origine criminelle de leurs fonds. Cette tendance a été relevée clairement par le Groupe d'action financière et par d'autres organes internationaux qui confirment que les services des avocats et des comptables font l'objet d'une utilisation abusive pour aider à masquer les fonds d'origine criminelle. Fréquemment aussi, le secteur de l'immobilier est utilisé pour blanchir des fonds provenant d'activités criminelles.

35. Le Principe 3 fait écho aux objectifs de la seconde directive européenne* (Footnote) pour renforcer le dispositif de lutte contre le blanchiment et soutient l'idée que de nombreuses professions et activités devraient jouer aujourd'hui un rôle actif dans la lutte contre le crime organisé et l'argent sale. Le principe lui-même ne dresse pas la liste complète des «professions vulnérables». Il laisse aux gouvernements des Etats membres le soin de déterminer les professions qu'ils jugent vulnérables dans le cadre de leur régime de lutte contre le blanchiment. Bien entendu, lors de ce choix, les gouvernements souhaiteront peut-être tenir compte de la liste dressée dans la seconde directive, pour faire en sorte que les mêmes catégories de professions respectent les règles sur la diligence raisonnable dans tous les Etats membres du Conseil de l'Europe.

36. La 2ᵉ directive envisage d'obliger les agents immobiliers, les comptables, les contrôleurs de gestion et les gérants de casinos à participer pleinement à la lutte contre le crime organisé. Ces secteurs et ces professions seraient tenus de vérifier dûment l'identité de leurs clients et de signaler leurs soupçons de blanchiment d'argent aux autorités compétentes chargées de la lutte contre le blanchiment des capitaux établies par les Etats membres. Ces professions seraient protégées contre toute responsabilité, civile ou pénale, pouvant résulter de la communication d'informations concernant des fonds d'origine suspecte. Dans le cas des notaires et des membres des autres professions libérales juridiques, les obligations prévues par la directive s'appliqueraient à l'égard d'activités précises relevant de la législation financière ou du droit des sociétés, et pour lesquelles le risque de blanchiment d'argent est le plus grand (par exemple en cas d'achat ou de vente de biens immobiliers ou d'entreprises commerciales, à l'occasion d'opérations réalisées avec les fonds, les titres ou d'autres biens appartenant à leurs clients, ou encore lors de l'ouverture ou de la gestion de comptes bancaires, d'épargne ou de titres, ou de la création, de l'exploitation ou de la gestion de sociétés, fiducies ou structures similaires). Les avocats,

---

* Lorsque ce projet de Recommandation a été approuvé par le Comité européen pour les problèmes criminels (CDPC) lors de sa 50e session plénière (juin 2001), la seconde directive européenne n'a pas encore été adoptée de manière définitive. En attendant son adoption finale, le texte de ces paragraphes sera sous réserve des changements qui pourraient intervenir dans le champ d'application et des dispositions de la directive.

en raison de leur statut particulier et de leur obligation de secret professionnel, seraient dispensés de toute obligation de dénonciation dans toute situation liée à la représentation ou à la défense des clients dans des procédures judiciaires. Pour tenir pleinement compte du devoir professionnel de secret qui incombe aux avocats, il est envisagé que ceux-ci aient l'option de faire part de leurs soupçons de blanchiment d'argent par le crime organisé non pas aux autorités normalement chargées de la lutte contre le blanchiment mais par l'intermédiaire de leur association professionnelle (barreau ou autre).

37. En ménageant ainsi un régime spécial pour les avocats, la 2e directive européenne s'efforce d'associer cette profession à l'effort de lutte contre le blanchiment des capitaux tout en préservant le rôle spécifique de l'avocat dans notre société. Cette politique est épousée sans réserve par le Principe 3. Suivant la proposition, les blanchisseurs éventuels qui tenteraient d'abuser des services d'un avocat, par exemple en fournissant des renseignements inexacts ou incomplets, s'exposeraient à être dénoncés à une autorité supérieure. Simultanément, les avocats auraient l'avantage de ne pas être livrés à eux-mêmes lorsqu'ils soupçonneraient l'existence d'une activité criminelle grave.

Complexité des règles administratives (Principe directeur n° 4)

38. Plus les règles administratives sont complexes, plus il est probable qu'elles feront l'objet d'abus. Tel est particulièrement le cas pour les réglementations en matière d'import/export, la délivrance de licences et les réglementations fiscales et douanières. Le plus souvent, les règles applicables dans ces domaines sont si complexes que même les juristes professionnels ne sont pas certains du sens à leur donner. Cette complexité ouvre la porte à de nombreux abus, particulièrement à la fraude. D'après une série d'études[11] et de rapports[12] sur la fraude dans l'Union européenne, les pertes provoquées directement par la fraude organisée de grande envergure peuvent atteindre des sommes énormes (estimées à 1,3 milliard d'ECU en 1996) et la complexité des règles, ajoutée à la lourdeur bureaucratique à l'échelon national et à celui de l'UE, est l'un des facteurs favorisant généralement la fraude. Le Principe 4 invite les gouvernements à identifier dans leur réglementation les dispositions détournées ou susceptibles d'être détournées par le crime organisé et à prendre des mesures pour renforcer cette réglementation afin de remédier à cette utilisation illicite. De plus, il est nécessaire que les gouvernements assurent la cohérence entre les réglementations. L'attention des gouvernements est appelée sur le fait que les normes adoptées à cet égard sont non seulement complexes mais aussi souvent incompatibles entre elles. Ce manque de

---

11. Voir, par exemple, Hans de Doelder, Legal Fraud Trends, conférence donnée à l'université de Trente, le 22 octobre 1998.

12. Voir Commission européenne, Protection des intérêts financiers des Communautés, La lutte contre la fraude, rapports annuels 1996 à 1999.

cohérence crée des vides qui ont toutes chances d'être exploités par les malfaiteurs, notamment par les criminels organisés.

39. Le Principe 4 suggère une méthode pour traiter des réglementations administratives complexes, qui consiste à les soumettre à un examen approfondi par des vérificateurs indépendants chargés d'évaluer leur résistance aux pratiques criminelles telles que la fraude. Ce type d'examen, effectué avant l'adoption des réglementations, comme le font souvent les grands cabinets d'audit à l'égard des sociétés, pourrait permettre de déceler très tôt les incohérences et les possibilités de fraude ou de corruption dans la réglementation envisagée.

Utilisation des technologies de l'information (Principe directeur n° 5)

40. L'utilisation des technologies de l'information a eu, et continue d'avoir, un impact extraordinaire sur tous les secteurs de la société, notamment l'activité bancaire. En Europe, les grandes banques sont de plus en plus nombreuses à offrir leurs services par l'intermédiaire de «banques virtuelles» ouvertes vingt-quatre heures sur vingt-quatre, sept jours sur sept (cette tendance a commencé il y a quelques années dans les pays nordiques). Ces «banques virtuelles» sont créées en établissant un accès par l'Internet à un système d'ordinateurs et avec lequel les utilisateurs peuvent entrer en communication pour obtenir des services. Il n'y a aucun contact face-à-face entre la banque et le client, même si certaines opérations ne sont généralement pas effectuées automatiquement, notamment l'ouverture d'un compte bancaire.

41. L'utilisation des banques virtuelles crée cependant un grave risque d'abus car les procédures d'identification du client sont soit rudimentaires (le système demande une photocopie d'un document d'identité) soit totalement inexistantes (comme c'est le cas, apparemment, pour certaines banques virtuelles basées hors d'Europe). Quiconque peut, bien entendu, être client d'une banque virtuelle. Il n'y a aucun obstacle géographique et la connaissance personnelle, par la banque, des antécédents financiers ou même sociaux du client n'a plus de raison d'être (comme au bon vieux temps, quand la banque établissait des relations commerciales avec des clients dignes de confiance). Dans le cas précis des clients qui sont des sociétés susceptibles d'être enregistrées n'importe où dans le monde, par exemple dans les centres financiers *offshore* insuffisamment réglementés, les banques virtuelles se trouvent particulièrement dans l'impossibilité de vérifier les antécédents financiers de la société ou même son existence, en réclamant des références bancaires, la preuve de la constitution en société, etc. Le contournement ou l'inapplication des règles sur la vérification de l'identité du client crée donc un grave risque d'abus.

42. Une fois qu'un compte a été ouvert auprès d'une «banque virtuelle», le client a accès à tout un ensemble de services bancaires, y compris les virements électroniques à d'autres comptes bancaires. D'après les rapports des services de renseignement financier, dans certaines régions du monde,

les «banques virtuelles» prolifèreraient et de grosses sommes d'argent, parfois d'origine suspecte, sont virées électroniquement par des messages Swift. Ces rapports confirment aussi le vif intérêt que les groupes criminels organisés portent, depuis ces dernières années, à ce type de comptes ouverts auprès de banques virtuelles situées dans des ressorts à réglementation laxiste. Il apparaît donc essentiel que les banques qui exploitent des «guichets virtuels» ou des «banques virtuelles» adoptent systématiquement des mesures rigoureuses telles qu'elles sachent exactement qui sont leurs clients. L'application de la règle «connaître son client» ferait que les banques virtuelles n'accepteraient pas de client sans vérifier, comme une banque traditionnelle le ferait, l'identité, l'existence et les antécédents financiers des clients, ainsi que la fiabilité des renseignements fournis à l'appui. Les autres obligations de diligence raisonnable, telles que la consignation des transactions, etc., devraient naturellement s'appliquer elles aussi. Les «banques virtuelles» devraient, par ailleurs, s'assurer de l'identité de l'expéditeur et du destinataire de tout message Swift et rechercher, par exemple à partir du pays de résidence du bénéficiaire et des références bancaires, tout abus éventuel du système à des fins de blanchiment d'argent. Des mesures de sécurité appropriées, comme le codage des données relatives aux opérations, devraient aussi s'appliquer pour prévenir les intrusions et le détournement des renseignements bancaires.

Bonne gouvernance (Principe directeur nº 6)

43. Les pouvoirs publics et les entreprises sont des acteurs importants dans les sociétés modernes. Ils sont les principaux employeurs dans la plupart des pays et leurs ressources financières sont également considérables. Dans une société démocratique, l'administration publique est responsable devant le gouvernement et, en dernier ressort, devant les citoyens qui ont voté pour le parti ou les partis au pouvoir. Dans l'économie mondiale et intégrée qui est la nôtre, les grandes entreprises ne peuvent guère survivre si elles ne respectent pas un minimum de règles en matière de responsabilité, imposées par la réglementation, l'environnement concurrentiel, les marchés boursiers et les actionnaires. Les administrations publiques et les entreprises sont censées exercer leurs fonctions dans le respect des règles de la bonne gouvernance comme le ferait un «bon père de famille». L'une des méthodes fréquemment utilisée aujourd'hui, pour faire en sorte que les salariés des secteurs public et privé soient soumis à des règles communes consiste à adopter et à faire respecter des codes de conduite.

44. Les codes de conduite doivent énoncer clairement et en termes concis les normes de comportement auxquelles une organisation entend que ses membres se conforment et les valeurs auxquelles elle adhère. Un code de conduite est à la fois un document destiné au public et un message adressé individuellement à chaque salarié. L'existence d'un tel code est spécialement importante dans le secteur public car on ne peut pas attendre d'un agent public qu'il connaisse les normes de conduite qu'il est censé

respecter, si nul ne les lui a jamais présentées. Il est hasardeux de compter sur un mécanisme spontané d'assimilation des normes dans l'environnement de travail. Si l'agent doit être appelé à rendre compte de son comportement, il est essentiel qu'il ait été informé de ce que l'on attend de lui et qu'il sache de quelle manière son comportement laisse à désirer. Un énoncé clair, concis et accessible des normes qui doivent régir sa vie professionnelle est à cet égard une condition fondamentale. Dans le secteur privé, le code peut être considéré comme un élément du contrat de travail et, dans ce cas, faire l'objet d'un engagement signé du salarié. Une éventuelle violation du code pourra dès lors s'analyser comme une violation du contrat de travail et justifier une mesure disciplinaire ou un licenciement. Certains codes ne prévoient pas de sanctions mais renvoient simplement aux délits correspondants (détournement de fonds ou corruption, par exemple) définis par le Code pénal. L'efficacité d'un code de conduite dépendra dans une large mesure des sanctions prévues. Le champ d'application des mesures disciplinaires est évidemment plus vaste que celui des mesures de droit pénal.

45. Les codes de conduite devraient aller plus loin que la simple prévention de la corruption et énoncer des normes strictes de comportement déontologique. Ils devraient contenir des principes généraux concernant la licité, la diligence, l'efficacité, une gestion économique, la transparence, la confidentialité, la responsabilité personnelle et l'indépendance de jugement, l'équité, l'intégrité et la formation professionnelle. Le contenu de ces principes peut aussi être divisé en deux grandes catégories: les dispositions qui traitent de l'intégrité personnelle et celles qui portent sur les responsabilités de l'encadrement à l'égard de l'intégrité du service public ou de l'entreprise, notamment en concevant et en mettant en place des modes de fonctionnement appropriées, en veillant à ce que les subordonnés soient informés et conscients de leurs devoirs, ainsi que des mécanismes de supervision et de responsabilité, ainsi que des procédures de sélection appropriées, en veillant au respect du code de conduite et en maintenant la discipline. Les codes de conduite devraient, au minimum, reprendre les normes de droit pénal au sujet de la malhonnêteté et de la corruption. De plus, il devrait toujours y avoir un rapport entre les codes de conduite et les lois et règlements régissant les mesures disciplinaires.

46. L'adoption de codes de conduite est particulièrement importante dans le domaine de marchés publics où des fonds publics d'un montant substantiel sont dépensés pour des travaux publics coûteux et où le risque de corruption ou d'autres abus est plus élevé. La pratique montre en effet que, du point de vue du volume des fonds, la passation de marchés publics est, de loin, le principal domaine de corruption. Selon le programme d'action contre la corruption[13] adopté par le Conseil de l'Europe, «les remèdes principaux [à la corruption dans les marchés publics] sont des procédures d'adjudication qui rendent la corruption aussi difficile que possible (par

---

13. Voir le document GMC (96) 95.

exemple, en répartissant la compétence de décider entre plusieurs personnes ou administrations, en adoptant une procédure de soumission qui met tous les concurrents sur un pied d'égalité, en exigeant des offres très détaillées de la part des souscripteurs, en veillant à ce que le personnel et les contrôleurs financiers qui analysent les offres aient de bonnes connaissances techniques, etc.), ainsi qu'un maximum de transparence à toutes les étapes du processus, y compris après la fin de la procédure. D'autres solutions comprennent des vérifications de fiabilité des administrateurs participant à la prise de décisions dans les marchés publics, etc.».

47. Naturellement, l'adoption et l'application de codes de conduite par les administrations publiques et les entreprises ne renforceraient pas seulement la transparence et les valeurs déontologiques mais contribueraient aussi à rendre les comportements illicites, notamment la fraude, la corruption, l'abus de fonctions et le blanchiment d'argent, plus visibles et, à terme, aideraient à les éliminer. En définitive, les organisations qui respectent effectivement ces codes de conduite et appliquent les principes de la transparence et de la responsabilité résistent mieux à la pénétration ou à la prise de contrôle par le crime organisé.

Informateurs (Principe directeur n° 7)

48. Ce principe est étroitement lié au précédent. Il vise à encourager le respect de la déontologie dans les entreprises par l'adoption des principes de responsabilité et d'absence totale de tolérance à l'égard des pratiques illégales. Il invite aussi les gouvernements à adopter des règles communes pour la protection des informateurs, c'est-à-dire des personnes qui dénoncent des cas de corruption ou d'autres activités criminelles apparentes commises par ou dans les entreprises.

49. Plusieurs documents adoptés récemment par le Conseil de l'Europe ont appelé l'attention sur la nécessité de protéger les informateurs pour favoriser un changement d'attitude envers les comportements illicites dans les entreprises. Tout d'abord, le programme d'action contre la corruption déjà mentionné a souligné qu'en raison du caractère consensuel de la plupart des délits de corruption, la coopération de sources d'information situées dans l'entreprise avec les services de répression avait une importance essentielle pour la découverte et la poursuite de ces délits. Il a reconnu cependant que, dans la grande majorité des cas, les personnes qui détiennent des renseignements sur les délits de corruption ne les communiquent pas à la police, principalement parce qu'elles s'incrimineraient ainsi elles-mêmes ou par peur des conséquences éventuelles. Cette constatation s'applique autant aux administrations publiques qu'aux entreprises. Ensuite, l'article 22 de la Convention pénale sur la corruption [STE n° 173] fait obligation aux Etats de prendre les mesures nécessaires pour assurer une protection effective et appropriée aux collaborateurs de justice et aux témoins. Les auteurs de cette convention se

sont notamment inspirés de la Recommandation n° R (97) 13[14] qui avait proposé un ensemble complet de principes devant inspirer les législations nationales en matière d'intimidation des témoins, soit dans le cadre de la procédure pénale soit pour concevoir des mesures de protection en dehors des tribunaux. L'article 22 de la Convention et la Recommandation n° R (97) 13 donnent un sens large à la notion de «témoin» afin de l'étendre aux personnes détenant des renseignements qui se rapportent à une action pénale concernant des délits tels que la corruption, et d'y inclure les informateurs.

50. Le Principe 7 prévoit que les informateurs doivent être protégés. Bien entendu, le niveau de protection doit être adapté aux risques encourus par ces informateurs. Dans certains cas, il pourra suffire, par exemple, de ne pas divulguer leur identité durant le cours du procès; dans d'autres, des mesures de protection beaucoup plus complètes pourront être nécessaires.

51. Le troisième document, le plus récent, qui traite des obligations de «dénonciation» des fonctionnaires publics est la Recommandation n° R (2000) 10 du Comité des Ministres aux Etats membres sur les codes de conduite pour les agents publics. L'article 12 (Faire rapport) conseille aux gouvernements d'assurer en particulier:

– que l'agent public qui estime qu'on lui demande d'agir d'une manière illégale, irrégulière ou contraire à l'éthique, pouvant relever de la forfaiture ou en contradiction de toute autre manière avec le code, doit le signaler conformément à la loi;

– que l'agent public doit signaler aux autorités compétentes toute preuve, allégation ou soupçon d'activité illégale ou criminelle concernant la fonction publique dont il ou elle a connaissance dans ou à l'occasion de l'exercice de ses fonctions. L'enquête sur les faits rapportés incombe aux autorités compétentes;

– que l'administration publique doit veiller à ce que l'agent public qui signale un cas prévu ci-dessus sur la base de soupçons raisonnables et de bonne foi ne subisse aucun préjudice.

Principes concernant le système de justice pénale

Réprimer pénalement la participation à un groupe criminel organisé (Principe directeur n° 8)

52. Le fossé de plus en plus large entre la réalité criminologique complexe du crime organisé et l'approche individualiste du droit pénal traditionnel a récemment fait l'objet d'un vaste débat. Ce fossé, perceptible également

---

14. Voir la Recommandation n° R (97) 13 sur l'intimidation des témoins et les droits de la défense, adoptée par le Comité des Ministres du Conseil de l'Europe, le 10 septembre 1997.

dans d'autres domaines du droit, s'est élargi à cause de l'apparition et de l'évolution rapide d'un type de criminalité organisée sans cesse plus élaboré, souvent de nature entrepreneuriale, dont la conception traditionnelle du délit, «un homme – un crime», ne peut pas rendre compte. Il ne s'agit plus aujourd'hui de poursuivre un meurtre, un cambriolage, un vol ou une vente de marchandises de contrebande. Il est possible, dans le meilleur des cas, de découvrir, d'instruire et de prouver de tels délits ou crimes et d'obtenir la condamnation de leur auteur. Le problème est que, même si l'on additionne ces délits et crimes individuels et leurs auteurs, la somme obtenue ne correspond pas à la réalité du crime organisé qui, comme son nom l'indique, suppose une «organisation» de la délinquance. Comme les rapports annuels du Conseil de l'Europe sur la criminalité l'illustrent clairement, le crime organisé peut être «organisé» de différentes manières (organisation mafieuse pyramidale, en réseau, etc.), mais la caractéristique qui le distingue en définitive de la délinquance individuelle est l'interaction entre les membres du groupe qui fixent les objectifs, ceux qui répartissent les tâches et ceux qui exécutent ensemble un projet criminel. Dans certains cas, le programme criminel devient permanent et la formule «entreprise criminelle continue», forgée par le législateur des Etats-Unis, décrit bien l'idée du crime organisé.

53. Dans la mesure où le droit pénal traditionnel réprime des délits individuels, même s'ils sont commis par plusieurs personnes, il ne saisit généralement pas, pour des raisons conceptuelles, la dimension socio-organisationnelle du crime organisé. Les pays de *common law* sont, en principe, mieux à même de s'adapter à ces caractéristiques en utilisant la notion de «*conspiracy*», bien qu'une incertitude demeure quant à savoir dans quelle mesure elle pourrait s'appliquer aux délits commis par le crime organisé. En revanche, la notion de «*conspiracy*» contient un élément essentiel qui crée généralement des difficultés pour les pays de droit civil: «l'entente» des intéressés suffit pour constituer le délit. Telle est précisément l'essence du crime organisé: des personnes s'entendent pour commettre ensemble des délits en exécution d'un programme criminel à long terme. Cependant, dans certains systèmes juridiques, l'entente elle-même n'est pas toujours suffisante pour incriminer les faits et une forme ou une autre de manifestation extérieure peut être nécessaire. Cela étant dit, un groupe de personnes ayant conclu une telle entente peut se diviser pour commettre les infractions, certains membres ne procurant éventuellement qu'un véhicule ou un garage, ou participant seulement aux préparatifs (peut-être légaux en eux-mêmes); or, ce qui compte, c'est le fait d'agir en poursuivant un objectif commun. Aussi n'est-il pas nécessaire que tous les membres du groupe commettent des infractions conformément à un plan convenu: certains se borneront éventuellement à procurer une aide matérielle au groupe ou, comme c'est généralement le cas pour les patrons du groupe, se contenteront de donner des instructions. Pour engager la responsabilité de ces personnes, le Principe 8 invite les gouvernements à s'efforcer d'incriminer la participation aux organisations criminelles, telles qu'elles sont définies dans les Principes directeurs (premier alinéa de la partie I), quel que soit le lieu dans les Etats membres du Conseil de l'Europe

où le groupe est concentré ou exerce ses activités criminelles. Le principe est rédigé de telle manière qu'il met en relief la nécessité de lutter contre les groupes criminels organisés à un niveau transfrontalier.

54. Le rapport sur la situation du crime organisé dans les Etats membres du Conseil de l'Europe[15] contient un chapitre consacré spécialement à l'incrimination de l'appartenance aux groupes criminels organisés et signale que plusieurs Etats membres ont déjà adopté les mesures suggérées par le Principe 8. En Belgique, par exemple, la loi sur les organisations criminelles vise à rendre expressément répréhensible le fait, pour quiconque, de participer à une organisation criminelle, même si la personne n'a pas l'intention de commettre un délit au sein de cette organisation ni de participer à un acte délictueux comme coauteur ou comme complice. Le Code pénal italien contient deux dispositions sur la participation à une association criminelle. La première, qui figure à l'article 416, est très semblable à la notion française d'association de malfaiteurs et n'exige pas que des délits spécifiques soient commis[16].

La seconde disposition italienne figure à l'article 416 *bis* du Code pénal (introduite en 1982 et modifiée en 1992) et vise la participation à une association criminelle «de type mafieux[17]». Cette disposition prévoit des circonstances aggravantes si l'association est armée et si les activités économiques que les membres ont l'intention d'exercer ou de contrôler sont financées en tout ou partie par les produits du crime.

---

15. Voir le document PC-CO (1999) 7.

16. Article 416: «Si trois personnes ou davantage s'associent aux fins de commettre plus d'un crime, quiconque encourage, constitue ou organise l'association sera puni, pour ce seul fait, d'une peine d'emprisonnement d'une durée de trois à sept ans. La peine pour le seul fait de participer à l'association sera l'emprisonnement d'une durée d'un à cinq ans. Les dirigeants seront punis de la même peine que celle prévue pour quiconque encourage une telle association. Si les personnes associées prennent le contrôle du territoire ou de la voie publique par la force des armes, elles seront punies d'une peine d'emprisonnement de cinq à quinze ans. La peine sera aggravée si le nombre des personnes qui s'associent est égal ou supérieur à dix.»

17. Article 416 *bis*: «Les personnes qui appartiennent à une association de type mafieux de trois personnes ou davantage encourent une peine d'emprisonnement de trois à six ans. Une association de type mafieux est une association dont les membres utilisent le pouvoir d'intimidation tiré des liens d'appartenance et l'atmosphère de coercition et de conspiration du silence (*omertà*) qui en résultent pour commettre des infractions, pour acquérir le contrôle direct ou indirect d'activités économiques, se procurer des permis ou des autorisations, obtenir des marchés publics de biens et services ou recueillir des bénéfices ou des avantages injustifiés pour eux-mêmes ou pour autrui, ou pour prévenir ou empêcher le libre exercice du droit de vote, ou pour obtenir des votes pour eux-mêmes ou pour autrui dans une élection... Les dispositions du présent article sont applicables également à la Camorra et à toute autre organisation, quel que soit son nom, qui fait usage du pouvoir d'intimidation créé par les liens d'appartenance pour poursuivre des buts qui sont caractéristiques des organisations de type mafieux.»

55. Les différences entre l'appartenance à une organisation de type mafieux et l'appartenance à une association criminelle ordinaire valent d'être mentionnées. Alors que l'existence d'une association ordinaire exige seulement la création d'une organisation stable, aussi rudimentaire soit-elle, aux fins de commettre un nombre indéterminé d'infractions, l'appartenance à une organisation de type mafieux nécessite en outre que l'organisation ait acquis un véritable pouvoir d'intimidation là où elle opère. Il faut aussi que les membres de l'organisation exploitent ce pouvoir pour exercer une contrainte à l'égard des tiers avec qui l'organisation établit des relations, et les obligent ainsi à entrer dans une conspiration du silence. L'intimidation peut prendre différentes formes qui vont de la simple exploitation d'un climat d'intimidation déjà créé par l'organisation criminelle à la perpétration de nouveaux actes de violence ou à l'usage de menaces qui renforcent la capacité d'intimidation déjà acquise. La «méthode mafieuse» (ou plutôt, l'ensemble d'instruments qu'elle utilise) est donc caractérisée, en droit pénal italien, par trois éléments («les pouvoirs d'intimidation tirés des liens d'appartenance à l'organisation», «la coercition» et «la conspiration du silence»), et tous trois sont des éléments essentiels et nécessaires du délit d'association.

56. Quant aux buts poursuivis, alors qu'une association simple a pour but de commettre des faits qualifiés d'infractions pénales par la loi, une association mafieuse peut aussi être organisée dans le but de prendre le contrôle direct ou indirect d'activités économiques, de la délivrance d'autorisations, de l'attribution de marchés publics et de l'obtention de services ou de profits ou autres avantages injustifiés, pour l'organisation ou pour autrui, ou d'empêcher ou de restreindre le libre exercice du droit de vote ou d'obtenir des voix pour soi-même ou pour autrui dans des élections. Dans sa réponse au questionnaire du Conseil de l'Europe de 1997 sur la situation du crime organisé, l'Italie avait signalé un problème important apparu dans les années précédentes: le besoin d'ériger en infraction pénale le fait d'apporter un appui extérieur à la mafia. Il s'agit ici de réprimer le comportement des hommes politiques, des fonctionnaires ou des entrepreneurs qui coopèrent avec des organisations mafieuses en s'accordant mutuellement des «faveurs» (par exemple en embauchant des membres de l'association dans leur entreprise en échange de la protection et du développement d'activités économiques, en versant des sommes d'argent ou en attribuant des marchés publics en échange de voix lors des élections). La question est de savoir si de tels comportements licites (très importants pour la survie et l'expansion des associations mafieuses) peuvent êtres réprimés lorsqu'ils sont le fait d'individus qui n'appartiennent pas aux associations mafieuses. La jurisprudence[18] de la Cour de cassation a apporté une réponse essentielle à ce sujet en établissant que, si une contribution «extérieure» à l'association a une importance particulière, soit parce qu'il s'agit d'une contribution continue soit parce qu'elle intervient à un moment de crise pour l'organisation, cette contribution peut être assimilée à

---

18. Voir l'arrêt rendu le 5 octobre 1994 par les chambres réunies dans l'affaire Demitri.

une participation «interne» du point de vue de la répression. Concrètement, la Cour de cassation a précisé que, même si un individu non membre d'une association criminelle commet un seul acte isolé et le fait pour accomplir l'un quelconque des buts de l'organisation, son comportement doit être considéré comme un acte de complicité dans la réalisation de l'infraction.

57. A l'échelon international, l'Union européenne a traité de la question de l'incrimination de la participation à une organisation criminelle dans une Action commune du 21 décembre 1998[19]. Ce texte définit d'abord une «organisation criminelle» comme une «association structurée, de plus de deux personnes, établie dans le temps, et agissant de façon concertée en vue de commettre des infractions punissables d'une peine privative de liberté ou d'une mesure de sûreté privative de liberté d'un maximum d'au moins quatre ans ou d'une peine plus grave, que ces infractions constituent une fin en soi ou un moyen pour obtenir des avantages patrimoniaux, et, le cas échéant, influencer indûment le fonctionnement d'autorités publiques». Il établit ensuite une obligation à la charge des Etats membres de l'UE de «s'engager, selon la procédure prévue à l'article 6, à faire en sorte que l'un ou les deux comportements suivants soient passibles de sanctions pénales effectives, proportionnées et dissuasives:

a. le comportement de toute personne qui, d'une manière intentionnelle et en ayant connaissance soit du but et de l'activité criminelle générale de l'organisation, soit de l'intention de l'organisation de commettre les infractions en cause, participe activement:

– aux activités criminelles de l'organisation, relevant de l'article 1er, même lorsque cette personne ne participe pas à l'exécution proprement dite des infractions en cause et, sous réserve des principes généraux dans le droit pénal de l'Etat membre concerné, même lorsque l'exécution des infractions en cause ne se réalise pas;

– aux autres activités de l'organisation en ayant, en outre, connaissance que sa participation contribuera à la réalisation des activités criminelles de l'organisation, relevant de l'article 1er;

b. le comportement de toute personne consistant à avoir conclu avec une ou plusieurs personnes un accord portant sur l'exercice d'une activité, qui, si elle était mise en œuvre, reviendrait à commettre les infractions relevant de l'article 1er, même lorsque cette personne ne participe pas à l'exécution proprement dite de l'activité».

---

19. Voir 98/733/JAI Action commune du 21 décembre 1998 adoptée par le Conseil sur la base de l'article K.3 du traité sur l'Union européenne, relative à l'incrimination de la participation à une organisation criminelle dans les Etats membres de l'Union européenne, Journal officiel L 351, 29 décembre 1998, pages 1 à 3.

58. Le texte de l'Action commune indique clairement, tout comme le Principe 8, que peu importe le lieu sur le territoire des Etats membres de l'UE où l'organisation est basée ou poursuit ses activités criminelles (article 4).

59. Dans le cadre de l'organisation des Nations Unies, la convention contre le crime organisé transnational envisage d'établir une infraction similaire à celle que prévoit l'Action commune de l'UE ou le Principe 8. L'article 5 de la convention («Incrimination de la participation à un groupe criminel organisé») oblige les parties à ériger comme une infraction distincte notamment le fait de conclure un accord entre au moins deux personnes pour commettre une infraction grave en vue d'obtenir un avantage financier ou un autre avantage matériel et faisant intervenir un groupe criminel organisé, même si aucun acte n'est commis à la suite de l'accord. Le texte prévoit aussi que l'accord peut être déduit des circonstances de fait objectives. Un groupe criminel organisé est défini (article 2/a) comme un groupe structuré de trois personnes ou davantage, qui existe durant un certain temps et dont les membres agissent de concert dans le but de commettre un ou plusieurs crimes ou délits graves établis conformément à la convention, afin d'obtenir, directement ou indirectement, un avantage financier ou un autre avantage matériel.

Incrimination du blanchiment des produits du crime organisé (Principe directeur n° 9)

60. Le but du crime organisé est avant tout de gagner de l'argent. L'argent donne aux criminels les moyens de se faire respecter, de s'acheter une légitimité, de corrompre les autorités, etc., en bref, les moyens de poursuivre leurs activités et de leur donner l'apparence de la légitimité. Ce mécanisme qui, souvent, ne se différencie guère du cours normal des affaires, oblige à transformer les profits tirés directement du crime (souvent de grosses sommes d'argent) en capitaux, biens ou autres objets de valeur financière légitimes. En masquant l'origine illégitime de ces produits, qui proviennent le plus souvent d'un ensemble d'activités illégales comme le trafic des drogues ou d'autres biens illégaux, de la fraude, du racket, etc., par un procédé souvent appelé aujourd'hui «blanchiment des capitaux», le crime organisé se procure de l'argent propre qui peut servir à des affaires «normales», par exemple des investissements. Ce processus est une condition *sine qua non* de l'accès du crime organisé aux circuits financiers et économiques légitimes (et peut-être de l'exercice d'une influence sur ces circuits) et il figure dans toutes les définitions actuelles du crime organisé comme l'un des éléments constitutifs de cette forme de criminalité.

61. Le Principe 9 recommande aux Etats membres d'incriminer le blanchiment de toute forme de produits du crime comme le prévoit la Convention de 1990 relative au blanchiment, au dépistage, à la saisie et à la confiscation des produits du crime [STE n° 141], y compris les produits du crime organisé. Il conduirait les Etats membres à réexaminer leur législation sur le blanchiment des capitaux et, si nécessaire, à inclure dans leur liste

des infractions principales toute infraction pénale[20] et, à tout le moins, les infractions qui sont communément commises par le crime organisé et qui procurent des gains considérables. Les produits de plusieurs activités peuvent être, et sont souvent, blanchis en même temps. Pour que les mesures de lutte contre le blanchiment de capitaux soient efficaces contre les groupes criminels organisés qui pratiquent toute une variété d'activités criminelles, cette infraction de blanchiment doit englober un grand nombre d'infractions, attendu notamment qu'en pratique, il est parfois quasiment impossible de savoir de quelle infraction précise proviennent les produits. En toute hypothèse, les infractions principales devraient comprendre aussi les infractions fiscales.

62. Le Principe 9 va donc dans le sens de la tendance internationale, de plus en plus marquée, à pouvoir considérer comme des infractions de blanchiment de capitaux toutes les catégories possibles d'infractions principales, ce qui devrait faciliter la tâche des organes de répression lorsqu'ils doivent établir le lien entre l'infraction de blanchiment et l'infraction qui est à l'origine des produits, mais il insiste particulièrement sur la nécessité d'incriminer le blanchiment résultant du crime organisé et donc de focaliser l'attention sur les aspects financiers de ce dernier.

L'incrimination de la non-dénonciation des opérations financières suspectes (Principe directeur n° 10)

63. Ce principe est étroitement lié à l'obligation de dénoncer les opérations soupçonnées de relever du blanchiment, obligation imposée aux établissements financiers et non financiers et à certaines professions[21] (ci-après dénommés «les entités déclarantes») par différentes normes internationales, dont les quarante recommandations GAFI (Recommandation n° 15) et la Directive 308/91/CEE (articles 6 et 12). Il tient compte aussi de la 2e Directive de l'UE à cet égard, qui devrait être adoptée sous peu. Ces normes établissent un cadre réglementaire général pour traiter du blanchiment des capitaux dans le secteur financier et, de plus en plus, dans les autres secteurs. La pièce maîtresse du dispositif est constituée par l'obligation faite aux entités déclarantes de révéler leurs

---

20. L'article 6 de la Convention définit, en principe, une infraction de blanchiment des capitaux en rapport avec «toute infraction» mais les Parties à la convention peuvent émettre des réserves pour limiter la portée de l'infraction aux produits de certaines infractions spécifiques. Les quarante recommandations du GAFI, révisées en 1996, demandent aux pays d'étendre l'infraction de blanchiment des capitaux issus du trafic de stupéfiants pour en faire une infraction en rapport avec les infractions graves (Recommandation 4), tandis que l'Action commune de l'Union européenne en date du 3 décembre 1998 (98/699/JAI) concernant l'identification, le dépistage, le gel ou la saisie et la confiscation des instruments et des produits du crime demande aux Etats membres de lever les réserves faites à l'article 6 de la Convention de 1990 relative au blanchiment, de telle sorte que les infractions de blanchiment prévues par leur législation couvrent au moins les produits de toutes les infractions graves, c'est-à-dire de celles qui sont punies d'une peine d'emprisonnement d'au moins un an.

21. Voir les observations faites au sujet du Principe 3.

soupçons concernant d'éventuelles opérations de blanchiment en s'adressant à une autorité désignée, souvent appelée «organe chargé de recevoir les révélations» ou «service de renseignement financier», qui examine les renseignements reçus et décide de la suite à donner. Les entités déclarantes et leurs salariés doivent être protégés contre l'engagement de leur responsabilité pénale ou civile pour violation de la confidentialité.

64. Si, malgré leurs obligations légales, les entités déclarantes s'abstiennent délibérément de communiquer des renseignements en rapport avec des opérations soupçonnées relever du blanchiment de capitaux, elles peuvent se rendre coupables, en vertu de certaines législations pénales, d'aide et d'encouragement au blanchiment d'argent. Il est, cependant, assez difficile de prouver que l'entité déclarante savait que l'argent provenait du crime, même si la plupart des législations admettent que l'intention ou la connaissance peut se déduire des circonstances de fait. Dans la pratique, les banques et les autres établissements financiers sont rarement condamnés pour blanchiment de capitaux alors même que les autorités de surveillance ou les contrôleurs de gestion découvrent souvent des renseignements qui auraient dû être communiqués. Il arrive que la négligence ou le manque de formation puisse expliquer l'absence de dénonciation; il arrive aussi que les renseignements soient délibérément cachés aux autorités supérieures ou encore que l'ensemble de l'entité déclarante participe à l'exercice de l'activité illégale.

65. Le Principe 10 invite les Etats membres à pénaliser la non-dénonciation intentionnelle des opérations suspectes, c'est-à-dire le comportement par lequel une entité déclarante (y compris les membres de professions comme celles d'avocat ou de comptable) ferment volontairement les yeux sur une opération suspecte. Pénaliser un tel comportement signifie, dans ce contexte, que l'on applique des sanctions pénales ou administratives à l'égard de ceci. Même si ce comportement revient, pourrait-on soutenir, à aider et encourager au blanchiment d'argent, l'existence d'un délit spécifique, pénal ou administratif, aura certainement un effet préventif en conduisant les membres des professions concernées à agir de manière plus responsable et plus attentive.

Priver des personnes des biens illicites (Principe directeur n° 11)

66. De nombreuses organisations criminelles réalisent des profits et encaissent des recettes d'un montant substantiel qui sont en réalité des produits tirés du crime, dont elles conservent la possession et qu'elles peuvent utiliser pour financer d'autres activités criminelles ou qui peuvent être dépensés à des fins de consommation personnelle. Selon les estimations, les organisations dont les activités englobent le trafic de stupéfiants, la prostitution, la vente de biens volés ou les paris illégaux au Royaume-Uni ont encaissé entre 6,5 et 11,1 milliards de livres sterling en

1996[22]. D'autres pays ont estimé les bénéfices à un niveau sensiblement moins élevé pour la même année: l'Espagne a estimé à 326 millions de dollars américains et l'Allemagne à 549 millions de dollars américains les recettes réalisées par les groupes criminels organisés connus[23]. Avec une grande prudence, le GAFI, le FMI et d'autres organisations internationales font état de chiffres énormes dans leurs estimations des bénéfices tirés du trafic de drogues: entre 500 et 800 milliards de dollars américains. Quel que soit le chiffre exact, qui ne sera du reste peut-être jamais connu, il semble unanimement admis que la richesse accumulée par le crime organisé atteint des proportions sans précédent.

67. Il existe différents moyens juridiques de priver les criminels de cette richesse mal acquise: ils peuvent être pénaux, civils ou administratifs. Les mesures de droit pénal peuvent notamment consister à rendre la personne pénalement responsable pour des infractions impliquant un «enrichissement illicite», avec pour conséquence la confiscation des biens de caractère illicite. Les mesures administratives pourraient consister, par exemple, à appliquer des sanctions fiscales pour non-déclaration de revenus ou de fortune. La solution pénale reste aujourd'hui très contestée. Même si elle demeure limitée aux agents publics, dont la situation financière est relativement facile à vérifier puisqu'ils figurent sur les états de paye de l'Etat et, dans plusieurs pays, sont tenus de déclarer leur fortune, l'incrimination pour enrichissement illicite soulève des problèmes politiques, constitutionnels et juridiques. Suivant l'exemple du Royaume-Uni (loi de 1906 sur la corruption), plusieurs pays (Hong Kong, notamment) ont introduit un tel délit d' «enrichissement illicite» pour lutter contre la corruption largement répandue dans le secteur public et ont rendu leurs agents publics pénalement responsables en cas d'augmentation importante de leur fortune qu'ils ne peuvent pas expliquer raisonnablement compte tenu de leurs revenus licites durant la période d'exercice de leurs fonctions. Cependant, les éléments du patrimoine ne peuvent pas être vérifiés avec la même facilité dans le cas des agents du secteur privé. Pour qu'une autorité publique puisse enquêter sur la fortune d'une personne qui n'est pas un agent public, il faut qu'elle puisse s'appuyer sur des éléments juridiques solides, par exemple sur des soupçons importants quant à l'existence d'une activité illégale constituant un délit pénal ou fiscal (fraude fiscale, par exemple).

68. C'est dans le cas des criminels organisés connus qui parviennent à échapper aux poursuites parce qu'ils ne participent pas à l'accomplissement du crime ou parce qu'il est impossible d'établir qu'ils y ont participé que le Principe directeur n° 11 pourrait, dans certaines circonstances, s'appliquer. Premièrement, il faut qu'existent des preuves que la fortune de la personne provient du crime organisé (preuves indirectes ou tirées du mode de vie de

---

22. Voir Recovering the Proceeds of Crime, a PIU Report, Cabinet Office, Royaume-Uni, juin 2000, page 10.

23. Voir le document PC-CO (98) 26 rév.: rapport sur la situation du crime organisé dans les Etats membres du Conseil de l'Europe, 1996, page 20.

l'intéressé). En vertu du Principe, ces preuves doivent conduire à des raisons plausibles de soupçonner que les biens de l'intéressé proviennent d'une activité criminelle organisée. Deuxièmement, si les soupçons plausibles sont suffisants pour justifier une mesure de droit pénal, par exemple une confiscation qui n'est pas fondée sur une condamnation, les Etats membres devraient appliquer une telle mesure, conformément à leurs principes constitutionnels. Cela peut nécessiter de renverser la charge de la preuve : c'est à la personne poursuivie qu'il incomberait de prouver l'origine légitime des biens. Si aucune explication n'est donnée montrant que les biens ont une origine légitime et que la personne, compte tenu des circonstances (absence de revenus, etc.), ne peut pas tenir ces biens d'une autre source que le crime, la personne en question pourrait faire l'objet de ladite sanction pénale.

69. Lorsque la situation décrite ci-dessus ne justifie pas, en vertu des principes constitutionnels nationaux, de prendre des mesures de droit pénal, des mesures civiles ou administratives peuvent constituer une solution de remplacement efficace ; on peut par exemple utiliser des sanctions fiscales en présence d'éléments patrimoniaux ou de revenus d'origine inexplicable. Dans de nombreux pays, notamment aux Pays-Bas, l'administration fiscale impose effectivement des amendes très lourdes aux individus soupçonnés d'appartenir à des groupes criminels organisés en cas de non-déclaration de revenus et de non-paiement des impôts. Dans un tel cas, les conditions énoncées plus haut s'appliquent mais la sanction est imposée par l'autorité administrative. Les deux formules nécessitent un examen approfondi de la situation juridique des biens ainsi que des revenus et de l'activité légitimes du propriétaire. Si, toutefois, les autorités disposent d'indices graves et que leur présomption de l'origine illicite des biens ne peut pas être renversée, il faut qu'au moins l'une des mesures décrites ci-dessus puisse s'appliquer.

Responsabilité des personnes morales (Principe directeur n° 12)

70. Le crime organisé a souvent besoin de s'abriter derrière une structure commerciale pour exercer ses principales activités sources de profits (comme la fraude), blanchir l'argent ou s'intégrer aux activités économiques légitimes. Comme le rapport du Conseil de l'Europe de 1997 sur la situation du crime organisé l'a relevé, «un aspect important du crime organisé – en relation à la fois avec la fraude et le blanchiment de capitaux – est l'utilisation des entreprises comme un moyen de mener des activités illicites. Les fraudeurs utilisent toujours, presque par définition, une entreprise commerciale comme «société écran», et les contrebandiers (de biens licites ou illicites et d'êtres humains) trouvent pratique de recourir à des structures d'entreprise pour dissimuler leurs activités (ou pour tirer davantage d'argent encore de leurs activités criminelles afin de payer les dépenses courantes et d'étoffer le fonds de roulement). Il n'est pas rare non plus que des activités d'extorsion débouchent sur une prise de contrôle de l'entreprise elle-même, dont les malfaiteurs deviennent, dans l'ombre, les véritables directeurs, ou dont ils deviennent même les véritables propriétaires: cela permet aux

racketteurs de conclure des contrats soi-disant légaux avec leurs victimes commerciales[24]».

71. Suivant les constatations faites dans le rapport, les trois formes d'association avec le monde des affaires sur lesquelles portait le questionnaire existent dans de nombreux Etats membres du Conseil de l'Europe: 1. l'appartenance à des sociétés légitimes préexistantes dans lesquelles un ou plusieurs salariés coopèrent avec le crime organisé; 2. l'exploitation d'une société par des groupes criminels qui mêlent les activités légales et illégales; 3. l'utilisation d'une société écran, par exemple une société *offshore*, qui n'a pas véritablement d'activité commerciale. L'intervention de telles structures commerciales dans le crime organisé a été signalée notamment par «l'ex-République yougoslave de Macédoine», la Hongrie, l'Irlande, l'Italie, la Norvège, la Pologne, la Roumanie et la Turquie, tandis que l'Italie a noté l'existence de «sociétés criminelles» qui poursuivent des activités apparemment légales et sont parfaitement intégrées au monde économique, cachées par d'énormes structures, et toujours liées étroitement aux milieux politiques dirigeants. Les pays nordiques et les pays Baltes ont aussi reconnu que les criminels organisés utilisaient des sociétés écrans à des fins commerciales. L'Allemagne a indiqué que des structures commerciales existantes avaient été utilisées dans 257 cas en Allemagne même et 159 cas à l'étranger, et que des sociétés écrans avaient été découvertes dans 108 cas en Allemagne et dans 66 cas à l'étranger. Le Portugal a mentionné l'utilisation d'entreprises légales pour falsifier des documents et recycler des valeurs volées. Une organisation aujourd'hui démantelée mêlait ses gains illégaux à des bénéfices légaux de millions d'escudos provenant d'activités hôtelières. Des sociétés non commerciales domiciliées dans des centres financiers *offshore* au Canada et aux Etats-Unis servent souvent d'écrans pour la fraude (et aussi pour le blanchiment d'argent, spécialement au stade de la démultiplication des transactions). La Belgique a indiqué que les profits économiques du crime organisé atteignaient un total proche de 30 milliards de FB (environ 825 millions de dollars américains) et que les trois quarts des groupes criminels organisés repérés utilisaient chacun une moyenne de 2,3 structures commerciales, dont près de la moitié mêlaient activités légales et illégales, et dont seulement 11,3 % étaient de simples sociétés écrans sans aucune véritable activité commerciale. Les Pays-Bas (comme la Pologne) ont signalé que les criminels avaient d'importantes activités commerciales authentiques dans les secteurs des transports, de l'hôtellerie, de la restauration et de l'import/export. Aux Pays-Bas, les sociétés privées, les commerces individuels et les fondations sont utilisés pour masquer des activités illégales et tout indique que les trois types d'intervention mentionnés dans le questionnaire existent aux Pays-Bas.

72. La responsabilité pénale des personnes morales figure depuis longtemps à l'ordre du jour des organisations internationales, que ce soit

---

24. Voir le document PC-CO (1999) 7, page 31.

l'Union européenne, l'OCDE ou le Conseil de l'Europe, spécialement en rapport avec la fraude, la délinquance environnementale et la corruption. La première mesure a été prise au sujet de la délinquance environnementale (qui est une grande source de profit pour le crime organisé dans certains pays) par le Conseil de l'Europe en 1977, lorsqu'il a demandé, par sa Résolution (77) 28[25], le réexamen des principes de la responsabilité pénale, en vue, notamment, de l'introduction éventuelle dans certains cas de la responsabilité des personnes morales, publiques ou privées. Le rapport joint notait qu'une part importante de la législation pénale européenne adhérait toujours au principe, établi par le droit romain, que les personnes morales ne peuvent pas être tenues responsables» (*societas delinquere non potest*) et que seuls leurs représentants encourent une responsabilité en tant que personnes physiques. Plus tard, au niveau du Conseil de l'Europe, des instruments plus spécifiques, juridiquement contraignants dans le domaine de la délinquance environnementale[26] et de la corruption[27], ont reconnu pleinement le principe de la responsabilité des personnes morales tout en admettant à la fois des formes de responsabilité pénale et non pénale (administrative, par exemple). Une tendance similaire se manifeste dans l'action de l'Union européenne[28] et de l'OCDE[29].

73. Tous les instruments internationaux en vigueur reconnaissent les difficultés conceptuelles et juridiques que certains pays peuvent éprouver à introduire une responsabilité pénale des personnes morales, attendu notamment que la culpabilité pénale suppose une forme ou une autre de *mens rea* que les personnes physiques sont seules à posséder. A l'heure actuelle, les Etats ont donc la faculté discrétionnaire de décider s'ils introduisent une responsabilité pénale ou administrative des personnes morales, dès lors que cette responsabilité comporte des sanctions ou des mesures effectives, proportionnées et dissuasives, qui répriment les infractions pénales commises à l'intérieur d'une société commerciale ou par elle.

74. Le Principe 12 suit le chemin tracé par les instruments juridiques susmentionnés et invite les Etats membres à introduire la responsabilité des personnes morales. Les experts ont été d'avis qu'une telle mesure était essentielle à cause de l'influence exercée par le crime organisé et de sa

---

25. Voir la Résolution (77) 28 sur la contribution du droit pénal à la protection de l'environnement et le rapport du Comité européen pour les problèmes criminels, Conseil de l'Europe 1978.

26. Voir la Convention sur la protection de l'environnement par le droit pénal [STE n° 172], article 9.

27. Voir la Convention pénale sur la corruption [STE n° 173], article 18.

28. Voir le 2e Protocole à la Convention relative à la protection des intérêts financiers des Communautés européennes, Acte du Conseil en date du 19 juin 1997, JO n° C 221/02, article 4.

29. Voir la Convention de l'OCDE sur la lutte contre la corruption d'agents publics étrangers dans les transactions commerciales internationales, signée à Paris, le 17 décembre 1997, article 2.

dépendance à l'égard de ce type de structure. Le principe demande donc que les Etats veillent «à ce que les personnes morales puissent être tenues responsables des infractions liées à la criminalité organisée qu'elles ont commises» et que des sanctions appropriées leur soient en conséquence appliquées.

Infractions financières ou fiscales (Principe directeur n° 13)

75. Les gouvernements appliquent des politiques différentes en matière d'infractions fiscales, en fonction d'un certain nombre de facteurs parmi lesquels les taux d'imposition en vigueur, l'attitude des citoyens à l'égard du respect des lois et du paiement de l'impôt, les dispositions juridiques et les mesures de répression, la nécessité et la capacité de recouvrer les impôts, etc. Les autorités considèrent généralement les infractions fiscales comme un problème modérément prioritaire si les contribuables acquittent volontiers leurs impôts et comme un problème hautement prioritaire si tel n'est pas le cas. De même, les infractions à la législation fiscale sont traitées comme des infractions mineures relevant du droit administratif lorsque les contribuables n'ont pas besoin d'incitations fortes ou comme des infractions plus graves réprimées par le droit pénal dans le cas contraire.

76. L'évasion fiscale et la fraude fiscale sont généralement des infractions commises individuellement en matière d'impôts sur le revenu mais peuvent dégénérer en délits fiscaux graves lorsque des sociétés violent massivement la réglementation fiscale. Dans certains cas, la fraude fiscale peut être liée directement au crime organisé, qui échappe naturellement à l'impôt sur ses revenus illégaux, mais qui est aussi impliqué de plus en plus dans des carrousels de TVA (fraude organisée à la TVA). Selon le professeur Savona[30], la fraude dans l'Union européenne, y compris les carrousels de TVA, est aujourd'hui devenue particulièrement séduisante pour le crime organisé et les pertes montrent qu'il s'agit de crimes financiers organisés à grande échelle. Les rapports de l'Uclaf[31] confirment cette hypothèse.

77. Le Principe 13 invite donc les gouvernements à accorder une attention particulière à ces délits fiscaux qui, bien que leur traitement ne semble pas prioritaire, peuvent être liés à l'activité criminelle organisé. Peuvent laisser soupçonner l'existence d'un tel lien l'identité des personnes impliquées, des irrégularités au niveau des entités juridiques concernées (par exemple si elles sont enregistrées dans des centres *offshore* à la réglementation laxiste), l'existence d'autres activités illégales découvertes par les organes de répression ou les services de renseignement (notamment le blanchiment d'argent), les sommes sur lesquelles portent les infractions de fraude, etc. Les cas de ce type, qui exigent certainement, de la part des services fiscaux, une «diligence renforcée», semblable à celle qui s'applique dans le secteur

---

30. Trends of cross-border organised crime in the European Union, communication présentée au séminaire Eucos (8-9 novembre 1999), page 11.

31. Commission européenne, Protection des intérêts financiers des Communautés, Lutte contre la fraude, rapports annuels 1996-1999.

bancaire pour déceler les opérations de blanchiment, devraient être pris au sérieux par les pouvoirs publics et des enquêtes devraient avoir lieu couramment. Pour permettre la répression effective de ces faits, il faut éliminer les obstacles à l'entraide judiciaire dans ce domaine. Il faut en outre offrir au personnel des services concernés des programmes de formation sur les mécanismes et procédés liés à la fraude fiscale.

Investigations financières (Principe directeur n° 14)

78. Les enquêtes de police se concentrent généralement sur les éléments matériels du crime, comme par exemple l'objet du délit, qui peuvent être ensuite produits comme éléments de preuve devant les tribunaux. Jusqu'à une date relativement récente, les enquêtes criminelles ne prêtaient guère d'attention à la situation financière du délinquant et ce n'était que lorsque l'infraction concernait directement des actifs ou autres moyens financiers que des mandats de saisie étaient délivrés en vue de leur éventuelle confiscation. Le crime organisé, dont l'objectif essentiel est la recherche des profits et du pouvoir, manipule nécessairement de l'argent (sale) provenant de ses activités criminelles, notamment pour blanchir les capitaux et les réinvestir dans d'autres activités, ou encore pour la consommation personnelle des criminels. Quasiment chaque crime commis par les groupes criminels organisés a un aspect financier qui, s'il fait l'objet d'investigations appropriées, peut conduire à d'autres preuves de l'activité criminelle. Michael Levi et Lisa Osofsky ont décrit[32] un certain nombre de scénarios dans lesquels les investigations financières ont joué un rôle utile dans des enquêtes pénales dont l'origine était au Royaume-Uni, et ce:

– en montrant qu'entre la date de l'infraction et l'arrestation, le délinquant avait dépensé l'équivalent d'un tiers du produit d'un vol à main armée en sus de son revenu légitime;

– en permettant de vérifier que d'importantes sommes d'argent provenant du trafic de drogues avaient été déposées sur un compte en banque (le délinquant, arrêté et accusé d'être un fournisseur de drogues, avait affirmé que les fonds provenaient de la vente d'une voiture; les investigations financières purent démontrer la fausseté de cette affirmation);

– en établissant l'existence de recettes dépassant les moyens légaux de l'intéressé et correspondant à la valeur des biens volés dans une enquête sur des vols professionnels d'automobiles;

– en établissant un lien entre des trafiquants de drogues et un montant élevé de produits du trafic des drogues grâce à des registres d'opérations et d'autres moyens de preuve.

---

32. Michael Levi et Lisa Osofsky: *Investigating, seizing and confiscating the proceeds of crime, Home Office Police Research Group*, Crime Detection and Prevention Series, Paper 61, Londres 1995, pages 14-15.

79. Van Duyne et Levi[33] ont également souligné que «la notion générale d'enquêtes financières peut désigner l'activité qui permet d'exposer les opérations des entreprises à but lucratif contrôlées par le crime (organisé) en procédant à l'analyse et à l'examen de la gestion financière (les flux de marchandises, de paiements et de dépenses)». Cette orientation vers un «lien crime-argent» peut permettre d'atteindre plusieurs objectifs:

– les enquêtes financières peuvent contribuer à recueillir des preuves contre des individus soupçonnés, notamment des preuves de paiements effectués pour acquérir des moyens de transport en contrebande (bateaux, camions), de pots-de-vin ou, dans les fraudes transfrontalières à la TVA, de versements correspondant à la facturation;

– en rapport avec cette recherche d'éléments de preuve, les enquêtes financières peuvent également servir à établir une base de données qui permettra de remonter les réseaux soupçonnés de faciliter les activités criminelles, qu'il s'agisse d'avocats, de comptables ou de sociétés d'investissement apparemment légitimes qui ont échappé jusqu'alors à l'attention;

– elles peuvent aboutir à priver le criminel de ses biens mal acquis et permettre de financer (directement ou, plus fréquemment, comme au Royaume-Uni, indirectement) le coût des enquêtes de police;

– les enquêtes financières peuvent aussi présenter l'avantage de contribuer à affaiblir, voire de désorganiser, le réseau commercial dans lequel opèrent les entreprises criminelles poursuivies.

80. Dans le contexte de la lutte contre le crime organisé, les enquêtes financières répondent donc à plusieurs buts: examiner le patrimoine des criminels soupçonnés pour rechercher un rapport possible avec d'éventuels chefs d'inculpation, trouver, dans un labyrinthe d'opérations financières, le fil conducteur qui permettra de reconstituer les circuits suivis par les flux de capitaux et apporter la preuve des accusations et, en définitive, aller au-delà des mouvements de fonds et de biens en exposant au grand jour les rapports de travail et de force entretenus par les groupes criminels organisés, dans le but de prouver leur existence et de les éliminer. De plus, van Duyne et Levi estiment[34] que ces éléments combinés peuvent et doivent aller au-delà des objectifs tactiques d'une enquête donnée et servir à des fins stratégiques pour «dresser la carte du paysage ou du créneau occupé par les criminels afin de repérer les points faibles utilisables pour des enquêtes ultérieures». Ces enquêtes financières stratégiques devraient englober le «marché d'approvisionnement» de base des criminels (à savoir

---

33. Voir Petrus C. van Duyne, Michael Levi – Criminal Financial Investigation, A strategic and tactical approach in the European dimension, document PC-CO (97) 15, pages 2 et 3.

34. *Op. cit.*, page 3 (cf. note de bas de page n° 35).

tous les biens, produits et services illégaux), le «circuit de transformation financière», dans lequel les produits du crime sont blanchis et la «solubilisation de l'argent criminel», c'est-à-dire les marchés sur lesquels les investissements criminels sont faits (restauration et hôtellerie, immobilier, etc.), et chercher, en dernier recours, à «faire obstacle à la consolidation de la position des entrepreneurs du crime sur le marché et/ou à l'acquisition d'une position influente ou d'un pouvoir dans la société».

81. Les moyens utilisés par les enquêtes financières consistent pour l'essentiel à recueillir et à analyser les renseignements financiers sur les délinquants ou les sociétés commerciales soupçonnés, généralement avant l'ouverture d'une enquête officielle. Ces investigations sont de plus en plus souvent confiées aux services de renseignement financier lorsque des infractions de blanchiment d'argent sont soupçonnées à la suite d'indications venant du secteur financier. Cependant, il est fréquent que les enquêtes sur le crime organisé ne bénéficient pas, et ne puissent pas bénéficier, des résultats des recherches effectuées par les services de renseignement financier et que les enquêtes sur le patrimoine et les enquêtes sur le blanchiment de capitaux relèvent d'organes différents. Il n'est pas rare que ces organes n'aient pas connaissance des enquêtes faites par leurs homologues parce qu'au stade de leurs investigations, les liens entre les avoirs, les criminels et les activités de blanchiment ne sont pas pleinement appréhendés.

82. Le Principe 14 demande que soient rendues possibles des investigations financières interconnectées sur les avoirs des groupes criminels organisés, par exemple en utilisant les renseignements financiers recueillis par d'autres services et en faisant de ces enquêtes un élément essentiel de toute enquête pénale concernant le crime organisé. Cela signifie, en pratique, que des enquêtes financières devraient être effectuées sur les avoirs et les biens de tout suspect dès qu'il existe un indice de sa participation au crime organisé ou à des infractions connexes comme la corruption, la fraude ou le blanchiment ou produit de ces infractions. En vertu des pouvoirs conférés à l'organe chargé de ces investigations, une telle mesure conduirait à lever le secret bancaire pour avoir accès aux renseignements bancaires et recueillir, auprès des membres de certaines professions, tels que les intermédiaires financiers, les avocats et les comptables, dans la limite des privilèges reconnus à ces professions, des informations sur les avoirs, les investissements, les revenus, etc. des intéressés.

83. Il convient de rappeler que l'article 3 (Mesures d'investigation et mesures provisoires) de la Convention de 1990 relative au blanchiment oblige les Etats parties à se donner les moyens d'identifier et de rechercher les biens susceptibles de confiscation et à prévenir toute opération, tout transfert ou toute aliénation relativement à ces biens. L'article 4 (Pouvoirs et techniques spéciaux d'investigation) oblige en outre les Parties à la convention à habiliter leurs tribunaux ou leurs autres autorités compétentes à ordonner la communication ou la saisie de dossiers bancaires, financiers

ou commerciaux, par exemple pour des investigations financières. Le rapport explicatif a noté à cet égard qu'en général, le secret bancaire ne fait pas obstacle aux enquêtes pénales internes ni à la prise de mesures provisoires dans les Etats membres du Conseil de l'Europe, en particulier quand la levée du secret bancaire est ordonnée par un juge, par un grand jury, par un juge d'instruction ou par un procureur. Le Principe 14 souligne qu'il faut mettre en place des mécanismes juridiques rapides permettant de lever le secret bancaire; il mentionne aussi la possibilité de prononcer des décisions judiciaires qui contraignent les établissements ou intermédiaires financiers à produire des états financiers ou des bilans. De telles décisions sont également mentionnées par la Convention de 1990 sur le blanchiment (article 4, paragraphe 2).

Confiscation et saisie des avoirs (Principe directeur n° 15)

84. L'expérience montre que l'un des rares moyens de lutter efficacement contre le crime organisé consiste à le priver de sa puissance financière, c'est-à-dire de ses moyens de corrompre, de s'acheter une légitimité et de poursuivre son programme criminel. Cette méthode est largement utilisée dans quelques pays, dont l'Italie, les Etats-Unis et l'Irlande, pour lutter contre les organisations criminelles et il semblerait[35] qu'elle ait réussi à perturber le dispositif financier des groupes visés. Le Principe 15 s'appuie sur cette expérience et vise à faire de l'élimination des avoirs du crime organisé un élément constitutif de toute stratégie de lutte contre cette forme de criminalité. L'idée simple de «frapper le criminel là où ça fait mal: dans ses poches» n'est malheureusement pas encore pleinement comprise ni appliquée par tous les Etats membres. A l'occasion des évaluations mutuelles faites par le GAFI ou par le Conseil de l'Europe, qui dans les deux cas consistent notamment à vérifier la conformité aux normes internationales des régimes nationaux de lutte contre le blanchiment, il est apparu que de nombreux pays étaient dotés de dispositions dépassées en matière de confiscation, applicables seulement à un nombre limité de cas, souvent laissés à l'appréciation du juge de première instance. De plus, certains pays considèrent toujours la confiscation comme une peine accessoire, qui n'est généralement applicable que si la personne poursuivie est déclarée coupable et que ses avoirs proviennent directement de son activité répréhensible. Cette conception conduit parfois à des situations curieuses, par exemple quand la personne poursuivie est reconnue coupable de blanchiment de capitaux mais que ses avoirs restent intacts ou doivent lui être restitués à l'issue du procès, faute de preuves suffisantes de l'existence de liens directs avec l'activité répréhensible. Le Principe 15 rappelle aux Etats membres l'objectif fondamental de la Convention de 1990 sur le blanchiment, qui est de permettre la confiscation, au niveau national et au niveau international, des produits et des moyens du crime, spécialement du trafic de stupéfiants et des autres formes de crime organisé ou de grande délinquance. Il convient de souligner que la confiscation peut porter non

---

35. Voir note 24, *op. cit.*, pages 18 à 20.

seulement sur les sources de richesses qui constituent des profits illicites, mais aussi sur les moyens utilisés ou prévus pour commettre des crimes. Par conséquent, toute source de richesse appartenant au crime organisé doit pouvoir faire l'objet d'une confiscation, y compris les entreprises contribuant matériellement à la structure organisationnelle et opérationnelle d'un groupe criminel organisé, même s'il n'est pas possible de retracer son origine criminelle. Les avoirs criminels, même s'ils sont mêlés à des avoirs légitimes, devraient être sujets à confiscation tout comme les moyens et les produits directs du crime. Il faut que la confiscation soit systématique, c'est-à-dire automatique dès lors que les conditions sont remplies, pour qu'elle devienne vraiment ce qu'elle doit être: une arme stratégique contre le dispositif économique et financier du crime organisé et, en définitive, contre son existence même.

85. Le Principe 15 ne traite pas seulement de la confiscation, mais aussi des mesures provisoires qui permettent d'y procéder: le dépistage, le gel et la saisie des avoirs. Il est également fait mention des divers instruments que devraient adopter les pays pour se conformer à ce principe, lequel suit la logique de l'article 3 (et de l'article 11) de la Convention de 1990 sur le blanchiment: il existe, en effet, toute une série de mesures judiciaires permettant le gel, la saisie ou la mise sous séquestre des avoirs, leur surveillance ou encore l'exercice d'un droit de suite.

Procédures indépendantes de confiscation ou de mise sous séquestre des avoirs (Principe directeur n° 16)

86. Comme indiqué plus haut, la confiscation est souvent considérée comme une peine accessoire qui suppose notamment que le délinquant ait été condamné par un tribunal pour une infraction pénale. Il convient d'observer qu'une conception aussi traditionnelle de la confiscation, en vigueur dans certains Etats membres, ne peut pas servir efficacement contre les membres de groupes criminels organisés et leurs chefs. Les enquêtes sur les groupes criminels organisés aboutissent fréquemment à des soupçons quant à l'origine criminelle de la richesse, souvent à partir de données fiscales ou de renseignements sur le mode de vie, mais sans guère procurer de preuves de la participation des intéressés à une activité criminelle.

87. Le Principe 16 propose de découpler les procédures de confiscation ou de mise sous séquestre des procédures judiciaires traditionnelles, centrées sur la culpabilité supposée de la personne poursuivie, et d'élargir le champ d'application de la mise sous séquestre dans le cadre d'une procédure civile. En conséquence, les Etats membres devraient envisager d'établir des procédures portant sur les avoirs à confisquer/mettre sous séquestre qui n'exigeraient pas nécessairement que la personne soupçonnée ait été condamnée avant qu'une décision définitive de confiscation/mise sous séquestre puisse être prise. En l'absence de preuves ou en présence de preuves insuffisantes pour obtenir la condamnation pénale du propriétaire, les pays qui pratiquent les procédures «*in rem*» pourraient se contenter d'un

degré de preuve moins exigeant (par exemple la somme des probabilités) quant à l'origine criminelle des avoirs. Les autres pays, ceux dans lesquels une condamnation pénale est nécessaire et où l'action «*in rem*» n'est pas reconnue, pourraient introduire des procédures de confiscation distinctes, postérieures à la condamnation, dans lesquelles tous les avoirs seraient réputés provenir du crime et le délinquant condamné pourrait aussi être tenu de prouver que tout ou partie d'entre eux n'en provient pas. Les deux systèmes s'appliquent en Europe et la deuxième étude de bonne pratique, consacrée au renversement de la charge de la preuve dans les procédures de confiscation du produit du crime[36], décrit les résultats de l'expérience acquise à cet égard, limitée toutefois à la grande délinquance organisée comme le trafic des drogues. Le Principe n'exige pas que la législation des Etats membres fasse peser la charge de la preuve concernant l'origine des biens exclusivement sur la personne poursuivie, mais il recommande de veiller à ce que la charge pesant sur les autorités de poursuites soit allégée, c'est-à-dire que la personne poursuivie doive, elle aussi, donner des informations concernant ses biens.

88. La mise sous séquestre civile, utilisée comme un moyen stratégique contre le crime organisé, n'est pas une pratique courante aujourd'hui en Europe. Comme indiqué dans le document de politique générale du Gouvernement britannique[37] sur la mise sous séquestre des avoirs («recouvrement des produits du crime»): «la mise sous séquestre civile réalise un élargissement considérable des pouvoirs conférés à l'Etat pour traiter des produits du crime. Il faut s'attendre à ce qu'elle ne fasse pas l'unanimité.» Il faut donc trouver un juste équilibre entre les droits civils de la personne et le besoin de donner à l'Etat les moyens de protéger la société contre le crime. Certains pays, dont les Etats-Unis, l'Australie, l'Italie et l'Irlande, appliquent avec succès des législations sur la mise sous séquestre civile qui ont, jusqu'à présent, résisté aux contestations invoquant les normes constitutionnelles nationales et les normes européennes des droits de l'homme[38]. Le système irlandais semble être un bon modèle pour les autres pays à cause de son efficacité et de l'équilibre qu'il respecte par rapport aux droits de l'homme.

Protection des témoins (Principes directeurs n° 17 et 18)

89. Au cours de ces dix ou quinze dernières années, la question de la protection des témoins est devenue une préoccupation majeure pour les systèmes judiciaires de nombreux pays européens. Plusieurs motifs expliquent l'attention particulière accordée aux témoins. Tout d'abord, cette période a été marquée par une augmentation notable des activités criminelles des groupes terroristes et des groupes criminels organisés à

---

36. Voir 2e étude de bonne pratique – Renversement de la charge de la preuve dans les procédures de confiscation du produit du crime, document PC-S-CO (2000) 8.

37. Voir note 22, *op. cit.*

38. Voir note 37, *op. cit.*

l'échelle de l'Europe et dans l'ensemble du monde. Ces groupes cherchent de plus en plus à corrompre et même à détruire le fonctionnement normal du système de justice pénale par tous les moyens possibles, y compris les menaces de violence ou la corruption des agents de justice et l'intimidation ou l'élimination systématique des témoins. La protection des témoins et de leurs proches est donc devenue une nécessité qui dépasse les intérêts personnels des individus et qui s'impose comme un devoir des pouvoirs publics pour assurer l'intégrité et l'efficacité de la justice pénale.

90. Les Principes 17 et 18 portent sur la protection des témoins et des collaborateurs de justice qui accepteront de donner des renseignements ou de témoigner en justice contre le crime organisé. Les mesures qu'ils proposent sont identiques à celles qui sont exposées en détail dans la Recommandation n°R (97) 13 sur l'intimidation des témoins et les droits de la défense. Comme indiqué dans ce document, « La nécessité de protéger les témoins contre l'intimidation est apparue dans le cadre d'infractions relevant du terrorisme, de la criminalité organisée, du trafic de drogues, des délits commis dans des groupes minoritaires fermés et de la violence au sein de la famille. La découverte de ce type d'infractions est souvent fondée sur le témoignage de personnes qui sont étroitement liées à l'organisation, à la bande, au groupe ou à la famille. Ces personnes sont donc plus vulnérables que d'autres à l'intimidation et il est facile de les dissuader de fournir des preuves à charge ou de les empêcher de répondre aux questions risquant d'aboutir à la condamnation de l'accusé. L'intimidation et/ou les menaces peuvent s'exercer soit sur le témoin lui-même, soit sur ses proches. Lorsqu'il existe de bonnes raisons de croire qu'un témoin risque d'être victime d'une infraction pénale dirigée contre sa vie, sa santé ou sa liberté, les autorités publiques, et notamment la police, devraient être obligées d'en informer le témoin et de prendre les mesures de protection qui s'imposent. On peut ainsi être conduit à adapter la procédure pénale de manière à protéger effectivement les témoins. A cet égard, il importe de trouver un équilibre entre les droits de la défense et la garantie de la sécurité des témoins et de leur famille. Il convient d'envisager de prendre des mesures de protection particulières, consistant, par exemple, à masquer le visage du témoin, ou à changer son identité, sa profession ou son adresse[39] ».

91. Compte tenu de la gravité des crimes commis par les groupes criminels organisés et du pouvoir d'intimidation dont ils disposent, les Etats devraient, dans le cadre de l'élaboration des mesures de lutte contre le crime organisé, adopter des règles de procédure spécifiquement conçues pour répondre aux problèmes créés par l'intimidation des témoins. Il leur est, par exemple, recommandé d'envisager la possibilité ou la nécessité de cacher à la personne poursuivie l'identité, l'adresse, etc., des témoins ou d'élargir la recevabilité des dépositions faites avant le procès. Certains Etats ont déjà adopté des dispositions sur les témoins anonymes et/ou des dispositions qui

---

39. Voir Recommandation n°R (97) 13 relative à l'intimidation des témoins et aux droits de la défense, page 13.

permettent d'appliquer des mesures techniques rendant plus difficile l'identification des témoins (Italie, Allemagne, par exemple). Lorsque l'anonymat ne peut pas être accordé ou s'il n'est pas suffisant pour protéger le témoin, le Principe 18 envisage toute une série de mesures, telles le fait de permettre aux témoins de déposer par le biais de moyens de télécommunication, en limitant la divulgation de leur adresse et d'autres éléments d'identification, en élargissant l'utilisation des dépositions faites avant le procès et en transférant temporairement les témoins qui sont en détention. Ces mesures de protection peuvent nécessiter d'autres mesures de protection qui rendent difficile ou impossible l'identification du témoin par la défense: cacher son visage ou déformer sa voix, soit lorsqu'il est présent à l'audience soit en cas d'utilisation d'une liaison audiovisuelle. L'audition par le truchement d'une liaison vidéo peut présenter de nombreux avantages dans la mesure où elle diminue les risques et abaisse également le coût de la protection. Ces mesures ne doivent pas être considérées comme exagérées et doivent être accordées par le tribunal en tenant compte des droits de la défense. Elles peuvent aussi être acceptables pour les pays qui se heurtent à des difficultés constitutionnelles notamment, pour introduire des mesures autorisant le témoignage anonyme au sens strict.

92. Enfin, le Principe 17 envisage des programmes complets de protection des témoins pour assurer une protection de longue durée. Les programmes de protection des témoins s'appliquent aux témoins et aux collaborateurs de justice nécessitant une protection au-delà de la durée du procès pénal et peuvent s'appliquer durant une période limitée ou à vie. De tels programmes existent dans plusieurs pays dont l'Italie, les Etats-Unis, le Canada, la Turquie (en rapport avec les actes de terrorisme seulement) et le Royaume-Uni. La première étude de bonne pratique du Comité PC-CO, consacrée aux programmes de protection des témoins[40], et rédigée à partir de l'expérience concrète de trois Etats membres du Conseil de l'Europe, contient une analyse détaillée de l'organisation et du fonctionnement des programmes de protection.

Techniques spéciales d'investigation (Principe directeur n° 19)

93. Le crime organisé évolue avec le temps, tout comme les sociétés dans lesquelles il opère. Les «hommes d'honneur» légendaires d'autrefois, sous l'autorité d'un parrain respectable, brassent aujourd'hui des affaires d'une valeur de plusieurs milliards de dollars sur un vaste ensemble de marchés criminels et leur vulnérabilité aux méthodes traditionnelles de répression semble s'être amenuisée au fil des années. Les stratégies traditionnelles de la police se révèlent donc d'une portée trop limitée. Pour prendre le dessus sur le crime organisé, il faut des méthodes nécessairement plus intrusives que les méthodes classiques et l'expérience de la répression dans deux pays indique que, pour renforcer les moyens d'investigation, diminuer le temps nécessaire pour construire un dossier solide et rassembler des

---

40. Première étude de bonne pratique, rapport sur la protection des témoins, Conseil de l'Europe, 1999.

preuves convaincantes, il faut utiliser les renseignements obtenus au moyen de la surveillance électronique, de l'interception des télécommunications[41], des opérations d'infiltration, des informateurs, des «repentis» ou de la remise surveillée de drogues ou d'argent. Bien que les pays s'accordent généralement à reconnaître qu'il faut donner aux organes de répression les moyens d'utiliser ces méthodes d'investigation dans la lutte contre le crime organisé, de nombreuses différences existent dans la réalité[42], particulièrement à propos des opérations d'infiltration, des livraisons surveillées et de la surveillance électronique. Il est important de relever que tous les Etats membres du Conseil de l'Europe qui autorisent, en droit ou en pratique, l'emploi de ces méthodes intrusives ont dû, à un moment ou un autre, régler la question délicate de l'équilibre à respecter entre les avantages à en attendre du point de vue de la répression et la nécessité de protéger les droits civils, notamment le droit à la vie privée. On se souviendra que la Convention européenne des Droits de l'Homme autorise les atteintes à la vie privée (article 8) sous réserve que l'utilisation de pouvoirs tels que celui d'intercepter les communications téléphoniques soit nécessaire dans une société démocratique dans l'intérêt, par exemple, de la sécurité nationale ou de la prévention du crime, qu'elle respecte la loi et qu'elle soit proportionnée aux circonstances invoquées par les autorités pour la justifier.

94. Des instruments internationaux de plus en plus nombreux demandent l'utilisation de techniques d'investigation spéciales contre le crime organisé ou les crimes qui en font partie, tels que le blanchiment de capitaux ou la corruption. La 36e des quarante recommandations du GAFI considère la livraison surveillée d'actifs, dont on sait ou soupçonne qu'ils sont le produit du crime, comme une «technique d'enquête valable et efficace» et en recommande vivement l'utilisation dans les enquêtes, y compris transfrontalières, sur le blanchiment d'argent. L'article 11 de la Convention des Nations Unies de 1988 contre le trafic illicite de stupéfiants et de substances psychotropes suggère également d'utiliser les livraisons surveillées dans les enquêtes portant sur le trafic de drogues ou les infractions connexes de blanchiment d'argent, tandis que l'article 4, paragraphe 2, de la Convention du Conseil de l'Europe de 1990 sur le blanchiment [STE n° 141] invite les pays à envisager d'introduire «des techniques spéciales d'investigation facilitant l'identification et la recherche du produit ainsi que la réunion de preuves y afférentes». Les techniques spéciales mentionnées expressément par la convention comprennent les ordonnances de surveillance de comptes bancaires, l'observation, l'interception de télécommunications, l'accès à des systèmes informatiques et les ordonnances de production de documents déterminés. L'article 23 de la Convention pénale contre la corruption [STE 173] impose aux parties

---

41. Voir Etude de meilleure pratique n°3 – Rapport sur l'interception des communications et la surveillance intrusive – Conseil de l'Europe, 2000

42. Pour une analyse détaillée des différents moyens utilisés dans les Etats membres du Conseil de l'Europe, voir le rapport sur la situation du crime organisé dans les Etats membres du Conseil de l'Europe, 1997, pages 41-45

l'obligation d'adopter des mesures permettant l'utilisation de techniques d'investigation spéciales pour faciliter la collecte de preuves relatives aux délits de corruption définis par la convention.

95. Le Principe 19 se fonde sur l'idée, largement acceptée, que les groupes criminels organisés sont secrets et fermés, et donc difficiles à pénétrer. Il recommande aux gouvernements d'introduire des mesures d'investigation qui permettent aux organes de répression de mieux connaître les activités de ces groupes en utilisant la surveillance, l'interception des communications, les opérations d'infiltration, les livraisons surveillées et les informateurs. Certaines de ces techniques sont réservées depuis longtemps aux investigations sur les crimes les plus graves, comme le terrorisme ou les meurtres mafieux, mais aujourd'hui, leur utilisation est généralement autorisée, à des conditions expresses, dans les enquêtes en rapport avec le crime organisé, par exemple les affaires de trafic de stupéfiants. Le Principe 19 invite les gouvernements à en faire pleinement usage pour infiltrer les groupes criminels organisés et rassembler des preuves de leurs activités dans le cadre des enquêtes pénales. Ces méthodes doivent évidemment être employées en respectant dûment les droits civils et sous le contrôle de la justice ou toute autre forme de contrôle effective. L'emploi de moyens à base de technologie, comme l'interception des communications ou la surveillance électronique, nécessite un matériel approprié, comme des appareils d'interception et de décodage.

Méthodes de police privilégiant l'anticipation (Principe directeur n° 20)

96. Comme on l'a souligné plus haut, la police doit traiter le crime organisé différemment des formes traditionnelles de grande délinquance. Dans le cas de crimes comme la fraude ou le trafic des stupéfiants, aucune plainte n'est généralement déposée par une victime directe. Les éléments de preuve scientifique (taches de sang et empreintes digitales, par exemple) interviennent rarement, notamment parce que le crime n'est pas commis en un lieu particulier et à un moment particulier. Il est donc spécialement difficile de trouver des preuves concrètes, ou même simplement des indices, constituant une base suffisante pour étayer une suspicion au sens des procédures pénales nationales. Pour lutter contre la grande délinquance organisée, il faut une stratégie (plus) proactive. Cette stratégie diffère des modalités du travail d'enquête traditionnel, que l'on peut qualifier de réactif. Traditionnellement, les enquêteurs se concentrent sur des infractions qui ont été dénoncées et appliquent des techniques de routine, comme l'examen du lieu du crime pour rechercher des preuves scientifiques, l'interrogatoire des témoins et l'interrogatoire des suspects.

97. Dans les investigations proactives, les enquêteurs concentrent leur attention sur le comportement présent des personnes dont on pense qu'elles sont impliquées dans le crime et s'intéressent moins aux infractions passées. Les enquêteurs écoutent les rumeurs du milieu et fondent sur elles leurs décisions (utiliser des informateurs, placer les lignes téléphoniques sous écoute ou des individus sous surveillance). Il s'agit moins alors de

rassembler des preuves que de recueillir des indices. Aussi cette stratégie est-elle parfois appelée «investigation par le renseignement», étant donné que certaines techniques utilisées dans l'exercice de la police proactive proviennent directement de l'arsenal des services de renseignement (ou de sécurité). L'investigation proactive cherche à savoir comment une organisation criminelle est structurée, quelles activités criminelles sont prévues, où elles se dérouleront, etc. Parce que les groupes criminels organisés tiennent généralement leurs projets et leurs activités secrets et que les plans comportent des activités criminelles exécutées par plus d'un individu à plusieurs endroits et à différents moments, les organes de répression doivent faire un effort supplémentaire pour arriver à repérer, pister et poursuivre les individus impliqués. L'utilisation des renseignements stratégiques fournis par les services de renseignements criminels ou financiers et l'analyse criminologique sont les principaux outils de ces enquêtes proactives. Outre la participation de criminologues et d'analystes spécialisés, elles supposent aussi celle d'analystes du secteur économique (macroéconomie, analyse de marché, par exemple), de spécialistes du renseignement et de sociologues.

98. Etant donné que les informations recueillies concernent non seulement des suspects mais aussi des individus dont la participation aux activités criminelles n'est pas (encore) avérée, il faut accorder une attention toute particulière à la protection des droits de l'homme, spécialement du droit à la vie privée. Des garanties de procédure et autres sont nécessaires pour faire en sorte que les méthodes d'enquête proactives ne s'appliquent que lorsque existent des indices clairs qu'un crime grave ou organisé se prépare ou se commet.

Equipes interinstitutions (Principe directeur n° 21)

99. Dans la plupart des pays, le crime organisé peut faire l'objet d'enquêtes de la part de tout un ensemble d'organes de répression différents, essentiellement parce que ces organes ne savent pas que leurs investigations ont un rapport avec le crime organisé. Un tel organe, ou son service d'enquêtes criminelles, peut s'occuper d'un dossier d'homicide, un autre d'une affaire de corruption d'agent public et un autre encore d'un dossier de fraude fiscale. Dans une affaire de ce type, associant plusieurs délits (cas moins hypothétique qu'il pourrait paraître), il peut s'avérer, en définitive, que le meurtre a été commis sous contrat par quelqu'un qui souhaitait acquérir le contrôle d'affaires légales ou illégales et qui a dû verser des pots-de-vin à un agent public pour obtenir des autorisations et frauder le fisc pour éviter d'être repéré. Dans certains pays, la personne, si elle était prise, serait probablement condamnée du chef de trois infractions distinctes et il n'y aurait guère de chances qu'un lien soit établi entre les trois affaires. De plus, aucune trace de «crime organisé» n'apparaîtrait dans les statistiques criminelles. Absence de coordination et absence de centralisation des données au sujet des délinquants: telles sont les causes principales des échecs dans les enquêtes sur le crime organisé.

100. Un autre aspect très voisin concerne l'existence, dans certains pays, de nombreux organes de répression (par exemple, en Italie, les *Carabinieri*, la *Guardia di Finanza*, la *Polizia di Stato*, etc.) qui, peuvent tous être associés à une enquête sur le crime organisé ou économique. Ces services ont souvent une connaissance spécialisée dans un domaine précis, mais leurs compétences risquent néanmoins de se chevaucher. Il arrive parfois – et cela n'est pas réservé à la littérature – que ces organes luttent entre eux davantage que contre le crime et que leurs rivalités internes se traduisent par une inefficacité totale dans un domaine donné. La répartition des tâches et la spécialisation sont donc aussi importantes que la coordination. Bien que certains Etats membres du Conseil de l'Europe ne semblent pas avoir de services spécialisés chargés des enquêtes dans les affaires de crime organisé, lorsque les ressources l'autorisent, il serait probablement utile de créer un ou plusieurs services multidisciplinaires (centraux et régionaux) expressément chargés des enquêtes sur les groupes criminels organisés, par exemple dans les domaines du trafic de stupéfiants, du blanchiment de capitaux et de la grande corruption.

101. Le Principe 21 recommande donc la création d'équipes multidisciplinaires spécialisées. Ce travail multidisciplinaire implique une coordination étroite, des communications régulières et un partage de l'information entre les différents organes qui participent aux enquêtes sur le crime économique et organisé, afin de renforcer l'efficacité de ces enquêtes. La création d'une base de données centralisée réunissant des données sur les délits, leurs auteurs, les victimes et les avoirs, accessible dans tout le pays par les services locaux ou régionaux, pourrait aussi améliorer la gestion des enquêtes sur le crime organisé par l'ensemble du système de justice pénale.

Principes relatifs à la coopération internationale

(Principes directeurs n°s 22 à 25)

102. La libéralisation des échanges commerciaux et des investissements financiers, la révolution scientifique et technologique, l'apparition de réseaux de communication planétaires, l'élimination des frontières nationales dans certaines régions et la création d'espaces supranationaux à l'intérieur desquels les personnes, les biens et les services circulent librement – autant d'éléments qui font incontestablement figure d'acquis – créent aussi des possibilités que les organisations criminelles n'hésitent pas à exploiter à leur propre avantage. Il n'y a pas si longtemps que la justice pénale était presque exclusivement un problème national. Aujourd'hui, toute politique criminelle qui ne tiendrait pas pleinement compte des aspects organisés et transnationaux de la criminalité serait vouée à l'échec. Les Etats désireux de réussir dans leur lutte contre le crime organisé doivent coopérer, partager les données de leur expérience et mettre en commun leurs résultats et leurs moyens. La coopération internationale est donc une condition essentielle du succès de toute politique nationale de lutte contre le crime organisé. La communauté internationale en devient de plus en plus consciente, comme

en témoigne le nombre des accords bilatéraux et multilatéraux conclus en matière de criminalité (blanchiment d'argent, corruption, terrorisme, etc.) ou d'entraide internationale. Pourtant, les Etats semblent avoir été beaucoup trop lents, en tout cas plus lents que les délinquants, à adapter leurs stratégies répressives au cadre international dans lequel le crime organisé moderne évolue.

103. Les Principes 22 à 25 mentionnent quelques idées que les Etats devraient examiner s'ils souhaitent renforcer l'efficacité de la coopération internationale. Ils envisagent les aspects suivants:

- *échanges d'informations sur les entités juridiques*: les investigations nationales sur la fraude, la corruption ou le blanchiment de capitaux (en rapport ou non avec le crime organisé) souffrent souvent d'un manque d'informations sur les sociétés commerciales étrangères et autres personnes morales qui semblent avoir facilité une opération ou sa dissimulation. Le Principe 22 invite les gouvernements à prendre des mesures pour permettre, en droit et en pratique, les échanges d'informations de ce type par-delà les frontières, notamment au sujet des personnes physiques qui ont créé ces entités, en sont propriétaires, les dirigent ou les financent;

- *accords sur le partage des avoirs:* les avoirs confisqués par certains pays restent souvent sur place, même s'ils provenaient de l'étranger. Il est fréquent que ces avoirs criminels n'aient pas d'autre raison de se trouver là que la protection offerte par le secret bancaire reconnu dans le pays, tandis que la confiscation est opérée au nom des autorités étrangères, sur la base de preuves recueillies à l'étranger. Dans quelques cas, malheureusement rares aujourd'hui, les avoirs ainsi confisqués sont finalement restitués au pays d'où ils étaient venus. En revanche, dans la majorité des cas de confiscations internationales importantes, le pays qui a procédé aux investigations sur le crime sous-jacent et qui a repéré les avoirs ne reçoit aucune récompense dans la mesure où le pays qui a procédé à la confiscation conserve pour lui la totalité des avoirs. Il existe bien des traités bilatéraux ou des protocoles d'accord entre certains ressorts d'Europe et d'Amérique du Nord mais l'absence d'accord multilatéraux sur le partage des avoirs constitue toujours un sérieux obstacle aux investigations internationales sur les avoirs (qui sont généralement assez onéreuses). Le Principe 23 invite donc les pays à partager les avoirs confisqués entre les pays qui ont contribué à la confiscation en prenant des mesures comme le dépistage ou le gel des avoirs soumis à confiscation;

- *mise en œuvre des programmes de protection des témoins par-delà les frontières:* dans les petits pays, il est quasiment impossible de mettre les personnes à l'abri des groupes criminels organisés. Si les petits pays veulent que des personnes bénéficiant des programmes de protection des témoins soient protégées effectivement, ils doivent souvent les transférer dans un autre pays. Une telle mesure nécessite une coopération étroite, un haut degré de confiance et un partage des charges entre le pays requis (d'accueil) et le pays requérant (d'envoi). Jusqu'à présent, ce type de coopération n'est visé expressément par aucun traité international d'entraide mais la nécessité d'établir un tel instrument au niveau du Conseil de l'Europe a été reconnue par la Recommandation n°R (97) 13 (paragraphe 30) et dans la première étude de bonne pratique;

– *ratification et mise en œuvre des instruments internationaux d'entraide judiciaire:* le Principe 25 énonce un certain nombre d'idées quant aux moyens d'améliorer la coopération internationale en matière d'enquêtes et de poursuites contre le crime organisé, particulièrement en signalant les éventuels obstacles juridiques ou structurels qui nuisent à la coopération, en proposant des modalités de coopération originales et constructives et en invitant les gouvernements à accélérer et à rationaliser davantage les communications entre les autorités ou les personnes appelées à coopérer. Une liste des traités du Conseil de l'Europe relatifs à la coopération internationale et que les Etats membres devraient ratifier figure en annexe à la recommandation.

Principes relatifs au recueil des données, à la recherche et à la formation

Recueil des données (Principe directeur n° 26)

104. Le Principe directeur n° 26 repose sur la constatation selon laquelle, en l'absence d'une collecte et d'une analyse systématiques de données relatives au crime organisé, la conception et la mise en œuvre des stratégies nationales de lutte contre le crime organisé répondent moins à la situation du crime qu'à des objectifs des pouvoirs publics. Idéalement, ces deux éléments sont liés.

105. Lors de l'élaboration des rapports annuels du PC-CO sur le crime organisé, il est apparu clairement que la plupart des Etats membres ne disposent pas d'un système spécifique de collecte des données dans ce domaine et que leurs statistiques générales ne fournissent pas certains types d'informations nécessaires pour établir ces rapports annuels. Le Principe n° 26 souligne donc la nécessité de recueillir des données concernant spécifiquement le crime organisé, énumère certaines caractéristiques sur lesquelles des données devraient être recueillies (le champ d'action géographique des groupes, leur organisation, leur base financière, leurs relations avec des groupes étrangers, etc.), et recommande d'utiliser ces données pour analyser le phénomène du crime organisé. Il recommande aussi de faire en sorte que les systèmes nationaux de collecte de données et des statistiques pénales prennent en considération les traits spécifiques du crime organisé (voir les paragraphes 52 et 53) et qu'ils soient dotés de moyens et personnels adéquats.

Recherche (Principe directeur n° 27)

106. Le Principe directeur n° 27 complète le principe précédent et vise à augmenter, dans les secteurs public et privé, les capacités de recherche sur le crime organisé. Les gouvernements sont invités à soutenir les institutions – universités, fondations et organismes publics (écoles de police), par exemple – qui effectuent des recherches dans ce domaine. Ils peuvent les soutenir en leur allouant des ressources financières, mais aussi en leur donnant accès à des fichiers et à des données utiles dans le cadre des activités de recherche.

Formation (Principe directeur n° 28)

107. Ce principe reconnaît que les méthodes nouvelles ne donnent généralement pas de bons résultats si les personnes qui sont censées les appliquer les connaissent mal ou ne sont pas convaincues de leur intérêt. Il en est spécialement ainsi lorsque les nouvelles méthodes, comme les investigations financières ou les méthodes proactives, nécessitent des qualifications supplémentaires, par exemple en comptabilité ou en contrôle de gestion, qu'il faut nécessairement mettre à la portée de tous les agents des organes répressifs dès leur formation initiale. Le Principe 28 invite donc les gouvernements à procurer à tous ces organes et, le cas échéant, au personnel des organes judiciaires ou de poursuites, une formation théorique et pratique aux nouvelles méthodes d'enquête. Selon la nature de la méthode, il faudra d'abord dispenser une formation initiale, puis offrir une formation permanente (afin de tenir compte, par exemple, de l'évolution des techniques d'interception).

Lignes directrices du Comité des Ministres du Conseil de l'Europe sur les droits de l'homme et la lutte contre le terrorisme (2002)

adoptées par le Comité des Ministres le 11 juillet 2002
lors de la 804ᵉ réunion des Délégués des Ministres

Préambule

Le Comité des Ministres,

[a] Considérant que le terrorisme porte gravement atteinte aux droits de l'homme, menace la démocratie et vise notamment à déstabiliser des gouvernements légitimement constitués et à saper la société civile pluraliste ;

[b] Condamnant catégoriquement comme criminels et injustifiables tous les actes, méthodes ou pratiques terroristes, où qu'ils se produisent et quels qu'en soient les auteurs ;

[c] Rappelant qu'un acte terroriste ne peut jamais être excusé ou justifié en invoquant les droits de l'homme et que l'abus de droit n'est jamais protégé ;

[d] Rappelant qu'il est non seulement possible, mais absolument nécessaire, de lutter contre le terrorisme dans le respect des droits de l'homme, de la prééminence du droit et, lorsqu'il est applicable, du droit international humanitaire ;

[e] Rappelant la nécessité pour les Etats de tout mettre en œuvre, et notamment de coopérer, afin que les auteurs, organisateurs et commanditaires présumés d'actes terroristes soient traduits en justice pour répondre de toutes les conséquences, notamment pénales et civiles, de leurs actes ;

[f] Réaffirmant le devoir impératif des Etats de protéger les populations contre d'éventuels actes terroristes ;

[g] Rappelant la nécessité pour les Etats, notamment pour des raisons d'équité et de solidarité sociale, de veiller à ce que les victimes d'actes terroristes puissent obtenir un dédommagement ;

[h] Gardant à l'esprit que la lutte contre le terrorisme implique des mesures à long terme visant à prévenir les causes du terrorisme, en favorisant notamment la cohésion de nos sociétés et le dialogue multiculturel et inter-religieux ;

[i] Réaffirmant l'obligation des Etats de respecter, dans leur lutte contre le terrorisme, les instruments internationaux de protection des droits de l'homme, et pour les Etats membres, tout particulièrement la Convention de

Sauvegarde des Droits de l'Homme et des Libertés fondamentales ainsi que la jurisprudence de la Cour européenne des Droits de l'Homme ;

adopte les lignes directrices suivantes et invite les Etats membres à en assurer une large diffusion auprès de toutes les autorités chargées de la lutte contre le terrorisme.

I. Obligation des Etats de protéger toute personne contre le terrorisme

Les Etats ont l'obligation de prendre les mesures nécessaires pour protéger les droits fondamentaux des personnes relevant de leur juridiction à l'encontre des actes terroristes, tout particulièrement leur droit à la vie. Cette obligation positive justifie pleinement la lutte des Etats contre le terrorisme, dans le respect des présentes lignes directrices.

II. Interdiction de l'arbitraire

Les mesures prises par les Etats pour lutter contre le terrorisme doivent respecter les droits de l'homme et le principe de la prééminence du droit, en excluant tout arbitraire ainsi que tout traitement discriminatoire ou raciste, et faire l'objet d'un contrôle approprié.

III. Légalité des mesures antiterroristes

1. Toute mesure prise par les Etats pour lutter contre le terrorisme doit avoir une base juridique.

2. Lorsqu'une mesure restreint les droits de l'homme, les restrictions doivent être définies de façon aussi précise que possible et être nécessaires et proportionnées au but poursuivi.

IV. Interdiction absolue de la torture

Le recours à la torture ou à des peines ou traitements inhumains ou dégradants est prohibé en termes absolus, en toutes circonstances, notamment lors de l'arrestation, de l'interrogatoire et de la détention d'une personne soupçonnée d'activités terroristes ou condamnée pour de telles activités, et quels qu'aient été les agissements dont cette personne est soupçonnée ou pour lesquels elle a été condamnée.

V. Collecte et traitement de données à caractère personnel par toute autorité compétente en matière de sécurité de l'Etat

Dans le cadre de la lutte contre le terrorisme, la collecte et le traitement de données à caractère personnel par toute autorité compétente en matière de sécurité de l'Etat ne peuvent porter atteinte au respect de la vie privée des personnes que si la collecte et le traitement sont, notamment :

(i) régis par des dispositions appropriées en droit interne ;

(ii) proportionnés à l'objectif pour lequel cette collecte et ce traitement ont été prévus ;

(iii) susceptibles d'un contrôle par une autorité externe indépendante.

VI. Mesures d'ingérence dans la vie privée

1. Les mesures dans la lutte contre le terrorisme qui constituent une ingérence dans la vie privée (notamment, les fouilles, les perquisitions, les écoutes, y compris téléphoniques, la surveillance de la correspondance et l'infiltration d'agents) doivent être prévues par la loi. Ces mesures doivent pouvoir faire l'objet d'un contrôle juridictionnel.

2. Les mesures prises pour lutter contre le terrorisme doivent être préparées et contrôlées par les autorités de façon à réduire au minimum, autant que faire se peut, le recours à la force meurtrière et, dans ce cadre, l'utilisation d'armes par les forces de sécurité doit être rigoureusement proportionnée à la défense d'autrui contre la violence illégale ou à la nécessité de procéder à une arrestation régulière.

VII. Arrestation et garde à vue

1. L'arrestation d'une personne soupçonnée d'activités terroristes ne peut intervenir en l'absence de soupçons plausibles. Les motifs de l'arrestation doivent être communiqués à la personne arrêtée.

2. Une personne arrêtée ou détenue pour activités terroristes doit être aussitôt traduite devant un juge. La garde à vue doit être d'une durée raisonnable et son terme doit être fixé par la loi.

3. Une personne arrêtée ou détenue pour activités terroristes doit pouvoir contester la légalité de son arrestation ou de sa garde à vue devant un tribunal.

VIII. Contrôle régulier de la détention provisoire

Une personne soupçonnée d'activités terroristes et placée en détention provisoire a droit au contrôle régulier de la légalité de sa détention par un tribunal.

IX. Procédures judiciaires

1. Une personne accusée d'activités terroristes a droit à ce que sa cause soit entendue équitablement, dans un délai raisonnable, par une juridiction indépendante, impartiale et établie par la loi.

2. Une personne accusée d'activités terroristes doit bénéficier de la présomption d'innocence.

3. Les particularités liées à la lutte contre le terrorisme peuvent néanmoins justifier certaines restrictions des droits de la défense, en ce qui concerne notamment:

(i) les modalités d'accès et de contacts avec l'avocat ;

(ii) les modalités d'accès au dossier ;

(iii) l'utilisation de témoignages anonymes.

4. De telles restrictions au droit de la défense doivent être strictement proportionnées au but poursuivi et des mesures compensatoires aptes à protéger les intérêts de l'accusé doivent être prises afin que le caractère équitable du procès soit maintenu et que les droits de la défense ne soient pas vidés de toute substance.

X. Peines encourues

1. Les peines encourues par une personne accusée d'activités terroristes doivent être prévues par la loi pour une action ou une omission qui constituait déjà une infraction au moment où elle a été commise ; aucune peine plus forte que celle qui était applicable au moment où l'infraction a été commise ne peut être infligée.

2. En aucun cas, une personne accusée d'activités terroristes ne peut encourir la condamnation à mort ; dans l'éventualité d'une condamnation à une telle peine, celle-ci ne peut pas être exécutée.

XI. Détention

1. Une personne privée de liberté pour activités terroristes doit être traitée en toutes circonstances avec le respect de la dignité inhérente à la personne humaine.

2. Les impératifs de la lutte contre le terrorisme peuvent exiger que le traitement d'une personne privée de liberté pour activités terroristes fasse l'objet de restrictions plus importantes que celles touchant d'autres détenus en ce qui concerne notamment :

(i) la réglementation des communications et la surveillance de la correspondance, y compris entre l'avocat et son client;

(ii) le placement des personnes privées de liberté pour activités terroristes dans des quartiers spécialement sécurisés;

(iii) la dispersion de ces personnes à l'intérieur du même établissement pénitentiaire ou dans différents établissements pénitentiaires, à condition qu'il y ait rapport de proportionnalité entre le but poursuivi et la mesure prise.

XII. Asile, refoulement et expulsion

1. Toute demande d'asile doit faire l'objet d'un examen individuel. La décision qui s'ensuit doit pouvoir faire l'objet d'un recours effectif. Toutefois, lorsque l'Etat a des motifs sérieux de croire qu'une personne qui cherche à bénéficier de l'asile a participé à des activités terroristes, le statut de réfugié doit lui être refusé.

2. L'Etat qui fait l'objet d'une demande d'asile a l'obligation de s'assurer que le refoulement éventuel du requérant dans son pays d'origine ou dans un autre pays ne l'exposera pas à la peine de mort, à la torture ou à des peines ou traitements inhumains ou dégradants. Il en va de même en cas d'expulsion.

3. Les expulsions collectives d'étrangers sont interdites.

4. En toute hypothèse, l'exécution de l'expulsion ou du refoulement doit se faire dans le respect de l'intégrité physique et de la dignité de la personne concernée, en évitant tout traitement inhumain ou dégradant.

XIII. Extradition

1. L'extradition est une procédure indispensable à une coopération internationale efficace dans la lutte contre le terrorisme.

2. L'extradition d'une personne vers un pays où elle risque une condamnation à la peine de mort ne doit pas être accordée. L'Etat requis peut cependant accorder l'extradition s'il obtient des garanties suffisantes que :

(i) la personne susceptible d'être extradée ne sera pas condamnée à la peine de mort ; ou

(ii) dans l'éventualité d'une condamnation à une telle peine, que cette dernière ne sera pas exécutée.

3. L'extradition ne doit pas être accordée lorsqu'il existe des motifs sérieux de croire que :

(i) la personne susceptible d'être extradée sera soumise à la torture ou à des peines ou traitements inhumains ou dégradants ;

(ii) la demande d'extradition a été présentée aux fins de poursuivre ou de punir une personne pour des considérations de race, de religion, de nationalité ou d'opinions politiques, ou que la situation de cette personne risque d'être aggravée pour l'une ou l'autre de ces raisons.

4. Lorsque la personne susceptible d'être extradée allègue de façon défendable qu'elle a subi ou risque de subir un déni de justice flagrant dans l'Etat qui requiert son extradition, l'Etat requis doit considérer le bien-fondé de cette allégation avant de statuer sur l'extradition.

XIV. Droit de propriété

L'usage des biens appartenant à des personnes ou des organisations soupçonnées d'activités terroristes peut être suspendu ou limité, notamment par des mesures telles que le gel ou la saisie, par les autorités compétentes. Cette décision doit pouvoir faire l'objet d'un recours judiciaire par le ou les propriétaires des biens concernés.

XV. Dérogations éventuelles

1. Lorsque la lutte contre le terrorisme intervient dans une situation de guerre ou de danger public qui menace la vie de la nation, un Etat peut adopter unilatéralement des mesures dérogeant provisoirement à certaines obligations qui découlent des instruments internationaux de protection des droits de l'homme, dans la stricte mesure où la situation l'exige, ainsi que dans les limites et sous les conditions fixées par le droit international. L'Etat doit notifier l'adoption de ces mesures aux autorités compétentes conformément aux instruments internationaux pertinents.

2. Les Etats ne peuvent toutefois, en aucun cas et quels qu'aient été les agissements de la personne soupçonnée d'activités terroristes, ou condamnée pour de telles activités, déroger au droit à la vie tel que garanti par ces instruments internationaux, à l'interdiction de la torture ou des peines ou traitements inhumains ou dégradants, au principe de la légalité des peines et mesures, ainsi qu'à celui de l'interdiction de la rétroactivité pénale.

3. Les circonstances qui ont amené à l'adoption de telles dérogations doivent être réévaluées de façon régulière dans le but de lever ces dérogations dès que ces circonstances n'existent plus.

XVI. Respect des normes impératives du droit international et des normes du droit international humanitaire

Dans leur lutte contre le terrorisme, les Etats ne peuvent, en aucun cas, déroger aux normes impératives du droit international ainsi qu'aux normes du droit international humanitaire, lorsque ce droit s'applique.

XVII. Dédommagement des victimes d'actes terroristes

Lorsque la réparation ne peut être entièrement assurée par d'autres sources, notamment par la confiscation des biens appartenant aux auteurs, organisateurs et commanditaires d'actes terroristes, l'Etat doit, pour de tels actes survenus sur son territoire, contribuer au dédommagement des victimes pour les atteintes au corps et à la santé.

**Textes de référence
ayant été utilisés pour l'élaboration des lignes directrices
sur les droits de l'homme et la lutte contre le terrorisme**

Note préliminaire :

Le présent document a été élaboré par le Secrétariat, en coopération avec le Président du Groupe de Spécialistes sur les Droits de l'homme et la lutte contre le terrorisme (DH-S-TER). Il ne se veut en aucun cas un exposé des motifs ou un rapport explicatif des lignes directrices.

But des lignes directrices

1. Les lignes directrices se concentrent essentiellement sur les limites que les Etats ne devraient en aucun cas franchir dans leur lutte légitime contre le terrorisme[1][2]. Ces lignes directrices n'ont pas pour premier objectif de traiter d'autres questions importantes, telles que les causes et les conséquences du terrorisme, ainsi que les mesures pour tenter de le prévenir, qui sont néanmoins évoquées dans le préambule en tant que toile de fond[3].

Fondements juridiques

2. Il convient d'emblée de rappeler la situation particulière des Etats parties à la Convention européenne des droits de l'homme (« la Convention »). Son article 46 établit la juridiction obligatoire de la Cour européenne des Droits de l'Homme (« la Cour ») et la surveillance de l'exécution de ses arrêts par le Comité des Ministres. La Convention et la jurisprudence de la Cour sont donc la source première pour dégager des lignes directrices dans le domaine de la lutte contre le terrorisme. Il faut toutefois également mentionner d'autres sources tel le Pacte international relatif aux droits civils

---

1. Le Groupe de Spécialistes sur les stratégies démocratiques visant à faire face aux mouvements qui menacent les droits de l'homme (DH-S-DEM) n'a pas manqué de confirmer, dès 1999, le bien fondé de cette approche : « *d'une part, il est nécessaire qu'une société démocratique prenne certaines mesures, de nature préventive ou répressive pour se protéger contre des menaces portées aux valeurs et aux principes qui sous-tendent cette société. D'autre part, les autorités publiques (législatives, judiciaires, administratives) sont soumises à l'obligation juridique, y compris quand elles prennent des mesures dans ce domaine, de respecter les droits de l'homme et les libertés fondamentales figurant dans la CEDH et dans d'autres instruments auxquels les Etats membres sont Parties* ». Voir document DH-S-DEM (99) 4 Addendum, par. 16.

2. La Cour européenne des Droits de l'Homme donne un appui supplémentaire à cette approche : « *Les Etats contractants ne disposent pas pour autant d'une latitude illimitée pour assujettir à des mesures de surveillance secrète les personnes soumises à leur juridiction. Consciente du danger, inhérent à pareille loi, de saper, voire de détruire, la démocratie au motif de la défendre, elle affirme qu'ils ne sauraient prendre, au nom de la lutte contre l'espionnage et le terrorisme, n'importe quelle mesure jugée par eux appropriée* » (*Klass et autres c. Allemagne*, 6 septembre 1978, série A n° 28, par. 49).

3. Voir ci-dessous par. 8-12.

et politiques de l'ONU et les observations du Comité des Droits de l'Homme des Nations Unies.

Considérations d'ordre général

3. La Cour a souligné à maintes reprises la nécessité d'une mise en balance entre, d'une part, la défense des institutions et de la démocratie, dans l'intérêt commun, et, d'autre part, la protection des droits des individus : « *Avec la Commission, la Cour juge inhérente au système de la Convention une certaine forme de conciliation entre les impératifs de la défense de la société démocratique et ceux de la sauvegarde des droits individuels* »[4].

4. La Cour prend en compte les spécificités liées à une lutte efficace contre le terrorisme : « *La Cour est prête à tenir compte des circonstances entourant les cas soumis à son examen, en particulier des difficultés liées à la lutte contre le terrorisme.* »[5].

5. *Définition* – Ni la Convention ni la jurisprudence de la Cour ne donnent une définition de ce qu'est le terrorisme. La Cour a toujours préféré adopter une approche au cas par cas. Pour sa part, l'Assemblée parlementaire « *considère comme acte de terrorisme* " *tout délit commis par des individus ou des groupes recourant à la violence ou menaçant de l'utiliser contre un pays, ses institutions, sa population en général ou des individus concrets, qui, motivé par des aspirations séparatistes, par des conceptions idéologiques extrémistes ou par fanatisme, ou inspiré par des mobiles irrationnels ou subjectifs, vise à soumettre les pouvoirs publics, certains individus ou groupes de la société, ou, d'une façon générale, l'opinion publique à un climat de terreur* "»[6].

6. L'Article premier de la position commune du Conseil européen du 27 décembre 2001 relative à l'application de mesures spécifiques en vue de lutter contre le terrorisme donne une définition très précise de l'« acte de terrorisme ». Il dispose en effet :

> « 3. *Aux fins de la présente position commune, on entend par* « *acte de terrorisme* », *l'un des actes intentionnels suivants, qui, par sa nature ou son contexte, peut gravement nuire à un pays ou à une organisation internationale, correspondant à la définition d'infraction dans le droit national, lorsqu'il est commis dans le but de:*

---

4. *Klass et autres c. Allemagne*, 6 septembre 1978, série A n° 28, par. 59. Voir également *Brogan et autres c. Royaume-Uni*, 29 novembre 1998, série A, n° 145-B, par. 48.

5. *Incal c. Turquie*, 9 juin 1998, par. 58. Voir également les arrêts *Irlande c. Royaume-Uni*, 18 janvier 1978, série A n° 25, par. 11 et suiv. ; *Aksoy c. Turquie*, 18 décembre 1996, par. 70 et 84 ; *Zana c. Turquie*, 25 novembre 1997, par. 59-60 ; et, *Parti communiste unifié de Turquie et autres c. Turquie*, 30 novembre 1998, par. 59.

6. Recommandation 1426 (1999), *Démocraties européennes face au terrorisme* (23 septembre 1999), par. 5.

i) gravement intimider une population, ou

ii) contraindre indûment des pouvoirs publics ou une organisation internationale à accomplir ou à s'abstenir d'accomplir un acte quelconque, ou

iii) gravement déstabiliser ou détruire les structures fondamentales politiques, constitutionnelles, économiques ou sociales d'un pays ou d'une organisation internationale:

> *a) les atteintes à la vie d'une personne, pouvant entraîner la mort;*

> *b) les atteintes graves à l'intégrité physique d'une personne;*

> *c) l'enlèvement ou la prise d'otage;*

> *d) le fait de causer des destructions massives à une installation gouvernementale ou publique, à un système de transport, à une infrastructure, y compris un système informatique, à une plate-forme fixe située sur le plateau continental, à un lieu public ou une propriété privée susceptible de mettre en danger des vies humaines ou de produire des pertes économiques considérables;*

> *e) la capture d'aéronefs, de navires ou d'autres moyens de transport collectifs ou de marchandises;*

> *f) la fabrication, la possession, l'acquisition, le transport, la fourniture ou l'utilisation d'armes à feu, d'explosifs, d'armes nucléaires, biologiques ou chimiques ainsi que, pour les armes biologiques ou chimiques, la recherche et le développement;*

> *g) la libération de substances dangereuses, ou la provocation d'incendies, d'inondations ou d'explosions, ayant pour effet de mettre en danger des vies humaines;*

> *h) la perturbation ou l'interruption de l'approvisionnement en eau, en électricité ou toute autre ressource naturelle fondamentale ayant pour effet de mettre en danger des vies humaines;*

> *i) la menace de réaliser un des comportements énumérés aux points a) à h);*

> *j) la direction d'un groupe terroriste;*

k) la participation aux activités d'un groupe terroriste, y compris en lui fournissant des informations ou des moyens matériels, ou toute forme de financement de ses activités, en ayant connaissance que cette participation contribuera aux activités criminelles du groupe.

Aux fins du présent paragraphe, on entend par « groupe terroriste », l'association structurée, de plus de deux personnes, établie dans le temps, et agissant de façon concertée en vue de commettre des actes terroristes. Les termes « association structurée » désignent une association qui ne s'est pas constituée par hasard pour commettre immédiatement un acte terroriste et qui n'a pas nécessairement de rôles formellement définis pour ses membres, de continuité dans sa composition ou de structure élaborée. »

7. Les travaux en cours au sein des Nations Unies portant sur le projet de convention générale sur le terrorisme international s'efforcent également de définir le terrorisme ou l'acte de terrorisme.

*   *   *

Préambule

Le Comité des Ministres,

[a.] Considérant que le terrorisme porte gravement atteinte aux droits de l'homme, menace la démocratie et vise notamment à déstabiliser des gouvernements légitimement constitués et à saper la société civile pluraliste

8. L'Assemblée générale des Nations Unies reconnaît que les actes terroristes sont des *« activités qui visent à l'anéantissement des droits de l'homme, des libertés fondamentales et de la démocratie, menacent l'intégrité territoriale et la sécurité des Etats, déstabilisent des gouvernements légitimement constitués, sapent la société civile pluraliste et ont des conséquences préjudiciables pour le développement économique et social des Etats »*[7].

[b.] Condamnant catégoriquement comme criminels et injustifiables tous les actes, méthodes ou pratiques terroristes, où qu'ils se produisent et quels qu'en soient les auteurs;

---

7. Résolution 54/164, *Droits de l'homme et terrorisme*, adoptée par l'Assemblée générale le 17 décembre 1999.

[c.] Rappelant qu'un acte terroriste ne peut jamais être excusé ou justifié en invoquant les droits de l'homme et que l'abus de droit n'est jamais protégé;

[d.] Rappelant qu'il est non seulement possible, mais absolument nécessaire, de lutter contre le terrorisme dans le respect des droits de l'homme, de la prééminence du droit et, lorsqu'il est applicable, du droit international humanitaire;

[e.] Rappelant la nécessité pour les Etats de tout mettre en œuvre, et notamment de coopérer, afin que les auteurs, organisateurs et commanditaires présumés d'actes terroristes soient traduits en justice pour répondre de toutes les conséquences, notamment pénales et civiles, de leurs actes;

9. L'obligation de traduire en justice les auteurs, organisateurs et commanditaires présumés d'actes terroristes ressort clairement de différents textes, comme la Résolution 1368 (2001) adoptée par le Conseil de sécurité à sa 4370e séance, le 12 septembre 2001 (extraits) : « *Le Conseil de sécurité, réaffirmant les buts et principes de la Charte des Nations Unies, (...) (3.) Appelle tous les Etats à travailler ensemble de toute urgence pour traduire en justice les auteurs, organisateurs et commanditaires de ces attaques terroristes (...)* ». La Résolution 56/1, *Condamnation des attaques terroristes perpétrées aux Etats-Unis d'Amérique*, adoptée par l'Assemblée générale, le 12 septembre 2001 (extraits) indique à cet égard : « *L'Assemblée générale, guidée par les buts et principes de la Charte des Nations Unies, (...) (3.) appelle instamment à une coopération internationale en vue de traduire en justice les auteurs, organisateurs et commanditaires des atrocités commises le 11 septembre 2001* ».

[f.] Réaffirmant le devoir impératif des Etats de protéger les populations contre d'éventuels actes terroristes;

10. Le Comité des Ministres a souligné « le devoir de tout Etat démocratique d'assurer une protection efficace contre le terrorisme dans le respect de l'Etat de droit et des droits de l'homme »[8].

[g.] Rappelant la nécessité pour les Etats, notamment pour des raisons d'équité et de solidarité sociale, de veiller à ce que les victimes d'actes terroristes puissent obtenir un dédommagement;

[h.] Gardant à l'esprit que la lutte contre le terrorisme implique des mesures à long terme visant à prévenir les causes du terrorisme, en favorisant notamment la cohésion de nos sociétés et le dialogue multiculturel et inter-religieux;

---

8. Résolution intérimaire DH (99) 434, *Droits de l'homme, Actions des forces de sécurité en Turquie – mesures de caractère général*.

11. La nécessité de lutter contre les causes du terrorisme est une démarche essentielle afin de prévenir de nouveaux actes terroristes. A cet égard, il convient de rappeler la Résolution 1258 (2001) de l'Assemblée parlementaire, *Démocraties face au terrorisme* (26 septembre 2001), dans laquelle l'Assemblée appelle les Etats « *à renouveler leur engagement et y apporter leur soutien financier nécessaire pour poursuivre des mesures économiques, sociales et politiques visant à garantir la démocratie, la justice, et les droits de l'homme et le bien-être à tous les peuples du monde* » (par. 17 (viii)).

12. Afin de lutter contre les causes du terrorisme, il est également indispensable de promouvoir le dialogue multiculturel et inter-religieux. L'Assemblée parlementaire a consacré un nombre important de documents à cette question, parmi lesquels ses Recommandations 1162 (1991), *Contribution de la civilisation islamique à la culture européenne*[9], 1202 (1993), *Tolérance religieuse dans une société démocratique*[10], 1396 (1999), *Religion et démocratie*[11], 1426 (1999), *Démocraties européennes face au terrorisme*[12], ainsi que sa Résolution 1258 (2001), *Démocraties face au*

---

9. Adoptée le 19 septembre 1991 (11e séance). L'Assemblée propose entre autres des mesures préventives dans le domaine de l'éducation (telles que la création d'une université euro-arabe conformément à la Recommandation 1032 (1986)), des médias (production et diffusion de programmes sur la culture islamique), de la culture (telles que des échanges culturels, expositions, conférences, etc.) et de la coopération multilatérale (séminaires sur le fondamentalisme islamique, la démocratisation du monde islamique, la compatibilité des différentes formes d'Islam avec la société européenne moderne, etc.) ainsi que des questions administratives et de la vie quotidienne (telles que le jumelage de villes ou l'encouragement du dialogue entre communautés islamiques et autorités compétentes sur des questions comme les jours de fête, l'habillement, l'alimentation, etc.). Voir notamment par. 10-12.

10. Adoptée le 2 février 1993 (23e séance). L'Assemblée propose entre autres des mesures préventives dans le domaine des garanties juridiques et de leur respect (notamment au titre des droits énoncés dans la Recommandation 1086 (1988), paragraphe 10), ainsi que dans les domaines de l'éducation et des échanges (telles que la création d'une « conférence sur un manuel scolaire d'histoire religieuse », l'échange de programmes pour les étudiants et les autres jeunes), de l'information et de la « sensibilisation » (comme l'accès aux textes religieux fondamentaux et à la littérature apparentée dans les bibliothèques publiques) et de la recherche (par exemple, encouragement des travaux universitaires dans les universités européennes sur les questions liées à la tolérance religieuse). Voir notamment par. 12, 15-16.

11. Adoptée le 27 janvier 1999 (5e séance). L'Assemblée suggère entre autres des mesures préventives, afin de promouvoir de meilleures relations avec et entre les religions (par un dialogue plus systématique avec les chefs religieux et humanistes, les théologiens, les philosophes et les historiens) et de favoriser l'expression culturelle et sociale des religions (dont font partie les édifices ou traditions religieux). Voir notamment par. 9-14.

12. Adoptée le 23 septembre 1999 (30e séance). L'Assemblée signale entre autres que: « *La prévention du terrorisme passe aussi par l'éducation aux valeurs démocratiques et la tolérance, en supprimant de l'enseignement des attitudes négatives*

terrorisme[13]. Le Secrétaire Général du Conseil de l'Europe a lui aussi relevé l'importance du dialogue multiculturel et inter-religieux dans une lutte à long terme contre le terrorisme[14].

[i.] Réaffirmant l'obligation des Etats de respecter, dans leur lutte contre le terrorisme, les instruments internationaux de protection des droits de l'homme, et pour les Etats membres, tout particulièrement la Convention de Sauvegarde des Droits de l'Homme et des Libertés fondamentales ainsi que la jurisprudence de la Cour européenne des Droits de l'Homme ;

adopte les lignes directrices suivantes et invite les Etats membres à en assurer une large diffusion auprès de toutes les autorités chargées de la lutte contre le terrorisme.

I
Obligation des Etats de protéger toute personne contre le terrorisme

Les Etats ont l'obligation de prendre les mesures nécessaires pour protéger les droits fondamentaux des personnes relevant de leur juridiction à l'encontre des actes terroristes, tout particulièrement leur droit à la vie. Cette obligation positive justifie pleinement la lutte des Etats contre le terrorisme, dans le respect des présentes lignes directrices.

13. La Cour a indiqué que :

> « *la première phrase de l'article 2 par. 1 astreint l'Etat non seulement à s'abstenir de donner la mort de manière intentionnelle et illégale, mais aussi à prendre les mesures nécessaires à la protection de la vie des personnes relevant de sa juridiction (voir l'arrêt L.C.B. c. Royaume-Uni du 9 juin 1998, Recueil des arrêts et décisions 1998-III, p. 1403, par. 36). Cette obligation (...) peut également impliquer, dans certaines circonstances bien définies, une obligation positive pour les autorités de prendre préventivement des mesures d'ordre pratique pour protéger l'individu dont la vie est menacée par les*

---

ou de haine envers autrui et en développant une culture de paix entre tous les individus et les groupes de la société » (par. 9).

13. Adoptée le 26 septembre 2001 (28e séance). L'Assemblée estime entre autres que « la prévention à long terme du terrorisme passe par une compréhension appropriée de ses origines sociales, économiques, politiques et religieuses, et de l'aptitude à la haine de l'individu. En s'attaquant aux racines du terrorisme, il est possible de porter sérieusement atteinte au support sur lequel s'appuient les terroristes et à leurs réseaux de recrutement » (par. 9).

14. Voir « Suite du 11 septembre: Le dialogue multiculturel et inter-religieux – Note du Secrétaire Général », Documents d'information SG/Inf (2001) 40 Rév.2, 6 décembre 2001.

agissements criminels d'autrui (arrêts Osman c. Royaume-Uni du 28 octobre 1998, Recueil *1998-VIII, par. 115, et Kiliç c. Turquie, n° 22492/93 (sect. 1) CEDH 2000-III, par. 62 et 76).* »[15]

II
Interdiction de l'arbitraire

Les mesures prises par les Etats pour lutter contre le terrorisme doivent respecter les droits de l'homme et le principe de la prééminence du droit, en excluant tout arbitraire ainsi que tout traitement discriminatoire ou raciste, et faire l'objet d'un contrôle approprié.

14. Les termes « traitement discriminatoire » sont repris de la Déclaration politique adoptée par les ministres des Etats membres du Conseil de l'Europe le 13 octobre 2000 lors de la session de clôture de la Conférence européenne contre le racisme.

III
Légalité des mesures antiterroristes

1. Toute mesure prise par les Etats pour lutter contre le terrorisme doit avoir une base juridique.

2. Lorsqu'une mesure restreint les droits de l'homme, les restrictions doivent être définies de façon aussi précise que possible et être nécessaires et proportionnées au but poursuivi.

IV
Interdiction absolue de la torture

Le recours à la torture ou à des peines ou traitements inhumains ou dégradants est prohibé en termes absolus, en toutes circonstances, notamment lors de l'arrestation, de l'interrogatoire et de la détention d'une personne soupçonnée d'activités terroristes ou condamnée pour de telles activités, et quels qu'aient été les agissements dont cette personne est soupçonnée ou pour lesquels elle a été condamnée.

15. La Cour a rappelé l'interdiction absolue du recours à la torture ou à des peines ou traitements inhumains et dégradants (Article 3 de la Convention) à plusieurs reprises :

« *L'article 3 de la Convention, la Cour l'a dit à maintes reprises, consacre l'une des valeurs fondamentales des sociétés démocratiques. Même dans les circonstances les plus difficiles, telle la lutte contre le terrorisme et le crime organisé, la Convention prohibe en termes absolus la torture et les peines* »

---

15. *Pretty c. Royaume-Uni*, 29 avril 2002, par. 38.

ou traitements inhumains ou dégradants. L'article 3 ne prévoit pas de restrictions, en quoi il contraste avec la majorité des clauses normatives de la Convention et des Protocoles n°ˢ 1 et 4, et d'après l'article 15 par. 2 il ne souffre nulle dérogation, même en cas de danger public menaçant la vie de la nation (...). La prohibition de la torture ou des peines ou traitements inhumains ou dégradants est absolue, quels que soient les agissements de la victime (...). La nature de l'infraction qui était reprochée au requérant est donc dépourvue de pertinence pour l'examen sous l'angle de l'article 3. »[16]

« Les nécessités de l'enquête et les indéniables difficultés de la lutte contre la criminalité, notamment en matière de terrorisme, ne sauraient conduire à limiter la protection due à l'intégrité physique de la personne. »[17]

16. La jurisprudence de la Cour met clairement en évidence que la nature du crime n'est pas pertinente: « *La Cour est parfaitement consciente des énormes difficultés que rencontrent à notre époque les Etats pour protéger leur population de la violence terroriste. Cependant, même en tenant compte de ces facteurs, la Convention prohibe en termes absolus la torture ou les peines ou traitements inhumains ou dégradants, quels que soient les agissements de la victime.* »[18].

V
Collecte et traitement de données à caractère personnel par toute autorité compétente en matière de sécurité de l'Etat

Dans le cadre de la lutte contre le terrorisme, la collecte et le traitement de données à caractère personnel par toute autorité compétente en matière de sécurité de l'Etat ne peuvent porter atteinte au respect de la vie privée des personnes que si la collecte et le traitement sont, notamment :

(i) régis par des dispositions appropriées en droit interne;

(ii) proportionnés à l'objectif pour lequel cette collecte et ce traitement ont été prévus;

---

16. *Labita c. Italie*, 6 avril 2000, par. 119. Voir également *Irlande c. Royaume-Uni*, 18 janvier 1978, série A n° 25, par. 163 ; *Soering c. Royaume-Uni*, 7 juillet 1989, série A n° 161, par. 88 ; *Chahal c. Royaume-Uni*, 15 novembre 1996, par. 79 ; *Aksoy c. Turquie*, 18 décembre 1996, par. 62 ; *Aydin c. Turquie*, 25 septembre 1997, par. 81 ; *Assenov et autres c. Bulgarie*, 28 octobre 1998, par. 93 ; *Selmouni c. France*, 28 juillet 1999, par. 95.

17. *Tomasi c. France*, 27 août 1992, par. 115. Voir également *Ribitsch c. Autriche*, 4 décembre 1995, par. 38.

18. *Chahal c. Royaume-Uni*, 15 novembre 1996, par. 79 ; voir dans le même sens *V. c. Royaume-Uni*, 16 décembre 1999, par. 69.

(iii) susceptibles d'un contrôle par une autorité externe indépendante.

17. En matière de traitement de données à caractère personnel, la Cour a statué pour la première fois de la façon suivante :

> « *Or, aucune disposition du droit interne ne fixe les limites à respecter dans l'exercice de ces prérogatives. Ainsi, la loi interne ne définit ni le genre d'informations pouvant être consignées, ni les catégories de personnes susceptibles de faire l'objet des mesures de surveillance telles que la collecte et la conservation de données, ni les circonstances dans lesquelles peuvent être prises ces mesures, ni la procédure à suivre. De même, la loi ne fixe pas des limites quant à l'ancienneté des informations détenues et la durée de leur conservation.*
>
> *(…)*
>
> *La Cour relève que cet article ne renferme aucune disposition explicite et détaillée sur les personnes autorisées à consulter les dossiers, la nature de ces derniers, la procédure à suivre et l'usage qui peut être donné aux informations ainsi obtenues.*
>
> *(…) Elle note aussi que, bien que l'article 2 de la loi habilite les autorités compétentes à autoriser les ingérences nécessaires afin de prévenir et contrecarrer les menaces pour la sécurité nationale, le motif de telles ingérences n'est pas défini avec suffisamment de précision* »[19].

VI
Mesures d'ingérence dans la vie privée

1. Les mesures dans la lutte contre le terrorisme qui constituent une ingérence dans la vie privée (notamment, les fouilles, les perquisitions, les écoutes, y compris téléphoniques, la surveillance de la correspondance et l'infiltration d'agents) doivent être prévues par la loi. Ces mesures doivent pouvoir faire l'objet d'un contrôle juridictionnel.

18. La Cour admet que la lutte contre le terrorisme permet l'utilisation de méthodes spécifiques :

> « *Les sociétés démocratiques se trouvent menacées de nos jours par des formes très complexes d'espionnage et par le terrorisme, de sorte que l'Etat doit être capable, pour combattre efficacement ces menaces, de surveiller en secret les éléments*

---

19. *Rotaru c. Roumanie*, 4 mai 2000, par. 57-58.

subversifs opérant sur son territoire. La Cour doit donc admettre que l'existence de dispositions législatives accordant des pouvoirs de surveillance secrète de la correspondance, des envois postaux et des télécommunications est, devant une situation exceptionnelle, nécessaire dans une société démocratique à la sécurité nationale et/ou à la défense de l'ordre et à la prévention des infractions pénales. »[20]

19. En ce qui concerne les écoutes, il faut qu'elles soient conformes aux dispositions de l'article 8 de la Convention, notamment qu'elles soient prévues par la « loi ». La Cour a ainsi rappelé que : « *les écoutes et autres formes d'interception des entretiens téléphoniques représentent une atteinte grave au respect de la vie privée et de la correspondance. Partant, elles doivent se fonder sur une « loi » d'une précision particulière. L'existence de règles claires et détaillées en la matière apparaît indispensable, d'autant que les procédés techniques ne cessent de se perfectionner (arrêts Kruslin et Huvig précités, p. 23, par. 33, et p. 55, par. 32, respectivement). »*[21].

20. La Cour a également admis que l'usage d'informations confidentielles est essentiel pour combattre la violence terroriste et la menace qui pèse sur les citoyens et sur toute la société démocratique :

> « *La Cour rappelle tout d'abord qu'elle reconnaît que l'utilisation d'informations confidentielles est primordiale pour combattre la violence terroriste et la menace que le terrorisme organisé constitue pour la vie des citoyens et pour la société démocratique dans son ensemble (voir aussi l'arrêt Klass et autres c. Allemagne du 6 septembre 1978, série A n° 28, p. 23, par. 48). Cela ne signifie pas, toutefois, que les autorités d'enquête aient carte blanche, au regard de l'article 5 (art. 5), pour arrêter des suspects afin de les interroger, à l'abri de tout contrôle effectif par les tribunaux internes ou par les organes de contrôle de la Convention, chaque fois qu'elles choisissent d'affirmer qu'il y a infraction terroriste (ibidem, p. 23, par. 49). »*[22]

2. Les mesures prises pour lutter contre le terrorisme doivent être préparées et contrôlées par les autorités de façon à réduire au minimum, autant que faire se peut, le recours à la force meurtrière et, dans ce cadre, l'utilisation d'armes par les forces de sécurité doit être rigoureusement proportionnée à la défense d'autrui contre la violence illégale ou à la nécessité de procéder à une arrestation régulière.

---

20. *Klass et autres c. Allemagne*, 6 septembre 1978, série A n° 28, par. 48.

21. *Kopp c. Suisse*, 25 mars 1998, par. 72. Voir aussi *Huvig c. France*, 24 avril 1990, par. 34-35.

22. *Murray c. Royaume-Uni*, 28 octobre 1994, par. 58.

21. L'article 2 de la Convention n'exclut pas la possibilité que l'usage délibéré d'une solution fatale puisse être justifié lorsqu'il est « absolument nécessaire » de prévenir certaines formes de crimes. Cela doit, toutefois, être effectué dans des conditions strictes pour respecter le plus possible la vie humaine, même à l'égard de personnes supposées préparer une attaque terroriste :

> « Cela étant, pour déterminer si la force utilisée est compatible avec l'article 2 (art. 2), la Cour doit examiner très attentivement, comme indiqué plus haut, non seulement la question de savoir si la force utilisée par les militaires était rigoureusement proportionnée à la défense d'autrui contre la violence illégale, mais également celle de savoir si l'opération antiterroriste a été préparée et contrôlée par les autorités de façon à réduire au minimum, autant que faire se peut, le recours à la force meurtrière. »[23]

VII
Arrestation et garde à vue

1. L'arrestation d'une personne soupçonnée d'activités terroristes ne peut intervenir en l'absence de soupçons plausibles. Les motifs de l'arrestation doivent être communiqués à la personne arrêtée.

22. La Cour reconnaît qu'il faut que des soupçons « plausibles » fondent l'arrestation d'un suspect. Elle ajoute que ce caractère dépend de l'ensemble des circonstances, la criminalité terroriste entrant dans une catégorie spéciale :

> « 32. La 'plausibilité' des soupçons sur lesquels doit se fonder une arrestation constitue un élément essentiel de la protection offerte par l'article 5 par. 1 c) (art. 5-1-c) contre les privations de liberté arbitraires. (...) [L'] existence de soupçons plausibles présuppose celle de faits ou renseignements propres à persuader un observateur objectif que l'individu en cause peut avoir accompli l'infraction. Ce qui peut passer pour 'plausible' dépend toutefois de l'ensemble des circonstances. A cet égard, la criminalité terroriste entre dans une catégorie spéciale. Devant le risque de souffrances et de perte de vies humaines dont elle s'accompagne, la police est forcée d'agir avec la plus grande célérité pour exploiter ses informations, y compris celles qui émanent de sources secrètes. De surcroît, il lui faut souvent arrêter un terroriste présumé sur la base de données fiables

---

23. *McCann et autres c. Royaume Uni*, 27 septembre 1995, par. 194. Dans cette affaire, la Cour, n'étant pas persuadée que le meurtre de trois terroristes représentait un usage de la force n'excédant pas les nécessités de la protection des personnes contre la violence illégale, a considéré qu'il y avait eu violation de l'article 2.

mais que l'on ne peut révéler au suspect, ou produire en justice à l'appui d'une accusation, sans en mettre en danger la source.

(...) [L]a nécessité de combattre la criminalité ne saurait justifier que l'on étende la notion de 'plausibilité' jusqu'à porter atteinte à la substance de la garantie assurée par l'article 5 par. 1 c) (art. 5-1-c) (...).

(...)

34. Il ne faut certes pas appliquer l'article 5 par. 1 c) (art. 5-1-c) d'une manière qui causerait aux autorités de police des Etats contractants des difficultés excessives pour combattre par des mesures adéquates le terrorisme organisé (...). Partant, on ne saurait demander à ces Etats d'établir la plausibilité des soupçons motivant l'arrestation d'un terroriste présumé en révélant les sources confidentielles des informations recueillies à l'appui, ou même des faits pouvant aider à les repérer ou identifier.

La Cour doit cependant pouvoir déterminer si la substance de la garantie offerte par l'article 5 par. 1 c) (art. 5-1-c) est demeurée intacte. Dès lors, il incombe au gouvernement défendeur de lui fournir au moins certains faits ou renseignements propres à la convaincre qu'il existait des motifs plausibles de soupçonner la personne arrêtée d'avoir commis l'infraction alléguée. »[24].

2. Une personne arrêtée ou détenue pour activités terroristes doit être aussitôt traduite devant un juge. La garde à vue doit être d'une durée raisonnable et son terme doit être fixé par la loi.

3. Une personne arrêtée ou détenue pour activités terroristes doit pouvoir contester la légalité de son arrestation ou de sa garde à vue devant un tribunal.

23. La protection accordée par l'article 5 de la Convention intervient également ici. Il y a des limites liées à l'arrestation et à la détention de personnes suspectées de terrorisme. La Cour admet que prémunir la collectivité contre le terrorisme est un but légitime, mais que ceci ne saurait justifier toute mesure. Par exemple, la lutte contre le terrorisme peut justifier l'augmentation de la durée de garde à vue, mais ne saurait autoriser qu'il n'y ait pas du tout de contrôle judiciaire de cette garde à vue, ou qu'il n'y ait pas de contrôle judiciaire suffisamment rapide :

« *La Cour reconnaît que sous réserve de l'existence de garanties suffisantes, le contexte du terrorisme en Irlande du Nord a pour effet d'augmenter la durée de la période pendant laquelle les autorités peuvent, sans violer l'article 5 par. 3 (art. 5-3), garder à vue un individu soupçonné de graves infractions*

---

24. *Fox, Campbell et Hartley c. Royaume-Uni*, 30 août 1990, par. 32 et 34.

terroristes avant de le traduire devant un juge ou un « autre magistrat » judiciaire.

La difficulté, soulignée par le Gouvernement, d'assujettir à un contrôle judiciaire la décision d'arrêter et détenir un terroriste présumé peut influer sur les modalités d'application de l'article 5 par. 3 (art. 5-3), par exemple en appelant des précautions procédurales adaptées à la nature des infractions supposées. Elle ne saurait pour autant excuser, sous l'angle de cette disposition, l'absence complète de pareil contrôle exercé avec célérité. »[25]

« Le fait incontesté que les privations de liberté incriminées s'inspiraient d'un but légitime, prémunir la collectivité dans son ensemble contre le terrorisme, ne suffit pas pour assurer le respect des exigences précises de l'article 5 par. 3 (art. 5-3). »[26]

« La Cour rappelle ce qu'elle a décidé dans l'affaire Brogan et autres c. Royaume-Uni (arrêt du 29 novembre 1988, série A n° 145-B, p. 33, par. 62): une période de garde à vue de quatre jours et six heures sans contrôle judiciaire va au-delà des strictes limites de temps permises par l'article 5 par. 3 (art. 5-3). Il en résulte clairement que la période de quatorze jours ou plus pendant laquelle M. Aksoy a été détenu sans être traduit devant un juge ou un autre magistrat ne remplissait pas l'exigence de promptitude. »[27]

« La Cour a déjà admis à plusieurs reprises par le passé que les enquêtes au sujet d'infractions terroristes confrontent indubitablement les autorités à des problèmes particuliers (voir les arrêts Brogan et autres c. Royaume-Uni du 29 novembre 1988, série A n° 145-B, p. 33, par. 61, Murray c. Royaume-Uni du 28 octobre 1994, série A n° 300-A, p. 27, par. 58, et Aksoy précité, p. 2282, par. 78). Cela ne signifie pas toutefois que celles-ci aient carte blanche, au regard de l'article 5, pour arrêter et placer en garde à vue des suspects, à l'abri de tout contrôle effectif par les tribunaux internes et, en dernière instance, par les organes de contrôle de la Convention, chaque fois qu'elles choisissent d'affirmer qu'il y a infraction terroriste (voir, mutatis mutandis, l'arrêt Murray précité, p. 27, par. 58).

Il y va en effet de l'importance de l'article 5 dans le système de la Convention : il consacre un droit fondamental de l'homme, la

---

25. *Brogan et autres c. Royaume-Uni*, 29 novembre 1988, série A, n° 145-B, par. 61.

26. *Brogan et autres c. Royaume-Uni*, 29 novembre 1988, série A, n° 145-B, par. 62. Voir également *Brannigan et Mc Bride c. Royaume-Uni*, 26 mai 1993, par. 58.

27. *Aksoy c. Turquie*, 12 décembre 1996, par. 66.

protection de l'individu contre les atteintes arbitraires de l'Etat à sa liberté. Le contrôle judiciaire de pareille ingérence de l'exécutif constitue un élément essentiel de la garantie de l'article 5 par. 3, conçue pour réduire autant que possible le risque d'arbitraire et assurer la prééminence du droit, l'un des « principes fondamentaux » d'une « société démocratique », auquel « se réfère expressément le préambule de la Convention » (voir les arrêts Brogan et autres précité, p. 32, par. 58, et Aksoy précité, p. 2282, par. 76). »[28]

VIII
Contrôle régulier de la détention provisoire

Une personne soupçonnée d'activités terroristes et placée en détention provisoire a droit au contrôle régulier de la légalité de sa détention par un tribunal.

IX
Procédures judiciaires

1. Une personne accusée d'activités terroristes a droit à ce que sa cause soit entendue équitablement, dans un délai raisonnable, par une juridiction indépendante, impartiale et établie par la loi.

24. Le droit à un procès équitable est reconnu, pour toute personne, à l'article 6 de la Convention. La jurisprudence de la Cour affirme que le droit à un procès équitable est inhérent à toute société démocratique.

25. L'article 6 n'interdit pas l'instauration de juridictions spécialisées pour juger des actes terroristes à condition que ces juridictions spécialisées répondent aux critères de cet article (tribunaux établis par la loi, impartiaux et indépendants) :

> *« La Cour rappelle que, pour établir si un tribunal peut passer pour « indépendant » aux fins de l'article 6 par. 1, il faut notamment prendre en compte le mode de désignation et la durée du mandat de ses membres, l'existence d'une protection contre les pressions extérieures et le point de savoir s'il y a ou non apparence d'indépendance (voir, parmi beaucoup d'autres, l'arrêt Findlay c. Royaume-Uni du 25 février 1997, Recueil 1997-I, p. 281, par. 73). Quant à la condition d'« impartialité » au sens de cette disposition, elle s'apprécie selon une double démarche : la première consiste à essayer de déterminer la conviction personnelle de tel ou tel juge en telle occasion ; la seconde amène à s'assurer qu'il offrait des garanties suffisantes pour exclure tout doute légitime à cet égard. (...)*

---

28. *Sakik et autres c. Turquie*, 26 novembre 1997, par. 44.

(voir, mutatis mutandis, l'arrêt Gautrin et autres c. France du 20 mai 1998, Recueil 1998-III, pp. 1030–1031, par. 58). » [29].

« *Elle (la Cour) n'a pas pour tâche en effet d'examiner* in abstracto *la nécessité d'instaurer de telles juridictions (juridictions spécialisées) dans un Etat contractant ni la pratique y afférente, mais de rechercher si le fonctionnement de l'une d'elles a porté atteinte au droit du requérant à un procès équitable. (...) En la matière, même les apparences peuvent revêtir de l'importance. Il y va de la confiance que les tribunaux d'une société démocratique se doivent d'inspirer aux justiciable, à commencer, au pénal, par les prévenus (voir, entre autres, les arrêts Hauschildt c. Danemark du 24 mai 1989, série A n° 154, p. 21, par. 48, Thorgeir Thorgeirson précité, p. 23, par. 51, et Pullar c. Royaume-Uni du 10 juin 1996, Recueil 1996-III, p. 794, par. 38). Pour se prononcer sur l'existence d'une raison légitime de redouter dans le chef d'une juridiction un défaut d'indépendance ou d'impartialité, le point de vue de l'accusé entre en ligne de compte mais sans pour autant jouer un rôle décisif. L'élément déterminant consiste à savoir si les appréhensions de l'intéressé peuvent passer pour objectivement justifiées (voir,* mutatis mutandis, *les arrêts Hauschildt précité, p. 21, par. 48, et Gautrin et autres précité, pp. 1031–1031, par. 58).*
(...) La Cour attache (...) de l'importance à la circonstance qu'un civil ait dû comparaître devant une juridiction composée, même en partie seulement, de militaires. Il en résulte que le requérant pouvait légitimement redouter que par la présence d'un juge militaire dans le siège de la cour de sûreté de l'Etat d'Izmir, celle-ci ne se laissât indûment guider par des considérations étrangères à la nature de sa cause » [30].

2. Une personne accusée d'activités terroristes doit bénéficier de la présomption d'innocence.

26. La présomption d'innocence est spécifiquement mentionnée à l'article 6, paragraphe 2, de la Convention européenne des droits de l'homme qui stipule : « *Toute personne accusée d'une infraction est présumée innocente jusqu'à ce que sa culpabilité ait été légalement établie* ». Cet article s'applique donc également aux personnes soupçonnées d'activités terroristes.

27. Par ailleurs, « *la Cour estime qu'une atteinte à la présomption d'innocence peut émaner non seulement d'un juge ou d'un tribunal mais*

---

29. *Incal c. Turquie*, 9 juin 1998, par. 65.
30. *Incal c. Turquie*, 9 juin 1998, par. 70-72.

aussi d'autres autorités publiques »[31]. C'est ainsi que la Cour a constaté que les déclarations publiques faites par un ministre de l'Intérieur et par deux hauts responsables de la police désignant une personne comme le complice d'un assassinat avant le jugement de celui-ci étaient « *à l'évidence une déclaration de culpabilité qui, d'une part, incitait le public à croire en celle-ci et, de l'autre, préjugeait de l'appréciation des faits par les juges compétents. Partant, il y a violation de l'article 6 par. 2* »[32].

3. Les particularités liées à la lutte contre le terrorisme peuvent néanmoins justifier certaines restrictions des droits de la défense, en ce qui concerne notamment :

(i) les modalités d'accès et de contacts avec l'avocat;

(ii) les modalités d'accès au dossier;

(iii) l'utilisation de témoignages anonymes.

4. De telles restrictions au droit de la défense doivent être strictement proportionnées au but poursuivi et des mesures compensatoires aptes à protéger les intérêts de l'accusé doivent être prises afin que le caractère équitable du procès soit maintenu et que les droits de la défense ne soient pas vidés de toute substance.

28. La Cour reconnaît qu'une lutte efficace contre le terrorisme impose d'interpréter avec une certaine souplesse certaines des garanties du procès équitable. Confrontée à la nécessité d'évaluer la conformité à la Convention de certaines formes d'enquêtes et de procès, la Cour a par exemple reconnu que le recours à des témoignages anonymes n'est pas dans tous les cas incompatible avec la Convention[33]. En effet, dans certains cas, comme ceux liés au terrorisme, les témoins doivent être protégés contre tout risque éventuel de rétorsion à leur encontre mettant en jeu leur vie, leur liberté ou leur sûreté.

> « *La Cour est même allée jusqu'à constater que, à condition que les droits de la défense soient respectés, il peut être légitime pour les autorités de police de vouloir préserver l'anonymat d'un agent utilisé dans des opérations d'infiltration, pour sa propre protection, pour celle de sa famille et pour pouvoir à nouveau l'utiliser par la suite* »[34].

---

31. *Allenet de Ribemont c. France*, 10 février 1995, par. 36.

32. *Allenet de Ribemont c. France*, 10 février 1995, par. 41.

33. Voir *Doorson c. Pays-Bas*, 26 mars 1996, par. 69-70. L'affaire Doorson concernait la lutte contre le trafic de drogue, mais les conclusions de la Cour peuvent également être étendues à la lutte contre le terrorisme. Voir également *Van Mechelen et autres c. Pays-Bas*, 23 avril 1997, par. 52.

34. *Van Mechelen et autres c. Pays-Bas*, 23 avril 1997, par. 57.

29. La Cour a reconnu que l'interception d'une lettre entre un détenu – terroriste – et son avocat est possible dans certaines circonstances :

> « *Il n'en demeure pas moins que la confidentialité de la correspondance entre un détenu et son défenseur constitue un droit fondamental pour un individu et touche directement les droits de la défense. C'est pourquoi, comme la Cour l'a énoncé plus haut, une dérogation à ce principe ne peut être autorisée que dans des cas exceptionnels et doit s'entourer de garanties adéquates et suffisantes contre les abus (voir aussi, mutatis mutandis, l'arrêt Klass précité, ibidem).* »[35]

30. La jurisprudence de la Cour insiste sur les mécanismes compensatoires pour éviter que les mesures prises dans le cadre de la lutte contre le terrorisme ne vident pas de toute substance le droit à un procès équitable[36]. Ainsi, si la possibilité existe de ne pas diffuser certaines preuves à la défense, il faut que cela soit compensé par la procédure suivie devant les autorités judiciaires :

> « *60. Tout procès pénal, y compris ses aspects procéduraux, doit revêtir un caractère contradictoire et garantir l'égalité des armes entre l'accusation et la défense : c'est là un des aspects fondamentaux du droit à un procès équitable. Le droit à un procès pénal contradictoire implique, pour l'accusation comme pour la défense, la faculté de prendre connaissance des observations ou éléments de preuve produits par l'autre partie (arrêt Brandstetter c. Autriche du 28 août 1991, série A n° 211, par. 66-67). De surcroît, l'article 6 par. 1 exige, comme du reste le droit anglais (paragraphe 19 ci-dessus), que les autorités de poursuite communiquent à la défense toutes les preuves pertinentes en leur possession, à charge comme à décharge (arrêt Edwards précité, par. 36).*
>
> *61. Toutefois, les requérants l'admettent au demeurant (paragraphe 54 ci-dessus), le droit à une divulgation des preuves pertinentes n'est pas absolu. Dans une procédure pénale donnée, il peut y avoir des intérêts concurrents – tels que la sécurité nationale ou la nécessité de protéger des témoins risquant des représailles ou de garder secrètes des méthodes policières de recherche des infractions – qui doivent être mis en balance avec les droits de l'accusé (voir, par exemple, l'arrêt Doorson c. Pays-Bas du 26 mars 1996, Recueil des arrêts et décisions 1996-II, par. 70). Dans certains cas, il peut être nécessaire de dissimuler certaines preuves à la*

---

35. *Erdem c. Allemagne*, 5 juillet 2001, par. 65.

36. Voir notamment *Chahal c. Royaume-Uni*, 15 novembre 1996, par. 131 et 144 et *Van Mechelen et autres c. Pays-Bas*, 23 avril 1997, par. 54.

défense, de façon à préserver les droits fondamentaux d'un autre individu ou à sauvegarder un intérêt public important. Toutefois, seules sont légitimes au regard de l'article 6 par. 1 les mesures restreignant les droits de la défense qui sont absolument nécessaires (arrêt Van Mechelen et autres c. Pays-Bas du 23 avril 1997, Recueil 1997-III, par. 58). De surcroît, si l'on veut garantir un procès équitable à l'accusé, toutes difficultés causées à la défense par une limitation de ses droits doivent être suffisamment compensées par la procédure suivie devant les autorités judiciaires (arrêts Doorson précité, par. 72, et Van Mechelen et autres précité, par. 54).

62. Lorsque des preuves ont été dissimulées à la défense au nom de l'intérêt public, il n'appartient pas à la Cour de dire si pareille attitude était absolument nécessaire car, en principe, c'est aux juridictions internes qu'il revient d'apprécier les preuves produites devant elles (arrêt Edwards précité, par. 34). La Cour a quant à elle pour tâche de contrôler si le processus décisionnel appliqué dans un cas donné a satisfait autant que possible aux exigences du contradictoire et de l'égalité des armes et était assorti de garanties aptes à protéger les intérêts de l'accusé. »[37].

X
Peines encourues

1. Les peines encourues par une personne accusée d'activités terroristes doivent être prévues par la loi pour une action ou une omission qui constituait déjà une infraction au moment où elle a été commise ; aucune peine plus forte que celle qui était applicable au moment où l'infraction a été commise ne peut être infligée.

31. Cette ligne directrice reprend les éléments contenus dans l'article 7 de la Convention. La Cour a ainsi rappelé que :

« La garantie que consacre l'article 7, élément essentiel de la prééminence du droit, occupe une place primordiale dans le système de protection de la Convention, comme l'atteste le fait que l'article 15 n'y autorise aucune dérogation en temps de guerre ou autre danger public. Ainsi qu'il découle de son objet et de son but, on doit l'interpréter et l'appliquer de manière à assurer une protection effective contre les poursuites, les condamnations et sanctions arbitraires (arrêts S.W. et C.R. c. Royaume-Uni du 22 novembre 1995, série A n° 335-B et 335-C, pp. 41-42, et pp. 68-69, par. 33, respectivement) »[38]

---

37. *Rowe et Davies c. Royaume-Uni*, 16 février 2000, par. 60-62.
38. *Ecer et Zeyrek c. Turquie*, 27 février 2001, par. 29.

« La Cour rappelle que, conformément à sa jurisprudence, l'article 7 consacre notamment le principe de la légalité des délits et des peines (nullum crimen, nulla poena sine lege) et celui qui commande de ne pas appliquer la loi pénale de manière extensive au détriment de l'accusé, par exemple par analogie. Il s'ensuit que la loi doit définir clairement les infractions et les sanctions qui les répriment. Cette condition se trouve remplie lorsque le justiciable peut savoir, à partir du libellé de la disposition pertinente et, au besoin, à l'aide de son interprétation par les tribunaux, quels actes et omissions engagent sa responsabilité pénale.

La notion de « droit » (« law ») utilisée à l'article 7 correspond à celle de « loi » qui figure dans d'autres articles de la Convention ; elle englobe le droit d'origine tant législative que jurisprudentielle et implique des conditions qualitatives, entre autres celles d'accessibilité et de prévisibilité (voir les arrêts Cantoni c. France du 15 novembre 1996, Recueil des arrêts et décision 1996-V, p. 1627, par. 29, et S.W. et C.R. c. Royaume-Uni du 22 novembre 1995, série A n° 335-B et C, pp. 41-42, par. 35, et pp. 68-69, par. 33 respectivement). »[39]*

2. En aucun cas, une personne accusée d'activités terroristes ne peut encourir la condamnation à mort ; dans l'éventualité d'une condamnation à une telle peine, celle-ci ne peut pas être exécutée.

32. La tendance actuelle en Europe est à l'abolition générale de la peine de mort, en toutes circonstances (Protocole n° 13 à la Convention). Les Etats membres du Conseil de l'Europe qui disposent encore de la peine de mort dans leur arsenal juridique ont accepté de faire un moratoire quant à l'exécution de cette peine.

XI
Détention

1. Une personne privée de liberté pour activités terroristes doit être traitée en toutes circonstances avec le respect de la dignité inhérente à la personne humaine.

33. Il est clair, d'après la jurisprudence de la Cour, que la nature du crime n'est pas pertinente : « La Cour est parfaitement consciente des énormes difficultés que rencontrent à notre époque les Etats pour protéger leur population de la violence terroriste. Cependant, même en tenant compte de ces facteurs, la Convention prohibe en termes absolus la torture ou les

---

39. *Baskaya et Okçuoglu c. Turquie*, 8 juillet 1999, par. 36.

peines ou traitements inhumains ou dégradants, quels que soient les agissements de la victime. »[40].

34. Il est rappelé que la pratique de l'isolement sensoriel total a été condamnée par la Cour comme étant en violation de l'article 3 de la Convention[41].

2. Les impératifs de la lutte contre le terrorisme peuvent exiger que le traitement d'une personne privée de liberté pour activités terroristes fasse l'objet de restrictions plus importantes que celles touchant d'autres détenus en ce qui concerne notamment :

(i) la réglementation des communications et la surveillance de la correspondance, y compris entre l'avocat et son client;

35. En ce qui concerne les communications entre l'avocat et son client, voir la jurisprudence de la Cour, et notamment une récente décision d'irrecevabilité dans laquelle la Cour rappelle la possibilité pour l'Etat, dans des circonstances exceptionnelles, d'intercepter la correspondance entre un avocat et son client condamné pour actes terroristes. Il est par conséquent possible de prendre des mesures dérogeant au droit ordinaire :

> « *65. Il n'en demeure pas moins que la confidentialité de la correspondance entre un détenu et son défenseur constitue un droit fondamental pour un individu et touche directement les droits de la défense. C'est pourquoi, comme la Cour l'a énoncé plus haut, une dérogation à ce principe ne peut être autorisée que dans des cas exceptionnels et doit s'entourer de garanties adéquates et suffisantes contre les abus (voir aussi, mutatis mutandis, l'arrêt Klass précité, ibidem).*
>
> *66. Or le procès contre des cadres du PKK se situe dans le contexte exceptionnel de la lutte contre le terrorisme sous toutes ses formes. Par ailleurs, il paraissait légitime pour les autorités allemandes de veiller à ce que le procès se déroule dans les meilleures conditions de sécurité, compte tenu de l'importante communauté turque, dont beaucoup de membres sont d'origine kurde, résidant en Allemagne.*
>
> *67. La Cour relève ensuite que la disposition en question est rédigée de manière très précise, puisqu'elle spécifie la catégorie de personnes dont la correspondance doit être soumise à contrôle, à savoir les détenus soupçonnés d'appartenir à une organisation terroriste au sens de l'article*

---

40. *Chahal c. Royaume-Uni*, 15 novembre 1996, par. 79 ; voir dans le même sens *V. c. Royaume-Uni*, 16 décembre 1999, par. 69.

41. Cf. *Irlande c. Royaume-Uni*, 18 janvier 1978, notamment par. 165-168.

129.a du code pénal. De plus, cette mesure, à caractère exceptionnel puisqu'elle déroge à la règle générale de la confidentialité de la correspondance entre un détenu et son défenseur, est assortie d'un certain nombre de garanties : contrairement à d'autres affaires devant la Cour, où l'ouverture du courrier était effectuée par les autorités pénitentiaires (voir notamment les arrêts Campbell, et Fell et Campbell précités), en l'espèce, le pouvoir de contrôle est exercé par un magistrat indépendant, qui ne doit avoir aucun lien avec l'instruction, et qui doit garder le secret sur les informations dont il prend ainsi connaissance. Enfin, il ne s'agit que d'un contrôle restreint, puisque le détenu peut librement s'entretenir oralement avec son défenseur ; certes, ce dernier ne peut lui remettre des pièces écrites ou d'autres objets, mais il peut porter à la connaissance du détenu les informations contenues dans les documents écrits.

68. Par ailleurs, la Cour rappelle qu'une certaine forme de conciliation entre les impératifs de la défense de la société démocratique et ceux de la sauvegarde des droits individuels est inhérente au système de la Convention (voir, mutatis mutandis, l'arrêt Klass précité, p. 28, par. 59).

69. Eu égard à la menace présentée par le terrorisme sous toutes ses formes (voir la décision de la Commission dans l'affaire Bader, Meins, Meinhof et Grundmann c. Allemagne du 30 mai 1975, n° 6166/75), des garanties dont est entouré le contrôle de la correspondance en l'espèce et de la marge d'appréciation dont dispose l'Etat, la Cour conclut que l'ingérence litigieuse n'était pas disproportionnée par rapport aux buts légitimes poursuivis. »[42]

(ii) le placement des personnes privées de liberté pour activités terroristes dans des quartiers spécialement sécurisés;

(iii) la dispersion de ces personnes à l'intérieur du même établissement pénitentiaire ou dans différents établissements pénitentiaires,

36. En ce qui concerne le lieu de détention, l'ancienne Commission européenne des Droits de l'Homme a précisé que :

« *It must be recalled that the Convention does not grant prisoners the right to choose the place of detention and that the*

---

42. *Erdem c. Allemagne*, 5 juillet 2001, par. 65-69. Voir aussi *Lüdi c. Suisse*, 15 juin 1992.

separation from their family are inevitable consequences of their detention »[43]*.*

à condition qu'il y ait rapport de proportionnalité entre le but poursuivi et la mesure prise.

> *« (...) la notion de nécessité implique l'existence d'un besoin social impérieux et, en particulier, la proportionnalité de l'ingérence au but légitime poursuivi. Pour déterminer si une ingérence est nécessaire dans une société démocratique, on peut tenir compte de la marge d'appréciation de l'Etat (voir, entre autres, l'arrêt Sunday Times c. Royaume-Uni (n°2) du 26 novembre 1991, série A n° 217, pp. 28-29, par. 50). »*[44]

XII
Asile, refoulement et expulsion

1. Toute demande d'asile doit faire l'objet d'un examen individuel. La décision qui s'ensuit doit pouvoir faire l'objet d'un recours effectif. Toutefois, lorsque l'Etat a des motifs sérieux de croire qu'une personne qui cherche à bénéficier de l'asile a participé à des activités terroristes, le statut de réfugié doit lui être refusé.

37. L'Article 14 de la Déclaration Universelle des Droits de l'Homme du 10 décembre 1948 indique : « *1. Devant la persécution, toute personne a le droit de chercher asile et de bénéficier de l'asile en d'autres pays* ».

38. Par ailleurs, un problème concret qui peut se poser aux Etats est celui de la concurrence entre une procédure d'asile et une demande d'extradition. Il convient de noter à cet égard l'article 7 du projet de Convention générale sur le terrorisme international : « *Les Etats Parties prennent, en conformité avec les dispositions de leur droit interne et du droit international, y compris le droit international relatif aux droits de l'homme, des mesures voulues pour que le statut de réfugié ne soit pas accordé à une personne au sujet de laquelle il existe des motifs raisonnables de penser qu'elle a commis une infraction visée à l'article 2* ».

39. Il est également rappelé que l'article 1, alinéa F de la Convention relative au statut des réfugiés du 28 juillet 1951 dispose : (F) « *Les dispositions de cette Convention ne seront pas applicables aux personnes dont on aura des raisons sérieuses de penser (a) qu'elles ont commis un crime contre la paix, un crime de guerre ou un crime contre l'humanité, au sens des instruments internationaux élaborés pour prévoir des dispositions relatives à ces crimes; (b) qu'elles ont commis un crime grave de droit commun en dehors du pays*

---

43. *Venetucci v. Italy* (application n° 33830/96), Decision as to the admissibility, 2 March 1998. Cette décision n'existe qu'en anglais.
44. *Campbell c. Royaume-Uni*, 25 mars 1992, série A n° 233, par. 44.

d'accueil avant d'y être admises comme réfugiés; (c) qu'elles se sont rendues coupables d'agissements contraires aux buts et aux principes des Nations Unies. ».

2. L'Etat qui fait l'objet d'une demande d'asile a l'obligation de s'assurer que le refoulement éventuel du requérant dans son pays d'origine ou dans un autre pays ne l'exposera pas à la peine de mort, à la torture ou à des peines ou traitements inhumains ou dégradants. Il en va de même en cas d'expulsion.

3. Les expulsions collectives d'étrangers sont interdites.

40. Cette ligne directrice reprend mot pour mot le contenu à l'article 4 du Protocole n° 4 à la Convention européenne des droits de l'homme.

41. La Cour a ainsi rappelé que :

> *« il faut entendre par expulsion collective, au sens de l'article 4 du Protocole n° 4, toute mesure contraignant des étrangers, en tant que groupe, à quitter un pays, sauf dans les cas où une telle mesure est prise à l'issue et sur la base d'un examen raisonnable et objectif de la situation particulière de chacun des étrangers qui forment le groupe (Andric c. Suède, précité) »*[45].

4. En toute hypothèse, l'exécution de l'expulsion ou du refoulement doit se faire dans le respect de l'intégrité physique et de la dignité de la personne concernée, en évitant tout traitement inhumain ou dégradant.

42. Voir les observations faites au paragraphe 15 ci-dessus et les références jurisprudentielles qui y sont citées.

XIII
Extradition

1. L'extradition est une procédure indispensable à une coopération internationale efficace dans la lutte contre le terrorisme.

2. L'extradition d'une personne vers un pays où elle risque une condamnation à la peine de mort ne doit pas être accordée. L'Etat requis peut cependant accorder l'extradition s'il obtient des garanties suffisantes que:

(i) la personne susceptible d'être extradée ne sera pas condamnée à la peine de mort; ou

(ii) dans l'éventualité d'une condamnation à une telle peine, que cette dernière ne sera pas exécutée.

---

45. *Conka c. Belgique*, 5 février 2002, par. 59.

43. En relation avec la peine de mort, on peut légitimement déduire de la jurisprudence de la Cour que l'extradition d'une personne vers un Etat où elle risque d'être condamnée à la peine de mort est interdite[46]. En effet, même si l'arrêt ne dit pas *expressis verbis* qu'une telle extradition est prohibée, cette prohibition découle du fait que l'attente de l'exécution de la peine par la personne condamnée (« *couloir de la mort* ») constitue un traitement inhumain au sens de l'article 3 de la Convention. Il doit également être rappelé que la tendance actuelle en Europe est à l'abolition générale de la peine de mort (cf. ligne directrice X « *Peines encourues* »).

3. L'extradition ne doit pas être accordée lorsqu'il existe des motifs sérieux de croire que:

(i) la personne susceptible d'être extradée sera soumise à la torture ou à des peines ou traitements inhumains ou dégradants;

(ii) la demande d'extradition a été présentée aux fins de poursuivre ou de punir une personne pour des considérations de race, de religion, de nationalité ou d'opinions politiques, ou que la situation de cette personne risque d'être aggravée pour l'une ou l'autre de ces raisons.

44. En ce qui concerne l'interdiction absolue d'extrader ou de refouler une personne vers un Etat où elle risque la torture ou une peine ou un traitement inhumain ou dégradant voir les observations faites au paragraphe 15 ci-dessus et les références jurisprudentielles qui y sont citées.

4. Lorsque la personne susceptible d'être extradée allègue de façon défendable qu'elle a subi ou risque de subir un déni de justice flagrant dans l'Etat qui requiert son extradition, l'Etat requis doit considérer le bien-fondé de cette allégation avant de statuer sur l'extradition.

45. La Cour a souligné qu'elle « *n'exclut pas qu'une décision d'extradition puisse exceptionnellement soulever un problème sur le terrain de ce texte (article 6 de la Convention) au cas où le fugitif aurait subi ou risquerait de subir un déni de justice flagrant* »[47].

---

46. Voir *Soering c. Royaume-Uni,* 7 juillet 1989, série A n° 161.

47. *Soering c. Royaume-Uni* (7 juillet 1989, A n° 161) par. 113. Position confirmée par la Cour dans son arrêt en l'affaire *Drozd et Janousek c. France et Espagne*, 26 juin 1992, A n° 240, par. 110 : « *La Convention n'obligeant pas les Parties contractantes à imposer ses règles aux Etats ou territoires tiers, il n'incombait pas à la France de rechercher si la procédure qui déboucha sur cette condamnation remplissait chacune des conditions de l'article 6 (art. 6). Exiger un tel contrôle de la manière dont une juridiction non liée par la Convention applique les principes se dégageant de ce texte contrecarrerait aussi la tendance actuelle au renforcement de l'entraide internationale dans le domaine judiciaire, tendance normalement favorable aux intéressés. Les Etats contractants doivent toutefois se garder d'apporter leur concours s'il apparaît que la condamnation résulte d'un déni de justice flagrant (voir, mutatis mutandis, l'arrêt Soering c. Royaume-Uni du 7 juillet 1989, série A n° 161,*

46. L'article 5 de la Convention européenne pour la répression du terrorisme[48] précise que :

> « *Aucune disposition de la présente Convention ne doit être interprétée comme impliquant une obligation d'extrader si l'Etat requis a des raisons sérieuses de croire que la demande d'extradition motivée par une infraction visée à l'article 1 ou 2 a été présentée aux fins de poursuivre ou de punir une personne pour des considérations de race, de religion, de nationalité ou d'opinions politiques, ou que la situation de cette personne risque d'être aggravée pour l'une ou l'autre de ces raisons.* »

47. Le rapport explicatif indique que :

> « *50. Si, dans un cas donné, l'Etat requis a des raisons sérieuses de croire que la demande d'extradition, présentée pour l'une des infractions citées à l'article 1 ou 2, vise essentiellement à permettre à l'Etat requérant de poursuivre ou punir la personne en question pour les opinions politiques auxquelles elle adhère, l'Etat requis peut refuser l'extradition.*
> *Il en est de même lorsque l'Etat requis a des raisons sérieuses de croire que la situation de la personne risque d'être aggravée pour des raisons politiques ou pour l'une ou l'autre des raisons citées à l'article 5. Il en serait ainsi lorsque la personne réclamée risque dans l'Etat requérant de ne pas bénéficier des droits de la défense tels qu'ils sont garantis par la Convention européenne des Droits de l'Homme.* »[49]

48. Par ailleurs, l'extradition pourrait, semble-t-il, être refusée lorsque la personne recherchée risque d'être condamnée à une peine perpétuelle incompressible, ce qui pourrait constituer une violation de l'article 3 de la Convention européenne des droits de l'homme. La Cour a en effet souligné qu'il « *n'est pas exclu que l'extradition d'un individu vers un Etat où il risque d'être condamné à une peine d'emprisonnement à vie incompressible puisse poser une question sous l'angle de l'article 3 de la Convention (voir l'affaire Nivette précitée ; voir aussi l'arrêt Weeks c. Royaume-Uni du 2 mars 1987, Série A n° 114 et la décision de la Cour [troisième section] du 29 mai 2001, dans l'affaire Sawoniuk c. Royaume-Uni, requête n° 63716/00)* »[50].

---

p. 45, par. 113) » et dans sa décision finale sur la recevabilité dans l'affaire *Einhorn c. France*, 16 octobre 2001, par. 32.

48. STE No 090, 27 janvier 1997.

49. Souligné par le Secrétariat.

50. *Einhorn c. France*, 16 octobre 2001, par. 27.

XIV
Droit de propriété

L'usage des biens appartenant à des personnes ou des organisations soupçonnées d'activités terroristes peut être suspendu ou limité, notamment par des mesures telles que le gel ou la saisie, par les autorités compétentes. Cette décision doit pouvoir faire l'objet d'un recours judiciaire par le ou les propriétaires des biens concernés.

49. Voir, notamment, l'article 8 de la Convention des Nations Unies pour la répression du financement du terrorisme (New York, 9 décembre 1999) :

> « *1. Chaque Etat Partie adopte, conformément aux principes de son droit interne, les mesures nécessaires à l'identification, à la détection, au gel ou à la saisie de tous fonds utilisés ou destinés à être utilisés pour commettre les infractions visées à l'article 2, ainsi que du produit de ces infractions, aux fins de confiscation éventuelle.*
>
> *2. Chaque Etat Partie adopte, conformément aux principes de son droit interne, les mesures nécessaires à la confiscation des fonds utilisés ou destinés à être utilisés pour la commission des infractions visées à l'article 2, ainsi que du produit de ces infractions.*
>
> *3. Chaque Etat partie intéressé peut envisager de conclure des accords prévoyant de partager avec d'autres Etats Parties, systématiquement ou au cas par cas, les fonds provenant des confiscations visées dans le présent article.*
>
> *4. Chaque Etat Partie envisage de créer des mécanismes en vue de l'affectation des sommes provenant des confiscations visées au présent article à l'indemnisation des victimes d'infractions visées à l'article 2, paragraphe 1, alinéas a) ou b), ou de leur famille.*
>
> *5. Les dispositions du présent article sont appliquées sans préjudice des droits des tiers de bonne foi.* »

50. La confiscation de biens qui fait suite à une condamnation pour activité criminelle est admise par la Cour[51].

---

51. Voir *Phillips c. Royaume-Uni*, 5 juillet 2001, notamment par. 35 et 53.

XV
Dérogations éventuelles

1. **Lorsque la lutte contre le terrorisme intervient dans une situation de guerre ou de danger public qui menace la vie de la nation, un Etat peut adopter unilatéralement des mesures dérogeant provisoirement à certaines obligations qui découlent des instruments internationaux de protection des droits de l'homme, dans la stricte mesure où la situation l'exige, ainsi que dans les limites et sous les conditions fixées par le droit international. L'Etat doit notifier l'adoption de ces mesures aux autorités compétentes conformément aux instruments internationaux pertinents.**

2. **Les Etats ne peuvent toutefois, en aucun cas et quels qu'aient été les agissements de la personne soupçonnée d'activités terroristes, ou condamnée pour de telles activités, déroger au droit à la vie tel que garanti par ces instruments internationaux, à l'interdiction de la torture ou des traitements inhumains ou dégradants, au principe de la légalité des peines et mesures, ainsi qu'à celui de l'interdiction de la rétroactivité pénale.**

3. **Les circonstances qui ont amené à l'adoption de telles dérogations doivent être réévaluées de façon régulière dans le but de lever ces dérogations dès que ces circonstances n'existent plus.**

51. La Cour a indiqué certains des paramètres permettant de dire quels sont les « dangers publics menaçant la vie de la nation »[52].

52. La Cour reconnaît un large pouvoir d'appréciation à l'Etat pour déterminer si les mesures dérogeant aux obligations de la Convention sont les plus adéquates ou opportunes :

> « *Quant à la nature des moyens les plus adéquats ou opportuns de faire face à la crise qui sévissait alors, la Cour n'a pas à substituer son opinion à celle du Gouvernement, directement responsable de l'établissement d'un équilibre entre l'adoption de mesures efficaces de lutte contre le terrorisme d'une part, et le respect des droits individuels de l'autre (arrêt Irlande c. Royaume-Uni précité, série A n° 25, p. 82, par. 214, et arrêt Klass et autres c. Allemagne du 6 septembre 1978, série A n° 28, p. 23, par. 49)* »[53]

53. L'article 15 de la Convention autorise les Etats contractants de déroger aux obligations prévues par la Convention « *en cas de guerre ou en cas d'autre danger public menaçant la vie de la nation* ».

---

52. Voir *Lawless c. Irlande* (n° 3), 1er juillet 1961.

53. *Brannigan et McBride c. Royaume-Uni*, 26 mai 1993, par. 59.

54. Les dérogations prévues sont toutefois limitées par le texte même de l'article 15 (« [...] *aucune dérogation à l'article 2, sauf pour le cas de décès résultant d'actes illicites de guerre, et aux articles 3, 4 (paragraphe 1) et 7* » et « *dans la stricte mesure où la situation l'exige* »).

> « *L'article 3 de la Convention, la Cour l'a dit à maintes reprises, consacre l'une des valeurs fondamentales des sociétés démocratiques. Même dans les circonstances les plus difficiles, telle la lutte contre le terrorisme et le crime organisé, la Convention prohibe en termes absolus la torture et les peines ou traitements inhumains ou dégradants. L'article 3 ne prévoit pas de restrictions, en quoi il contraste avec la majorité des clauses normatives de la Convention et des Protocoles n°s 1 et 4, et d'après l'article 15 par. 2 il ne souffre nulle dérogation, même en cas de danger public menaçant la vie de la nation (....).* »[54]*

55. La Cour a été amenée à juger des affaires dans lesquelles l'article 15 avait été invoqué par l'Etat défendeur. La Cour a ainsi affirmé sa compétence pour exercer un contrôle sur l'existence d'un danger public menaçant la vie de la nation : « *il appartient à la Cour de vérifier si les conditions énumérées à l'article 15 pour l'exercice du droit exceptionnel de dérogation étaient réunies dans le cas présent* »[55].

56. Examinant une dérogation sur la base de l'article 15, la Cour a admis que cette dérogation était justifiée par le renforcement et l'impact du terrorisme et qu'en décidant, contre l'avis de l'autorité judiciaire, un placement en détention, le Gouvernement n'a pas outrepassé sa marge d'appréciation. La Cour n'a pas à dire quelles mesures sont les mieux adaptées aux situations d'urgence puisqu'il relève de la responsabilité directe des gouvernements de faire pencher la balance vers des mesures efficaces de lutte contre le terrorisme ou vers le respect des droits individuels :

> « *La Cour rappelle qu'il incombe à chaque Etat contractant, responsable de « la vie de [sa] nation », de déterminer si un « danger public » la menace et, dans l'affirmative, jusqu'où il faut aller pour essayer de le dissiper. En contact direct et constant avec les réalités pressantes du moment, les autorités nationales se trouvent en principe mieux placées que le juge*

---

54. *Labita c. Italie*, 6 avril 2000, par. 119. Voir également *Irlande c. Royaume-Uni*, 18 janvier 1978, série A n° 25, par. 163 ; *Soering c. Royaume-Uni*, 7 juillet 1989, série A n° 161, par. 88 ; *Chahal c. Royaume-Uni*, 15 novembre 1996, par. 79 ; *Aksoy c. Turquie*, 18 décembre 1996, par. 62 ; *Aydin c. Turquie*, 25 septembre 1997, par. 81 ; *Assenov et autres c. Bulgarie*, 28 octobre 1998, par. 93 ; *Selmouni c. France*, 28 juillet 1999, par. 95.

55. *Lawless c. Irlande*, 1er juillet 1961, série A n° 3, par. 22.

international pour se prononcer sur la présence de pareil danger comme sur la nature et l'étendue des dérogations nécessaires pour le conjurer. Partant, on doit leur laisser en la matière une large marge d'appréciation (arrêt Irlande c. Royaume-Uni du 18 janvier 1978, série A n° 25, pp. 78-79, par. 207).

Les Etats ne jouissent pas pour autant d'un pouvoir illimité en ce domaine. La Cour a compétence pour décider, notamment, s'ils ont excédé la « stricte mesure » des exigences de la crise. La marge nationale d'appréciation s'accompagne donc d'un contrôle européen (ibidem). Quand elle exerce celui-ci, la Cour doit en même temps attacher le poids qui convient à des facteurs pertinents tels que la nature des droits touchés par la dérogation, la durée de l'état d'urgence et les circonstances qui l'ont créé. »[56]

57. En ce qui concerne la durée de la détention préventive après arrestation, et même si l'existence d'une situation autorisant le recours à l'article 15 est reconnue par la Cour, 7 jours semblent être une durée satisfaisant les obligations de l'Etat étant donné les circonstances[57], mais 30 jours semblent être une durée trop longue[58].

58. Il convient également de prendre en considération l'observation générale n° 29 du Comité des droits de l'homme de l'ONU[59] sur l'article 4 du Pacte international relatif aux droits civils et politiques (16 décembre 1966). Cette observation générale tend à limiter les dérogations autorisées audit Pacte, même en cas de circonstances exceptionnelles.

XVI
Respect des normes impératives du droit international et des normes du droit international humanitaire

Dans leur lutte contre le terrorisme, les Etats ne peuvent, en aucun cas, déroger aux normes impératives du droit international ainsi qu'aux normes du droit international humanitaire, lorsque ce droit s'applique.

---

56. *Brannigan et Mc Bride c. Royaume-Uni*, 26 mai 1993, par. 43.

57. Voir *Brannigan et McBride c. Royaume-Uni*, 26 mai 1993, par. 58-60.

58. Voir *Aksoy c. Turquie*, 18 décembre 1996, par. 71-84.

59. Adoptée le 24 juillet 2001 à sa 1950e session, voir document CCPR/C/21/Rev.1/Add.11.

XVII
Dédommagement des victimes d'actes terroristes

Lorsque la réparation ne peut être entièrement assurée par d'autres sources, notamment par la confiscation des biens appartenant aux auteurs, organisateurs et commanditaires d'actes terroristes, l'Etat doit, pour de tels actes survenus sur son territoire, contribuer au dédommagement des victimes pour les atteintes au corps et à la santé.

59. Voir l'article 2 de la Convention européenne relative au dédommagement des victimes d'infractions violentes (Strasbourg, 24 novembre 1983, STE No 116) :

> « *1. Lorsque la réparation ne peut être entièrement assurée par d'autres sources, l'Etat doit contribuer au dédommagement :*
>
> > *a. de ceux qui ont subi de graves atteintes au corps ou à la santé résultant directement d'une infraction intentionnelle de violence ;*
> >
> > *b. de ceux qui étaient à la charge de la personne décédée à la suite d'une telle infraction.*
>
> *2. Le dédommagement prévu à l'alinéa précédent sera accordé même si l'auteur ne peut pas être poursuivi ou puni.* »

60. Voir également l'article 8, par. 4, de la Convention des Nations Unies pour la répression du financement du terrorisme (New York, 8 décembre 1999) :

> « *Chaque Etat Partie envisage de créer des mécanismes en vue de l'affectation des sommes provenant des confiscations visées au présent article à l'indemnisation des victimes d'infractions visées à l'Article 2, paragraphe 1, alinéas a) ou b), ou de leur famille* ».

Assemblée parlementaire

Recommandation 684 (1972)[1]
relative au terrorisme international

L'Assemblée,

1. Dénonçant le développement en Europe et dans le monde d'activités terroristes, dont la tragédie de Munich a été une illustration particulièrement sanguinaire ;

2. Constatant que de tels agissements, rompant avec les traditions et les pratiques régissant les relations internationales, posent en termes entièrement nouveaux la responsabilité des gouvernements pour y mettre un terme ;

3. Constatant avec satisfaction que les ministres des Affaires étrangères de la Communauté élargie, réunis à Rome le 11 septembre 1972, ont également pris conscience de la responsabilité de l'Europe dans cette entreprise vitale pour notre société ;

4. Soulignant que cette responsabilité se pose certes au niveau mondial, mais que, vu les forces contradictoires qui s'y rencontrent, elle doit logiquement trouver une orientation pratique sur le plan européen sous la conduite politique du Comité des Ministres du Conseil de l'Europe, cet organe étant le seul à réunir le plus grand nombre d'Etats européens résolus à œuvrer dans une même direction ;

5. Rappelant en tout état de cause la Résolution (54) 16 du Comité des Ministres, invitant les gouvernements des Etats membres du Conseil de l'Europe à harmoniser les positions européennes au sein d'organisations comme les Nations Unies ;

6. Déplorant que l'appui politique et matériel d'un certain nombre de gouvernements ou d'organisations puisse permettre, ou faciliter directement ou indirectement, la préparation d'actions terroristes ou offrir un refuge à leurs auteurs ou à leurs inspirateurs,

7. Recommande au Comité des Ministres:

(a) de déterminer en étroite collaboration une attitude européenne commune dans la lutte contre le terrorisme, et d'inscrire cette question comme un point permanent à son ordre du jour dès sa 51e Session de décembre 1972 ;

---

1. *Discussion par l'Assemblée* les 21 et 23 octobre 1972 (14e et 16e séances) (voir Doc. 3201, rapport de la commission des questions politiques).
Texte adopté par l'Assemblée le 23 octobre 1972 (16e séance).

(b) d'inviter sans tarder les gouvernements des Etats membres à prévenir l'utilisation d'agences ou de missions diplomatiques pour la préparation ou la couverture d'actions terroristes ;

(c) d'inviter les gouvernements des Etats membres à user de toute leur influence politique et économique afin de dissuader de leur attitude les Etats qui permettent aux terroristes d'y préparer leurs actions et d'y trouver résidence ou asile ;

(d) d'inviter les gouvernements des Etats membres qui ne l'ont pas encore fait, à signer et/ou à ratifier d'urgence les trois conventions (Convention relative aux infractions et à certains autres actes survenant à bord des aéronefs, Tokyo, 1963 ; Convention pour. la répression de la capture illicite d'aéronefs, La Haye, 1970 ; Convention pour la répression d'actes illicites contre la sécurité de l'aviation civile, Montréal, 1971) contre la piraterie aérienne et visant à assurer la sécurité du transport aérien international ;

(e) d'inviter les organes du Conseil de l'Europe à ne pas entretenir de relations avec des organisations qui considèrent le terrorisme comme un moyen de combat légitime.

Recommandation 703 (1973)[1]
relative au terrorisme international

L'Assemblée,

1. Condamnant les actes de terrorisme international qui, quelle qu'en soit la cause, devraient faire l'objet de sanctions pénales en tant qu'actes criminels graves entraînant le meurtre ou l'enlèvement de personnes innocentes ou mettant leur vie en danger,

2. Considère que la réaction décevante de la communauté internationale rend d'autant plus nécessaire et urgente une action commune des Etats membres du Conseil de l"Europe ;

3. Déplore que l'appui politique et matériel d'un certain nombre de gouvernements et d'organisations permette les actes de terrorisme international ;

4. Apprécie les bonnes intentions manifestées par le Comité des Ministres comme suite à sa Recommandation 684 (1972) en créant un Comité *ad hoc* de hauts fonctionnaires chargé d'étudier les aspects juridiques du terrorisme international, mais considère que cela ne contribuera pas en soi dans l'immédiat à réduire le nombre des actes de terrorisme ;

5. Comprend et partage la profonde inquiétude des pilotes de ligne et de tous les travailleurs des transports internationaux, et leur désir manifeste que des sanctions efficaces soient prises contre le terrorisme ;

6. Recommande au Comité des Ministres :

(i) d'inviter les gouvernements des Etats membres :

(a) à ratifier d'urgence les Conventions de Tokyo, La Haye et Montréal contre la piraterie aérienne et les actes illicites menaçant l'aviation civile ;

(b) à user de toute leur influence politique et économique pour dissuader les Etats intéressés de poursuivre une politique qui permet aux terroristes de préparer leurs actes sur leur territoire, d'y résider ou d'y trouver asile ;

(c) conformément au paragraphe 1 de la présente recommandation, à mettre au point une définition commune de l'"infraction politique", aux fins de rejeter cette justification "politique" chaque fois que l'acte de terrorisme met en danger la vie de personnes innocentes ;

---

1. *Discussion par l'Assemblée* les 15 et 16 mai 1973 (2e et 4e séances) (voir Doc. 3285, rapport de la commission des questions politiques).

Texte adopté par l'Assemblée le 16 mai 1973 (4e séance).

(ii) d'arrêter une attitude européenne commune pour lutter contre le terrorisme international, et en particulier :

(a) de coordonner leurs propositions d'action au niveau des Nations Unies, tant pour donner suite à la Résolution 3034 que pour mettre en œuvre au sein de l'O.A.C.I. les recommandations qu'élaborera le Comité ad hoc de hauts fonctionnaires ;

(b) de convoquer d'urgence une conférence spéciale des ministres de l'Intérieur des Etats membres ou d'autres ministres
responsables de la police et de la sécurité intérieure, en vue d'élaborer des propositions et de mettre au point des mesures visant à prévenir les actes de terrorisme sur la base régionale des Etats membres du Conseil de l'Europe ;

(iii) de prendre sérieusement en considération le fait qu'à défaut d'une action gouvernementale efficace et rapide au niveau européen, l'opinion parlementaire et l'opinion publique soutiendront ouvertement les mesures de représailles que les pilotes de ligne et les travailleurs des transports internationaux pourraient prendre contre les services à destination et en provenance des Etats délinquants.

Recommandation 852 (1979)[1]
relative au terrorisme en Europe

L'Assemblée,

1. Rappelant la Recommandation 703 (1973), sur le terrorisme international, et la Résolution 648 (1977), relative à la Convention européenne pour la répression du terrorisme ;

2. S'inquiétant de ce que le terrorisme représente une menace dont aucun pays européen ne peut se prétendre à l'abri ;

3. Condamnant toutes les actions terroristes qui, quelles que soient leurs motivations, consistent en une violence délibérée à l'égard d'innocents ;

4. Persuadée que la violence à des fins politiques n'est pas justifiée dans une société démocratique disposant d'instruments juridiques qui permettent le changement, le progrès et le développement par la persuasion politique, et que, par conséquent, le terrorisme menace l'ordre constitutionnel et la stabilité démocratique de 1'Etat ;

5. Soulignant qu'il incombe à 1'Etat d'éliminer les conditions sociologiques qui peuvent être à l'origine de certaines formes de violence, et rappelant qu'il est indispensable que les Etats membres du Conseil de l'Europe, individuellement et collectivement, élaborent des politiques globales visant à sauvegarder et renforcer leurs structures démocratiques ;

6. Persuadée que la résistance au chantage terroriste doit être l'un des devoirs essentiels des gouvernements démocratiques ;

7. Constatant que des mesures législatives et administratives ont été prises à l'intérieur des Etats membres, mais que beaucoup reste à faire pour renforcer et coordonner les forces de police, pour améliorer la collecte d'informations, pour garantir une meilleure protection des personnes et des installations, notamment des installations nucléaires, et pour adapter le droit pénal et la procédure pénale à cette nouvelle forme de criminalité :

8. Soulignant, cependant, que les stratégies antiterroristes, si elles sont vitales pour la préservation des institutions démocratiques, doivent aussi être compatibles avec celles-ci, et toujours respecter les constitutions nationales et la Convention européenne des Droits de l'Homme ;

---

1. *Discussion par l'Assemblée* le 31 janvier 1979 (22e séance)(voir Doc. 4258, rapport de la commission des questions politiques).

Texte adopté par l'Assemblée le 31 janvier 1979 (22e séance).

9. Estimant qu'une stratégie antiterroriste globale au niveau national doit également comporter la mobilisation de la conscience populaire dans le but de soutenir les institutions démocratiques et d'isoler des terroristes ;

10. Considérant que les médias, lorsqu'ils rendent compte d'actions terroristes, doivent accepter un certain autocontrôle pour établir un juste équilibre entre le droit du public à l'information et le devoir d'éviter d'aider les terroristes en assurant une publicité imméritée à leurs activités ;

11. S'inquiétant de l'internationalisation du terrorisme actuel, non seulement en raison des liens opérationnels ou idéologiques existant entre les divers groupes terroristes actifs dans différents pays, mais aussi à cause de l'activité de certains Etats qui aident ou encouragent les terroristes ;

12. Faisant appel aux Etats membres du Conseil de l'Europe et à tous les autres Etats pour qu'ils coopèrent entre eux dans la mise en œuvre des principes directeurs de la Convention européenne pour la répression du terrorisme et pour en renforcer l'efficacité en s'accordant une assistance réciproque dans la lutte contre la terreur internationale ;

13. Considérant qu'il appartient au Conseil de l'Europe d'organiser la riposte de ses Etats membres au terrorisme national et international ;

14. Notant que le Comité des Ministres a adopté une Déclaration sur le terrorisme le 23 novembre 1978,

15. Recommande au Comité des Ministres :

i. dans le cadre de ses échanges de vues concernant les activités des Nations Unies, de coordonner les positions des Etats membres sur :

a. le projet de convention internationale sur la prise d'otages ;

b. l'opportunité de promouvoir une convention internationale pour sanctionner les violations de la Convention de Tokyo de 1963, de la Convention de La Haye de 1970 et de la Convention de Montréal de 1971, sur la piraterie aérienne, et

c. l'opportunité de promouvoir d'autres conventions pour lutter contre des activités terroristes spécifiques ;

ii. de coordonner les positions des Etats membres à l'égard de l'application de toutes les clauses de la Convention de Vienne de 1961, sur les relations diplomatiques, et d'étudier l'opportunité de négocier des amendements appropriés à cette convention ;

iii. d'inviter les gouvernements des Etats membres qui ne l'ont pas déjà fait à s'associer à l'accord prévoyant certaines sanctions contre la piraterie aérienne conclu à Bonn le 17 juillet 1978 entre les chefs d'Etat et de gouvernement des sept principales nations industrielles de l'occident ;

iv. d'inviter les gouvernements des Etats membres à user de toute leur influence politique et économique pour dissuader les Etats qui aident ou qui encouragent les terroristes de le faire ;

v. d'encourager la collaboration du pouvoir judiciaire, de la police et des services de renseignements des Etats membres pour lutter contre le terrorisme, et de se servir des mécanismes intergouvernementaux du Conseil de l'Europe pour promouvoir cette coopération ;

vi. d'inviter les gouvernements des Etats membres à prendre toutes les mesures nécessaires en vue d'empêcher la présence sur leur territoire de personnes liées à des groupes terroristes qui agissent sur le territoire d'autres Etats membres ;

vii. d'inviter les gouvernements des Etats membres qui ne l'ont pas encore fait à signer et à ratifier sans délai la Convention européenne pour la répression du terrorisme qui doit entrer pleinement en vigueur dans le plus grand nombre possible d'Etats démocratiques européens ;

viii. d'engager les travaux nécessaires pour créer un espace juridique commun à tous les Etats membres du Conseil de l'Europe et d'empêcher que le territoire d'un Etat membre ne soit utilisé comme base pour la préparation d'activités terroristes dans un autre Etat membre ;

ix. et d'inviter les gouvernements des Etats membres à promouvoir, en vue d'une coopération entre les polices, l'échange constant d'informations sur les événements du jour, notamment en ce qui concerne les déplacements des membres des milieux terroristes d'un pays à l'autre, à harmoniser les méthodes présidant à la recherche d'objets tels que les armes, les passeports, etc., afin de rendre ces méthodes applicables des deux côtés de chaque frontière, ainsi qu'à installer des lignes de télex sûres entre les polices nationales ;

x. d'inviter les gouvernements des Etats membres à organiser des réunions périodiques des ministres de l'Intérieur ou d'autres ministres responsables pour la sécurité publique, consacrées à des échanges de vues et à la coordination des politiques nationales contre le terrorisme.

Recommandation 916 (1981)[1]
relative à la Conférence sur la « défense de la démocratie contre le
terrorisme en Europe – tâches et problèmes
(Strasbourg, 12-14 novembre 1980)

L'Assemblée,

1. Ayant pris note du rapport de sa commission des questions politiques sur la Conférence « Défense de la démocratie contre le terrorisme en Europe : tâches et problèmes », qui a eu lieu à Strasbourg du 12 au 14 novembre 1980 (Doc. 4688) ;[2]

2. Rappelant sa Recommandation 852 (1979) relative au terrorisme en Europe ;

3. Considérant que l'Assemblée générale des Nations Unies, dans sa Résolution 34/145, du 17 décembre 1979, a recommandé (paragraphe 10) aux institutions spécialisées appropriées et aux organisations régionales d'envisager des mesures propres à prévenir et combattre le terrorisme international dans leur domaine de compétence et dans leur région :

4. Considérant que pour la première fois, lors de la Conférence de Strasbourg, le problème de la défense de la démocratie contre le terrorisme a pu être discuté dans une enceinte aussi large ;

5. Constatant qu'un consensus s'est dégagé au sein de la conférence pour confirmer que dans les pays membres du Conseil de l'Europe le but des organisations terroristes, quelles que soient leurs appellations et origines, est de renverser et de détruire la démocratie et les institutions parlementaires, ainsi que de saboter le libre développement politique, économique et social que permet seul un régime démocratique ;

6. Constatant que les participants à la conférence ont souligné que la démocratie ne peut réagir contre le terrorisme dans les pays membres avec efficacité et cohérence qu'en respectant les principes démocratiques et les droits et libertés fondamentaux dans le respect strict des lois constitutionnelles en vigueur dans les Etats membres, de la Convention européenne des Droits de l'Homme et du Statut du Conseil de l'Europe, et en s'appuyant sur un vaste consensus populaire, indispensable pour assurer la confiance des citoyens dans les institutions démocratiques ;

7. Notant que la conférence a reconnu la contribution courageuse fournie par la presse aux efforts visant à isoler et à condamner les terroristes, et

---

1. *Texte adopté par la Commission Permanente,* agissant au nom de l'Assemblée, le 26 mars 1981.
Voir Doc. 4688, rapport de la commission des questions politiques.
2. Document contenu dans l'annexe.

qu'elle demande en même temps aux *mass media* d'être fermes dans leur refus de se faire ou d'apparaître comme l'instrument du terrorisme ;

8. Prenant note de l'attention toute particulière consacrée par la conférence au rôle de la culture et de l'éducation dans la réalisation d'un consensus en matière de répression du terrorisme, notamment par la mise au ban des différentes formes de violence au sein de la société ;

9. Considérant que, jusqu'à présent, seuls dix Etats membres ont ratifié la Convention européenne pour la répression du terrorisme entrée en vigueur le 4 août 1978, et que cinq d'entre eux appliquent les clauses relatives à une extradition sans réserve ;

10. Considérant qu'une coopération active et constante entre les polices des pays membres, et d'abord des pays limitrophes, est une condition préalable à la création d'un véritable espace judiciaire européen ;

11. Partageant l'opinion exprimée par les participants à la conférence selon laquelle le Conseil de l'Europe doit apporter une contribution majeure à la discussion et à la solution des différents problèmes liés à la défense de la démocratie contre le terrorisme ;

12. Considérant qu'aucun appui, même moral, ne peut être donné à une organisation politique prônant la violence comme méthode de solution des problèmes politiques, économiques et sociaux dans les pays membres,

13. Recommande au Comité des Ministres :

    a. de procéder à un échange de vues, en faisant éventuellement appel à des experts désignés par les gouvernements, sur les chances d'une ratification rapide de la Convention européenne pour la répression du terrorisme par tous Etats membres du Conseil de l'Europe ;

    b. d'examiner l'application et les effets de la Convention européenne pour la répression du terrorisme dans des cas pratiques depuis son entrée en vigueur ;

    c. d'étudier les mesures législatives répressives du terrorisme qui peuvent être admises dans un régime démocratique ;

    d. de promouvoir une définition homogène du délit terroriste dans les législations nationales des Etats membres ainsi qu'au niveau international, le cas échéant en consultation avec l'Assemblée ;

    e. de mettre à l'étude, dans le cadre de la coopération intergouvernementale, le rôle de la culture, de l'éducation et des *mass media* dans la prévention et la répression du terrorisme, et d'inviter le Centre européen de la jeunesse à y consacrer une attention particulière ;

f. d'inviter les Etats membres à intensifier ou, le cas échéant, à instaurer une coopération frontalière entre pays limitrophes sur la base d'accords bilatéraux ;

g. d'encourager les Etats membres à se servir des mécanismes intergouvernementaux du Conseil de l'Europe pour assurer la collaboration du pouvoir judiciaire, de la police et des services de renseignement des Etats membres dans la lutte antiterroriste ;

h. de créer – selon le souhait généralement exprimé par la conférence de Strasbourg et en tant que contribution aux mesures recommandées par l'Assemblée générale des Nations Unies (voir paragraphe 3 ci-dessus) – un Centre d'étude et de documentation sur les causes, la prévention et la répression du terrorisme, disposant de l'appui gouvernemental et parlementaire, et de la contribution d'organisations non gouvernementales ;

i. d'inviter les gouvernements des Etats membres à ratifier dans les meilleurs délais la Convention européenne sur le contrôle de l'acquisition et de la détention d'armes à feu par des particuliers ;

j. d'accélérer l'élaboration des accords européens harmonisant les réglementations sur les armes à feu.

Annexe

Document 4688 de l'Assemblée parlementaire du 19 février 1981 : Rapport sur un « Conférence Défense de la démocratie contre le terrorisme en Europe — Tâches et problèmes »[3]
(Strasbourg, 12-14 novembre 1980)

I. Projet de recommandation
présenté par la commission des questions politiques[4]

L'Assemblée:

1. Ayant pris note du rapport de sa commission des questions politiques sur la Conférence « Défense de la démocratie contre le terrorisme en Europe: tâches et problèmes » qui a eu lieu à Strasbourg du 12 au 14 novembre 1980 (Doc. 4688) ;

2. Rappelant sa Recommandation 852 (1979), relative au terrorisme en Europe ;

3. Considérant que pour la première fois le problème de la défense de la démocratie contre le terrorisme au pu être discuté dans une enceinte aussi large ;

4. Constatant qu'un consensus s'est dégagé au sein de la conférence pour confirmer que dans les pays membres du Conseil de l'Europe le but des organisations terroristes, quelles que soient leurs appellations et origines, est de renverser et de détruire la démocratie et les institutions parlementaires, ainsi que de saboter le libre développement politique, économique et social que permet seul un régime démocratique ;

5. Constatant que les participants à la conférence ont souligné que la démocratie ne peut réagir contre le terrorisme qu'en respectant les principes démocratiques et les droits et libertés fondamentaux dans le respect strict des lois constitutionnelles en vigueur dans les Etats membres, de la

---

3. Voir Directives n°s 374 (1978) et 376 (1979).

4. 2. *a.* Adopté à l'unanimité par la commission le 17 février 1981.

Membres de la commission: MM. *Urwin (Président),* Reddemann, *Leonard (Vice-Presidents);* Mme Aasen, MM. *Akçali,* Alegre, *de Azevedo,* Batliner (*Remplaçant: Beck*), *Baumel,* Sir *Frederic Bennett,* MM. van den Bergh, Bournias, Budtz, *Calamandrei,* De Poi, Dejardin (*Remplaçant: Mangelschots*), Lady *Fleming,* MM. Gessner (*Remplaçant: Enders*), Grima, Hesele, K. Jung, Sir Anthony Kershaw (*Remplaçant:* M. *Fletcher*), MM. Krieps, Kristjansson, Lidbom, Lopez Henares, Mondino, Molin, R. Müller, *Péronnet, Schleiter,* Scholten (*Remplaçant: Mommersteeg*), L. *Steiner, Toker, van Waterschoot,* Wilhelm, Yañez-Barnuevo (*Remplaçant: Baeza Martos*).

N. B. Les noms des membres qui ont pris part au vote sont indiqués en italique.

b. Voir Recommandation 916 (Commission Permanente, 26 mars 1981).

Convention européenne des Droits de l'Homme et du Statut du Conseil de l'Europe et en s'appuyant sur un vaste consensus populaire, indispensable pour assurer la confiance des citoyens dans les institutions démocratiques ;

6. Notant que la conférence a reconnu la contribution courageuse fournie par la presse aux efforts visant à isoler et à condamner les terroristes, et qu'elle demande en même temps aux *mass media* d'être fermes dans leur refus de se faire ou d'apparaître comme l'instrument du terrorisme ;

7. Prenant note de l'attention toute particulière consacrée par la conférence au rôle de la culture et de l'éducation dans la réalisation d'un consensus en matière de répression du terrorisme, notamment par la mise au ban des différentes formes de violence au sein de la société ;

8. Considérant que, jusqu'à présent, seuls dix Etats membres ont ratifié la Convention européenne pour la répression du terrorisme entrée en vigueur le 4 août 1978, et que cinq d'entre eux appliquent les clauses relatives à une extradition sans réserve ;

9. Considérant qu'une coopération active et constante entre les polices des pays membres, et d'abord des pays limitrophes, est une condition préalable à la création d'un véritable espace judiciaire européen;

10. Partageant l'opinion exprimée par les participants à la conférence selon laquelle le Conseil de l'Europe doit apporter une contribution majeure à la discussion et à la solution des différents problèmes liés à la défense de la démocratie contre le terrorisme,

11. Recommande au Comité des Ministres :

a. de procéder à un échange de vues, en faisant éventuellement appel à des experts désignes par les gouvernements, sur les chances d'une ratification rapide de la Convention européenne pour la répression du terrorisme par tous les Etats membres du Conseil de l'Europe ;

b. de promouvoir une définition homogène du délit terroriste dans les législations nationales des Etats membres ainsi qu'au niveau international, le cas échéant, en consultation avec l'Assemblée;

c. de mettre à l'étude, dans le cadre de la coopération intergouvernementale, le rôle de la culture, de l'éducation et des *mass media* dans la prévention et la répression du terrorisme, et d'inviter le Centre européen de la jeunesse à y consacrer une attention particulière ;

d. d'inviter les Etats membres à intensifier ou, le cas échéant, à instaurer une coopération frontalière entre pays limitrophes sur la base d'accords bilatéraux ;

e. d'encourager les Etats membres à se servir des mécanismes intergouvernementaux du Conseil de l'Europe pour assurer la collaboration du pouvoir judiciaire, de la police et des services de renseignement des Etats membres dans la lutte antiterroriste ;

f. de créer un Centre d'étude et de documentation sur la prévention et la répression du terrorisme, disposant de !'appui gouvernemental et parlementaire, et de la contribution d'organisations non gouvernementales.

II. Projet de directive
présenté par la commission des questions politiques[5]

L'Assemblée,

1. Rappelant les principes contenus dans sa Recommandation 916 (1981), relative à la Conférence sur la « Défense de la démocratie contre le terrorisme en Europe — Tâches et problèmes » ;

2. En attendant de connaître la réponse du Comité des Ministres à sa proposition de créer un Centre d'étude et de documentation sur la prévention et la répression du terrorisme contenue dans ladite recommandation ;

3. Charge ses commissions des questions politiques, des questions juridiques, et de la culture et de l'éducation de demeurer en collaboration et en consultation avec les personnalités et les institutions qui ont participé à la conférence, y compris celles appartenant à des pays non membres du Conseil de l'Europe ;

4. Décide de consulter les principaux organes de presse des pays membres sur leur attitude face au problème des responsabilités et des devoirs des *mass media* dans la lutte contre le terrorisme ;

5. Invite sa commission des questions politiques à conserver à son ordre du jour le problème de la défense de la démocratie contre le terrorisme en Europe.

---

5. *a.* Voir page 1, note 2.*a.*

   b. Voir Directive n° 396 (Commission Permanente, 26 mars 1981).

III. Exposé des motifs
par M. Calamandrei

Considérations générales

1. Le présent rapport est consacré à l'examen des résultats auxquels est parvenue la Conférence sur la « Défense de la démocratie contre le terrorisme en Europe: tâches et problèmes », qui s'est tenue à Strasbourg du 12 au 14 novembre 1980, ainsi que des conclusions qu'il convient, quoique provisoirement, d'en tirer sous forme de programme à suivre par l'Assemblée et ses organes et de recommandations à adresser au Comité des Ministres.

Dans une première partie je me propose de tracer le bilan de la conférence, en essayant d'un côté de donner une évaluation (qui me semble pouvoir être positive) de ses travaux et en même temps de dégager les points sur lesquels on a pu enregistrer une certaine convergence des opinions des participants à la conférence. Je passerai donc en revue les différents groupes de questions (questions politiques, questions sécurité, rôle des *mass media*, rôle de la culture et de l'instruction, coopération internationale) pour essayer de définir pour chacun d'entre eux quelles ont été les orientations et les conclusions manifestées par la majorité des participants. Dans une deuxième partie j'examinerai les propositions que l'Assemblée pourrait soumettre au Comité des Ministres afin que les travaux de la conférence, ainsi que ceux de l'Assemblée qui ont précédé et suivi, puissent trouver des aboutissements concrets dans l'intérêt du Conseil de l'Europe et de tous nos Etats membres. Je tiendrai également compte du fait que la commission des questions juridiques sera appelée à donner son avis sur le rapport et que la commission de la culture et de l'éducation va, elle aussi, exprimer son avis; je ne m'étendrai donc ni sur les questions juridiques ni sur celles relatives au rôle de la culture et de l'instruction, si ce n'est que pour souligner les points sur lesquels les participants se sont trouvés en accord.

2. Je désire avant tout souligner que la conférence a représenté, dans mon opinion ainsi que dans les opinions que j'ai cru pouvoir recueillir parmi las participants, un succès considérable. C'est la première fois que le problème de la défense de la démocratie contre le terrorisme a pu être discuté dans une enceinte aussi large. Il suffit de rappeler à cet égard qu'en plus des Représentants permanents auprès du Conseil de l'Europe et des parlementaires de notre Assemblée, seize pays membres ont envoyé des experts gouvernementaux et neuf pays membres des représentants de leur parlement. D'autre part, le Parlement européen a envoyé une importante délégation conduite par le président de la commission des questions juridiques. En outre quatre pays non membres (Yougoslavie, Etats-Unis, Israël et Canada) ont envoyé des observateurs et des experts. L'attention considérable que la presse de nos pays membres a accordée aux travaux de la conférence constitue assurément un autre élément positif.

3. Une dernière considération s'impose : tant la conférence qui vient de se dérouler que le présent rapport doivent être considérés comme une étape dans l'activité de l'Assemblée en la matière. En d'autres termes, nous ne prétendons pas dire le dernier mot en ce qui concerne le phénomène de la violence terroriste, qui malheureusement continue à se montrer très virulent, il s'agit, par contre, de définir de façon plus précise les critères et les instruments qui doivent guider la réponse de la démocratie au terrorisme. Il s'agit surtout dans le cadre d'une organisation telle que le Conseil de l'Europe de favoriser la prise de conscience par nos Etats membres de la nécessité d'une coordination à tous les niveaux afin de parvenir à une réponse commune au terrorisme tant au niveau de sa prévention qu'à celui de sa répression.

A. Bilan de la conférence

1. *Questions politiques*

4. Le problème de la lutte contre le terrorisme est en premier lieu un problème politique, car la réponse que l'on donne aux questions soulevées sur le plan politique quant à la nécessité de combattre vigoureusement le terrorisme et quant aux moyens de cette lutte conditionne les réponses que l'on peut donner à toutes les autres questions qui se posent sur des plans techniques, tels que par exemple le plan juridique ou celui de la coopération internationale. Il convient tout d'abord de remarquer qu'un consensus très large s'est dégagé au sein de la conférence pour confirmer le point de départ de ses travaux : le but du terrorisme, quel que soit son nom ou son origine, est de renverser et de détruire dans nos pays la démocratie et ses aspects parlementaires et pluralistes issus de l'histoire de l'Europe occidentale ainsi que de s'opposer aux possibilités de libre développement politique, économique et social que cette démocratie permet. Cette idée fondamentale exprimée pour la première fois au cours du débat qui s'est déroulé a l'Assemblée parlementaire en janvier 1979 sur la base du rapport Tabone (Doc. 4258) et dans la Recommandation 852 adoptée à la fin de ce débat et réaffirmée, comme l'on vient de le constater, au cours des travaux de la conférence, peut être considérée à juste titre comme le fil conducteur de l'activité de l'Assemblée en la matière. Cette idée contient en réalité des corollaires qui sont de la plus haute importance et qu'il convient ici de rendre explicites. Le premier corollaire est que la réponse de la démocratie au terrorisme doit se faire dans le respect rigoureux des principes démocratiques, ainsi que des droits et libertés fondamentaux tels qu'ils sont fixés par les chartes constitutionnelles de nos pays membres et par la Convention européenne des Droits de l'Homme.

Si le but du terrorisme est celui de détruire la démocratie, il ne peut y avoir de réponse plus efficace que le renforcement de la démocratie même, dans le sens que le renforcement et le développement de la démocratie constituent une condition pour l'efficacité de la contre-attaque de l'Etat contre le terrorisme. Ce qui signifie — voilà le deuxième corollaire — que si la réponse au terrorisme nécessite un vaste consensus populaire, il faut tout mettre en œuvre afin d'assurer et de confirmer la confiance des citoyens dans les institutions démocratiques. Cela n'est possible que grâce à un renforcement des institutions elles-mêmes et des mécanismes qui assurent la participation des citoyens. Cette exigence s'est fait jour dans plusieurs des rapports et des interventions tout au long de la conférence. Cependant la compréhension des critères que l'on vient d'énoncer nécessité une précision supplémentaire. Il faut être réaliste, hélas, et ne pas se faire d'illusions : le terrorisme a déjà inflige beaucoup de pertes à nos démocraties. Il ne s'agit pas seulement de pertes, très douloureuses, de vies humaines, mais également de pertes dans une autre sphère, celle du progrès démocratique et social de nos pays. Avant que le terrorisme éclate avec sa poussée de violence criminelle, nos sociétés avaient connu des progrès considérables dans le domaine de l'élargissement des droits et des libertés garantis aux citoyens. En plus on avait enregistre dans beaucoup de pays une croissance de la participation spontanée du citoyen aux différentes formations politiques et mouvements d'opinion qui s'étaient formés au sein de la société.

5. La poussée du terrorisme a eu un double effet : d'un côté la nécessité de contrecarrer sur le plan juridique le phénomène terroriste, en évitant que des criminels ne puissent se prévaloir de droits acquis à tout citoyen, a compliqué en quelque sorte la continuation du processus d'élargissement des libertés personnelles. Je me borne à citer un exemple, auquel beaucoup d'autres pourraient s'ajouter. Je me réfère à la loi qui en 1972 avait réduit en Italie les délais maximaux de détention préventive en prévoyant l'élargissement automatique des inculpés dans l'attente d'un procès. L'aggravation de la situation de l'ordre public en Italie, notamment dans ses aspects lies au terrorisme, a rendu nécessaire une loi qui rétablisse des délais maximaux beaucoup plus longs afin d'éviter, de toute évidence, que le terroriste n'ayant pu être jugé de façon définitive ne puisse être élargi et se soustraire a la justice. D'autre part, la violence terroriste est sans doute responsable en raison de la terreur qu'elle a semée d'avoir poussé et de continuer de pousser de nombreux citoyens à se désintéresser de la chose publique. On discute de nos jours de ce retour des citoyens vers le privé après des années d'engagement plus accentué. Le phénomène du terrorisme compte très probablement parmi les causes de ce reflux vers le privé. Pour ce qui a trait à la limitation du processus de l'élargissement et d'approfondissement des droits individuels, il faut admettre qu'en ce qui concerne certains domaines des droits de l'homme et des libertés fondamentales, une attitude plus attentive et plus restrictive est rendue inévitable par la poussée du terrorisme. Toutefois il faut savoir faire des distinctions : il est certains secteurs dans lesquels un élargissement de la sphère des droits garantis est particulièrement nécessaire pour lutter efficacement contre le terrorisme, dans le but également d'éliminer à la racine un argument qui pourrait être invoqué comme prétexte par les terroristes afin de justifier leur action criminelle. C'est le cas par exemple des droits économiques et sociaux. L'Assemblée a déjà eu l'occasion de se pencher sur ce problème lorsqu'elle a recommandé l'étude de l'extension de la Convention européenne des Droits de l'Homme à cette catégorie de droits. Or il est clair qu'une accélération des travaux au niveau

intergouvernemental visant à faciliter l'intégration de la Convention européenne des Droits de l'Homme constituerait en soi une réponse adéquate à la menace terroriste, en contribuant à une protection plus efficace de certains droits qui font partie désormais de notre patrimoine. En ce qui concerne la participation des citoyens, il a été souligné au cours des travaux de la conférence qu'il est nécessaire de les rendre conscients que le terrorisme vise en premier lieu à détruire leur liberté et leur acquis démocratique.

6. Les quelques observations qui précèdent montrent comment la réponse au terrorisme ne peut être efficace sans un engagement très ample qui puisse s'étendre à plusieurs aspects et domaines de la vie publique. A cet égard il faut également reconnaître que nos sociétés ont démontré une vitalité démocratique remarquable car malgré la crise engendrée par le terrorisme elles ont su rester fidèles à leurs principes et à leurs valeurs. Il est par ailleurs évident que la situation toute particulière qui s'est produite en Turquie constitue un cas à part. Je me dois ici d'exprimer toute mon appréciation pour l'apport constructif des parlementaires et experts turcs aux travaux de la conférence.

7. Il convient de souligner que la conférence a démontré clairement que le problème du terrorisme dans nos sociétés démocratiques revêt des aspects tout a fait nouveaux et particuliers. On a affirmé en particulier le principe selon lequel la violence dans une société démocratique constitue une action criminelle. Par ailleurs la définition du but du terrorisme qui a constitué le point de départ des travaux de notre conférence ne peut se comprendre que par rapport à une société démocratique. En d'autres termes, comme l'a souligné M. Günes au cours de la discussion, le terrorisme que nous connaissons ne peut se définir que par rapport à la démocratie. Cette considération met en valeur la nécessité d'examiner le terrorisme dans sa spécificité euro-occidentale.

2. *Questions juridiques*

8. Le problème peut-être le plus discuté au cours de la conférence a été celui de la nature et de la définition du délit terroriste. L'orientation de la majorité des juristes participant à la conférence a été celle d'une déqualification du terrorisme à l'intérieur de la classe du délit politique si l'on tient compte des méthodes hideuses et abjectes auxquelles il fait recours. Il ne s'agirait pas, en d'autres termes, d'accéder à la proposition originaire de votre rapporteur visant à qualifier le terrorisme comme un délit commun. La solution envisagée par la conférence priverait le terrorisme des privilèges traditionnels accordés aux délits politiques et au contraire exposerait ses auteurs à des conditions d'aggravation par rapport au délit de droit commun. Une autre exigence manifestée au cours de la conférence est celle de chercher une définition homogène du délit terroriste dans les législations nationales des pays membres, ainsi qu'au niveau international: en d'autres termes une définition organique et de principe qui constitue un pas en avant

par rapport à la liste plutôt fragmentaire de cas contenue dans la Convention européenne pour la répression du terrorisme.

9. Enfin les participants se sont accordés de façon très nette pour nier que l'Etat démocratique puisse entamer des négociations avec des bandes ou organisations terroristes. Des arguments tant d'ordre juridique que d'ordre politique militent en faveur de cette thèse. Il suffit ici de songer à ce que le professeur Grevi a fait remarquer dans son exposé: en acceptant de négocier avec les terroristes un Etat démocratique se mettrait sur une voie au bout de laquelle se trouve la « négation de l'Etat de droit ».

Les arguments qui militent en faveur de l'inadmissibilité de négociations entre organes d'un Etat démocratique et terroristes ont été fort bien exposés par le professeur Wilkinson dans son rapport sur ce thème présenté à la conférence

Le professeur Wilkinson a, en résumé, fait remarquer que, tout d'abord, des négociations entre l'Etat et des terroristes représenteraient pour ces derniers une victoire symbolique énorme qui, en gonflant leur moral et en augmentant leur crédibilité, entraîneraient, par voie de conséquence, l'augmentation de leur capacité de terroriser l'ensemble de la société. En deuxième lieu le professeur Wilkinson a fait remarquer que ces négociations ridiculiseraient le système de la démocratie parlementaire. En effet, celui-ci accorderait un statut et un pouvoir implicites à une minorité violente en tant que « récompense » directe de sa violence criminelle. En troisième lieu, le fait de négocier mettrait implicitement le terroriste au-dessus de la loi, ce qui saperait l'autorité et la crédibilité du système judiciaire et policier. Ce serait la confiance générale en un gouvernement démocratique ainsi que la prééminence de la loi qui seraient gravement, voire irrémédiablement sapées. Enfin, des « tractations » avec un groupe terroriste encourageraient inévitablement toute une vague d'attaques par d'autres groupes extrémistes, qui chercheraient à se frayer un chemin par les bombes jusqu'à la table de conférence

10. D'autres problèmes juridiques également à l'ordre du jour de la conférence tels que le problème de l'indépendance de la magistrature, du secret professionnel de l'avocat, du secret d'Etat, n'ont pas trouvé d'échos. Cela ne veut pas dire que ces questions sont secondaires et qu'à l'avenir l'Assemblée ne doive se pencher avec attention sur les différents problèmes complexes et délicats qu'elles soulèvent.

3. *Questions de sécurité*

11. La conférence a surtout examiné les aspects des questions de sécurité ayant trait à la coopération internationale. Dans le présent rapport votre rapporteur en rendra compte dans le paragraphe consacré à la coopération internationale. Encore une fois il y a lieu de souligner ici l'importance du problème de l'adaptation des forces de police et des services de sécurité à la lutte antiterroriste, ce qui pose des problèmes de sélection et de formation

des forces (aux différents grades) préposées à la défense de l'ordre et à la sécurité de l'Etat ainsi que de la confiance qu'elles peuvent inspirer et de leur comportement démocratique. En effet d'un côté les forces de sécurité sont confrontées à des tâches pour ainsi dire nouvelles et de l'autre leur activité doit s'effectuer en étroite collaboration avec la population.

12. Le général Clutterbuck a mis en relief un point particulier. Il s'agit du contrôle sur les institutions professionnelles de sécurité, nationales et internationales. Le général a justement relevé que contrairement à d'autres professions, telles que celles de médecin ou d'avocat, le personnel de sécurité, pour être autorisé à exercer sa profession, n'est pas tenu à démontrer sa compétence professionnelle ni à respecter un code professionnel ou certaines règles générales de comportement. Votre rapporteur estime qu'il y aurait lieu de retenir la proposition du général Clutterbuck selon laquelle le Conseil de l'Europe pourrait encourager les Etats membres à élaborer des normes internationales pour l'industrie privée de la sécurité et, en temps voulu, à imposer ces normes en obligeant au moins les dirigeants et les conseillers à adhérer à des organismes professionnels approuvés, comme c'est le cas pour les professions médicales et chirurgicales.

4. *Rôle de la culture et de l'enseignement*

13. Les participants à la conférence ont consacré une attention toute particulière au rôle de la culture et de l'instruction dans la préparation d'un consensus populaire sur le terrorisme (selon l'expression de M. Hamon) et plus généralement dans la création des prémisses d'une mise au ban des différentes formes de violence au sein de la société. Des propositions assez concrètes et intéressantes ont été avancées au cours de la conférence. Je pense en particulier au rapport de M. Hamon qui, d'un côté, se réfère aux efforts déjà entrepris qui ont été couronnés d'un certain succès et qui pourraient donc constituer l'exemple pour une action future et, de l'autre, suggère de nouvelles orientations en matière de programmes scolaires et universitaires. En ce qui concerne l'exemple à étudier avec attention M. Hamon cite « l'effort fait depuis la première guerre mondiale pour discréditer l'idée même de la guerre ». En ce qui concerne le deuxième plan il est inutile ici de reparcourir toutes les propositions contenues dans le rapport de M. Hamon et qui ont trouvé plusieurs confirmations au cours du débat. Votre rapporteur désire mettre l'accent sur le fait que les programmes universitaires et scolaires doivent absolument être pluralistes et antidogmatiques. L'école doit être conçue comme un apprentissage de la réalité, où le fait d'être différent soit considéré comme un patrimoine de richesse et d'expérience et non pas comme un élément négatif à éliminer. Toutefois votre rapporteur estime que la discussion n'est pas encore mûre pour que l'Assemblée puisse faire des propositions concrètes sur l'harmonisation des programmes. La complexité du problème exige que l'entière question soit étudiée dans tous les détails. Pour cette raison il y a lieu de recommander que le Comité des Ministres assigne au secteur intergouvernemental du Conseil de l'Europe des tâches d'étude précises en

ce qui concerne, plus généralement, le rôle de la culture et de l'éducation dans le cadre de la prévention et de la répression du terrorisme et, plus particulièrement, la mise au point de propositions en matière de programme scolaire et universitaire capables d'extirper des cœurs et des intelligences le germe et les racines de la violence. Dans le même sens le Centre européen de la jeunesse pourrait être invité à consacrer des activités et des débats au problème des relations entre les jeunes et le terrorisme et au rôle des organisations de jeunesse pour la mobilisation des jeunes contre la violence terroriste. Il est clair que sur l'entière matière la commission de la culture et de l'éducation de notre Assemblée devrait être consultée et appelée à évaluer et compléter les propositions ci-dessus.

14. Par contre le rôle de la culture à l'égard de l'orientation de l'opinion publique et de la contribution à l'efficacité des institutions dans la lutte contre le terrorisme n'a pas été approfondi par la conférence comme il aurait été souhaitable.

Voilà un autre sujet sur lequel les travaux futurs de l'Assemblée pourraient se pencher. Je me bornerai ici à rappeler que, d'une part, certains intellectuels ont manifesté un courage remarquable dans des pays durement frappés par la violence subversive. Il suffit de penser aux milieux de la politique, de la magistrature, du journalisme et également des universités et des professions libérales, plusieurs représentants desquels sont tombés victimes du terrorisme.

D'autre part, certains milieux intellectuels, sous l'effet d'une sensibilité sincère aux risques réels que la démocratie rencontre dans la répression du terrorisme, ont manifesté une tendance à tirer de cela une raison pour s'opposer de façon préjudicielle aux mesures antiterroristes.

En ce qui concerne plus particulièrement la culture juridique, une conséquence de cette attitude a été celle de freiner la recherche et l'élaboration d'une nouvelle et plus adéquate législation démocratique contre le terrorisme.

5. *Le rôle de l'information*

15. La liberté d'information est la cible de la violence terroriste, comme les nombreux cas de journalistes assassinés ou cruellement blessés par des terroristes le démontrent. Dans tous ces cas les journalistes frappés s'étaient fait les porte-parole de courageuses campagnes contre la violence ou apparaissaient comme les représentants en vue de partis et d'idéologies que le terrorisme voulait frapper. Ou encore ils étaient sur une piste que l'on voulait brouiller. Cette attitude envers la presse libre est assortie de tentatives d'utiliser la presse pour les finalités de déstabilisation que le terrorisme poursuit. Les travaux de la conférence ont dégagé une opinion plutôt positive dans ce sens que l'on a reconnu que la presse a su résister, même au prix de vies humaines, au chantage terroriste. Cette évaluation positive a été accompagnée par la reconnaissance du principe selon lequel

« une simple neutralité de la presse ne semble pas être la meilleure manière de répondre au phénomène terroriste » (cf. rapport de M. de Salas)

Les participants ont semblé adhérer à la thèse que votre rapporteur a exposée dans son introduction générale à la conférence, à savoir que la voie d'un juste équilibre entre deux exigences opposées (celle d'informer et celle de lutter contre le terrorisme) correspond au choix qu'ont fait dans certaines circonstances la République Fédérale d'Allemagne et la Grande-Bretagne, en menant une politique antiterroriste de l'information impliquant une forme de concertation entre les institutions et la presse.

16. Il y a lieu également de remarquer que certaines questions n'ont pas été approfondies au cours des travaux de la conférence Il s'agit notamment des problèmes concernant le « secret professionnel » des journalistes, ainsi que des relations entre le secret de l'instruction et la publicité donnée par les *mass media* à des éléments et des phases des enquêtes et opérations antiterroristes. En outre j'estime que le rapport intelligent et franc de M. de Salas aurait dû trouver dans le débat un écho plus spécifique. Il ne faut pas oublier en effet que dans des sociétés telles que les nôtres ce problème est vraiment crucial, étant donné l'influence énorme que peuvent exercer les *mass media*. Je serai donc amené à en tirer la confirmation que, au-delà de nos législations et institutions, la libre confrontation démocratique et même les mœurs démocratiques dans nos pays membres n'ont pas atteint le niveau de maturité nécessaire pour soutenir les *mass media* dans l'effort de ne pas céder au « *désir frénétique du scoop* ». (cf. intervention du professeur Vassalli) et de devenir au contraire, sans déséquilibres ni exceptions négatives, un instrument sûr de lutte antiterroriste.

6. *Questions de coopération internationale*

17. Les questions de coopération internationale peuvent être encadrées sous des angles de vue différents, selon qu'il s'agit d'une coopération formelle entre les Etats (c'est-à-dire d'une coopération qui trouve sa base dans des instruments juridiques internationaux) ou d'une coopération informelle. Votre rapporteur examinera séparément ces deux aspects de la coopération internationale.

18. En ce qui concerne le premier des deux aspects susmentionnés les participants se sont penchés sur l'évaluation des résultats de l'adoption de la Convention européenne pour la répression du terrorisme, entrée en vigueur le 4 août 1978. Le fonctionnement normal de cette convention a été entravé par toute une série de difficultés politiques. Les auteurs de la convention étaient eux conscients de ces difficultés puisqu'ils ont introduit des dispositions stipulant que malgré les obligations d'ordre général les Etats pourraient se réserver le droit de traiter des cas individuels comme des cas « politiques » et refuser l'extradition. Cinq Etats seulement sur les dix qui ont ratifié la convention appliquent entre eux les clauses relatives à une extradition sans réserve. D'autre part le fait même que dix Etats seulement aient ratifié la convention et que donc la plupart des Etats qui l'avaient

signée ne l'ont pas ratifiée, montre l'existence d'une certaine réticence due vraisemblablement à des raisons politiques et d'ordre constitutionnel.

Votre rapporteur estime que le temps est venu pour que le Comité des Ministres procède de façon approfondie à un examen du point de vue politique de l'état de ratification de la Convention européenne pour la répression du terrorisme.

C'est seulement à l'issue de cet examen qu'il sera possible de déterminer dans quelle direction doivent s'orienter les efforts pour permettre la mise en place d'un système juridique de répression du terrorisme acceptable pour la presque totalité des Etats. A cet égard il y a lieu de retenir également l'échec de l'effort international destiné à établir un système commun de répression des actes de terrorisme au sein des Communautés européennes.

Le problème majeur réside dans l'incapacité de mettre en place un mécanisme d'extradition qui soit à même de fonctionner de façon souple et rapide.

19. Au cours de la conférence deux autres questions ont été particulièrement mises en relief. La première concerne l'incidence négative sur les possibilités de coopération internationale, de l'existence de la peine capitale dans certains pays membres. Sous cet aspect, l'abolition de la peine de mort dans tous les pays membres — selon le vœu de la Résolution 727 adoptée par notre Assemblée le 22 mai 1980 — tout en favorisant l'action commune contre la violence subversive aiderait à la défense et à l'affirmation des droits de l'homme dans l'espace géographique du Conseil de l'Europe.

20. La deuxième question sur laquelle on a insisté est celle de l'affirmation de l'opportunité, voire de la nécessité, d'une relation entre la Convention européenne pour la répression du terrorisme et la Convention européenne des Droits de l'Homme, dans le sens que l'exécution de toute obligation sous l'angle de la première doit tenir compte de l'exigence du respect des dispositions de la deuxième. Votre rapporteur estime par ailleurs. sur la base également de certaines interventions à la conférence, que la relation devrait être réciproque, c'est-à-dire que la Convention européenne des Droits de l'Homme devrait être amendée par l'inclusion du terrorisme parmi les violations les plus graves des droits qu'elle garantit.

21. Une autre proposition semble particulièrement digne d'être retenue: les Etats voisins pourraient être invités à intensifier et, le cas échéant, à mettre en place une coopération frontalière sur la base d'accords bilatéraux. Votre rapporteur estime que cette recommandation pourrait déjà trouver sa place dans le texte que la commission des questions politiques soumettra à l'Assemblée plénière.

22. En ce qui concerne la coopération que l'on a appelée informelle entre les Etats membres, il s'agit surtout de la coopération entre les différentes

polices nationales, principalement en matière d'échange de données et de renseignements. Plusieurs réserves ont été avancées au cours de la conférence quant à la création d'une « banque de données ». Il suffit ici de rappeler l'objection selon laquelle on pourrait difficilement s'attendre à ce que les Etats confient à cette banque et donc « internationalisent » les informations les plus brûlantes. D'autre part comme le docteur Matzka l'a souligné, toute internationalisation du réseau d'informations dans le cadre des pays membres du Conseil de l'Europe doit tenir compte de l'existence d'Etats appartenant à une alliance militaire, d'Etats qui de par leur Constitution sont neutres, ainsi que d'Etats non alignés. Toutefois, même en tenant compte de ces réserves, votre rapporteur suggère qu'on renouvelle le vœu déjà contenu dans la Résolution 852 afin que le Comité des Ministres encourage « la collaboration du pouvoir judiciaire, de la police et des services de renseignements des Etats membres pour lutter contre le terrorisme et l'utilisation des mécanismes intergouvernementaux du Conseil de l'Europe pour promouvoir la coopération ». En effet, une coopération soutenue et constante entre les polices des pays membres constitue en soi une prémisse pour que se produise ce climat de confiance duquel on ne peut se passer si on veut donner vie à un véritable « espace judiciaire européen ».

B. Propositions à soumettre au Comité des Ministres

23. La partie de ce rapport concernant l'exposé succinct des propositions à soumettre au Comité des Ministres est susceptible, tout comme les autres parties, d'être complétée et révisée à la suite des discussions qui auront lieu dans les sous-commissions ainsi qu'au sein de la commission des questions politiques. Trois propositions ressortent des paragraphes précédents. Il convient ici de les récapituler:

– L'Assemblée devrait inviter le Comité des Ministres à procéder à un examen approfondi du point de vue politique de l'état de ratification de la Convention européenne pour la répression du terrorisme, dans le but de déceler les raisons profondes d'ordre politique et constitutionnel qui font que cette convention ne constitue pas aujourd'hui le succès que l'on avait souhaité, contrairement entre autres au vœu exprimé par l'Assemblée dans sa Résolution 852 précitée (« paragraphe 15 : l'Assemblée recommande au Comité des Ministres : ... x. d'inviter les gouvernements des Etats membres à organiser des réunions périodiques des ministres de l'Intérieur ou d'autres ministres responsables pour la sécurité publique, consacrés à des échanges de vues et a la coordination des politiques nationales contre le terrorisme »).

– L'Assemblée pourrait proposer au Comité des Ministres l'élaboration de normes internationales posant des critères de compétences et de déontologie élevés, pour l'industrie privée de la sécurité dans le sens notamment que les dirigeants et les conseillers des sociétés de surveillance soient obligés d'adhérer à un organisme professionnel.

– L'Assemblée pourrait recommander au Comité des Ministres d'assigner au secteur intergouvernemental du Conseil de l'Europe compétent pour les questions culturelles des tâches d'études en ce qui concerne le rôle de la culture et de l'éducation dans le cadre de la prévention et de la répression du terrorisme. Il s'agirait, comme on l'a exposé ci-dessus, de proposer des programmes d'études dans les écoles secondaires ainsi que des programmes d'éducation permanente, qui permettent de comprendre la nature de la menace portée par les terroristes contre l'existence même de la société, démocratique et pluraliste dans laquelle nous vivons.

24. Les trois propositions ci-dessus pourraient être complétées par une proposition ultérieure que plusieurs contributions ont déjà reflétée. On pourrait recommander au Comité des Ministres de créer au sein du Conseil de l'Europe un Centre de documentation sur les problèmes du terrorisme. Ce centre aurait tout d'abord la fonction de recueillir de façon précise tout ce qui est fait au sein du Conseil de l'Europe en matière de terrorisme : on devrait recevoir des informations précises quant aux activités des comités gouvernementaux qui s'occupent des problèmes tant dans le domaine juridique que dans le domaine culturel; deuxièmement, il faudrait avoir connaissance des discussions au sein du Centre européen de la jeunesse ; troisièmement devraient être enregistrées auprès du centre toutes les activités de l'Assemblée et de ses commissions compétentes en matière de terrorisme. D'autre part, les Etats membres devraient être invités sur une base volontaire à fournir au centre une documentation précise et à jour de leurs activités législatives en matière de terrorisme. Les informations de caractère législatif pourraient être complétées par d'autres informations que les Etats estimeraient utiles pour comprendre la réalité du phénomène terroriste dans leurs enceintes respectives. Le centre pourrait donc publier un rapport annuel composé de ces deux grands chapitres ci-dessus. L'activité du Conseil de l'Europe dans le premier, l'activité des Etats membres dans le deuxième. La mise en œuvre de ce volet des activités du centre comporterait des engagements financiers minimaux de la part du Conseil de l'Europe et pourrait être d'une grande utilité tant pour l'organisation et pour les Etats membres que pour tous ceux qui désirent se faire une idée la plus précise possible du phénomène terroriste et de la réponse des sociétés démocratiques. Certes les interventions de participants à la conférence ont laissé également entrevoir la nécessité d'une instance qui ne soit pas seulement compétente dans le domaine de la documentation à l'égard du phénomène terroriste, mais qui constitue également un centre d'étude et de discussion. Ce pas ultérieur comporterait évidemment des engagements financiers plus considérables.

Ici je me bornerai à résumer les indications qui peuvent découler des débats lors de la conférence. Il y a tout d'abord l'exigence que le centre constitue un lieu de confrontation permanente sur le problème de la réponse démocratique au terrorisme. Il lui appartiendrait en premier lieu de maintenir les contacts entre les personnalités qui ont participé à la Conférence sur le terrorisme, y compris les personnalités en dehors du Conseil de l'Europe. En deuxième lieu il devrait établir des liaisons avec d'autres centres analogues qui étudient sous une forme globale ou sous des aspects particuliers le problème du terrorisme. En troisième lieu il pourrait être chargé de former des groupes d'experts en vue d'examiner l'une ou l'autre question entrant dans sa compétence.

Recommandation 941 (1982)[1]
relative à la défense de la démocratie contre le terrorisme en Europe

L'Assemblée,

1. Ayant pris note du rapport sur la défense de la démocratie contre le terrorisme en Europe, présenté par sa commission des questions politiques (Doc. 4878) ;

2. Rappelant ses Recommandations 852 (1979) et 916 (1981) ;

3. Constatant que l'attaque du terrorisme contre les valeurs et les institutions de la démocratie parlementaire et pluraliste et contre les droits de l'homme, loin de fléchir, s'étend à d'autres pays membres du Conseil de l'Europe, touche à de nouveaux secteurs de la vie intérieure de nos sociétés et vise à altérer les relations entre les pays occidentaux ;

4. Constatant, en outre, le développement des liens réciproques entre les divers courants terroristes tant à l'échelle nationale qu'à celle de l'Europe occidentale, ainsi que l'apparition de liens entre des organisations subversives de notre région et des forces analogues d'autres régions et continents ;

5. Consciente de la nécessité d'une entente plus étroite et plus efficace entre les Etats membres pour combattre et vaincre par tous les moyens dont dispose la démocratie l'attaque croissante et toujours plus concertée du terrorisme ;

6. Se félicitant de la Recommandation n° R (82) 1 adoptée par le Comité des Ministres le 26 janvier 1982, qui constitue un important pas en avant vers la solution des problèmes de la coopération entre les Etats membres aux fins de la répression du terrorisme ;

7. Espérant que d'autres progrès seront accomplis dans la coordination de la défense commune de la démocratie contre le terrorisme, en particulier par une approche juridique, judiciaire et législative plus adaptée à la nature du phénomène, une condamnation culturelle et morale plus résolue de la violence subversive, une campagne plus incisive des *mass media* et une mobilisation majeure de l'opinion publique et en particulier de la jeunesse ;

8. Notant que deux Etats membres du Conseil de l'Europe (l'Irlande et Malte) n'ont pas signé la Convention européenne pour la répression du terrorisme, et que six parmi les Etats signataires (la Belgique, la France, la Grèce, l'Italie, les Pays-Bas et la Suisse) ne l'ont pas encore ratifiée,

---

1. *Discussion par l'Assemblée* le 28 avril 1982 (4e séance) (voir Doc. 4878, rapport de la commission des questions politiques).
Texte adopté par l'Assemblée le 28 avril 1982 (4e séance).

9. Recommande au Comité des Ministres :

a. de consacrer toute l'attention nécessaire au problème de l'entrée en vigueur de la Convention européenne pour la répression du terrorisme, et donc de procéder à la vérification visée par la Recommandation 916 (paragraphe 13.a de la Recommandation 916 des chances de ratification par tous les Etats membres ;

b. d'examiner l'état des ratifications par les Etats membres et par des Etats tiers des Conventions de Vienne sur les relations diplomatiques et consulaires et de la Convention des Nations Unies sur les personnes internationalement protégées ;

c. d'étudier, en consultation avec l'Assemblée et en liaison avec les initiatives que celle-ci pourrait prendre, les formes les plus appropriées pour un développement entre les Etats membres, les Etats-Unis et le Canada d'actions communes contre le terrorisme dans les pays à démocratie parlementaire et pluraliste ;

d. d'appuyer la proposition de certains Etats membres soumise à la réunion de Madrid de la CSCE pour l'engagement de tous les pays signataires de l'Acte final d'Helsinki à collaborer positivement à la répression du terrorisme ;

e. de mettre en œuvre le projet esquissé dans sa Recommandation 916 (paragraphe 13. *h*) d'un Centre d'étude et de documentation sur les causes, la prévention et la répression du terrorisme, disposant de l'appui gouvernemental et parlementaire, et de la contribution d'organisations non gouvernementales.

Recommandation 982 (1984)[1]
relative à la défense de la démocratie contre le terrorisme en Europe

L'Assemblée,

1. Ayant pris note du rapport sur la défense de la démocratie contre le terrorisme en Europe, présenté par sa commission des questions politiques (Doc. 5187) ;

2. Rappelant ses prises de position antérieures en la matière, et notamment sa Recommandation 941 (1982) ;

3. Rappelant qu'elle condamne le terrorisme essentiellement pour son caractère totalitaire, et parce qu'il viole les droits de l'homme et menace la démocratie, et soulignant que la défense de la démocratie ne peut jamais tomber dans la contradiction d'utiliser des méthodes antidémocratiques ou violant elles-mêmes les droits de l'homme, la lutte contre le terrorisme ne pouvant servir de justification à l'établissement de régimes ou à l'adoption de mesures fascistes aussi odieux, et pour des raisons identiques, que le terrorisme lui-même ;

4. Gravement préoccupée par l'ampleur de l'action terroriste qui, dans les pays membres, s'attaque aux valeurs et aux institutions démocratiques et aux droits de l'homme ;

5. Révoltée par les meurtres et les massacres continuellement perpétrés par des organisations terroristes dans plusieurs pays membres ;

6. Indignée par les actions terroristes récemment perpétrées par des agents de certains Etats qui ont abusé de leurs immunités diplomatiques pour acquérir une déplorable impunité ;

7. Convaincue du rôle essentiel que le Conseil de l'Europe peut et doit jouer dans la création d'un véritable espace judiciaire européen sur la base des principes inscrits dans son Statut, de son expérience et de sa vocation ;

8. Notant que deux Etats membres du Conseil de l'Europe n'ont pas signé la Convention européenne pour la répression du terrorisme, et que cinq Etats signataires ne l'ont pas encore ratifiée ;

9. Prenant acte des motifs juridiques, législatifs ou constitutionnels qui, dans certains pays membres, font obstacle à la ratification de cette convention ;

---

1. *Discussion par l'Assemblée* les 8 et 9 mai 1984 (3e, 4e et 5e séances) (voir Doc. 5187, rapport de la commission des questions politiques, et Doc. 5199, avis de la commission des questions juridiques).
Texte adopté par l'Assemblée le 9 mai 1984 (5e séance).

10. Ayant pris connaissance avec intérêt du projet du Gouvernement espagnol relatif à la convocation d'une conférence de chefs d'Etat ou de gouvernement sur les problèmes de la coopération internationale contre le terrorisme ;

11. Notant avec satisfaction que le communiqué final de la réunion de Madrid de la CSCE a consacré l'engagement solennel des Etats participants à réprouver et à prévenir toute forme de terrorisme international ;

12. Préoccupée, toutefois, de la facilité avec laquelle les personnes, les armes et les moyens financiers du terrorisme international traversent les frontières des Etats membres, ainsi que des nombreux indices d'autres complicités au-delà des pays membres du Conseil de l'Europe ;

13. Soulignant le rôle fondamental de la culture et de l'éducation dans le maintien d'un consensus populaire de confiance dans les institutions démocratiques indispensable à la lutte contre le terrorisme ;

14. Consciente du devoir moral de la presse et des médias de ne pas être l'instrument inconscient de la subversion terroriste ;

15. Se félicitant de l'ouverture à la ratification de la Convention sur le dédommagement des victimes des actes de violence, mais déplorant qu'un si petit nombre d'Etats membres soient devenus parties à plusieurs instruments juridiques extrêmement importants du Conseil de l'Europe dans le domaine du droit pénal et de la criminologie,

16. Recommande au Comité des Ministres :

i. d'inviter les gouvernements des Etats membres à donner suite à l'initiative espagnole visant à convoquer une conférence de chefs d'Etat ou de gouvernement sur les problèmes de la coopération internationale contre le terrorisme ;

ii. d'inviter les Etats membres du Conseil de l'Europe qui ne l'ont pas encore fait à signer et à ratifier les instruments suivants du Conseil de l'Europe :

– la Convention européenne d'extradition et ses protocoles additionnels,

– la Convention européenne d'entraide judiciaire en matière pénale et ses protocoles additionnels,

– la Convention européenne pour la surveillance des personnes condamnées ou libérées sous condition,

– la Convention européenne sur la valeur internationale des jugements répressifs,

– la Convention européenne sur le contrôle de l'acquisition et de la détention d'armes à feu par des particuliers,

– la Convention sur le transfèrement des personnes condamnées ;

iii. de procéder d'urgence à un examen politique des chances de ratification de la Convention européenne pour la répression du terrorisme et, au cas ù cet examen se révélerait négatif, d'entamer la recherche de solutions juridiques de rechange dans le but de parvenir à l'élaboration de mécanismes communs à tous les Etats membres en matière de coopération internationale contre le terrorisme ;

iv. de procéder en son sein, de façon informelle, à des consultations et à des discussions avec les responsables nationaux de la répression du terrorisme, afin de donner une impulsion à la coordination des politiques nationales en la matière et de favoriser la collaboration européenne au niveau du pouvoir judiciaire, de la police et des services de renseignements des Etats membres ;

v. de veiller à ce que l'étude sur les droits de l'homme dans une société démocratique destinée au grand public et commanditée par le Secrétaire Général traite de façon spécifique et exhaustive des problèmes liés à la violence terroriste ;

vi. d'inviter, dans tout le respect de la liberté de la presse, des organisations professionnelles représentatives à élaborer un code déontologique des médias afin de définir leur rôle et leur responsabilité dans la défense de la démocratie, notamment contre le terrorisme.

Recommandation 1010 (1985)[1]
relative à la sécurité de l'aviation

L'Assemblée,

1. Indignée par les récents actes de terrorisme perpétrés à l'encontre des passagers et des équipages innocents d'avions civils, causant la perte de centaines de vies, ou se traduisant par le maintien de personnes en otage dans des conditions barbares ;

2. Rappelant ses résolutions et ses recommandations relatives à la piraterie aérienne, à la sécurité aérienne et au détournement illicite d'aéronefs, et à la répression du terrorisme, mais notant que les propositions formulées dans ces textes n'ont pas été pleinement suivies d'effets ;

3. Déplorant que les actes de terrorisme aérien continuent à se multiplier, et soulignant que cette situation appelle une coopération nationale et internationale renforcée dans la lutte contre le terrorisme ;

4. Accueillant avec satisfaction à cet égard l'adoption, le 21 juin 1985 à Strasbourg, par la Commission européenne de l'aviation civile, d'une résolution et d'une déclaration relatives à la politique de la CEAC dans le domaine de la sûreté de l'aviation, qui constituent un rappel complet et actualisé des mesures de sécurité contenues dans toutes les recommandations et résolutions existantes de la CEAC dans le domaine de la sécurité ;

5. Déplorant également que certains pays ne mettent pas pleinement en œuvre les conventions et recommandations internationales pertinentes de l'OACI sur la capture illicite d'aéronefs et sur la sécurité aérienne ;

6. Rappelant, en particulier, sa Recommandation 982 (1984) relative à la défense de la démocratie contre le terrorisme en Europe et invitant instamment le Comité des Ministres à donner suite d'urgence aux propositions qui y sont formulées ;

7. Considérant que les ministres européens de la Justice, à leur réunion de Madrid de 1984 et à nouveau à leur récente réunion d'Edimbourg, le 14 juin 1985, ont demandé au Comité des Ministres de créer, de toute urgence, un organe ad hoc ouvert à tous les ministres chargés, dans leur gouvernement, de la lutte contre le terrorisme, et de charger cet organe de mener une action concrète et sans relâche,

---

1. *Texte adopté par la Commission Permanente,* agissant au nom de l'Assemblée, le 4 juillet 1985.

Voir Doc. 5429, rapport de la commission des questions économiques et du développement.

8. Recommande au Comité des Ministres :

a. d'inviter instamment les gouvernements des Etats membres :

i. dans la mesure où ils ne l'ont pas encore fait, à signer et à ratifier :

– la Convention européenne pour la répression du terrorisme de 1977, nonobstant le paragraphe 8. *b* ci-dessous ;

– la Convention de l'OACI relative aux infractions et à certains autres actes survenant à bord des aéronefs (1963) ;

– la Convention de 1'OACI pour la répression de la capture illicite d'aéronefs (1970) ; et

– la Convention de l'OACI pour la répression d'actes illicites contre la sécurité de l'aviation civile (1971) ;

ii. à mettre pleinement en œuvre la résolution et la déclaration sur la politique de la CEAC dans le domaine de la sûreté de l'aviation, adoptées à Strasbourg le 21 juin 1985 ;

iii. à renforcer la coopération internationale contre le terrorisme, et à envisager des mesures spéciales et/ou des sanctions – sans exclure le boycott – contre les pays dont les autorités se montrent complaisantes à l'égard des actes internationaux de terrorisme ou des violations des conventions internationales sur la piraterie aérienne ;

b. d'examiner de toute urgence la recommandation de la Commission Colombo en vue de l'élaboration par le Conseil de l'Europe d'une nouvelle convention sur la lutte contre le terrorisme qui puisse recueillir l'adhésion de la totalité des Etats membres ;

c. de créer un groupe de travail spécialement chargé d'élaborer des propositions sur les meilleurs voies et moyens de mettre en œuvre les propositions ci-dessus.

Recommandation 1024 (1986)[1]
relative à la réponse européenne au terrorisme international

L'Assemblée,

1. Révoltée par la vague de meurtres et de massacres perpétrés par diverses organisations terroristes dans plusieurs pays, en particulier par les attentats simultanés commis le 27 décembre 1985 dans les aéroports de Rome et de Vienne ;

2. Rappelant sa condamnation sans réserve du terrorisme qui nie les valeurs démocratiques et les droits de l'homme ;

3. Soulignant à nouveau que les Etats démocratiques doivent lutter contre le terrorisme en respectant les principes démocratiques et les droits et libertés garantis par leurs constitutions, ainsi que par le Statut du Conseil de l'Europe et la Convention européenne des Droits de l'Homme ;

4. Notant avec préoccupation qu'il apparaît de plus en plus que les organisations terroristes reçoivent un soutien important, tout à la fois logistique, politique et financier en particulier par le relais de certains Etats – la Libye, la Syrie et l'Iran entre autres – en contradiction ouverte avec les obligations découlant de leur appartenance à la communauté internationale ;

5. Convaincue que la coopération entre les Etats membres et les autres démocraties pluralistes du monde est la condition première d'une prévention et d'une répression efficaces de toutes les formes de terrorisme ;

6. Souhaitant vivement un aboutissement rapide des efforts entrepris au niveau intergouvernemental en vue de la création, dans le cadre du Conseil de l'Europe, d'une instance *ad hoc* au niveau politique ouverte à tous les ministres qui, dans leur gouvernement national, exercent des fonctions en relations avec les problèmes du terrorisme et de la criminalité organisée internationale ;

7. Exhortant tous les Etats membres du Conseil de l'Europe à appliquer pleinement les accords internationaux existants et, dans la mesure où ils ne l'ont pas encore fait, à ratifier des conventions importantes telles que :
    – la Convention européenne d'extradition ;
    – la Convention européenne pour la répression du terrorisme ;
    – la Convention européenne sur le contrôle de l'acquisition et de la détention d'armes à feu par des particuliers ;
    – la Convention européenne d'entraide judiciaire en matière pénale, et autres ;

---

1. *Discussion par l'Assemblée* les 28 et 29 janvier 1986 (22e et 25e séances) (voir Doc. 5507, rapport de la commission des migrations, des réfugiés et de la démographie).

Texte adopté par l'Assemblée le 29 janvier 1986 (25e séance).

8. Ayant décidé d'examiner de façon approfondie dès sa prochaine partie de session l'action du Conseil de l'Europe pour améliorer la coopération entre les Etats membres dans l'esprit de la présente recommandation,

9. Recommande au Comité des Ministres :

a. de mettre sur pied d'urgence de nouvelles formes de coopération entre leurs autorités compétentes, notamment entre les polices et les services d'information :

i. pour démasquer et dénoncer publiquement les Etats qui aident sous une forme quelconque le terrorisme ;

ii. pour prévenir tout attentat, par l'intensification des contrôles et par la circulation des informations ;

iii. pour renforcer la répression pénale de tout responsable d'acte de terrorisme ;

b. d'agir dans toutes les enceintes internationales, notamment aux Nations Unies, dans le cadre de la CSCE et par un dialogue euro-arabe approfondi, compte tenu de la proposition faite par le Président Moubarak à l'Assemblée le 28 janvier 1986, afin d'obtenir la participation du plus grand nombre d'Etats possible à la lutte contre le terrorisme et pour l'isolement politique et économique et la condamnation morale des Etats qui soutiennent le terrorisme ;

c. de considérer ensemble et, si possible, de prendre toute mesure de dissuasion et de rétorsion diplomatique, politique et économique à l'encontre des Etats reconnus responsables de l'aide directe ou indirecte au terrorisme.

Résolution 863 (1986)[1]
relative à la réponse européenne au terrorisme international

L'Assemblée,

1. Rappelant les positions qu'elle a prises sur la défense de la démocratie contre le terrorisme en Europe, en particulier sa Recommandation 1024 (1986) relative à la réponse européenne au terrorisme international ;

2. Renouvelant sa condamnation sans réserve du terrorisme qui nie les valeurs démocratiques et les droits de l'homme, et réitérant sa conviction que la réponse des démocraties européennes au terrorisme doit se fonder sur le respect des principes consacrés dans leurs constitutions, dans la Convention européenne des Droits de l'Homme et par le droit international ;

3. Regrettant la lenteur que mettent les Etats européens à réagir multilatéralement à la menace terroriste, et l'absence à ce jour d'un ensemble cohérent et contraignant de mesures coordonnées adoptées d'un commun accord ;

4. Profondément préoccupée du lien existant entre le terrorisme et le trafic des armes et de la drogue ;

5. Convaincue que les Etats qui soutiennent de façon directe ou indirecte le terrorisme – Libye, Syrie, Iran en particulier – doivent être isolés politiquement et moralement dans toutes les enceintes internationales ;

6. Accueillant favorablement, comme un premier pas dans la bonne direction, les mesures indiquées dans la Déclaration sur le terrorisme international adoptée à Tokyo le 5 mai 1986 par les chefs d'Etat ou de gouvernement des sept grandes démocraties et par les représentants de la Communauté européenne ;

7. Convaincue que le Conseil de l'Europe a vocation, du fait de son extension géographique, de sa composition et de son fondement démocratique, à définir et à coordonner l'action européenne contre le terrorisme international ;

8. Se félicitant de la décision du Comité des Ministres de convoquer les 4 et 5 novembre 1986 une Conférence européenne des ministres responsables de la lutte contre le terrorisme,

9. Invite les Etats membres du Conseil de l'Europe :

---

1. *Discussion par l'Assemblée* le 18 septembre 1986 (10e et 11e séances) (voir Doc. 5601, rapport de la commission des questions politiques).
Texte adopté par l'Assemblée le 18 septembre 1986 (11e séance).

a. à prendre en commun, à l'encontre de tout Etat qu'ils reconnaissent comme responsable de l'aide directe ou indirecte au terrorisme, des sanctions politiques et économiques qui comporteraient notamment :

i. des mesures diplomatiques contre le gouvernement de cet Etat, en réduisant et si nécessaire en rompant les relations diplomatiques ;

ii. la cessation des vols internationaux en direction et en provenance de ce pays ;

iii. la cessation du commerce de matériel militaire ;

iv. la cessation de toute formation de personnel militaire ;

v. l'arrêt des investissements ;

vi. le cas échéant, la cessation progressive des achats de matières premières et de produits énergétiques ;

b. à réexaminer et à réduire le commerce des armes vers certains pays de l'Afrique et du Proche- et Moyen-Orient, régions où les groupes terroristes et les gouvernements qui les soutiennent se procurent leurs moyens d'action ;

10. Invite instamment les gouvernements des Etats membres du Conseil de l'Europe qui ne l'auraient pas encore fait à ratifier la Convention européenne pour la répression du terrorisme, et leur demande, en attendant cette nécessaire ratification, de coopérer le plus efficacement possible avec les autres Etats membres dans la lutte contre le terrorisme ;

11. Convie les gouvernements à reconsidérer et, si possible, à retirer les réserves qu'ils auraient pu formuler concernant cette convention au moment de sa signature ou de sa ratification ;

12. Invite la Conférence européenne des ministres responsables de la lutte contre le terrorisme à envisager :

a. d'inviter les Etats membres à se mettre d'accord, en consultation, pour définir le terrorisme comme un crime contre l'humanité ;

b. la création, dans le cadre du Conseil de l'Europe, par le biais d'un accord partiel, d'un groupe de coopération pour la lutte contre le terrorisme, composé des ministres qui, dans les gouvernements nationaux, exercent des fonctions dans ce domaine, et qui serait ouvert à d'autres Etats démocratiques européens et extra-européens ;

c. l'élaboration de critères visant à définir l'attitude des Etats membres du Conseil de l'Europe à l'égard des Etats qui abusent des immunités diplomatiques pour se rendre responsables, sous une forme quelconque, d'actes terroristes ;

d. d'encourager, tout en étant pleinement respectueuses de la liberté de la presse et lorsque cela est nécessaire, les organisations professionnelles concernées à élaborer un code de déontologie à l'usage des médias dans le but de définir leur rôle et leurs responsabilités dans la défense de la démocratie, notamment contre le terrorisme ;

e. la création, dans le cadre du Conseil de l'Europe, d'un Centre d'étude et de documentation pour la prévention et la répression du terrorisme, disposant de l'appui gouvernemental et parlementaire le plus large, et de la contribution d'organisations non gouvernementales.

Recommandation 1170 (1991)[1]
relative au renforcement de la convention européenne pour la répression du terrorisme

1. L'Assemblée a de façon répétée condamné le terrorisme dans les termes les plus vigoureux et appelé à combattre résolument ce que l'on peut considérer comme l'un des grands fléaux de notre temps.

2. A cet égard, l'Assemblée rappelle les nombreux textes sur le terrorisme qu'elle a adoptés depuis 1972.

3. Il est utile également de rappeler l'action entreprise par le Comité des Ministres, et notamment l'élaboration de la Convention européenne pour la répression du terrorisme qui a été ouverte à la signature et à la ratification des Etats membres du Conseil de l'Europe en 1977.

4. Cette convention, dont le but est de faciliter l'extradition des terroristes, est entrée en vigueur en 1978 et a été ratifiée par vingt et un des vingt-cinq Etats membres du Conseil de l'Europe.

5. Elle présente malheureusement quelques faiblesses évidentes, dont les plus importantes sont :

i. l'omission dans la liste figurant dans son article 1er de certaines infractions, comme l'utilisation d'armes à feu non automatiques ;

ii. le libellé de l'article 2 qui prévoit qu'un Etat contractant peut considérer certaines infractions comme des crimes terroristes mais n'est pas dans l'obligation de le faire, de sorte que des mobiles politiques peuvent être pris en compte dans ces cas-là et l'extradition peut être refusée ;

iii. l'article 13 de la convention, en vertu duquel un Etat contractant a le droit de formuler une réserve qui risque de rendre la convention pratiquement inopérante pour ce qui le concerne.

6. En conclusion, l'Assemblée exhorte les Etats membres qui ne l'ont pas encore fait à ratifier la convention et les Etats membres qui ont formulé la réserve prévue à l'article 13 à la retirer.

7. Il serait souhaitable en outre d'éliminer les points faibles de la convention. Pour cette raison, l'Assemblée recommande au Comité des Ministres du Conseil de l'Europe de charger le Comité européen pour les problèmes

---

1. *Texte adopté par la Commission permanente*, agissant au nom de l'Assemblée, le 25 novembre 1991.

Voir Doc. 6445, rapport de la commission des questions juridiques et des droits de l'homme, rapporteur: Sir Dudley Smith ; et Doc. 6460, avis de la commission des questions politiques, rapporteur: Sir Geoffrey Finsberg.

criminels (CDPC) d'étudier de toute urgence la manière de modifier la convention afin de la renforcer.

8. Elle réitère sa proposition formulée dans sa Résolution 863 (1986) de parvenir à un accord sur la définition du terrorisme comme crime contre l'humanité.

9. Enfin, l'Assemblée recommande de prendre des mesures pour mettre hors la loi tous les crimes de violence, pour leur ôter tout caractère « politique » et pour assurer la mise en place de dispositions d'extradition effectives à leur propos.

Recommandation 1199 (1992)[1]
relative à la lutte contre le terrorisme international en Europe

1. Depuis 1986, c'est-à-dire depuis la dernière fois que l'Assemblée s'est penchée sur la question, les Etats membres du Conseil de l'Europe ont continué à être le théâtre d'attentats terroristes.

2. L'Assemblée condamne sans réserve ces actes criminels qui ont causé la mort de centaines d'innocents et provoqué de grandes souffrances. Le terrorisme a en outre coûté très cher sur le plan économique et perturbé la vie quotidienne de millions de personnes.

3. La plupart des attentats commis en Europe sont imputables à des extrémistes locaux, mais certaines des agressions les plus meurtrières ont été perpétrées par des groupes terroristes internationaux, soutenus par quelques Etats du Proche-Orient, notamment la Libye.

4. L'Assemblée accueille donc avec satisfaction et appuie la Résolution 748 du Conseil de sécurité des Nations Unies imposant des sanctions à la Libye pour son refus d'obtempérer aux exigences antérieures du Conseil de sécurité, et notamment de livrer les individus tenus pour responsables de l'explosion au-dessus de Lockerbie de l'appareil assurant le vol 103 de la Pan Am, et de coopérer pleinement avec les autorités françaises dans leurs recherches relatives à l'explosion de l'appareil assurant le vol 772 d'UTA.

5. L'Assemblée se félicite également des efforts déployés par le Groupe TREVI qui réunit les ministres des Etats membres de la Communauté européenne chargés de la lutte contre le terrorisme et d'autres questions de police, qui, par des réunions régulières à divers niveaux, assurent une coopération pratique dans la lutte contre le terrorisme.

6. L'Assemblée considère en outre que la coopération au sein du Groupe Schengen, qui réunira prochainement neuf Etats, peut utilement contribuer à réduire la menace terroriste en Europe.

7. L'Assemblée prend note de la préoccupation exprimée par les Etats d'Europe centrale et orientale ayant récemment adhéré au Conseil de l'Europe qui sont aux prises avec une menace terroriste particulière. Elle note également que ces Etats membres ont demandé à coopérer étroitement avec les pays qui ont déjà acquis une expérience considérable dans la lutte contre le terrorisme.

8. Etant donné que les Groupes Schengen et TREVI ont un champ d'action géographique limité, l'Assemblée considère que le Conseil de l'Europe, en

---

1. *Texte adopté par la Commission permanente*, agissant au nom de l'Assemblée, le 5 novembre 1992.

Voir Doc. 6669, rapport de la commission des questions politiques, rapporteur: M. Hardy)

tant qu'organisation paneuropéenne, est le mieux placé pour offrir la coopération souhaitée par les nouveaux pays d'Europe centrale et orientale.

9. En conséquence, l'Assemblée recommande au Comité des Ministres de prévoir des crédits pour relancer l'activité dans le domaine de la lutte contre le terrorisme, en mettant particulièrement l'accent sur la coopération avec l'Europe centrale et orientale.

Résolution 1132 (1997)[1]
relative à l'organisation d'une conférence parlementaire pour renforcer les systèmes démocratiques en Europe et la coopération dans la lutte contre le terrorisme

1. Au cours de ces deux dernières années, l'Europe a connu une recrudescence des activités terroristes sur son sol, et il n'est guère de pays européen qui n'ait été récemment affecté, directement ou indirectement, par de telles actions de violence. Ces actions révèlent un changement profond de la nature du terrorisme en Europe, et font apparaître l'insuffisance des moyens classiques de coopération judiciaire et policière pour le combattre.

2. Ce nouveau terrorisme résulte de l'activité de réseaux organisés à l'échelle internationale, établis dans plusieurs pays, parfois même dans des Etats membres du Conseil de l'Europe, jouant des failles juridiques de la territorialité des poursuites, et bénéficiant parfois de soutiens logistiques et financiers puissants.

3. L'Assemblée parlementaire a déjà souligné dans le passé qu'elle considère le terrorisme comme un sujet de préoccupation sérieux, et a en particulier insisté, dans sa Recommandation 1199 (1992) relative à la lutte contre le terrorisme international en Europe, sur la nécessité d'instaurer une coopération internationale étroite entre les Etats membres du Conseil de l'Europe.

4. La Convention européenne pour la répression du terrorisme de 1977, aujourd'hui en vigueur dans vingt-neuf Etats membres, comporte des failles et semble à présent dépassée. D'une part, le terrorisme a pris des formes nouvelles insoupçonnables à l'époque de la rédaction de la convention et, d'autre part, il a fait son apparition, depuis l'effondrement du communisme, dans certains pays d'Europe centrale et orientale.

5. Dans sa Recommandation 1324 (1997), l'Assemblée parlementaire a proposé que, lors du 2e Sommet des chefs d'Etat et de gouvernement du Conseil de l'Europe qui se tiendra à Strasbourg les 10 et 11 octobre 1997, soient examinés de nouveaux moyens de lutte contre le terrorisme, la corruption et la criminalité organisée, et a appelé notamment à "renforcer l'efficacité de la Convention européenne pour la répression du terrorisme du 27 janvier 1977, avec les modifications ou l'addition des protocoles nécessaires".

6. L'accroissement du nombre d'actes terroristes commis ces dernières années dans toute l'Europe et la difficulté d'appréhender un phénomène des

1. *Discussion par l'Assemblée* le 23 septembre 1997 (27e séance) (voir Doc. 7876, rapport de la commission des questions juridiques et des droits de l'homme, rapporteur: M. López Henares ; et Doc. 7904, avis de la commission des questions politiques, rapporteur: M. Galanos).

Texte adopté par l'Assemblée le 23 septembre 1997 (27e séance).

plus complexes rendent aujourd'hui nécessaire de réfléchir en commun sur les moyens de renforcer la lutte contre le terrorisme, tout en respectant les droits et les libertés reconnus dans la Convention européenne des Droits de l'Homme.

7. La tenue d'une conférence parlementaire sur la question devrait permettre de progresser dans ce domaine. Une telle conférence constituerait, en effet, le cadre approprié pour nourrir une réflexion efficace, identifier les problèmes que pose le terrorisme, étudier les mesures de prévention, de protection et de surveillance, ainsi que de renforcement de la coopération internationale, et élaborer des propositions concrètes pour mieux le combattre, notamment par la révision de la Convention européenne pour la répression du terrorisme.

8. En conséquence:

i. l'Assemblée parlementaire réitère sa condamnation vigoureuse et sans réserve des actes de terrorisme, et se félicite de l'initiative française d'inclure dans l'ordre du jour du 2e Sommet des chefs d'Etat et de gouvernement du Conseil de l'Europe la lutte contre le terrorisme, la corruption et la criminalité organisée;

ii. dans ce contexte, elle décide d'organiser une conférence parlementaire pour étudier, avec le concours d'experts, le phénomène actuel du terrorisme dans le système démocratique, envisager les moyens de prévention, de protection et de surveillance, ou de répression, ainsi que les mesures destinées à renforcer la coopération internationale, et analyser les modifications à apporter à la Convention européenne pour la répression du terrorisme;

iii. elle charge sa commission des questions juridiques et des droits de l'homme d'organiser une telle conférence, avec le concours d'autres commissions en tant que de besoin.

Recommandation 1426 (1999)[1]
Démocraties européennes face au terrorisme

1. Par sa Résolution 1132 (1997), l'Assemblée a décidé de réunir parlementaires et experts au sein d'une conférence pour renforcer les systèmes démocratiques en Europe et la coopération dans la lutte contre le terrorisme. Cette initiative a reçu, en octobre 1997, l'appui du 2e Sommet des chefs d'Etat et de gouvernement.

2. La conférence parlementaire sur «Les démocraties européennes face au terrorisme», organisée par la commission des questions juridiques et des droits de l'homme, s'est effectivement tenue à Strasbourg du 14 au 16 octobre 1998.

3. Le terrorisme dans les pays membres du Conseil de l'Europe revêt des formes différentes, mais il vise toujours à saper la démocratie, les institutions parlementaires et l'intégrité territoriale des Etats. Le terrorisme représente une menace grave pour la société démocratique, car il affecte le tissu moral et social de celle-ci. Il s'attaque au droit de l'homme le plus fondamental, le droit à la vie, et, en ce sens, il doit faire l'objet d'une condamnation absolue.

4. L'Assemblée condamne fermement et sans ambiguïté les récents attentats à la bombe contre des immeubles civils dans différentes villes de la Fédération de Russie et réaffirme sa conviction que les actes terroristes ne peuvent avoir aucune justification. L'Assemblée exprime sa sympathie aux proches et aux familles des victimes de ces actes barbares; et elle espère que la Russie pourra surmonter la menace terroriste sans dévier du processus démocratique et qu'elle traduira devant la justice les criminels responsables de ces attentats.

5. L'Assemblée considère comme acte de terrorisme «tout délit commis par des individus ou des groupes recourant à la violence ou menaçant de l'utiliser contre un pays, ses institutions, sa population en général ou des individus concrets, qui, motivé par des aspirations séparatistes, par des conceptions idéologiques extrémistes ou par le fanatisme, ou inspiré par des mobiles irrationnels et subjectifs, vise à soumettre les pouvoirs publics, certains individus ou groupes de la société, ou, d'une façon générale, l'opinion publique à un climat de terreur».

6. Le Conseil de l'Europe et ses Etats membres doivent adopter des mesures concrètes pour renforcer la coopération en matière de lutte contre le terrorisme. Les mesures antiterroristes doivent comprendre notamment l'échange d'informations sur les personnes accusées d'actes terroristes, leur

---

1. *Discussion par l'Assemblée* le 20 septembre 1999 (25e séance) (voir Doc. 8507, rapport de la commission des questions juridiques et des droits de l'homme, rapporteur: M. López Henares ; et Doc. 8513, avis de la commission des questions politiques, rapporteur: Mme Stanoiu).

Texte adopté par l'Assemblée le 23 septembre 1999 (30e séance).

détention et leur extradition, ainsi que la mise au jour et la coupure des canaux d'approvisionnement des terroristes en armes, explosifs et financements.

7. Pour prévenir les tensions de caractère ethnique ou religieux qui peuvent produire des phénomènes terroristes, les Etats démocratiques doivent respecter le pluralisme social et politique en tenant compte des aspirations légitimes des minorités et du respect des caractéristiques culturelles.

8. Toutefois, l'Assemblée considère qu'aucun appui, même moral, ne doit être donné à toute organisation prônant ou encourageant la violence comme méthode de solution des conflits politiques, économiques et sociaux.

9. La prévention du terrorisme passe aussi par l'éducation aux valeurs démocratiques et la tolérance, en supprimant de l'enseignement des attitudes négatives ou de haine envers autrui et en développant une culture de paix entre tous les individus et les groupes de la société.

10. L'Assemblée, eu égard à l'importance vitale de la liberté des médias dans une démocratie pluraliste, reconnaît que les médias ont aussi à jouer un rôle comportant des responsabilités, en rendant compte des actions terroristes et en étant fermes dans leur refus de se laisser utiliser par le terrorisme.

11. L'Assemblée estime que la lutte contre le terrorisme doit se faire dans le respect de l'Etat de droit et des droits et libertés fondamentaux des individus, et par conséquent elle considère comme inopportun le recours à des législations d'exception.

12. Eu égard à l'importance du respect de l'Etat de droit, une coopération judiciaire et policière efficace à l'échelle du continent est nécessaire pour combattre le terrorisme. Aussi accueille-t-elle favorablement la création d'Europol, qui est cependant limité aux quinze pays membres de l'Union européenne. De plus, le terrorisme n'étant pas limité à l'Europe, il importe de coordonner les initiatives européennes avec d'autres initiatives internationales.

13. Les conventions du Conseil de l'Europe – qu'il s'agisse de la Convention européenne pour la répression du terrorisme de 1977 ou de la Convention européenne d'extradition de 1957 – devraient être révisées à la lumière de l'expérience pour les rendre plus efficaces dans la lutte contre le terrorisme.

14. La Convention européenne pour la répression du terrorisme, en ne couvrant pas toutes les infractions pénales susceptibles d'être considérées comme des actions terroristes ou de collaboration avec ces actions, ne permet pas de lutter contre le terrorisme aussi efficacement qu'il serait souhaitable.

15. La Convention européenne d'extradition doit être modifiée pour empêcher l'exercice abusif du droit d'asile pour les terroristes.

16. L'Assemblée recommande au Comité des Ministres:

i. de réviser la Convention européenne pour la répression du terrorisme du 27 janvier 1977, en élargissant la définition des infractions pénales de nature terroriste pour y inclure les actes préparatoires et l'appartenance à une association ainsi que le financement et la mise en place de la logistique pour perpétrer ce genre de délits;

ii. de considérer comme des actes terroristes non seulement les attaques contre les personnes mais aussi les attaques contre les biens et les ressources matérielles;

iii. de supprimer l'article 13 de la Convention européenne pour la répression du terrorisme;

iv. de modifier la Convention européenne d'extradition du 13 décembre 1957, en définissant ce qu'est une infraction politique et en proposant une procédure simplifiée d'extradition, avec des mesures pour empêcher les abus du droit d'asile;

v. d'examiner la possibilité d'instituer un tribunal pénal européen pour juger des crimes terroristes dans certains cas;

vi. d'envisager l'établissement dans certains cas d'une procédure par laquelle une personne accusée d'avoir commis un délit terroriste pourrait être inculpée et jugée pour ce délit dans un autre pays que celui dans lequel le délit a été commis;

vii. d'établir une coopération avec le Comité spécial de l'Onu sur le terrorisme pour développer le cadre juridique général de conventions sur le terrorisme international;

viii. d'encourager les Etats membres à coopérer plus étroitement au sein d'Interpol, et d'examiner avec l'Union européenne la possibilité d'étendre la convention Europol à l'ensemble des Etats membres du Conseil de l'Europe et d'instituer un mécanisme de contrôle juridictionnel d'Europol;

ix. d'envisager la rédaction d'un manuel d'éducation civique pour toutes les écoles d'Europe afin de lutter contre la propagation d'idées extrémistes, et de prôner la tolérance et le respect d'autrui comme base essentielle de la vie collective;

x. de considérer l'incorporation du principe d'une meilleure protection des victimes d'actes terroristes aux plans national comme international;

xi. d'inviter les Etats membres du Conseil de l'Europe à introduire le principe *aut dedere aut iudicare*[2] dans leurs législations pénales respectives;

xii. d'inviter les Etats membres à renforcer la coopération bilatérale au niveau des autorités judiciaires, des services de police et des services de renseignement.

---

2. C'est-à-dire «ou extrader ou juger».

Directive n° 555 (1999)[1]
Démocraties européennes face au terrorisme

1. L'Assemblée, rappelant sa Recommandation 1426 (1999), charge sa commission des questions juridiques et des droits de l'homme de faire une étude sur les législations antiterroristes des Etats membres du Conseil de l'Europe et, notamment, sur les textes de loi permettant d'appliquer le principe aut dedere aut iudicare («ou extrader ou juger»).

2. Elle charge son président de transmettre la recommandation susmentionnée au Conseil de l'Union européenne, à la Commission européenne et au Parlement européen.

---

1. *Discussion par l'Assemblée* le 20 septembre 1999 (25e séance) (voir Doc. 8507, rapport de la commission des questions juridiques et des droits de l'homme, rapporteur: M. López Henares ; et Doc. 8513, avis de la commission des questions politiques, rapporteur: Mme Stanoiu).

Texte adopté par l'Assemblée le 23 septembre 1999 (30e séance).

Recommandation 1534 (2001)[1]
les Démocraties face au terrorisme

1. L'Assemblée parlementaire renvoie à sa Résolution 1258 (2001) relative aux démocraties face au terrorisme.

2. Elle condamne vigoureusement toute forme de terrorisme comme étant une violation du droit humain le plus fondamental: le droit à la vie.

3. Elle prend note de la déclaration du Comité des Ministres en date du 12 septembre 2001 et se félicite de sa décision du 21 septembre 2001 d'inscrire la lutte contre le terrorisme à l'ordre du jour de la 109e Session du Comité des Ministres (7 et 8 novembre 2001).

4. L'Assemblée estime que la nouvelle Cour pénale internationale est l'institution appropriée pour juger les actes relevant du terrorisme international.

5. L'Assemblée prie instamment le Comité des Ministres:

i. de demander à ceux des Etats membres qui ne l'ont pas encore fait de signer et de ratifier les conventions antiterroristes pertinentes en vigueur, notamment la Convention internationale pour la répression du financement du terrorisme;

ii. d'inviter les Etats membres à lever leurs réserves aux conventions antiterroristes qui gênent la coopération internationale;

iii. d'assurer la pleine application de toutes les conventions du Conseil de l'Europe existant dans le domaine pénal;

iv. de demander à ceux des Etats membres et observateurs qui ne l'ont pas encore fait de signer et de ratifier le plus rapidement possible le Traité de Rome, qui prévoit la création de la Cour pénale internationale;

v. de permettre aux Etats observateurs et non membres d'adhérer à la Convention européenne pour la répression du terrorisme lors de sa 109e session ministérielle, et de les inviter, ainsi que les Etats membres qui ne l'ont pas encore signée et/ou ratifiée, de le faire durant cette session;

vi. de mettre sur pied une coopération immédiate, concrète et formelle avec l'Union européenne, l'OSCE et la Communauté d'Etats

---

1. *Discussion par l'Assemblée* les 25 et 26 septembre 2001 (27e et 28e séances) (voir Doc. 9228, rapport de la commission des questions politiques, rapporteur: M. Davis; et Doc. 9232, avis de la commission des questions juridiques et des droits de l'homme, rapporteur: M. Jansson).

Texte adopté par l'Assemblée le 26 septembre 2001 (28e séance).

indépendants (CEI), sur la base des valeurs et des instruments juridiques du Conseil de l'Europe, en vue de garantir une cohérence et une efficacité dans l'action de l'Europe contre le terrorisme;

vii. de demander aux Etats membres de réexaminer leurs programmes d'enseignement, pour donner une plus grande importance aux valeurs démocratiques, car les terroristes utilisent souvent des enfants et des jeunes pour parvenir à leurs fins;

viii. de reconsidérer la base de la coopération internationale en matière pénale en Europe, afin de trouver de nouveaux moyens plus efficaces de coopération, qui tiennent compte des réalités et des besoins d'aujourd'hui;

ix. d'élargir le mandat du Comité d'experts sur l'incrimination des actes de nature raciste ou xénophobe à travers les réseaux informatiques (PC-RX) aux messages terroristes et à leur décryptage;

x. en ce qui concerne la Convention européenne pour la répression du terrorisme, de supprimer d'urgence l'article 13, qui donne aux Etats contractants le droit de formuler des réserves qui peuvent aller à l'encontre de l'objet de la convention en permettant aux Etats de refuser l'extradition pour des délits susceptibles de l'entraîner;

xi. d'étudier d'urgence la possibilité d'amender et d'élargir le Statut de Rome, pour donner à la Cour pénale internationale la compétence de juger les actes relevant du terrorisme international;

xii. de revoir les conventions pertinentes en vigueur à la lumière des événements récents, et de déclarer que le terrorisme et toute forme de soutien à ce dernier sont des crimes contre l'humanité.

6. L'Assemblée recommande au Comité des Ministres d'examiner, en coopération avec les instances de l'Union européenne, les modalités d'extension du mandat d'arrêt européen à l'ensemble des Etats membres du Conseil de l'Europe, en matière de lutte contre le terrorisme.

7. Elle réitère sa Recommandation 1426 (1999) sur les démocraties européennes face au terrorisme, et appelle le Comité des Ministres à lui apporter d'urgence une réponse plus concrète.

Résolution 1258 (2001)[1]
Démocraties face au terrorisme

1. Les membres de l'Assemblée parlementaire du Conseil de l'Europe et les 800 millions d'Européens qu'elle représente ont été horrifiés par les récentes attaques terroristes contre les Etats-Unis d'Amérique.

2. L'Assemblée exprime sa plus profonde sympathie au peuple des Etats-Unis et aux familles des victimes, y compris aux citoyens d'autres pays.

3. L'Assemblée condamne dans les termes les plus forts possibles ces actes terroristes barbares. Elle considère ces attaques comme un crime qui viole le plus fondamental des droits de l'homme: le droit à la vie.

4. L'Assemblée appelle la communauté internationale à donner tout l'appui nécessaire au Gouvernement des Etats-Unis d'Amérique pour faire face aux conséquences de ces attaques et pour livrer les responsables à la justice, conformément aux conventions antiterroristes internationales en vigueur et aux résolutions du Conseil de sécurité des Nations Unies.

5. L'Assemblée estime que la nouvelle Cour pénale internationale est l'institution propre à juger les actes terroristes.

6. L'Assemblée se félicite, appuie et partage la solidarité témoignée par les membres de la communauté internationale, qui ont non seulement condamné ces attaques, mais également offert de coopérer à une réponse appropriée.

7. Ces attaques ont montré clairement le vrai visage du terrorisme et la nécessité d'un nouveau type de réaction. Ce terrorisme ne reconnaît pas les frontières. Il constitue un problème international pour lequel des solutions internationales doivent être trouvées, sur la base d'une approche politique globale. La communauté mondiale doit montrer qu'elle ne capitulera pas devant le terrorisme, mais qu'elle défendra plus vigoureusement encore qu'auparavant les valeurs démocratiques, l'Etat de droit, les droits de l'homme et les libertés fondamentales.

8. Rien ne peut justifier le terrorisme. L'Assemblée considère ces actes terroristes comme des crimes plutôt que comme des actes de guerre. Toute action, soit de la part des Etats-Unis seuls, soit de la part d'une coalition internationale plus large, doit être conforme aux conventions antiterroristes de l'Onu ainsi qu'aux résolutions du Conseil de sécurité et doit avoir comme

---

1. *Discussion par l'Assemblée* les 25 et 26 septembre 2001 (27e et 28e séances) (voir Doc. 9228, rapport de la commission des questions politiques, rapporteur: M. Davis; et Doc. 9232, avis de la commission des questions juridiques et des droits de l'homme, rapporteur: M. Jansson).

Texte adopté par l'Assemblée le 26 septembre 2001 (28e séance).

but de traduire en justice les auteurs, les organisateurs et les sponsors de ces crimes, au lieu de vouloir infliger une revanche hâtive.

9. En même temps, l'Assemblée estime que la prévention à long terme du terrorisme passe par une compréhension appropriée de ses origines sociales, économiques, politiques et religieuses, et de l'aptitude à la haine de l'individu. En s'attaquant aux racines du terrorisme, il est possible de porter sérieusement atteinte au support sur lequel s'appuient les terroristes et à leurs réseaux de recrutement.

10. L'Assemblée soutient l'idée d'élaborer et de signer au plus haut niveau une convention internationale sur la lutte contre le terrorisme, qui devrait comporter une définition complète du terrorisme international, ainsi que des obligations spécifiques imposées aux Etats participants de prévenir les actes de terrorisme à l'échelle nationale et mondiale, et de punir leurs organisateurs et leurs exécutants.

11. Les récents actes terroristes semblent avoir été entrepris par des extrémistes pour qui la violence a été utilisée afin de provoquer un grave affrontement ultérieur entre l'Occident et le monde islamique. Par conséquent, l'Assemblée souligne qu'une action menée pour prévenir ou punir des actes terroristes ne doit pas se fonder sur des critères ethniques ou religieux et ne doit être dirigée contre aucune communauté religieuse ou ethnique.

12. Si une action militaire fait partie de la réponse au terrorisme, la communauté internationale doit définir clairement ses objectifs et devrait éviter de viser des civils. Toute action éventuelle doit être menée conformément au droit international et avec l'accord du Conseil de sécurité des Nations Unies. L'Assemblée se félicite donc de la Résolution 1368 (2001) du Conseil de sécurité, dans laquelle celui-ci se déclare prêt à toutes les mesures nécessaires pour répondre aux attaques terroristes du 11 septembre 2001 et pour combattre le terrorisme sous toutes ses formes, conformément à ses responsabilités en vertu de la Charte des Nations Unies.

13. L'Assemblée se déclare convaincue qu'il serait totalement inapproprié de réagir au développement du terrorisme en apportant des restrictions supplémentaires à la liberté de circulation, notamment en entravant davantage les migrations et l'accès à l'asile, et appelle tous les Etats membres à s'abstenir de prendre de telles mesures restrictives.

14. L'Assemblée est convaincue que l'action internationale contre le terrorisme ne peut être efficace que si elle est menée par la plus grande coalition possible. Elle fait appel à une étroite coopération à l'échelle paneuropéenne, notamment avec le Parlement européen, dans le cadre d'une action globale, et appelle l'Union européenne, la Communauté d'Etats indépendants (CEI) et l'OSCE à coopérer étroitement avec le Conseil de l'Europe.

15. L'Assemblée se déclare favorable à la proposition de mettre en place un mécanisme antiterroriste international au sein des Nations Unies, qui jouerait un rôle de coordination et favoriserait la coopération entre les Etats dans le cadre de la lutte contre le terrorisme.

16. L'Assemblée rappelle son rapport sur le terrorisme en 1984 ainsi que sa Recommandation 1426 (1999) sur les démocraties européennes face au terrorisme. Elle réitère les propositions formulées dans cette recommandation, y compris le principe aut dedere aut judicare (soit extrader, soit juger), et charge ses commissions compétentes de les mettre à jour si nécessaire.

17. L'Assemblée appelle les Etats membres du Conseil de l'Europe:

i. à rester fermement unis contre tous les actes de terrorisme, qu'ils soient commandités par des Etats ou perpétrés par des groupes ou organisations isolés, et à montrer une volonté et une résolution claires de les combattre;

ii. à mettre en place des mesures appropriées, économiques et autres, à l'encontre des pays qui offrent des asiles sûrs aux terroristes ou leur apportent un soutien financier et moral;

iii. à concentrer leurs efforts sur l'amélioration de la coopération judiciaire et policière, et sur l'identification et la saisie des fonds utilisés à des fins terroristes dans l'esprit de la Convention internationale pour la répression du financement du terrorisme;

iv. à réexaminer la portée des dispositions juridiques nationales existantes sur la prévention et la répression du terrorisme;

v. à prendre les dispositions nécessaires pour s'assurer de l'existence de mesures internes appropriées pour prévenir et contrecarrer le financement des terroristes et des organisations terroristes;

vi. à lever leurs réserves à toutes les conventions existantes traitant du terrorisme;

vii. à donner accès aux comptes bancaires aux autorités chargées d'enquêter sur la criminalité internationale et, en particulier, sur les réseaux terroristes;

viii. à renouveler leur engagement et à y apporter le soutien financier nécessaire pour poursuivre des mesures économiques, sociales et politiques visant à garantir la démocratie, la justice, les droits de l'homme et le bien-être à tous les peuples du monde;

ix. à étudier d'urgence la possibilité d'amender et d'élargir le Statut de Rome, pour que figure, parmi les attributions de la Cour pénale internationale, l'aptitude à juger les actes relevant du terrorisme international;

x. à réaffirmer leur engagement au statut du Conseil de sécurité des Nations Unies en tant qu'autorité suprême capable d'approuver les opérations militaires internationales.

18. L'Assemblée invite les Etats membres des Nations Unies à modifier leur charte afin qu'elle puisse répondre aussi à des crises autres que celles opposant des Etats.

19. L'Assemblée demande que la présente résolution soit transmise au Congrès et au Président des Etats-Unis, ainsi qu'au Secrétaire général des Nations Unies.

20. En outre, l'Assemblée charge son Bureau de veiller à ce que, dans le cadre des suites données à la présente résolution, une coopération et une coordination appropriées s'établissent entre l'Assemblée parlementaire et le Parlement européen, ainsi qu'entre les commissions compétentes de ces deux institutions.

Recommandation 1550 (2002)[1]
Lutte contre le terrorisme et respect des droits de l'homme

1. L'Assemblée parlementaire se réfère à sa Résolution 1271 (2002) sur la lutte contre le terrorisme et le respect des droits de l'homme, dans laquelle elle préconise un certain nombre de mesures que les Etats membres devraient prendre pour lutter contre le terrorisme, tout en assurant le respect des droits de l'homme.

2. Elle a constaté qu'il pourrait y avoir une contradiction entre, d'une part, le souhait d'ouvrir aux Etats observateurs et aux autres Etats non membres du Conseil de l'Europe la Convention européenne pour la répression du terrorisme, qui ne prévoit pas expressément la possibilité de refuser l'extradition en cas de risque d'application de la peine de mort, et, d'autre part, le refus d'extrader des personnes soupçonnées de terrorisme vers des pays appliquant la peine de mort. L'Assemblée est d'avis que cette question devrait être résolue dans le cadre des travaux de mise à jour de la Convention européenne pour la répression du terrorisme.

3. L'Assemblée se félicite de la décision du Comité des Ministres de mettre en place un Groupe multidisciplinaire sur l'action internationale contre le terrorisme (GMT), chargé de mettre à jour les instruments pertinents du Conseil de l'Europe et d'identifier de nouvelles actions que le Conseil de l'Europe pourrait conduire, dans son domaine d'expertise, pour mieux lutter contre ce dangereux phénomène criminel. Elle estime qu'il faudrait en outre accélérer la coopération internationale en matière de lutte contre le blanchiment de l'argent du crime, notamment en matière d'enquêtes financières, et accroître la lutte contre le financement du terrorisme.

4. Par ailleurs, l'Assemblée prend note des dix nouvelles recommandations sur le financement du terrorisme, adoptées en décembre 2001 par le Groupe d'action financière sur le blanchiment de capitaux (Gafi), et se félicite de la décision du Comité restreint d'experts sur l'évaluation des mesures de lutte contre le blanchiment des capitaux (PC-R-EV) du Conseil de l'Europe d'étendre à l'échelle du continent européen l'efficacité des nouvelles recommandations du Gafi en les intégrant dans le cadre de son propre programme d'activités.

5. Enfin, l'Assemblée considère que le GMT devrait envisager d'utiliser la définition du terrorisme agréée au sein de l'Union européenne dans le cadre de ses activités pour promouvoir une meilleure coopération, à l'échelle du continent, contre le terrorisme.

---

1. *Discussion par l'Assemblée* le 24 janvier 2002 (6e séances) (voir Doc. 9331, rapport de la commission des questions juridiques, rapporteur : M. Hunault).
Texte adopté par l'Assemblée le 24 janvier 2002 (6e séance).

6. Une coopération européenne efficace suppose l'amélioration de l'espace judiciaire européen, qui doit harmoniser la définition des délits et des crimes, leur incrimination et les poursuites.

7. L'Assemblée recommande au Comité des Ministres:

i. de modifier la Convention européenne pour la répression du terrorisme, afin d'y inclure une disposition selon laquelle l'extradition peut être refusée lorsqu'il n'existe pas de garantie que la peine de mort ne sera pas requise à l'encontre d'un prévenu;

ii. d'accélérer la coopération internationale en matière de lutte contre le blanchiment de l'argent du crime, notamment en matière d'enquêtes financières, et d'accroître la lutte contre le financement du terrorisme;

iii. de demander au Groupe multidisciplinaire sur l'action internationale contre le terrorisme (GMT) qu'il envisage d'utiliser la définition du terrorisme agréée au sein de l'Union européenne (voir en annexe).

Annexe

Position commune du Conseil européen du 27 décembre 2001 relative à l'application de mesures spécifiques en vue de lutter contre le terrorisme

(2001/931/PESC)

Article premier

...

3. Aux fins de la présente position commune, on entend par «acte de terrorisme», l'un des actes intentionnels suivants, qui, par sa nature ou son contexte, peut gravement nuire à un pays ou à une organisation internationale, correspondant à la définition d'infraction dans le droit national, lorsqu'il est commis dans le but:

i. de gravement intimider une population, ou

ii. de contraindre indûment des pouvoirs publics ou une organisation internationale à accomplir ou à s'abstenir d'accomplir un acte quelconque, ou

iii. de gravement déstabiliser ou détruire les structures fondamentales politiques, constitutionnelles, économiques ou sociales d'un pays ou d'une organisation internationale:

a. les atteintes à la vie d'une personne, pouvant entraîner la mort;

b. les atteintes graves à l'intégrité physique d'une personne;

c. l'enlèvement ou la prise d'otage;

d. le fait de causer des destructions massives à une installation gouvernementale ou publique, à un système de transport, à une infrastructure, y compris un système informatique, à une plate-forme fixe située sur le plateau continental, à un lieu public ou une propriété privée, susceptible de mettre en danger des vies humaines ou de produire des pertes économiques considérables;

e. la capture d'aéronefs, de navires ou d'autres moyens de transport collectifs ou de marchandises;

f. la fabrication, la possession, l'acquisition, le transport, la fourniture ou l'utilisation d'armes à feu, d'explosifs, d'armes nucléaires, biologiques ou chimiques ainsi que, pour les armes biologiques ou chimiques, la recherche et le développement;

g. la libération de substances dangereuses, ou la provocation d'incendies, d'inondations ou d'explosions, ayant pour effet de mettre en danger des vies humaines;

h. la perturbation ou l'interruption de l'approvisionnement en eau, en électricité ou toute autre ressource naturelle fondamentale ayant pour effet de mettre en danger des vies humaines;

i. la menace de réaliser un des comportements énumérés aux points *a* à *h*;

j. la direction d'un groupe terroriste;

k. la participation aux activités d'un groupe terroriste, y compris en lui fournissant des informations ou des moyens matériels, ou toute forme de financement de ses activités, en ayant connaissance que cette participation contribuera aux activités criminelles du groupe.

Aux fins du présent paragraphe, on entend par «groupe terroriste», l'association structurée, de plus de deux personnes, établie dans le temps, et agissant de façon concertée en vue de commettre des actes terroristes. Les termes «association structurée» désignent une association qui ne s'est pas constituée par hasard pour commettre immédiatement un acte terroriste et qui n'a pas nécessairement de rôles formellement définis pour ses membres, de continuité dans sa composition ou de structure élaborée.

Résolution 1271 (2002)[1]
Lutte contre le terrorisme et respect des droits de l'homme

1. L'Assemblée parlementaire, rappelant sa Recommandation 1426 (1999), sa Résolution 1258 (2001) et sa Recommandation 1534 (2001) sur les démocraties face au terrorisme, estime nécessaire de faire le point sur les moyens utilisés pour combattre le terrorisme.

2. Tout d'abord, l'Assemblée souligne le caractère nouveau du conflit soulevé par les actes terroristes du 11 septembre, qui ne peut être qualifié de «guerre» au sens classique du droit international, puisqu'il n'y a pas eu de déclaration de guerre et qu'il n'a pas été prouvé qu'un Etat en particulier ait été le commanditaire de ces actes. L'intervention militaire menée en Afghanistan en réponse aux attentats était dirigée non contre un Etat, mais contre une organisation terroriste et contre l'ancien régime de l'Afghanistan, supposé lui apporter un appui.

3. L'Assemblée estime qu'il faut s'interroger sur les causes du terrorisme pour pouvoir mieux le combattre et surtout le prévenir. Elle réitère toutefois le fait que rien ne saurait justifier le recours à des actes terroristes.

4. Eliminer le soutien dont peut bénéficier le terrorisme et le priver de toute source de financement sont des moyens essentiels pour la prévention de cette forme de crime.

5. La lutte contre le terrorisme doit être menée en conformité avec le droit national et international, et dans le respect des droits de l'homme.

6. L'Assemblée est d'avis qu'un niveau d'éducation plus élevé, l'accès à des conditions de vie décentes et le respect de la dignité humaine sont les meilleurs instruments pour réduire le soutien dont bénéficie le terrorisme dans certains pays.

7. L'Assemblée, qui s'est résolument prononcée contre la peine capitale et qui a réussi à faire de l'Europe un continent exempt de la peine de mort, n'admet aucune exception à ce principe. Par conséquent, avant l'extradition de personnes accusées d'actes terroristes vers des Etats qui appliquent la peine de mort, des assurances doivent être obtenues que cette peine ne sera pas requise.

8. L'Assemblée insiste également sur le fait que les Etats membres ne doivent en aucun cas procéder à des extraditions exposant la personne concernée à des risques de mauvais traitement, en violation de l'article 3 de la Convention européenne des Droits de l'Homme, ou à un procès qui ne

---

1. *Discussion par l'Assemblée* le 24 janvier 2002 (6e séance) (voir Doc. 9331, rapport de la commission des questions juridiques, rapporteur : M. Hunault).

Texte adopté par l'Assemblée le 24 janvier 2002 (6e séance).

respecte pas les principes fondamentaux d'un procès équitable, ou encore, en période de conflit, à des normes inférieures à celles énoncées dans la Convention de Genève.

9. Dans le cadre de la lutte contre le terrorisme, les Etats membres du Conseil de l'Europe ne devraient pas introduire de dérogations à la Convention européenne des Droits de l'Homme.

10. L'Assemblée souhaite que le statut de la Cour pénale internationale soit rapidement ratifié, et que sa compétence s'étende au terrorisme.

11. L'Assemblée est d'avis que, en matière de coopération judiciaire, le mandat d'arrêt européen que mettra en place l'Union européenne, dans la mesure où il s'appliquera aux crimes liés au terrorisme, devra être étendu à l'ensemble des Etats membres du Conseil de l'Europe, dans le respect total des droits fondamentaux garantis par la Convention européenne des Droits de l'Homme.

12. L'Assemblée appelle en conséquence les Etats membres du Conseil de l'Europe:

i. à ratifier sans délai, s'ils ne l'ont pas encore fait:
– la Convention internationale sur la répression du financement du terrorisme;
– la Convention européenne pour la répression du terrorisme;
– la Convention européenne d'extradition et ses deux protocoles additionnels;
– la Convention européenne d'entraide judiciaire en matière pénale et ses deux protocoles additionnels;
– la Convention européenne sur la transmission des procédures répressives;
– la Convention européenne relative au blanchiment, au dépistage, à la saisie et à la confiscation des produits du crime;
– la Convention sur la cybercriminalité;

ii. à ratifier dès que possible, s'ils ne l'ont pas encore fait, le statut de la Cour pénale internationale;

iii. à créer des réseaux de coopération entre les unités d'intelligence financière (UIF) et à mettre en place les moyens de coopération nécessaires;

iv. à refuser, conformément à la jurisprudence de la Cour européenne des Droits de l'Homme dans l'affaire Soering et à l'article 11 de la Convention européenne d'extradition, d'extrader vers des pays qui continuent à appliquer la peine de mort les présumés auteurs d'actes terroristes, sauf si l'assurance que la peine de mort ne sera pas requise est donnée;

v. à s'abstenir de faire usage de l'article 15 de la Convention européenne des Droits de l'Homme (dérogation en cas d'urgence) pour limiter les droits et libertés garantis par son article 5 (droit à la liberté et à la sûreté).

13. L'Assemblée soutient la proposition d'organiser à Saint-Pétersbourg une conférence internationale sur la lutte contre le terrorisme, qui se tiendrait en coopération avec l'Assemblée interparlementaire des pays de la Communauté d'Etats indépendants ainsi qu'avec d'autres organisations parlementaires internationales. Elle pense que cette conférence devrait s'intéresser spécialement aux questions de nature juridique liées à la répression du terrorisme.

Recommandation 1549 (2002)[1]
Transport aérien et terrorisme: comment renforcer la sûreté?

1. Le détournement de quatre avions de ligne américains le 11 septembre 2001, qui a entraîné la mort de pratiquement 3 500 personnes à New York et à Washington, souligne la nécessité de mesures de sûreté renforcées dans le transport aérien.

2. L'Assemblée salue les travaux menés depuis longtemps contre le terrorisme aérien par la Conférence européenne de l'aviation civile (CEAC) au nom de ses trente-huit Etats membres et rappelle qu'elle-même a toujours accordé son soutien à ces travaux, comme elle l'exprimait dans sa Recommandation 1099 (1989) relative à la sûreté aérienne.

3. L'Assemblée se félicite de l'étroite coopération qui s'est établie depuis les événements du 11 septembre entre la CEAC et l'Union européenne, et du projet de législation que cette dernière a élaboré depuis, en s'inspirant largement des mesures de sûreté aérienne préconisées par la CEAC (*Aviation Security* – AVSEC).

4. L'Assemblée prend note de l'impact considérable que les mesures adoptées ont déjà eu sur le renforcement de la sûreté dans le transport aérien, mais le renforcement de la sûreté devrait être en permanence accompagné d'activités appropriées pour informer l'opinion publique des progrès réalisés.

5. L'Assemblée rappelle l'importance des grandes orientations suivantes sous-tendant le nouveau niveau de sécurité requis:

Au sol

i. «rapprochement total» entre les bagages et les passagers enregistrés, pour s'assurer qu'aucun bagage isolé n'a été embarqué à bord;

ii. contrôle de sécurité renforcé des passagers et de leurs bagages à main, ainsi que de tous ceux qui ont accès à des zones interdites au public (par exemple les éléments liés aux services de restauration, aux points en franchise de douane et aux services à bord);

iii. contrôle total des bagages enregistrés, le plus tôt possible, et au plus tard d'ici à la fin de 2002;

iv. vérifications avant le décollage, à l'intérieur et à l'extérieur des appareils;

---

1. *Discussion par l'Assemblée* 23 janvier 2002 (5e séance) (voir Doc. 9296, rapport de la commission des questions économiques et du développement, rapporteur: M. Billing).
Texte adopté par l'Assemblée le 23 janvier 2002 (5e séance).

v. application du régime spécial de sûreté élaboré par la CEAC pour les transports de marchandises, de courrier et de paquets express;

En vol

vi. prévention de toute tentative d'accès au cockpit par des personnes non autorisées, par exemple par l'installation de portes équipées de barres et de serrures capables de résister à des balles et à des explosifs, qui permettent dans le même temps aux membres de l'équipage d'accéder au reste de l'appareil et d'en garder le contrôle, mais aussi de sortir en cas d'urgence;

vii. maintien du contact permanent entre le sol et l'appareil par des communications vocales; communication par transpondeur, qui donne la localisation de l'appareil, sous l'autorité d'Eurocontrol en tant que «point focal régional européen» pour les informations de nature civile et militaire sur la gestion du trafic aérien; et possibilité de donner l'alerte en pressant un bouton spécial en cas de déclenchement d'une attaque terroriste;

viii. présence, à la discrétion de chaque pays, de personnel de sécurité armé à bord, et acceptation de cette présence au niveau international par des accords internationaux;

Mise en œuvre

ix. la mise en œuvre et le maintien en permanence du nouveau niveau de sûreté devraient être assurés par des équipes d'audit (inspection) aux plans européen et mondial, de préférence par l'expansion du programme d'audit des aéroports mis en place par la CEAC pour la sûreté aérienne, programme qui est déjà opérationnel.

6. Etant donné que le terrorisme aérien se joue des frontières nationales, l'Assemblée invite le Comité des Ministres du Conseil de l'Europe, au sein duquel sont représentés l'ensemble des Etats membres de l'Union européenne, de la CEAC et d'Eurocontrol ainsi que cinq autres pays, à veiller à ce que la totalité des mesures ci-dessus, telles qu'elles sont préconisées dans les recommandations de l'AVSEC de la CEAC et dans la législation prévue par l'Union européenne, soit mise en œuvre de toute urgence sur le territoire de l'ensemble des quarante-trois Etats membres du Conseil de l'Europe.

7. L'Assemblée invite en outre à ce que soient rapidement développés des moyens supplémentaires d'identification des passagers, par exemple la reconnaissance informatique de caractéristiques faciales et oculaires (iris) et les empreintes de main.

8. Enfin, reconnaissant que les attentats terroristes en vol touchent le monde entier, l'Assemblée invite le Comité des Ministres, la CEAC, Eurocontrol et l'Union européenne à œuvrer pour que les mesures ci-dessus

soient le plus rapidement possible mises en place dans le monde entier, par le biais de l'Organisation internationale de l'aviation civile.

Recommandation 1584 (2002)[1]
Nécessité d'une coopération internationale intensifiée pour neutraliser les fonds destinés à des fins terroristes

1. Les attentats terroristes perpétrés contre les Etats-Unis d'Amérique le 11 septembre 2001 ont démontré, de la manière la plus dramatique et la plus tragique qui soit, que la civilisation est vulnérable face à ceux qui cherchent à la détruire, et qu'il faut en conséquence prendre toutes les mesures nécessaires pour prévenir des actes terroristes et appréhender leurs auteurs, organisateurs et commanditaires, dans l'esprit des principes indiqués dans la Recommandation 1534 (2001) de l'Assemblée parlementaire sur les démocraties face au terrorisme.

2. L'Assemblée, se référant en particulier à sa Recommandation 1550 (2002) sur la lutte contre le terrorisme et le respect des droits de l'homme, souligne combien il est important, dans cette lutte, d'identifier et de neutraliser les fonds destinés à des fins terroristes – ce qui ne peut se faire que si la communauté mondiale, et notamment l'Europe, parvient à un degré plus élevé de coopération aux niveaux normatif, opérationnel et de mise en œuvre concrète des textes. Certes, un tel effort ne garantit pas la prévention de tous les actes terroristes, cependant, il peut contribuer de manière significative à affaiblir l'infrastructure terroriste, en particulier si l'on parvient à en neutraliser les sources de financement légales, qui, dans certains cas, opèrent sous couvert d'organisations humanitaires, sans but lucratif – voire caritatives. Il est également nécessaire de faire obstacle, dans un cadre plus général, à des activités criminelles qui servent souvent à financer le terrorisme, par exemple le trafic d'êtres humains, de drogue et d'armes. Les mesures et systèmes développés ces dernières années pour empêcher le blanchiment des produits du crime peuvent, s'ils sont convenablement appliqués, jouer un rôle significatif dans la détection, le gel et la confiscation des fonds utilisés à des fins terroristes.

3. L'Assemblée, gardant cela à l'esprit, recommande instamment au Comité des Ministres du Conseil de l'Europe d'entreprendre les mesures suivantes:

Au niveau normatif

i. œuvrer en faveur de la ratification, par tous les Etats membres du Conseil de l'Europe et d'autres, de la totalité des instruments juridiques internationaux existant dans le domaine de la lutte contre le terrorisme et son financement, et en particulier de la Convention internationale de 1999 des Nations Unies pour la répression du financement du terrorisme;

---

1. *Texte adopté par la Commission permanente*, agissant au nom de l'Assemblée, le 18 novembre 2002 (voir Doc. 9520, rapport de la commission des questions économiques et du développement, rapporteur: M. Marty).

393

ii. parvenir d'urgence à un accord sur une définition du terrorisme, de préférence fondée sur celle adoptée en décembre 2001 par le Conseil européen de l'Union européenne dans une position commune;

iii. faire de toute activité financière soutenant le terrorisme ainsi défini un délit pénal;

iv. renforcer encore les législations nationales et toute convention internationale qui en auraient besoin, en les adaptant pour qu'elles tiennent compte des progrès technologiques et autres ainsi que de la sophistication croissante des terroristes, afin de réussir à dépister l'origine – légale ou non – ainsi que le cheminement des fonds prévus à des fins terroristes, en vue de leur saisie ou confiscation. A cet égard, l'Assemblée se félicite de la décision prise en mai 2002 par le Comité des Ministres pour que soit élaboré un protocole additionnel dans le cadre de la Convention européenne de 1997 pour la répression du terrorisme (STE n° 90). Elle demande au Comité des Ministres d'envisager aussi la possibilité d'adapter la Convention du Conseil de l'Europe relative au blanchiment, au dépistage, à la saisie et à la confiscation des produits du crime (STE n° 141), par exemple par le biais d'un protocole additionnel;

Au niveau opérationnel

v. intensifier la coopération entre les administrations nationales, les forces de police, les instances judiciaires, les institutions financières, les instances réglementaires et d'autres en vue de découvrir les transactions internationales suspectes et, grâce à cela, d'atteindre les organisations et les individus derrière ces transactions. Dans ce contexte, l'Assemblée se félicite de la création d'EuroJust en 2001 et soutient les décisions pour élargir les mandats du Gafi (Groupe d'action financière sur le blanchiment des capitaux) et du Comité restreint d'experts sur l'évaluation des mesures de lutte contre le blanchiment des capitaux (PC-R-EV) pour couvrir aussi la détection du financement du terrorisme; elle se félicite également de l'établissement, au sein d'Europol, d'un groupe d'action contre le terrorisme international, qui traite aussi des aspects financiers du terrorisme;

Au niveau du contrôle de la mise en œuvre des textes

vi. veiller à ce que les conventions internationales et autres accords de lutte contre le financement du terrorisme soient mis en œuvre efficacement dans les Etats membres du Conseil de l'Europe et d'autres – notamment en renforçant les mandats et en augmentant les ressources du Gafi et d'autres organes compétents tels que le PC-R-EV, et en rendant publique toute lacune au niveau national afin d'augmenter la pression pour une action correctrice;

vii. enfin, l'Assemblée réitère sa conviction – telle qu'exprimée notamment dans sa Résolution 1271 (2002) sur la lutte contre le terrorisme et le respect des droits de l'homme – qu'il ne faut jamais laisser la lutte contre le terrorisme porter atteinte aux valeurs fondamentales du Conseil de l'Europe, à savoir la démocratie, la prééminence du droit et les droits de l'homme – y compris aux dispositions de la Convention européenne des Droits de l'Homme et à l'interdiction de la peine de mort stipulée dans cette Convention.

Ministres européens de la Justice

24ᵉ Conférence, Moscou, 4-5 octobre 2001
Résolution n° 1 sur la lutte contre le terrorisme international

LES MINISTRES participant à la 24ᵉ Conférence des ministres européens de la Justice (Moscou, octobre 2001),

Condamnant les monstrueuses attaques terroristes intervenues aux Etats-Unis le 11 septembre 2001 ;

Déplorant les pertes humaines et les blessures subies par des milliers de personnes innocentes à la suite de ces attaques ainsi que celles dans d'autres régions du monde ;

Exprimant leur profonde sympathie aux victimes et à leurs familles ;

Réaffirmant leur détermination à lutter contre toutes les formes de terrorisme ;

Saluant les déclarations et décisions des organisations internationales condamnant le terrorisme et, en particulier, la Déclaration adoptée par le Comité des Ministres le 12 septembre 2001 et la Décision prise le 21 septembre 2001 et exprimant leur soutien total aux mesures adoptées dans cette Décision ;

Eu égard à la Recommandation 1534 (2001) de l'Assemblée parlementaire sur les démocraties face au terrorisme ;

Convaincus de la nécessité d'une approche multidisciplinaire du problème du terrorisme, impliquant tous les aspects juridiques pertinents ;

Résolus à jouer leur rôle dans les efforts accomplis par les Etats pour renforcer la lutte contre le terrorisme et augmenter la sécurité des citoyens, dans un esprit de solidarité et sur la base des valeurs communes auxquelles le Conseil de l'Europe est profondément attaché : l'Etat de droit, les droits de l'homme et la démocratie pluraliste ;

Reconnaissant la nécessité d'impliquer et de motiver le public dans cette lutte, y compris par des mesures appropriées organisationnelles, sociales et éducatives ;

Convaincus du besoin urgent d'accroître la coopération internationale,

APPELLENT les Etats membres et Observateurs du Conseil de l'Europe à

a. devenir Parties dès que possible aux traités internationaux relatifs au terrorisme, notamment la Convention internationale pour la répression du financement du terrorisme du 9 décembre 1999,

b. participer activement à l'élaboration du projet de Convention générale sur le terrorisme international des Nations Unies, et

c. devenir Parties dès que possible au Statut de la Cour pénale internationale ;

INVITENT le Comité des Ministres, afin d'aider les Etats à prévenir, détecter, poursuivre et punir les actes de terrorisme, à adopter d'urgence toutes les mesures normatives qui s'imposent, telles que :

a. réviser les instruments internationaux existants – conventions et recommandations, en particulier, la Convention européenne pour la répression du terrorisme – et les lois internes en vue d'améliorer et de faciliter la coopération en matière de poursuite et de répression des actes de terrorisme de manière à ce que les auteurs de tels actes soient traduits rapidement en justice ;

b. rédiger des modèles de lois dans ce domaine ainsi que des codes de conduite, en particulier, pour les instances chargées de la lutte contre le terrorisme ;

c. réviser ou, si nécessaire, adopter de nouvelles règles concernant :

i. la poursuite et le jugement des crimes à caractère international, afin d'éviter et de résoudre les conflits de compétence et, dans ce contexte, faciliter la coopération des Etats avec les Cours et les Tribunaux pénaux internationaux ;

ii. l'amélioration et le renforcement des échanges d'informations entre les instances chargées de la lutte contre le terrorisme ;

iii. l'amélioration de la protection des témoins et d'autres personnes qui apportent leur concours dans les procédures impliquant des personnes accusées de crimes terroristes ;

iv. l'amélioration de la protection, du soutien et du dédommagement des victimes d'actes terroristes et de leurs familles ;

v. le renforcement de la prévention et de la répression des actes de terrorisme commis contre ou par les moyens des systèmes informatiques et de télécommunications (« cyber-terrorisme ») ;

d. priver les terroristes de ressources financières, qui leur permettraient de commettre des actes de terrorisme, y compris au moyen de modifications législatives, conformément à la Résolution 1373 (2001) du Conseil de Sécurité ;

e. renforcer au moyen de crédits financiers appropriés, les travaux des instances du Conseil de l'Europe impliqués dans la lutte contre le blanchiment de capitaux, notamment ceux du Comité qui évalue les mesures antiblanchiment (PC-R-EV) ;

f. faciliter l'identification des personnes au moyen de documents d'identité et d'état civil et autres documents, ainsi que par tout autre moyen, notamment l'utilisation des empreintes génétiques (DNA) ;

g. assurer la sécurité et le contrôle des substances dangereuses ou potentiellement dangereuses ;

DÉCIDENT de suivre ensemble ces questions de près afin, en particulier, d'examiner les mesures prises pour mettre en œuvre cette Résolution, au plus tard lors de leur prochaine Conférence.

25ᵉ Conférence, Sofia, 9-10 octobre 2003
Résolution n° 1 sur la lutte contre le terrorisme

1. LES MINISTRES participant à la 25ᵉ Conférence des ministres européens de la Justice (Sofia, octobre 2003) ;

2. Déplorant les pertes humaines et les blessures subies par des milliers de personnes innocentes victimes du terrorisme ;

3. Condamnant tous les attentats terroristes et réaffirmant leur détermination à poursuivre leur lutte contre toutes les formes de terrorisme tout en respectant pleinement les Droits de l'Homme ;

4. Conscients qu'une action internationale concertée est essentielle pour réussir dans la lutte contre le fléau du terrorisme, y compris une action visant, le cas échéant, à prévenir ou à remédier à des situations qui peuvent alimenter le terrorisme ;

5. Saluant les efforts des organisations internationales et institutions visant à lutter contre le terrorisme sous l'égide de l'ONU et, en particulier, la mise en place par le Conseil de Sécurité de l'ONU d'un Comité contre le terrorisme (CTC), et à cet égard :

6. Se félicitant de la coopération entre le Conseil de l'Europe et ces organisations et institutions, en particulier l'UE, l'OSCE et l'ONU ;

7. Saluant les décisions prises par le Comité des Ministres du Conseil de l'Europe et notamment sa Déclaration du 12 septembre 2001, sa Décision du 21 septembre 2001 et les résultats des 109e, 110e et 111e sessions ministérielles et ;

8. Saluant l'adoption des Lignes Directrices sur les droits de l'homme et la lutte contre le terrorisme le 11 juillet 2002 ;

9. Saluant la mise en place de la Commission européenne pour l'efficacité de la justice (CEPEJ) par le Conseil de l'Europe le 18 septembre 2002 ;

10. Eu égard aux textes pertinents adoptés par l'Assemblée parlementaire[1] ;

11. Ayant à l'esprit la Résolution No. 1 adoptée lors de leur 24ᵉ Conférence (Moscou, octobre 2001) ;

---

1. Notamment la Recommandation REC 1534 (2001) sur les démocraties face au terrorisme, la Recommandation REC 1550 (2002) et la Résolution RES 1271 (2002) – Lutte contre le terrorisme et respect des droits de l'homme, la Recommandation REC 1549 (2002) – Transport aérien et terrorisme : comment renforcer la sûreté ? et la Recommandation REC 1584 (2002) – La nécessité d'une coopération internationale intensifiée pour neutraliser les fonds destinés à des fins terroristes.

12. Résolus à poursuivre leurs efforts pour renforcer la lutte contre le terrorisme et augmenter la sécurité des citoyens, dans un esprit de solidarité et sur la base des valeurs communes auxquelles le Conseil de l'Europe est profondément attaché : l'Etat de Droit, les droits de l'homme et la démocratie pluraliste ;

13. Reconnaissant la nécessité de sensibiliser le public, à travers l'éducation et l'information, aux dangers du terrorisme et d'encourager les citoyens à coopérer avec les autorités dans la lutte contre cette forme de criminalité ;

14. Convaincus du besoin de continuer à renforcer la coopération internationale ;

* * * *

15. SE FÉLICITENT des résultats atteints par le Groupe multidisciplinaire sur l'action internationale contre le terrorisme (GMT) du Conseil de l'Europe, notamment l'élaboration du Protocole portant amendement à la Convention européenne pour la répression du terrorisme du 15 mai 2003 (Série des traités européens, STE No. 190) ;

16. APPELLENT les Etats membres du Conseil de l'Europe à devenir Parties à ce Protocole afin de permettre son entrée en vigueur dans les plus brefs délais ; et INVITENT les Etats observateurs à devenir Parties à la Convention européenne pour la suppression du terrorisme telle que révisée par son Protocole d'amendement ;

17. SE FÉLICITENT du nombre important d'Etats membres du Conseil de l'Europe qui sont devenus Parties aux traités internationaux relatifs au terrorisme, notamment à ceux conclus au sein des Nations Unies, ainsi qu'au Statut de Rome de la Cour pénale internationale et INVITENT ceux qui ne le sont pas à devenir Parties dans les meilleurs délais à ces instruments, ainsi qu'aux traités internationaux en matière de coopération qui sont les plus pertinents dans le domaine de la lutte contre le terrorisme ;

18. SOUTIENNENT les activités prioritaires de lutte contre le terrorisme lancées par le Conseil de l'Europe en réponse à la Résolution No. 1 adoptée lors de leur 24ᵉ Conférence (Moscou, octobre 2001) ; et à cet égard ;

19. SE FÉLICITENT de la mise en place par le Comité des Ministres du Comité d'experts sur le terrorisme (CODEXTER) chargé de coordonner l'action du Conseil de l'Europe dans le domaine de la lutte contre le terrorisme ;

20. INVITENT le Comité des Ministres, d'une part, à faire poursuivre sans délai les travaux en vue de l'adoption d'instruments internationaux appropriés sur la protection des témoins et repentis et sur l'utilisation des

techniques spéciales d'enquête en relation avec des actes de terrorisme et, d'autre part, à revoir la Convention européenne relative au dédommagement des victimes d'infractions violentes du 24 novembre 1983 (STE No. 116) ou, si nécessaire, adopter de nouvelles règles concernant l'amélioration de la protection, du soutien et du dédommagement des victimes d'actes terroristes et de leurs familles ;

21. APPELLENT tous les Etats membres du Conseil de l'Europe à contribuer aux discussions au sein des Nations Unies en vue de résoudre les questions pendantes dans les négociations sur le projet de Convention générale de l'ONU contre le terrorisme et sur le projet de Convention internationale de l'ONU pour la suppression des actes de terrorisme nucléaire ;

22. INVITENT le Comité des Ministres à entamer des travaux en vue d'examiner, à la lumière de l'avis du CODEXTER, la valeur ajoutée d'une Convention européenne générale contre le terrorisme, ouverte aux Etats observateurs, ou de certains éléments d'une telle Convention, qui pourraient être élaborés au sein du Conseil de l'Europe, et d'apporter une contribution significative aux efforts des Nations Unies dans ce domaine ;

23. INVITENT le Comité des Ministres à charger la CEPEJ de faire établir un rapport d'évaluation sur l'efficacité des systèmes judiciaires nationaux dans leurs réponses au terrorisme ;

24. INVITENT le Comité des Ministres à prévoir, dans le cadre du programme de coopération avec les Etats membres du Conseil de l'Europe, des activités visant à soutenir les Etats pour améliorer l'efficacité de leur réponses législative et institutionnelle contre le terrorisme et à poursuivre la coordination effective avec d'autres instances internationales ;

25. INVITENT le Comité des Ministres à examiner la possibilité de mettre en place un Registre européen de normes nationales et internationales, commençant, en priorité, par les normes dans le domaine de la lutte contre le terrorisme ;

26. PRIENT le Secrétaire Général du Conseil de l'Europe de faire rapport sur les mesures prises pour mettre en œuvre cette Résolution, lors de leur prochaine Conférence.

Ministres européens responsables des affaires culturelles

**Déclaration pour le dialogue
interculturel et la prévention des conflits,
Opatija (Croatie), le 22 octobre 2003**

Introduction

L'objectif général du présent texte est de préciser, dans le domaine dont il traite, les rôles et les responsabilités des ministres responsables des affaires culturelles en définissant un cadre de coopération européen qui crée les conditions permettant la construction d'une société fondée sur le dialogue interculturel dans le respect de la diversité culturelle, et favorisant la prévention des conflits violents, la gestion et la maîtrise des conflits et la réconciliation postconflit, par la mise en œuvre de programmes d'action culturelle associant toutes les générations et visant au rapprochement, par le dialogue constructif ainsi que par les échanges entre les cultures dans toutes leurs composantes matérielles et immatérielles, par exemple archéologique, architecturale, artistique, économique, ethnique, historique, linguistique, religieuse et sociale.

Le présent texte s'inscrit dans le droit fil d'une série de textes adoptés par le Conseil de l'Europe ou par d'autres organisations internationales, et notamment les textes suivants:

–   Convention de sauvegarde des Droits de l'Homme et des Libertés fondamentales (en particulier les articles 9, 10, 11 et 14) (Rome, 4 novembre 1950), dénommée ci-après Convention européenne des Droits de l'Homme;

–   Convention culturelle européenne du Conseil de l'Europe (Paris, 19 décembre 1954);

–   Charte européenne des langues régionales et minoritaires (Strasbourg, 5 novembre 1992);

–   Convention-cadre pour la protection des minorités nationales (Strasbourg, 1er février 1995);

–   Charte sociale européenne (Turin, 18 octobre 1961, révisée le 3 mai 1996);

–   Déclaration du Conseil de l'Europe sur la diversité culturelle (adoptée par le Comité des Ministres le 7 décembre 2000);

* * *

–   Déclaration finale de la 3e Conférence ministérielle sur la culture de la Francophonie (Cotonou, 15 juin 2001);

–   Charte d'Olympie adoptée lors du colloque « Repenser la culture », à l'occasion de l'inauguration de l'Olympiade culturelle (Athènes, 23 septembre 2001);

–   Déclaration universelle de l'Unesco sur la diversité culturelle (Paris, 2 novembre 2001).

Afin de familiariser le lecteur avec l'esprit de la présente déclaration, la définition des expressions « conflit », « dialogue interculturel » et « diversité culturelle », telle qu'elle s'applique au présent texte, est donnée en annexe. Les principes et modalités qui sous-tendent les notions de « diversité culturelle », « dialogue interculturel », « bonne gouvernance en politique culturelle » et « coopération intersectorielle et pratiques exemplaires de prévention des conflits » y sont également explicités.

* * *

Les ministres responsables des affaires culturelles des Etats membres du Conseil de l'Europe,

Conscients de l'importance vitale de la culture comme porteur de sens et outil de compréhension, facteur de démocratie et instrument de développement humain individuel et collectif, espace de rapprochement et de dialogue entre les hommes et les femmes ;

Préoccupés par le fait que de nouvelles formes de conflits, qui accroissent les difficultés du dialogue entre cultures, peuvent être utilisées par certains milieux dans le but avoué ou inavoué de nourrir la haine, la xénophobie et l'affrontement entre différentes populations ;

Soulignant que nul ne peut être inquiété pour ses opinions légitimes et qu'à ce titre tout individu jouit du droit inaliénable de définir et de choisir son appartenance et son identité culturelles et (ou) religieuses ;

Attentifs au fait que, d'une part, le « dénuement » culturel et la marginalisation, d'autre part, les préjugés et la méconnaissance sont parmi les causes premières du développement de la violence et de l'image stéréotypée de l'autre, dénaturant ainsi les relations pacifiques et constructives entre populations de cultures différentes ;

Estimant qu'il convient de veiller à ce que le rapprochement entre cultures et le dialogue interculturel deviennent des instruments de prévention des conflits à tous les niveaux, dans tous les contextes et à travers toutes leurs composantes,

En accord avec la Convention européenne des Droits de l'Homme, et respectueux des principes de diversité culturelle et de liberté d'expression ;

Partageant à ce titre un même corps de valeurs culturelles par l'adhésion de leurs Etats respectifs à la Convention européenne des Droits de l'Homme, à la Convention culturelle européenne et à tous les idéaux et principes constituant le patrimoine commun du Conseil de l'Europe ;

Rappelant qu'il ne saurait y avoir d'exception aux principes des droits de l'homme défendus par le Conseil de l'Europe, d'autant plus que les droits de l'homme ne sont pas une contrainte, mais constituent la source originelle de toute la démarche du Conseil de l'Europe et des Etats ayant ratifié la Convention culturelle européenne du Conseil de l'Europe ;

Prenant en compte le fait que le Conseil de l'Europe est engagé dans des actions visant à créer des réseaux de coopération entre régions et entre villes ainsi qu'à concevoir des programmes d'action relatifs à la dimension interculturelle dans les arts, la culture, la formation et la coopération institutionnelle (musées, bibliothèques, archives) entre pays européens et au-delà ;

Considérant que les pouvoirs publics peuvent s'inspirer, le cas échéant, de bonnes pratiques favorables au dialogue interculturel lorsqu'ils élaborent des politiques culturelles démocratiques dans le contexte national ou dans le cadre de la coopération interétatique ;

Conscients du fait que la présente déclaration s'appuie non seulement sur les conventions, recommandations, résolutions et déclarations adoptées par le Conseil de l'Europe dans le cadre des travaux relevant de la coopération culturelle, mais aussi sur d'autres instruments internationaux et de nombreuses législations nationales,

Sont convenus de fonder leurs actions sur les principes et valeurs partagés énumérés ci-après :

i.   affirmer le concept de démocratie et celui de citoyenneté culturelles, lequel implique des droits et des devoirs ;

ii. respecter les identités et les pratiques culturelles ainsi que l'expression des patrimoines correspondants dès lors qu'elles sont en conformité avec les principes défendus par le Conseil de l'Europe ;

iii. sauvegarder et protéger le patrimoine matériel et immatériel ;

iv. traiter équitablement toutes les cultures et croyances ou convictions respectant les principes du Conseil de l'Europe ;

v.   assurer le respect mutuel par la reconnaissance de la diversité dans chaque aspect de l'éducation culturelle ;

vi. garantir l'égalité d'accès, de participation et de créativité de tous les secteurs de la société pour prendre en compte la totalité de la dimension culturelle et promouvoir la diversité culturelle dans l'esprit de la démocratie culturelle ;

Sont déterminés à mettre en œuvre, dans leurs domaines de compétence et en respectant, le cas échéant, les règles de subsidiarité et de priorités nationales, des formes de coopération visant à atteindre les objectifs du présent texte, à savoir le respect de la diversité, le dialogue interculturel et la prévention des conflits ;

Ce faisant, entendent non pas se substituer aux autorités de tous niveaux (local, régional ou national) qui sont responsables d'autres secteurs de la politique gouvernementale, mais coopérer avec elles, ainsi qu'avec la société civile ;

Expriment leur volonté d'intervenir de façon coordonnée dans les domaines suivants :

Diversité et dialogue

Les ministres européens responsables des affaires culturelles entendent préserver l'équilibre qui doit exister entre la sauvegarde de la diversité culturelle et la nécessaire cohésion sociale au sein des différents Etats. Il s'agit de créer et de maintenir des relations harmonieuses entre tous les groupes du corps social, dans l'intérêt de tous ses membres, abstraction faite de leur culture, de leur mode de vie et de leurs pratiques culturelles. Le respect des diversités culturelles, le dialogue interculturel et l'égalité des chances sont des éléments essentiels de la prévention des conflits dans le cadre d'une politique culturelle démocratique.

Conscients de la richesse de la diversité culturelle de l'Europe, tant à l'intérieur de chaque Etat membre que dans l'ensemble des Etats membres, les ministres responsables des affaires culturelles entendent mettre l'accent sur l'incitation au dialogue comme moyen fondamental de la prévention des conflits. En cela, ils sont convenus de s'inspirer des valeurs défendues par le Conseil de l'Europe, capables de créer une convergence des actions et de fortes synergies.

1.   Diversité culturelle*

Les ministres européens responsables des affaires culturelles, tout en respectant les règles de subsidiarité et de priorités nationales et en incitant leurs collègues ministres responsables d'autres secteurs à développer le dialogue interculturel dans l'exercice de leurs compétences, expriment leur engagement dans les domaines suivants :

1.1.   à assurer la libre expression des différentes formes de pratiques artistiques, culturelles, sociales, religieuses et philosophiques adoptées par des individus ou des groupes culturels spécifiques, dès lors que ces individus ou ces groupes respectent les principes fondamentaux défendus par le Conseil de l'Europe, conformément à l'introduction de la présente déclaration ;
1.2   à soutenir les pratiques et politiques culturelles et interculturelles permettant aux identités culturelles de s'épanouir et de s'ouvrir aux autres communautés ;
1.3   à protéger, dans la limite des moyens dont ils disposent, le patrimoine matériel et immatériel dans toutes ses composantes ;

---

* Définitions, principes et modalités sont exprimés en annexe.

1.4   à s'opposer à toute forme d'assimilation violente et forcée, et à favoriser, dans tous les Etats, les conditions nécessaires au développement de sociétés ouvertes à la diversité culturelle.

2.   Dialogue interculturel*

Les ministres européens responsables des affaires culturelles, tout en respectant les règles de subsidiarité et de priorités nationales, et en incitant leurs collègues ministres responsables d'autres secteurs à développer le dialogue interculturel dans l'exercice de leurs compétences, sont convenus :

2.1   de contribuer, dans le plein respect des droits de l'homme et en insistant sur les niveaux local et régional, à créer ou à développer des relations de tolérance et d'équité entre les Etats ainsi qu'avec tous les groupes culturels établis sur le territoire de leur Etat ;
2.2   de s'efforcer de mettre en place ou de développer, dans leur Etat, des actions favorisant le dialogue interculturel ;
2.3   de favoriser, aux niveaux local et régional, la participation au dialogue interculturel dans l'esprit de la citoyenneté culturelle et dans l'optique de la démocratie culturelle ;
2.4   de créer, pour le dialogue et la citoyenneté culturelle, un espace public permettant l'expression du désaccord, qui non seulement fait partie du fonctionnement démocratique, mais le garantit.

Gouvernance et coopération intersectorielle

Les ministres européens responsables des affaires culturelles jugent nécessaire de promouvoir la dimension culturelle de la citoyenneté démocratique et d'encourager la bonne gouvernance en matière de politique culturelle en association avec tous les acteurs et en s'appuyant sur la coopération intersectorielle et sur la diffusion de pratiques exemplaires de prévention des conflits.

3.   Bonne gouvernance en politique culturelle[1]

Les ministres européens responsables des affaires culturelles, tout en respectant les règles de subsidiarité et de priorités nationales et en incitant leurs collègues ministres responsables d'autres secteurs à développer le dialogue interculturel dans l'exercice de leurs compétences, partagent l'objectif :

3.1.   de considérer la diversité culturelle comme bénéfique au capital humain individuel et collectif dans l'optique d'un développement durable ;
3.2.   de prendre en compte les possibilités de mettre en valeur la dimension interculturelle de la société par une coopération entre les

---

* Définitions, principes et modalités sont exprimés en annexe.

institutions gouvernementales, le secteur privé et la société civile, afin d'engager des débats ayant une dimension interactive ;

3.3.   de reconnaître l'importance de la subsidiarité dans le cadre d'une gouvernance culturelle de la diversité, en tant que principe favorisant la responsabilisation des acteurs de la société civile ;

4.   Coopération intersectorielle et pratiques exemplaires de prévention des conflits[1]

Les ministres européens responsables des affaires culturelles, tout en respectant les règles de subsidiarité et de priorités nationales, et en incitant leurs collègues ministres responsables d'autres secteurs à développer le dialogue interculturel dans l'exercice de leurs compétences, affirment leur détermination :

4.1.   à encourager, avec leurs collègues ministres responsables d'autres politiques publiques, la mise en place de politiques publiques intersectorielles favorisant le dialogue interculturel ;

4.2.   à considérer comme de la plus haute importance le développement, dès l'école, de la connaissance de l'histoire, des cultures, des arts et des religions ;

4.3.   à encourager, par une coopération avec les autorités ministérielles directement compétentes en matière d'éducation dans les différents Etats, l'intégration dans les programmes scolaires d'éléments illustrant les influences historiques et contemporaines entre cultures et civilisations, ainsi que les phénomènes de métissage culturel, si possible dans le cadre d'une collaboration appropriée avec des représentants des différentes composantes de la diversité culturelle, y compris religieuse ;

4.4.   à contribuer au développement du dialogue interculturel en encourageant, chaque fois que cela sera possible, les actions visant à réunir les différents groupes culturels dans des manifestations et des pratiques interculturelles destinées à tous les groupes d'âge et à tous les milieux socioculturels et élaborées dans le cadre des programmes des institutions culturelles responsables des arts plastiques, du théâtre, de la littérature, etc.

* * *

En conclusion, les ministres européens responsables des affaires culturelles s'engagent à partager les enseignements qu'ils auront recueillis sur les politiques et les programmes favorisant le dialogue interculturel ou la prévention des conflits, notamment par l'échange de bonnes pratiques.

Annexe à la Déclaration : Définitions, principes et modalités

Aux fins de la présente déclaration, les définitions suivantes s'appliquent :

– conflit : dans le cadre de ce texte, ce terme désigne des formes de désaccord, réel ou larvé, génératrices de ressentiment et de violence, voire d'injustice, qui peuvent aboutir dans des circonstances extrêmes à une violence destructrice et non maîtrisée. Le conflit peut être l'expression de discriminations dues à la non-reconnaissance de la diversité culturelle et au non-respect des principes de démocratie. Les conflits ont souvent des fondements multiples et complexes, et leur dimension culturelle peut résulter de diverses causes, notamment politiques, économiques et sociales. Le texte propose des actions visant à favoriser d'une part la gestion et la maîtrise des conflits dans les sociétés européennes caractérisées par la diversité culturelle (dans toutes les composantes mentionnées dans l'introduction de la déclaration) et, d'autre part, la réconciliation postconflit ;

– dialogue interculturel : cette expression désigne tant les instruments servant à promouvoir et à protéger la notion de démocratie culturelle que les éléments matériels et immatériels pouvant favoriser toutes les formes de diversité culturelle, qui se manifestent en de multiples identités individuelles et collectives, en des changements et en de nouvelles formes d'expression culturelle. Le dialogue interculturel doit prendre en compte toutes les composantes possibles de la culture, sans exception, qu'elles soient culturelles *stricto sensu* ou de nature politique, économique, sociale, philosophique ou religieuse. En d'autres termes, le dialogue interconfessionnel et interreligieux doit être envisagé dans ses conséquences culturelles et sociales par rapport à la sphère publique ;

– diversité culturelle : « La diversité culturelle s'exprime dans la coexistence et les échanges de pratiques culturelles différentes comme dans la fourniture et la consommation de services et de produits culturellement différents[1] ». Elle implique la nécessité d'être attentif aux différences qui existent entre groupes culturels et au sein de chacun d'eux. La diversité culturelle doit dépasser la dichotomie «majorité/minorité» et intégrer la complémentarité entre l'universel et le singulier, pour que le dialogue interculturel soit vécu d'une manière nuancée, dynamique et ouverte. Dans toutes ses dimensions, la diversité culturelle est un enrichissement pour les individus et les groupes ; elle produit non seulement des formes nouvelles de relations sociales, nourries par les migrations et renforcées par les processus d'échange, mais aussi de nouvelles formes d'identité multiculturelle. De ce fait, les différences culturelles ne sauraient aboutir à un repli identitaire ou communautaire, ni justifier une politique d'assimilation forcée résultant d'une volonté de domination, car ces deux processus peuvent provoquer des conflits. Au contraire, la diversité culturelle peut amener au renforcement de la paix par la connaissance, la reconnaissance

---

2. Cette définition est extraite de la Déclaration du Conseil de l'Europe sur la diversité culturelle, adoptée par le Comité des Ministres le 7 décembre 2000.

et le développement de toutes les cultures, qu'elles soient nées et subsistent en Europe ou qu'elles soient issues d'aires géographiques extérieures au continent.

* * *

Afin de familiariser le lecteur avec l'esprit de la présente déclaration, les principes et modalités sur lesquels reposent ces notions sont définis comme suit :

1. Diversité culturelle

    Principe : Il convient de distinguer deux dimensions de la diversité culturelle : la diversité intra-étatique, qui se rapporte au respect des droits culturels, à la tolérance, au pluralisme politique et culturel et à l'acceptation de l'altérité, et la dimension interétatique qui correspond au principe d'équivalence des cultures. Le modèle de la société interculturelle repose sur le principe d'égalité entre les cultures, sur la valeur de l'hétérogénéité culturelle et sur la dimension constructive du dialogue et de la paix. Les divergences et les divisions ne doivent donc pas être considérées comme néfastes ou contraires à la construction d'un projet collectif qui exige la prise en compte des différences et le respect de l'altérité. La diversité culturelle, synonyme d'échange, permet de combattre l'autarcie génératrice d'enfermement et de xénophobie.

    Modalités : L'application de ce principe ne peut se faire exclusivement en termes de « majorité » ou de « minorité », car ce schéma crée une graduation inégalitaire des cultures, isole les cultures et les communautés minoritaires et les stigmatise, de telle sorte que des comportements sociaux et des stéréotypes culturels soient imputés aux différents groupes. Il convient, au contraire, de chercher des moyens multiples d'exprimer la diversité et de sensibiliser les citoyens à la richesse de cette diversité, d'autant que la mondialisation des échanges ne peut se concevoir que dans le respect de la diversité.

2. Dialogue interculturel

    Principe : Le dialogue interculturel doit être encouragé et favorisé. Il s'inscrit nécessairement dans le cadre des principes de liberté de pensée, de conscience, de religion, d'expression, de réunion et d'association définis aux articles 9, 10, 11 et 14 de la Convention de sauvegarde des Droits de l'Homme et des Libertés fondamentales, et va dans le sens fondamental de la cohésion sociale.

    Modalités : L'application de ce principe ne peut se limiter au dialogue sur les convergences ; il convient également de favoriser le dialogue sur ce qui sépare les cultures et les populations. Les ressemblances et les différences doivent être considérées non pas comme les termes d'une alternative, mais plutôt comme les deux faces d'une même médaille qu'il convient d'étudier afin d'établir un véritable dialogue et d'identifier des solutions pour dépasser les antagonismes apparents ou réels. La communication, l'information et le travail des médias doivent favoriser le dialogue interculturel et le respect mutuel.

3.   Bonne gouvernance en politique culturelle

Principe : La politique culturelle publique est essentielle au développement de la démocratie en Europe, mais il n'est pas moins impératif qu'elle noue des liens étroits avec le secteur privé et la société civile (associations, ONG, etc.), qui sont l'un et l'autre acteurs et producteurs de culture. La gouvernance culturelle doit reposer sur le fait que les domaines politique, économique et social ont une dimension culturelle à ne jamais ignorer ou négliger. C'est l'un des rôles de tout ministre des Affaires culturelles que d'établir un équilibre entre le secteur public, le secteur privé et la société civile dans le domaine culturel. Une coopération européenne en la matière est hautement souhaitable.

Modalités : Ce principe doit être appliqué afin que la culture devienne l'un des facteurs de bonne gouvernance permettant de prévenir le développement de conflits interculturels et de promouvoir la diversité culturelle.

4.   Coopération intersectorielle et pratiques exemplaires de prévention des conflits

Principe : Plus les responsables gouvernementaux européens, les acteurs sociaux, les organisations non gouvernementales et les communautés religieuses favorisant le dialogue interculturel auront à cœur de promouvoir la diversité culturelle au-delà de ce qu'accomplissent les seuls ministres des Affaires culturelles, plus la coopération intersectorielle permettra de prévenir efficacement les conflits.

Modalités : Ce principe doit être appliqué pour inciter les multiples acteurs à s'engager dans des actions interministérielles et intersectorielles et à recueillir des exemples de « bonnes pratiques » reproductibles dans des lieux ou des régions multiculturels.

RECOMMANDATIONS

Les ministres européens responsables des affaires culturelles, réunis à Opatija/Croatie, du 20 au 22 octobre 2003,

Soucieux de prendre pleinement en compte leur nouveau rôle et leurs nouvelles responsabilités pour contribuer à créer les conditions favorisant la prévention des conflits violents, la gestion et la maîtrise des conflits, et la réconciliation postconflit, tout en encourageant à la fois la diversité culturelle et le dialogue interculturel,

Décident d'assurer le suivi et d'évaluer les modalités concrètes de la mise en œuvre de la Déclaration sur le dialogue interculturel et la prévention des conflits, qu'ils viennent d'adopter ;

Afin d'assurer la mise en œuvre de la Déclaration sur le dialogue interculturel et la prévention des conflits, les ministres européens responsables des affaires culturelles, incitant leurs collègues ministres responsables d'autres secteurs à développer le dialogue interculturel dans l'exercice de leurs compétences ;

Recommandent au Comité des Ministres du Conseil de l'Europe que les propositions ci-dessous soient incluses, autant que faire se peut, dans le Programme d'activités annuel de l'Organisation ;

Souhaitent que ces actions soient conduites en coordination avec celles qui pourraient être proposées par les Comités directeurs responsables de secteurs liés à la prévention des conflits, et par le Groupe de travail chargé d'examiner les propositions du Secrétaire Général relatives au dialogue multiculturel et interreligieux (ci-après GT-Dialogue) ;

Estiment tout particulièrement qu'il convient :

–   de demander au Comité directeur de la culture (CDCULT) de confier le suivi et l'application de la Déclaration sur le dialogue interculturel et la prévention des conflits à un groupe de projet, en coopération, autant que possible, avec d'autres comités directeurs et le GT-Dialogue, de même qu'avec l'Assemblée parlementaire et le Congrès des pouvoirs locaux et régionaux de l'Europe, et en harmonie avec le suivi des décisions relatives à l'éducation interculturelle qui seront adoptées lors de la 21e Session de la Conférence permanente des ministres européens de l'Education (Athènes, 10-12 novembre 2003) ;

–   d'inciter le CDCULT :

–   à poursuivre – voire à prolonger et à développer – la mise en œuvre du plan d'action 2002-2004 du projet « Dialogue interculturel et prévention des conflits », et

– à organiser dans une ville symbolique de la diversité et de la démocratie culturelles un forum interculturel annuel réunissant chercheurs, experts, représentants des différentes formes de diversité culturelle, représentants de la société civile, acteurs culturels, fonctionnaires des ministères de la Culture, afin de suivre au plus près et d'encourager les différents développements du dialogue interculturel,

– de demander au CDCULT :

a. d'examiner les possibilités de mise en place, dans chaque Etat membre, d'un système souple de recensement et d'évaluation de bonnes pratiques, destiné à encourager et à faciliter le dialogue interculturel, que ces pratiques soient mises en œuvre au niveau politico-administratif ou par la société civile, en Europe ou en coopération avec d'autres régions, en particulier avec la rive sud de la Méditerranée ;

b. d'étudier les moyens de diffusion de telles pratiques, par le biais notamment des forums organisés dans le cadre du plan d'action et du « compendium » (« *Cultural policies in Europe : a compendium of basic facts and trends* », service d'information en ligne disponible à l'adresse suivante : http://www.culturalpolicies.net/).

Comités intergouvernementaux

Extorsions obtenues par les menaces à caractère terroriste : rapport élaboré par le Comité européen pour les problèmes criminels (1986)

Le présent rapport a été élaboré par un comité restreint d'experts sous les auspices du Comité européen pour les problèmes criminels qui l'a adopté lors de sa 34ᵉ Session plénière.

Le Comité des Ministres du Conseil de l'Europe a autorisé sa publication.

I. MANDAT

Le mandat confié au comité se lit comme suit:

«Examiner les problèmes relatifs aux extorsions obtenues par les menaces à caractère terroriste.»

a. Interprétation

Le comité a dû interpréter son mandat. A ce sujet, il a estimé que 1 objet de l'extorsion devrait avoir une portée plus large que celle généralement prévue dans les législations nationales car elle ne vise pas seulement les atteintes aux biens. Dans cette perspective, l'extorsion est l'objectif immédiat des malfaiteurs et peut consister, soit dans une remise de fonds, soit dans l'accomplissement d'un acte — par commission (par exemple, la libération de prisonniers) ou par omission (par exemple que les autorités s'abstiennent de s'opposer au libre passage de complices des malfaiteurs) — soit encore dans la promesse d'accomplir un certain acte (par exemple, améliorer les conditions de détention de certains prisonniers ou s'abstenir de poursuivre une certaine personne):

L'expression «extorsions *obtenues*» (qui d'ailleurs ne figure que dans la rédaction française du mandat) ne doit pas être lue dans un sens limitatif. De l'avis du comité, il y a lieu d'étudier aussi les problèmes suscités avant «l'obtention» du résultat escompté, notamment pendant la période dite des pourparlers.

La menace est l'annonce d'un mal illégitime futur dans le cas où 1 extorsion ne serait pas obtenue. Elle constitue donc le moyen par lequel les malfaiteurs entendent obtenir l'extorsion. Elle peut revêtir diverses formes. Elle peut, par exemple, se traduire par une violence prémonitoire d autres violences plus graves. Elle peut aussi être implicite et découler de la force d'intimidation du groupe qui la profère. C'est par exemple le cas lorsque des groupes organisés s'adressent à certaines catégories de personnes leur demandant le paiement d'une redevance en échange de «protection» ou d'un «impôt révolutionnaire» au profit des buts propres à l'organisation.

Il convient de préciser que la personne sur qui tombent ou peuvent tomber les effets néfastes de la menace n'est pas nécessairement celle à qui la menace est adressée. En d'autres termes, ce qui souvent caractérise ce type d'agissement c'est que les malfaiteurs menacent de provoquer un mal dont X sera la principale victime au cas où ils n'obtiendraient pas de Y l'extorsion visée. C'est le cas lorsqu'une personne fait l'objet d'une menace à la seule fin d'extorquer l'Etat.

Le mandat qualifie les menaces au sujet desquelles le comité est invité à se prononcer: elles doivent être à caractère terroriste. Le comité a constaté que ce terme «terroriste» n'était pas sans ambiguïté. En effet, il est souvent employé en relation avec des actions dont le but serait, dans l'esprit de leurs auteurs, de nature politique. Toutefois, cette référence au caractère politique du mobile comporte des éléments subjectifs sur la définition desquels les juristes n'ont pas encore su ou pu trouver un accord.

C'est pourquoi le comité s'est écarté de cette conception subjective au bénéfice d'une interprétation plus objective. Il a, en conséquence, estimé que les menaces doivent être considérées comme revêtant un caractère terroriste lorsqu'elles émanent d'un groupe organisé et que le mal annoncé est particulièrement grave, notamment:

— lorsqu'il est dirigé contre la vie, l'intégrité corporelle ou la liberté des personnes, en particulier des personnes étrangères aux mobiles qui l'ont inspiré; ou

— lorsqu'il est dirigé contre des biens et crée un danger collectif
pour des personnes; ou bien

— lorsque la réalisation de la menace implique l'emploi de moyens
cruels ou perfides.

En cela, le comité s'est inspiré notamment de la Recommandation n°R (82) 1 du Comité des Ministres aux Etats membres concernant la coopération internationale en matière de poursuite et de répression des actes de terrorisme. Il a estimé, par ailleurs, que les actes visés par les articles 1 et 2 de la Convention européenne pour la répression du terrorisme sont couverts par le présent rapport.

b. But des travaux

Les situations couvertes par le mandat, tel que le comité l'a interprété, posent d'innombrables problèmes car chaque situation se présente avec des caractéristiques particulières et les problèmes se posent, par conséquent, d'une façon qui leur est propre. D'autre part, le comité a constaté que certaines des mesures envisagées dans la Recommandation n°R (82) 14 concernant les mesures à prendre en cas d'enlèvements de personnes suivis d'une demande de rançon sont aussi applicables aux cas d'extorsion. Le comité n'a pas pu, dans ces conditions, et dans le temps qui lui a été imparti, dégager des propositions dont le nombre et la cohérence justifieraient une recommandation.

Le présent rapport ne contient que des orientations générales desquelles les gouvernements pourront utilement s'inspirer dans le cadre de leurs politiques criminelles en cette matière.

II. LE PROBLÈME FONDAMENTAL: COMPORTEMENT DE L'ÉTAT

S'agissant de menaces telles qu'on les a définies, l'Etat ou plus particulièrement ceux qui en l'espèce sont appelés à agir avec les pouvoirs et au nom de l'Etat se trouvent en face d'une situation exceptionnelle mettant en question l'autorité de l'Etat, la primauté du droit ou le fonctionnement normal des institutions dans une société démocratique.

Ceux qui se trouvent dans cette situation exceptionnelle sont confrontés au dilemme soit d'appliquer strictement la loi, soit de renoncer à cette application stricte pour donner la priorité à d'autres intérêts, telle la vie des personnes menacées.

Dans un Etat démocratique qui, par conséquent, respecte le principe de la prééminence du droit, l'Etat ou ses agents ne peuvent pas, en principe, se soumettre à de telles menaces voire même se prêter à des pourparlers préliminaires en vue d'une éventuelle soumission. Lorsqu'ils sont amenés à le faire, ce n'est plus le droit qui prime mais les faits qui commandent. Il faut cependant reconnaître qu'en cette matière il n'y a pas de règle fixe. Aussi chaque situation exige-t-elle qu'on l'apprécie selon les circonstances.

Il paraît, en conséquence, vain d'essayer de tracer le cadre juridique dans lequel ces faits devraient être appréciés. Il suffit de dire que leur appréciation relève, d'une part, de la conscience de celui ou de ceux qui sont appelés à décider et, d'autre part, d'une pondération équilibrée des différents intérêts en cause, en particulier de ceux que le droit valorise le plus, telles la vie, la liberté, la dignité et l'intégrité corporelle de la personne.

Dans cette pondération doivent être pris en considération non seulement les intérêts immédiatement menacés mais aussi ceux qui risquent de le devenir au cas où l'extorsion est obtenue.

Ainsi, par exemple, lorsque les autorités d'un des pays membres ont dû libérer des prisonniers afin d'éviter l'accomplissement de graves menaces à caractère terroriste, il s'est avéré, par la suite, que ces prisonniers, une fois en liberté, ont tué d'autres personnes.

Un autre exemple pertinent est celui de «l'impôt révolutionnaire». On serait tenté de penser que l'Etat pourrait ne pas intervenir car l'argent réclamé n'équivaut pas aux vies menacées pour l'obtenir. Néanmoins, cet argent, une fois dans des mains terroristes, sera utilisé pour financer de nouvelles actions terroristes pouvant aboutir à la mort d'autres victimes.

Faut-il, enfin, rappeler que lorsque l'Etat, en ne regardant que les intérêts immédiatement menacés, cède aux menaces terroristes, il risque d'affaiblir, voire annihiler son autorité, et, par là, de répandre dans la population un sentiment d'insécurité qui peut être exploité par des extrémistes pour arriver au pouvoir.

III. RENVOIS

Le Conseil de l'Europe a déjà fixé les bases juridiques de la coopération internationale entre les Etats membres en matière de terrorisme *stricto senso*. Il s'agit aussi bien de la Convention européenne pour la répression du terrorisme que de la Recommandation n°R (82) 1 concernant la coopération internationale en matière de poursuite et de répression des actes de terrorisme.[1,2]

D'autre part, le comité a constaté (voir ci-dessus) que certaines des mesures envisagées dans la Recommandation n°R (82) 14 sont aussi applicables aux cas d'extorsion à caractère terroriste. Ainsi, par exemple, lorsqu'il est recommandé aux gouvernements des Etats membres:

1. de constituer ou de renforcer les dispositifs internes nécessaires à la coordination de l'action des différentes autorités de police et à l'information des autorités de justice saisies des affaires de menaces à caractère terroriste;

2. d'être prêts à faire face aux menaces à caractère terroriste, notamment:

---

1. D'autres initiatives du Conseil dé l'Europe dans ce domaine:

– Convention européenne d'extradition (1957), avec deux protocoles additionnels (1975 et 1978) ;

– Convention européenne d'entraide judiciaire en matière pénale (1959), avec protocole additionnel (1978) ;

– Résolution (74) 3 sur le terrorisme international ; adoptée par le Comité des Ministres lors de sa 53e Session (janvier 1974) ;

– Déclaration sur le terrorisme, adoptée par le Comité des Ministres lors de sa 63e Session (novembre 1978) ;

– Communiqués du Comité des Ministres lors de ses 67e (octobre 1980), 68e (mai 1981) et 69e (novembre 1981) Sessions ;

ainsi que, pour ce qui est de l'Assemblée parlementaire:

– Recommandations 684 (1972), 703 (1973), 852 (1979) et 916 (1981) ;

– Conférence sur la « Défense de la démocratie contre le terrorisme en Europe – Tâches et problèmes » (novembre 1980).

2. Il convient aussi de mentionner, à cet égard, la Recommandation n°R (80) 10 relative aux mesures contre le transfert et la mise à l'abri des capitaux d'origine criminelle.

a. en faisant en sorte que les dispositions d'urgence qui s'imposent pour sauvegarder la vie des victimes et pour aboutir au dénouement de l'affaire puissent être prises au sein d'un groupe, permanent ou ad hoc, composé de représentants des différentes autorités concernées;

b. en assurant une formation professionnelle et technique adéquate des fonctionnaires de police chargés de lutter contre de tels agissements et des magistrats qui en sont saisis;

c. en préparant des schémas d'action et des plans d'intervention pour que les autorités ne soient pas prises au dépourvu par de telles actions;

d. en veillant à ce que la famille et les proches des victimes puissent être conseillés et assistés par des personnes qualifiées;

3. de faire en sorte que leur législation permette aux autorités judiciaires compétentes, saisies d'une affaire, de tenir compte, lors de leurs décisions, de tout acte de la part d'un auteur qui aura permis de faire échouer le crime ou de libérer la victime.

Enfin, les Conventions de New York, l'une sur la prévention et la répression des infractions contre les personnes jouissant d'une protection internationale, y compris les agents diplomatiques et l'autre contre la prise d'otages, respectivement du 14 décembre 1973 et du 18 décembre 1979, ont été invoquées par certains experts comme constituant des instruments utiles dans la lutte contre les menaces à caractère terroriste.

Trois points méritent encore une référence particulière bien que de caractère général:

— les législations,

— le rôle des médias,

— la coopération internationale.

IV. LÉGISLATION

a. Aussi bien les menaces que les extorsions en général et plus particulièrement celles dont il est question ici méritent de faire l'objet de mesures législatives et notamment d'incriminations spécifiques. En effet, leur gravité et leur spécificité justifient un cadre juridique qui leur soit propre. Celui-ci doit prendre en considération les différentes manières par lesquelles les menaces peuvent se produire et s'exprimer, notamment les différents moyens techniques employés (par écrit, par bande magnétique, par message publié, ou tout autre moyen que la technique offre ou pourra offrir).

Il faut notamment s'assurer que les législations couvrent, d'une part, non seulement les extorsions de fonds mais aussi les autres extorsions mentionnées ci-dessus et, d'autre part, les menaces qui sont adressées à l'Etat ou à ses agents en tant que tels.

b. Le comité reconnaît que les interférences dans les moyens électroniques de communication constituent un instrument particulièrement efficace lorsqu'il s'agit d'intervenir en vue de faire échouer la menace et d'éviter que ne se produise le mal qui en fait l'objet.[3] Toutefois, il estime indispensable que ces interférences soient strictement réglées par la loi dans le respect des dispositions de la Convention de sauvegarde des Droits de l'Homme et des Libertés fondamentales, notamment son article 8.[4]

---

3. Sur la surveillance des communications téléphoniques et l'enregistrement des télécommunications dans certains Etats membres du Conseil de l'Europe, voir le Dossier législatif, n° 2 publié par la Direction des affaires juridiques du Conseil de l'Europe.

4. Il convient de rappeler ici quelques passages de la jurisprudence y relative de la Cour européenne des Droits de l'Homme, en particulier dans les affaires Klass et Malone.

Dans l'affaire Klass, la Cour a notamment décidé que:

« Les sociétés démocratiques se trouvent menacées de nos jours par des formes très complexes d'espionnage et par le terrorisme, de sorte que l'Etat doit être capable, pour combattre efficacement ces menaces, de surveiller en secret les éléments subversifs opérant sur son territoire. La Cour doit donc admettre que l'existence de dispositions législatives accordant des pouvoirs de surveillance secrète de la correspondance, des envois postaux et des télécommunications est, devant une situation exceptionnelle nécessaire dans une société démocratique à la sécurité nationale et/ou à la défense de l'ordre et à la prévention des infractions pénales » (paragraphe 48).

« La Cour souligne néanmoins que les Etats contractants ne disposent pas pour autant d'une latitude illimitée pour assujettir a des mesures de surveillance secrète les personnes soumises à leur juridiction Consciente du danger, inhérent à pareille loi, de saper, voire de détruire, la démocratie au motif de la défendre, elle affirme qu'ils ne sauraient prendre, au nom de la lutte contre l'espionnage et le terrorisme n importe quelle mesure jugée par eux appropriée » (paragraphe 49).

La Cour a statué dans le même sens dans l'affaire Malone, ajoutant que:

« Puisque l'application de mesures de surveillance secrète des communications échappe au contrôle des intéressés comme du public, la « loi » irait à rencontre de la prééminence du droit si le pouvoir d'appréciation accordé à l'exécutif ne connaissait pas de limites. En conséquence, elle doit définir l'étendue et les modalités d'exercice d'un tel pouvoir avec une netteté suffisante – compte tenu du but légitime poursuivi – pour fournir à l'individu une protection adéquate contre l'arbitraire » (paragraphe 68).

« Cependant, l'exercice de pareils pouvoirs engendre, en raison de son caractère secret intrinsèque, le risque d'abus aisés à commettre dans des cas individuels et de nature à entraîner des conséquences préjudiciables pour la société démocratique tout entière. Partant, l'ingérence qui en résulte ne saurait passer pour « nécessaire », « dans une société démocratique», que si le système de surveillance adopté s'entoure de garanties suffisantes contre les excès » (paragraphe 81).

Il est aussi important, à ce sujet, de régler les problèmes que posent les commissions rogatoires internationales concernant ces interférences. Le comité n'aura pas à étudier ces problèmes puisque le Comité PC-R-OC l'a déjà fait.

V. MÉDIAS

Les moyens de communication de masse sont souvent appelés à jouer un rôle important dans ce genre d'affaire, soit au titre d'intermédiaire entre les malfaiteurs et ceux qu'ils visent à atteindre, soit comme instrument et caisse de résonance de la publicité que ceux-là entendent donner à leurs agissements ou à leurs buts ultimes, soit encore parce qu'ils font eux-mêmes l'objet de l'extorsion dans la mesure où il leur est imposé de publier ou de ne pas publier un communiqué préparé ou une information.

La liberté d'expression est un droit fondamental dans nos sociétés démocratiques. Même la criminalité la plus grave ne saurait justifier des restrictions autres que celles prévues dans la Convention de sauvegarde des Droits de l'Homme et des Libertés fondamentales. Elle s'exerce en grande partie à travers les moyens de communication de masse dont les responsables, en principe, acceptent de suivre librement des règles de déontologie.

Toute intervention des autorités publiques risque de rompre un équilibre qui souvent reste fragile. C'est pourquoi le comité estime que dans le domaine des relations entre les autorités et les médias, même en ce qui concerne des affaires aussi graves que celles dont il est question dans ce rapport, toute tentative de formalisation ou de réduction à un cadre juridique risque d'être nuisible. En effet, c'est sur la base d'un climat de confiance que doivent s'établir ces relations, en particulier pendant la période de crise qui caractérise le déroulement de ces affaires. Il va de soi que ce climat doit être préparé et entretenu en permanence pour qu'on puisse en bénéficier dès que la crise se déclenche.[5]

Il convient néanmoins de rappeler ici deux limites à la liberté des médias.

La première leur commande de ne pas entraver ou nuire à l'action des autorités comme le montre l'affaire de la prise d'otages à l'ambassade d'Iran à Londres. Pendant que les forces de l'ordre s'apprêtaient à prendre d'assaut le bâtiment pour libérer les otages, les caméras de télévision retransmettaient les images en direct de sorte que les malfaiteurs à l'intérieur de l'ambassade, en suivant l'émission sur l'écran, étaient parfaitement renseignés sur tous les faits et gestes de l'extérieur et étaient, en conséquence, à même de préparer leur riposte.

---

5. Cf. point 5 de la Recommandation n° R (82) 14 déjà citée.

La deuxième leur interdit d'aller plus loin que le droit à l'information ne l'exige en tenant par exemple des propos constituant aux yeux d'un lecteur normalement avisé une apologie ou une incitation à des violences criminelles, à des actes cruels ou inhumains, à des discriminations raciales ou encore à des menaces alarmant la population (menace d'assassinat, de pillage, d'incendie, etc.).

A cet égard, il faut reconnaître que la frontière entre l'exercice du devoir d'informer, d'une part, et l'apologie, l'incitation, voire la complicité, d'autre part, est dans certains cas difficile à cerner. Il semble que cette frontière doit être définie aussi bien par la loi que par la déontologie. Toutefois, mieux vaut laisser en premier lieu à des rapports informels mais confiants entre autorités et médias, appuyés sur une solide déontologie professionnelle, le soin de veiller dans chaque cas d'espèce à ce que cette frontière-là ne soit pas dépassée.

Soulignons aussi que les médias peuvent prendre à ce sujet des initiatives positives. Ainsi en Italie, à l'occasion de l'enlèvement du juge D'Urso par des terroristes, la plupart des médias ont non seulement refusé de publier certaines déclarations réclamées par les terroristes, mais ont, de leur propre gré, suspendu la diffusion de toute information concernant l'affaire.

VI. COOPÉRATION INTERNATIONALE

Les menaces à caractère terroriste ont souvent un caractère international, soit parce qu'elles visent un Etat, des intérêts ou des ressortissants de cet Etat. et se déroulent sur le territoire d'un autre Etat, soit parce que des actes sont commis dans différents Etats. Dans de tels cas, les problèmes mentionnés ci-dessus se posent vis-à-vis de deux ou plusieurs Etats.

Pour mieux pouvoir faire face à ces situations, des contacts aussi fréquents et étroits que possible entre autorités des Etats membres seraient souhaitables. Certains experts ont estimé que ces contacts pourraient faire l'objet de préparatifs en vue de la mise en place rapide, en cas de crise, d'un groupe international ad hoc composé de représentants des différentes autorités concernées dans chacun des Etats impliqués et qui aurait pour tâche de préparer les décisions qui dans chaque Etat seraient prises en vue du dénouement de l'affaire.

Sales agents for publications of the Council of Europe
Agents de vente des publications du Conseil de l'Europe

AUSTRALIA/AUSTRALIE
Hunter Publications, 58A, Gipps Street
AUS-3066 COLLINGWOOD, Victoria
Tel.: (61) 3 9417 5361
Fax: (61) 3 9419 7154
E-mail: Sales@hunter-pubs.com.au
http://www.hunter-pubs.com.au

BELGIUM/BELGIQUE
La Librairie européenne SA
50, avenue A. Jonnart
B-1200 BRUXELLES 20
Tel.: (32) 2 734 0281
Fax: (32) 2 735 0860
E-mail: info@libeurop.be
http://www.libeurop.be

Jean de Lannoy
202, avenue du Roi
B-1190 BRUXELLES
Tel.: (32) 2 538 4308
Fax: (32) 2 538 0841
E-mail: jean.de.lannoy@euronet.be
http://www.jean-de-lannoy.be

CANADA
Renouf Publishing Company Limited
5369 Chemin Canotek Road
CDN-OTTAWA, Ontario, K1J 9J3
Tel.: (1) 613 745 2665
Fax: (1) 613 745 7660
E-mail: order.dept@renoufbooks.com
http://www.renoufbooks.com

CZECH REP./RÉP. TCHÈQUE
Suweco Cz Dovoz Tisku Praha
Ceskomoravska 21
CZ-18021 PRAHA 9
Tel.: (420) 2 660 35 364
Fax: (420) 2 683 30 42
E-mail: import@suweco.cz

DENMARK/DANEMARK
GAD Direct
Fiolstaede 31-33
DK-1171 KOBENHAVN K
Tel.: (45) 33 13 72 33
Fax: (45) 33 12 54 94
E-mail: info@gaddirect.dk

FINLAND/FINLANDE
Akateeminen Kirjakauppa
Keskuskatu 1, PO Box 218
FIN-00381 HELSINKI
Tel.: (358) 9 121 41
Fax: (358) 9 121 4450
E-mail: akatilaus@stockmann.fi
http://www.akatilaus.akateeminen.com

GERMANY/ALLEMAGNE
AUSTRIA/AUTRICHE
UNO Verlag
Am Hofgarten 10
D-53113 BONN
Tel.: (49) 2 28 94 90 20
Fax: (49) 2 28 94 90 222
E-mail: bestellung@uno-verlag.de
http://www.uno-verlag.de

GREECE/GRÈCE
Librairie Kauffmann
Mavrokordatou 9
GR-ATHINAI 106 78
Tel.: (30) 1 38 29 283
Fax: (30) 1 38 33 967
E-mail: ord@otenet.gr

HUNGARY/HONGRIE
Euro Info Service
Hungexpo Europa Kozpont ter 1
H-1101 BUDAPEST
Tel.: (361) 264 8270
Fax: (361) 264 8271
E-mail: euroinfo@euroinfo.hu
http://www.euroinfo.hu

ITALY/ITALIE
Libreria Commissionaria Sansoni
Via Duca di Calabria 1/1, CP 552
I-50125 FIRENZE
Tel.: (39) 556 4831
Fax: (39) 556 41257
E-mail: licosa@licosa.com
http://www.licosa.com

NETHERLANDS/PAYS-BAS
De Lindeboom Internationale
Publikaties
PO Box 202, MA de Ruyterstraat 20 A
NL-7480 AE HAAKSBERGEN
Tel.: (31) 53 574 0004
Fax: (31) 53 572 9296
E-mail: lindeboo@worldonline.nl
http://home-1-orldonline.nl/~lindeboo/

NORWAY/NORVÈGE
Akademika, A/S Universitetsbokhandel
PO Box 84, Blindern
N-0314 OSLO
Tel.: (47) 22 85 30 30
Fax: (47) 23 12 24 20

POLAND/POLOGNE
Głowna Księgarnia Naukowa
im. B. Prusa
Krakowskie Przedmiescie 7
PL-00-068 WARSZAWA
Tel.: (48) 29 22 66
Fax: (48) 22 26 64 49
E-mail: inter@internews.com.pl
http://www.internews.com.pl

PORTUGAL
Livraria Portugal
Rua do Carmo, 70
P-1200 LISBOA
Tel.: (351) 13 47 49 82
Fax: (351) 13 47 02 64
E-mail: liv.portugal@mail.telepac.pt

SPAIN/ESPAGNE
Mundi-Prensa Libros SA
Castelló 37
E-28001 MADRID
Tel.: (34) 914 36 37 00
Fax: (34) 915 75 39 98
E-mail: libreria@mundiprensa.es
http://www.mundiprensa.com

SWITZERLAND/SUISSE
Bersy
Route de Monteiller
CH-1965 SAVIESE
Tél.: (41) 27 395 53 33
Fax: (41) 27 395 53 34
E-mail: bersy@bluewin.ch

Adeco – Van Diermen
Chemin du Lacuez 41
CH-1807 BLONAY
Tel.: (41) 21 943 26 73
Fax: (41) 21 943 36 05
E-mail: info@adeco.org

UNITED KINGDOM/
ROYAUME-UNI
TSO (formerly HMSO)
51 Nine Elms Lane
GB-LONDON SW8 5DR
Tel.: (44) 207 873 8372
Fax: (44) 207 873 8200
E-mail: customer.services@theso.co.uk
http://www.the-stationery-office.co.uk
http://www.itsofficial.net

UNITED STATES and CANADA/
ÉTATS-UNIS et CANADA
Manhattan Publishing Company
468 Albany Post Road, PO Box 850
CROTON-ON-HUDSON,
NY 10520, USA
Tel.: (1) 914 271 5194
Fax: (1) 914 271 5856
E-mail: Info@manhattanpublishing.com
http://www.manhattanpublishing.com

FRANCE
La Documentation française
(Diffusion/Vente France entière)
124 rue H. Barbusse
93308 Aubervilliers Cedex
Tel.: (33) 01 40 15 70 00
Fax: (33) 01 40 15 68 00
E-mail: vel@ladocfrancaise.gouv.fr
http://www.ladocfrancaise.gouv.fr

Librairie Kléber (Vente Strasbourg)
Palais de l'Europe
F-67075 Strasbourg Cedex
Fax: (33) 03 88 52 91 21
E-mail: librairie.kleber@coe.int

Council of Europe Publishing/Editions du Conseil de l'Europe
F-67075 Strasbourg Cedex
Tel.: (33) 03 88 41 25 81 – Fax: (33) 03 88 41 39 10 – E-mail: publishing@coe.int – Website: http://book.coe.int